Lutz Schade   **Handels- und Gesellschaftsrecht**

JURIQ Erfolgstraining
Herausgegeben von JURIQ® Juristisches Repetitorium, Köln

Handels- und Gesellschaftsrecht

von
Lutz Schade
Rechtsanwalt und Fachanwalt für Steuerrecht Köln

4., neu bearbeitete Auflage

C.F. Müller

Bibliografische Information der Deutschen Nationalbibliothek
Die Deutsche Nationalbibliothek verzeichnet diese Publikation in der
Deutschen Nationalbibliografie; detaillierte bibliografische Daten sind
im Internet über <http://dnb.d-nb.de> abrufbar.

ISBN 978-3-8114-5412-5

E-Mail: kundenservice@cfmueller.de
Telefon: +49 89/2183-7923
Telefax: +49 89/2183-7620

www.cfmueller.de
www.cfmueller-campus.de

© 2017 C.F. Müller GmbH, Waldhofer Straße 100, 69123 Heidelberg

Satz: TypoScript, München
Illustrationen: Mattfeldt & Sänger, München
Druck: Kessler Druck + Medien, Bobingen

Liebe Leserinnen und Leser,

die Reihe „JURIQ Erfolgstraining" zur Klausur- und Prüfungsvorbereitung verbindet sowohl für Studienanfänger als auch für höhere Semester die Vorzüge des klassischen Lehrbuchs mit meiner Unterrichtserfahrung zu einem umfassenden Lernkonzept aus Skript und Online-Training.

In einem ersten Schritt geht es um das **Erlernen** der nach Prüfungsrelevanz ausgewählten und gewichteten Inhalte und Themenstellungen. Einleitende Prüfungsschemata sorgen für eine klare Struktur und weisen auf die typischen Problemkreise hin, die Sie in einer Klausur kennen und beherrschen müssen. Neu ist die **visuelle Lernunterstützung** durch

- ein nach didaktischen Gesichtspunkten ausgewähltes Farblayout
- optische Verstärkung durch einprägsame Graphiken und
- wiederkehrende Symbole am Rand

      = Definition zum Auswendiglernen und Wiederholen

      = Problempunkt

      = Online-Wissens-Check

Illustrationen als „Lernanker" für schwierige Beispiele und Fallkonstellationen steigern die Merk- und Erinnerungsleistung Ihres Langzeitgedächtnisses.

Auf die Phase des Lernens folgt das **Wiederholen und Überprüfen** des Erlernten im **Online-Wissens-Check**: Wenn Sie im Internet unter **www.juracademy.de/skripte/login** das speziell auf das Skript abgestimmte Wissens-, Definitions- und Aufbautraining absolvieren, erhalten Sie ein direktes Feedback zum eigenen Wissensstand und kontrollieren Ihren individuellen Lernfortschritt. Durch dieses aktive Lernen vertiefen Sie zudem nachhaltig und damit erfolgreich Ihre Kenntnisse im Handels- und Gesellschaftsrecht!

Frage 1 (Punkte: 1)		
Der Gewerbebegriff des § 1 HGB		
Antwort		
Aussagen	Antwort	Aussagerichtigkeit und Kommentar
a) verlangt eine äußerliche Erkennbarkeit der Tätigkeit.	☑ ✓	Richtig. Die von der Allgemeinheit verborgene Tätigkeit stellt kein Gewerbe dar.
b) verlangt eine Weisungsgebundenheit.	☐ ✓	Falsch! Der Gewerbetreibende zeichnet sich gerade durch ein selbständiges Handeln aus und darf daher gerade nicht weisungsgebunden agieren, vgl. § 84 I 2 HGB.
c) klammert Freiberufler aus.	☑ ✓	Richtig. Rechtsanwälte, Steuerberater, Notare, Ärzte oder Architekten betreiben beispielsweise als Freiberufler kein Gewerbe.
d) verlangt ein ununterbrochenes Tätigwerden.	☐ ✓	Falsch! Entscheidend ist allein, ob planmäßig eine Vielzahl von Geschäften durchgeführt werden sollen, zeitliche Unterbrechungen in der faktischen Durchführung schaden nicht (z.B. bei Saisonbetrieben).
→ **Richtig** Punkte für diese Antwort: 1/1.		

Schließlich geht es um das **Anwenden und Einüben** des Lernstoffes anhand von Übungs-fällen verschiedener Schwierigkeitsstufen, die im Gutachtenstil gelöst werden. Die JURIQ **Klausurtipps** zu gängigen Fallkonstellationen und häufigen Fehlerquellen weisen Ihnen dabei den Weg durch den Problemdschungel in der Prüfungssituation.

Das **Lerncoaching** jenseits der rein juristischen Inhalte ist als zusätzlicher Service zum Infor-mieren und Sammeln gedacht: Ein erfahrener Psychologe stellt u.a. Themen wie Motivation, Leistungsfähigkeit und Zeitmanagement anschaulich dar, zeigt Wege zur Analyse und Ver-besserung des eigenen Lernstils auf und gibt Tipps für eine optimale Nutzung der Lernzeit und zur Überwindung evtl. Lernblockaden.

Dieses Skript behandelt das gesamte Handels- und Gesellschaftsrecht. Das Handels- und Gesellschaftsrecht gehört zu den Rechtsgebieten, die in weiten Teilen durch richterliche oder rechtswissenschaftliche Rechtsfortbildung geprägt sind. Insbesondere im Kapitalgesellschafts-recht lassen sich Falllösungen nur noch eingeschränkt anhand der gesetzlichen Bestimmungen entwickeln. Gleichzeitig ist gerade das Recht der Körperschaften in jüngster Zeit umfassend reformiert worden. Daher werden im Skript neben den teils neuen gesetzlichen Grundlagen auch die Ansichten der Rechtsprechung und der Wissenschaft dargestellt.

Auf geht's – ich wünsche Ihnen viel Freude und Erfolg beim Erarbeiten des Stoffs!

Und noch etwas: Das Examen kann jeder schaffen, der sein juristisches Handwerkszeug beherrscht und kontinuierlich anwendet. Jura ist kein „Hexenwerk". Setzen Sie nie ausschließ-lich auf auswendig gelerntes Wissen, sondern auf Ihr Systemverständnis und ein solides methodisches Handwerk. Wenn Sie Hilfe brauchen, Anregungen haben oder sonst etwas los-werden möchten, sind wir für Sie da. Wenden Sie sich gerne an C.F. Müller GmbH, Waldhofer Straße 100, 69123 Heidelberg, E-Mail: kundenservice@cfmueller.de. Dort werden auch Hin-weise auf Druckfehler sehr dankbar entgegen genommen, die sich leider nie ganz ausschlie-ßen lassen. Oder Sie wenden sich direkt an den Verfasser unter sl@hwhlaw.de.

Köln, im August 2017   *Lutz Schade*

JURIQ Erfolgstraining –
die Skriptenreihe von C.F. Müller
mit Online-Wissens-Check

Mit dem Kauf dieses Skripts aus der Reihe „JURIQ Erfolgstraining" haben Sie gleichzeitig eine Zugangsberechtigung für den Online-Wissens-Check erworben – ohne weiteres Entgelt. Die Nutzung ist freiwillig und unverbindlich.

Was bieten wir Ihnen im Online-Wissens-Check an?
- Sie erhalten einen individuellen Zugriff auf **Testfragen zur Wiederholung und Überprüfung des vermittelten Stoffs**, passend zu jedem Kapitel Ihres Skripts.
- Eine individuelle **Lernfortschrittskontrolle** zeigt Ihren eigenen Wissensstand durch Auswertung Ihrer persönlichen Testergebnisse.

Wie nutzen Sie diese Möglichkeit?

Online-Wissens-Check

Registrieren Sie sich einfach für Ihren kostenfreien Zugang auf **www.juracademy.de/skripte/login** und schalten sich dann mit Hilfe des Codes für Ihren persönlichen Online-Wissens-Check frei.

Ihr persönlicher User-Code: 689571487

Der Online-Wissens-Check und die Lernfortschrittskontrolle stehen Ihnen für die **Dauer von 24 Monaten** zur Verfügung. Die Frist beginnt erst, wenn Sie sich mit Hilfe des Zugangscodes in den Online-Wissens-Check zu diesem Skript eingeloggt haben. Den Starttermin haben Sie also selbst in der Hand.

Für den technischen Betrieb des Online-Wissens-Checks ist die JURIQ GmbH, Unter den Ulmen 31, 50968 Köln zuständig. Bei Fragen oder Problemen können Sie sich jederzeit an das JURIQ-Team wenden, und zwar per E-Mail an: info@juriq.de.

Inhaltsverzeichnis

Literaturverzeichnis

Baumbach/Hopt	HGB, 37. Aufl. München 2016
Baumbach/Hueck	GmbH-Gesetz, 21. Aufl. München 2017
Brox/Henssler	Handelsrecht, 22. Auflage München 2016
Bülow/Artz	Handelsrecht, 7. Aufl. Heidelberg 2015
Canaris	Handelsrecht, 24. Aufl. München 2006
Fezer	Klausurenkurs im Handelsrecht, 6. Aufl. Heidelberg 2013
Frodermann/Jannott	Handbuch des Aktienrechts, 9. Aufl. Heidelberg 2016
Glanegger/Kirnberger/Kusterer/ Ruß/Selder/Stuhlfelner	HGB, 7. Aufl. Heidelberg 2006
Henssler/Streck	Handbuch Sozietätsrecht, 2. Aufl. Köln 2011
Hübner	Handelsrecht, 5. Aufl. Heidelberg 2008
Hueck	Gesellschaftsrecht, 16. Aufl. München 1972
Hüffer	Aktiengesetz, 12. Aufl. München 2016
K. Schmidt	Gesellschaftsrecht, 4. Aufl. Köln 2002
K. Schmidt	Handelsrecht, 6. Aufl. Köln 2013
K. Schmidt	Münchener Kommentar zum HGB, 4. Aufl. München 2016
Koller/Kindler/Roth/Morck	HGB, 8. Aufl. München 2015
Martinek/Bergmann	Fälle zum Handels-, Gesellschafts- und Wertpapierrecht, 4. Aufl. Heidelberg 2008
Pentz	Münchener Kommentar zum Aktiengesetz, 4. Aufl. München 2016
Roth/Altmeppen	GmbHG, 8. Aufl. München 2015

Tipps vom Lerncoach

Warum Lerntipps in einem Jura-Skript?

Es gibt in Deutschland ca. 1,6 Millionen Studierende, deren tägliche Beschäftigung das Lernen ist. Lernende, die stets ohne Anstrengung erfolgreich sind, die nie kleinere oder größere Lernprobleme hatten, sind eher selten. Besonders juristische Lerninhalte sind komplex und anspruchsvoll. Unsere Skripte sind deshalb fachlich und didaktisch sinnvoll aufgebaut, um das Lernen zu erleichtern.

Über fundierte Lerntipps wollen wir darüber hinaus all diejenigen ansprechen, die ihr Lern- und Arbeitsverhalten verbessern und unangenehme Lernphasen schneller überwinden wollen.

Diese Tipps stammen von *Frank Wenderoth*, der als Diplom-Psychologe seit vielen Jahren in der Personal- und Organisationsentwicklung als Berater und Personal Coach tätig ist und außerdem Jurastudierende in der Prüfungsvorbereitung und bei beruflichen Weichenstellungen berät.

Wie lernen Menschen?

Die Wunschvorstellung ist häufig, ohne Anstrengung oder ohne eigene Aktivität „à la Nürnberger Trichter" lernen zu können. Die modernen Neurowissenschaften und auch die Psychologie zeigen jedoch, dass Lernen ein aktiver Aufnahme- und Verarbeitungsprozess ist, der auch nur durch aktive Methoden verbessert werden kann. Sie müssen sich also für sich selbst einsetzen, um Ihre Lernprozesse zu fördern. Sie verbuchen die Erfolge dann auch stets für sich.

Gibt es wichtigere und weniger wichtige Lerntipps?

Auch das bestimmen Sie selbst. Die Lerntipps sind als Anregungen zu verstehen, die Sie aktiv einsetzen, erproben und ganz individuell auf Ihre Lernsituation anpassen können. Die Tipps sind pro Rechtsgebiet thematisch aufeinander abgestimmt und ergänzen sich von Skript zu Skript, können aber auch unabhängig voneinander genutzt werden.

Verstehen Sie die Lerntipps „à la carte"! Sie wählen das aus, was Ihnen nützlich erscheint, um Ihre Lernprozesse noch effektiver und ökonomischer gestalten zu können!

Lernthema 1
Lernprozesse und Lernmotivation

Gerade beim Lernen setzen wir uns schnell unter hohen Leistungsdruck, haben hohe Erwartungen an uns. Das Ziel, also die Prüfung, ist weit entfernt, wir sehen häufig nicht, was wir schon erreicht haben, sondern nur das, was wir noch nicht geschafft haben – gemessen an der noch großen Distanz bis zum Ziel „Examen". Es dauert häufig viele Wochen bis Monate bis wir eine Rückmeldung in Form einer Zensur erhalten. Das fördert leider nicht unsere unmittelbare Lernmotivation und unser aktuelles Lernverhalten.

Unser Gehirn lernt durch Erfolge und durch Misserfolge und möchte gerade in unangenehmen Stresssituationen (langweiliger Stoff, Leistungsdruck) „pfleglich" behandelt werden. Durch positive Rückmeldungen, Anerkennung und Belohnungen werden wir darin bekräftigt, bestimmte Tätigkeiten weiter (intensiver, besser) auszuüben. Diesen Umstand können Sie nutzen.

Durch entsprechende Zielsetzungs-, Feedback- und Verstärkungsmechanismen kann man sich motivieren bzw. auch neu eingeübte Lernprozesse verstärken. Sie können Lernfortschritte und Erfolge auch nach kurzen Lernphasen und Zeitabschnitten deutlicher wahrnehmen.

Lerntipps

Planen Sie herausfordernde aber realistische Ziele!
Ein Ziel befindet sich am Ende eines Weges. Am besten Sie planen Etappenziele. Stellen Sie sich z.B. vor, was genau Sie nach vier Wochen, einer Woche, an diesem Tag, bis zur ersten Pause erreicht haben wollen. Fragen Sie sich, woran Sie Ihr erfolgreiches Lernen festmachen wollen. Und wie Sie den Erfolg überprüfen (lassen) wollen. Setzen Sie sich klare, anspruchsvolle aber realistische Lernziele anhand eines individuellen Lernplanes. Fordern Sie sich ruhig (positiver leistungsförderlicher Stress), aber erzeugen Sie keinen zu hohen Erwartungsdruck und damit so genannten leistungshemmenden Dis-Stress. Nutzen Sie einen Wochenplaner – mit Stundenplan wie in der Schule – und machen Sie sich eine Tagesplanung einschließlich Pausen, Freizeitaktivitäten, Haushalt etc.

Setzen Sie sich positive Anreize!

Da Sie sich gut kennen, werden Sie recht leicht eigene Vorstellungen zur Belohnung entwickeln. Sie können sich materiell verstärken, z. B. mit dem Download eines neuen Songs oder dem Kauf neuer Schuhe, die Sie schon immer haben wollten. Da diese Art von Verstärkern schnell an finanzielle Grenzen stoßen können, sollten Sie sie für besondere Gelegenheiten nutzen. Andere Verstärker können Lesen, Fernsehen, Klavier spielen, Musik hören, ein Nickerchen, der Kneipenbesuch, das Kino, Sport und sogar der ungeliebte Abwasch sein. Machen Sie doch erst einmal eine Ideensammlung, welche Verstärker für Sie attraktiv sein könnten.

Körperliche Betätigung ist ein optimaler Verstärker!

Körperliche Aktivitäten sind für Lernende eine optimale Verstärkungsmöglichkeit. Als Ausgleich zum langen Sitzen braucht es in besonderem Maße Bewegung. Bewegung ist dann Abwechslung, Erholung und Ausgleich. Wenn Sie sich körperlich bewegen, wird einerseits das Stresshormon Adrenalin abgebaut, andererseits wird das "Glückshormon" Serotonin verstärkt ausgeschüttet. Sportliche Betätigung führt zu körperlicher Ermüdung und fördert einen besseren Schlaf.

Belohnen Sie sich mit Konzept!

Mit Ihren Verstärkern und Belohnungen sollten Sie am besten abwechslungsreich und erfinderisch sein. Es sollte kleine und größere Belohnungen geben, gemessen an dem Anspruchsniveau der Zielsetzungen oder der Dauer der Lernphasen. Hier orientieren Sie sich an der Zielplanung. Das Anspruchsniveau ist ganz individuell zu betrachten. Die Belohnungen sollten direkt nach Zielerreichung erfolgen können, also z. B. nach eineinhalb Stunden, fünf geschriebenen Seiten, sieben bearbeiteten Fällen, am Ende eines erfolgreichen Tages.

Überprüfen Sie Ihren Erfolg und verhalten Sie sich konsequent!

Ist das angestrebte Ziel erreicht, muss sofort die Belohnung eingetauscht werden, damit das Gehirn den Zusammenhang zwischen Zielerreichung in der Sache und gutem Gefühl abspeichert. Ist das Ziel nicht erreicht, dann darf es keine Belohnung geben. Es ist dann wichtig, sich genauer damit zu beschäftigen, warum Sie das Ziel nicht erreicht haben. Dadurch nehmen Sie eine Analyse vor, aus der Sie die erforderlichen Veränderungen ableiten können.

Keine Belohnung – was dann?

Falls Sie sich über längere Zeit (mehrere Tage) nicht mehr belohnen konnten, dann sollten Sie eine Analyse vornehmen. Wahrscheinlich werden Sie sehr schnell merken, an welchen Stellen Schwächen oder Stärken Ihres Lernsystems zu finden sind. Die Analyse sollte sich sachlich an Ihrem Lernsystem und auch an Ihrem Lernverhalten orientieren. Es sollte keine "persönliche Selbstgeißelung" sein. Das setzt Ihr Gehirn unter negativen emotionalen Stress, und das können Sie beim Lernen und in der Phase der Prüfungsvorbereitung am wenigsten gebrauchen.

Reflektieren Sie Ihr Lernverhalten bei Misserfolg!

Eine Kurzanalyse und Reflexion soll Ansatzpunkte für mögliche Veränderungen liefern. Dafür einige Leitfragen:

- Ist mein eigener Leistungsanspruch zu hoch?
- Habe ich insgesamt (zeitmäßig) zu wenig gearbeitet?
- Zuviel an Ablenkung?
- Wie habe ich es geschafft, das Lernen zu vermeiden?
- Nehme ich mein Lernen ernst genug?
- Mache ich es mir zu bequem?
- Mangelnde Konsequenz in der Planung und im Einhalten des Lernpensums, der Belohnung?
- Bin ich zu großzügig im Belohnen?
- Gab es unerwartete Ereignisse, die mich behindert haben?
- Habe ich zuviel gearbeitet? Warum?
- Bin ich zu erschöpft? Woran liegt das?
- Habe ich zu wenig behalten und verstanden trotz vieler Arbeit?
- Ist der Stoff zu schwer?
- Gab es (emotional) hemmende Gründe (in der Familie, bei Freunden, wegen Geldsorgen)?
- Wer oder was könnte mir bei Schwierigkeiten helfen?

Erkennen Sie Ihr persönliches Vermeidungsverhalten!

Sie kennen das vielleicht: Bevor es mit dem Lernen losgeht – Zeitung lesen, noch einmal zur Toilette gehen, Blumen gießen, etwas aus dem Kühlschrank holen, noch schnell etwas einkaufen gehen ... Wir versuchen unangenehme Tätigkeiten vor uns her zu schieben. Hierdurch vermeiden wir, uns in eine vermeintlich aversive Situation zu begeben. Durch das Vermeidungsverhalten entziehen wir uns der Arbeit und belohnen uns für Verzögerungen. Das hat zur Folge, dass wir lernen, die primär angestrebte Tätigkeit immer öfter zu vermeiden. Betrachten Sie Ihr Vermeidungsverhalten und seine Auswirkungen einmal genauer! Kurzfristig hilft es, vermeintlichen Stress (Aversion) abzubauen, langfristig kann das Ganze Ihnen wirklich über den Kopf wachsen.

Bauen Sie Vermeidungsverhalten Schritt für Schritt ab!

Der riesige Berg an Arbeit, der vor uns liegt, lässt uns häufig ausweichen. Man geht Dinge nicht an, weil man die Befürchtung hat, den Überblick zu verlieren oder sie insgesamt nicht bewältigen zu können („Wie soll ich das denn alles schaffen?"). Hier entsteht negativer Stress für unser Gehirn. Damit ist Vermeidungsverhalten erst einmal (emotional) vernünftig. Nur in der Sache kommen Sie nicht weiter.

Folgende Tipps können weiterhelfen:

- Bei Lernproblemen das Pensum anfänglich bewusst reduzieren.
- Den Lernstoff in für Sie überschaubare Lerneinheiten portionieren.
- Die einzelnen Lerneinheiten in angenehme Mengen- und Zeiteinheiten unterteilen.
- Besonders angenehme Anfangstätigkeiten finden.
- Strenge Disziplin, d.h. striktes, selbst auferlegtes Verbot von Vermeidungsverhalten.
- Sitzen bleiben. Wenn Sie nicht mit der Arbeit beginnen wollen, notieren, was Sie eigentlich arbeiten wollen, was Ihnen schwierig erscheint, welche Aspekte behindern, welche vielleicht sogar Freude machen könnten.

1. Teil
Handelsrecht

A. Systematik und Zweck des Handelsrechts

I. Handelsrecht als Sonderprivatrecht

Handelsrecht ist das Sonderprivatrecht der Kaufleute.[1] Dies bedeutet zweierlei: Es ist **Teil des** **1** **Privatrechts**, obwohl es vereinzelt auch öffentlich-rechtliche Vorschriften, so zum Handelsregister in §§ 8 ff. HGB, enthält. Als Teil des Privatrechts ist es gleichzeitig **Sonderprivatrecht**, weil Normadressaten des Handelsrechts nur Kaufleute sind.

Als Sonderprivatrecht ist das Handelsrecht nicht vollständig eigenes Recht, sondern enthält spezielle Vorschriften im Hinblick auf diejenigen des Bürgerlichen Gesetzbuches. Daher gilt das allgemeine bürgerliche Recht subsidiär, insbesondere das Bürgerliche Gesetzbuch dann, wenn das Handelsrecht keine eigenen Regeln getroffen hat.

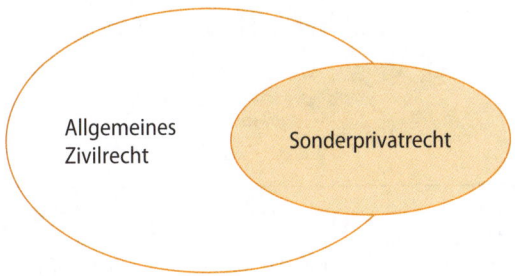

Allgemeines Zivilrecht

Sonderprivatrecht

Das Sonderprivatrecht für Kaufleute ist notwendig, weil die Regelungen des Bürgerlichen **2** Gesetzbuches den Bedürfnissen des Wirtschaftsverkehrs nicht ausreichend Rechnung tragen. So dient das Handelsgesetzbuch

- der **Berücksichtigung von Handelsbräuchen**, insbesondere aus vorkodifikatorischer Zeit (§ 346 HGB),
- der **Flexibilität und Schnelligkeit bei Handelsgeschäften** durch eine erweiterte Formfreiheit (§ 350 HGB) bis hin zur Bedeutung des Schweigens als Zustimmung,[2] kurze Untersuchungs- und Rügeobliegenheiten (§ 377 HGB) und kurze Fristen bei der Verwertung (§ 368 HGB),

Beispiel Die Bürgschaft eines Kaufmanns ist nach § 350 HGB formlos möglich, während die private Bürgschaft nur in schriftlicher Form gültig ist (§ 766 S. 1 BGB). ◾

- der besonderen **Rechtsklarheit und Rechtssicherheit**, etwa durch den Schutz des guten Glaubens an die Verfügungsbefugnis (§ 366 HGB)[3] und durch strenge Rechtsfolgen beim Fixgeschäft (§ 376 HGB),

---

1 *Canaris* HandelsR § 1 S. 1 ff.; *Hübner* HandelsR § 1 A, S. 1 ff.; *Brox/Henssler* § 1 S. 1 ff.

2 Schweigen gilt beim Kaufmann nach dem lateinischen Rechtssatz „Qui tacet consentire videtur", der in § 362 HGB seinen Niederschlag gefunden hat, in bestimmten Fällen als Annahme des Vertragsangebots.

3 Von einem Kaufmann kann eine diesem nicht gehörende bewegliche Sache auch der gutgläubig erwerben, der hinsichtlich der Verfügungsbefugnis des Kaufmanns i.S.v. § 185 BGB gutgläubig ist (§ 366 HGB); wohingegen die §§ 932 ff. BGB lediglich den guten Glauben bezüglich des Eigentums schützen.

- der Betonung **eigenverantwortlichen Handelns**, etwa durch Regelungen zu erhöhten Sorgfaltspflichten nach § 347 HGB gegenüber denen einer Privatperson gemäß § 276 BGB, Vertragsstrafen ohne richterliche Korrektur der Höhe (§ 348 HGB statt § 343 BGB), dazu zählt auch, dass der Kaufmann nicht wie der private Bürge die Einrede der Vorausklage (§ 771 BGB) hat, also die Befriedigung des Gläubigers nicht verweigern kann, solange dieser nicht erfolglos eine Zwangsvollstreckung gegen den Hauptschuldner versucht hat (§ 349 HGB),
- schließlich dem **Prinzip der Entgeltlichkeit** auch ohne ausdrückliche Vereinbarung (§ 354 HGB) einschließlich eines höheren Zinses (§ 352 HGB statt § 246 BGB) und Fälligkeitszinsen (§ 353 HGB).

Diese Grundsätze prägen das gesamte Handels- und weitestgehend auch das Gesellschaftsrecht (vgl. dazu Teil 2 Rn 200 ff.).

II. Kodifikation

3 Das Handelsrecht ist im Handelsgesetzbuch kodifiziert. Das HGB schafft ganz überwiegend kein neues Recht, sondern modifiziert lediglich die allgemeinen privatrechtlichen Regelungen.

Es ist wie das Bürgerliche Gesetzbuch in fünf Bücher mit folgenden Inhalten gegliedert:

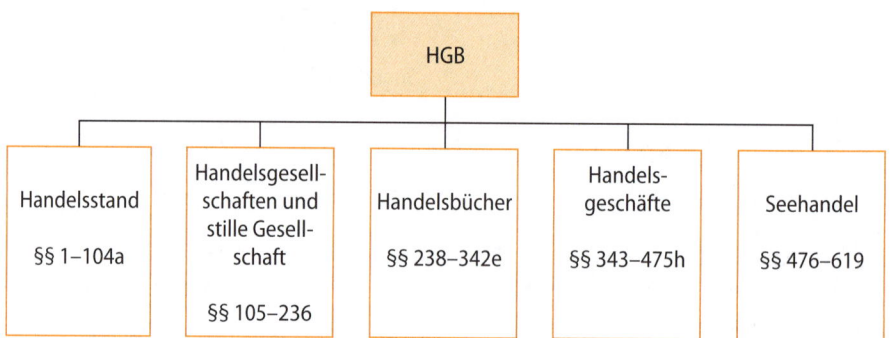

- das **erste Buch (§§ 1–104a HGB)** behandelt den Handelsstand und damit die Kaufmannseigenschaft, das Handelsregister, die Firma, die Prokura als Vollmacht des Kaufmanns, die Handlungsgehilfen und Handlungslehrlinge als Hilfspersonen der Kaufleute, den Handelsvertreter und den Handelsmakler;
- das **zweite Buch (§§ 105–236 HGB)** enthält mit den Regelungen zu den Handelsgesellschaften und der stillen Gesellschaft den Kernbereich des Gesellschaftsrechts. Kodifiziert sind als Personenhandelsgesellschaften die offene Handelsgesellschaft (§ 105 ff. HGB) und die Kommanditgesellschaft (§ 161 ff. HGB);
- das **dritte Buch (§§ 238–342e HGB)** regelt die Handelsbücher und enthält damit die Grundregeln der handelsrechtlichen Buchführung. Dieses Buch ist immer wieder geändert worden und hat mit den Regelungen zur Handelsbilanz unmittelbar Auswirkungen auf das Bilanzsteuerrecht;
- das **vierte Buch (§§ 343–475h HGB)** knüpft an die Systematik einer Aufteilung in einen allgemeinen und besonderen Teil an. Es stellt allgemeine Vorschriften zum Handelsgeschäft voran und regelt sodann u.a. den Handelskauf, das Kommissions-, Fracht-, Speditions- und das Lagergeschäft;
- das **fünfte Buch (§§ 476–619 HGB)** enthält die Regeln zum Seehandelsrecht.

Daneben bestehen **Sondergesetze**, die in ihrem Regelungsbereich sowohl dem Bürgerlichen   4
Gesetzbuch als auch dem Handelsgesetzbuch vorgehen. Dies sind vor allem das Wechsel-
und Scheckgesetz und das Wertpapierrecht, die Gesetze betreffend den gewerblichen
Rechtsschutz und das Urheberrecht, der gesamte Bereich des Bank- und Börsenrechts, das
Wettbewerbsrecht und das Versicherungsvertragsrecht. Diese Rechtsgebiete sind wie die
Handelsbücher und das Seehandelsrecht nicht Gegenstand dieser Abhandlung. Soweit im
Folgenden von Handelsrecht die Rede ist, sind damit das erste Buch und das vierte Buch des
Handelsgesetzbuches gemeint.

III. Zur Geschichte des Handelsgesetzbuches

Das Handelsrecht ist mindestens ebenso alt wie das allgemeine Privatrecht, da der Handels-   5
und Geschäftsverkehr seit jeher die Ausgestaltung von Rechtsnormen prägt. Das Mittelalter
kennt in den germanischen und romanischen Ländern ein gewohnheitsrechtlich begründe-
tes **Ständerecht** der Kaufleute. Auf seiner Grundlage bildeten sich vor allem in den italieni-
schen Städten örtliche Rechtssammlungen in Statuten der Kaufmannsgilden. Italienische
Handelseinrichtungen kennen wir noch heute im Bank- und Versicherungswesen und der
Buchführung ebenso wie viele auf das Italienische zurückgehende Bezeichnungen des Handelsverkehrs wie Saldo, Konto, Prokura und Bilanz.

Mit dem Zurückdrängen der Macht der Städte kam es zu ersten länderübergreifenden Kodifikationen, vor allem im absolutistischen Frankreich. Colbert ließ unter Ludwig XIV. 1673 die
Ordonnance du commerce schaffen, der er 1681 die **Ordonnance de la marine** hinzufügte.
Aus beiden ist der **Code de commerce** von 1807 in napoleonischer Zeit hervorgegangen. Er
hatte Gültigkeit auch in Polen, den Beneluxstaaten und in Deutschland in der Rheinprovinz
sowie in hessischen, pfälzischen und badischen Gebieten.[4]

Vorläufer des heutigen HGB ist das **Allgemeine Deutsche Handelsgesetzbuch (ADHGB)** von
1861. Das ADHGB wurde ab 1857 von einer nach ihrem Tagungsort benannten Nürnberger
Kommission erarbeitet und auf Empfehlung der Bundesversammlung des Deutschen Bundes
vom 31.5.1861 zunächst partikularrechtlich in einzelnen Ländern eingeführt.[5] Mit Gesetz vom
5.6.1869 wurde es zum Gesetz des Norddeutschen Bundes und durch Reichsgesetz vom 16./
22.4.1871 zum Reichsgesetz.

Die Protokolle der Nürnberger Kommission existieren bis heute und dienen der historischen
ebenso wie der teleologischen Auslegung der HGB-Vorschriften.[6] In das ADHGB flossen
Erfahrungen mit älteren Kodifikationen ein, vor allem die §§ 475 ff. des Allgemeinen Land-
rechts für die Preußischen Staaten von 1794, der französische Code de Commerce von 1807,
den Baden als Anhang zum Badischen Landrecht übernommen hatte und der darüber
hinaus in weiten Teilen der bis 1815 französisch besetzten Gebiete fortgalt, und die Allgemeine Deutsche Wechselordnung von 1848, bei deren Ausarbeitung auch allgemeine handelsrechtliche Grundsätze berücksichtigt worden waren.[7] Zur Entwicklung des Handelsrechts
hat zudem die Wissenschaft des 19. Jahrhunderts wesentlich beigetragen, insbesondere der
Rechtswissenschaftler Levin Goldschmidt (1829–1897).

---

4 Zum Ganzen *Staub* Handelsgesetzbuch Großkommentar, begr. v. *Staub* 3. Aufl. 1967, Anm. 3 ff.
5 In Preußen mit Einführungsgesetz vom 24. Juni 1861, in Österreich mit Gesetz vom 17.12.1862.
6 *Lutz* Protokolle der Kommission zur Beratung eines ADHGB, 1858 ff.
7 Vgl. auch *Goldschmidt* Handbuch des Handelsrechts, Band 1, 2. Auflage 1875, S. 57 ff.; aus neuerer Zeit:
   U. Huber JZ 1978, 785.

Mit der länderübergreifenden Kodifikation in Deutschland ging die Schaffung einer handelsrechtlichen Gerichtsbarkeit einher.[8] Am 5.8.1870 wurde in Leipzig das Bundesoberhandelsgericht für den Norddeutschen Bund eröffnet, das ab dem 1.1.1871 auch für Hessen-Darmstadt, Bayern und die Länder Württemberg-Baden, Baden und Württemberg-Hohenzollern, dem späteren Baden-Württemberg, zuständig war. Mit der Gründung des Deutschen Reiches im selben Jahr wurde das Bundesoberhandelsgericht zum Reichsoberhandelsgericht in Leipzig. Zum 1.10.1879 ging das Reichsoberhandelsgericht im Reichsgericht auf.[9]

In der Folge ist das ADHGB mehrfach geändert worden. Die Änderungen betrafen vor allem das Aktienrecht in den Jahren 1870 und 1884.[10]

Das heute gültige **Handelsgesetzbuch** wurde am 10.5.1897 verabschiedet[11] und trat gemeinsam mit dem BGB am 1.1.1900 in Kraft. Die zeitliche Übereinstimmung ist nicht zufällig, sollte das HGB das ADHGB doch vor allem zur Anpassung des Handelsrechts an das Bürgerliche Gesetzbuch ersetzen.[12] Im Jahr 1937 ist das vormals im HGB enthaltene Aktienrecht aus dem HGB in ein eigenes Gesetz entnommen worden[13], das bis zum heutigen Tag Bestand hat. Die letzte grundlegende Überarbeitung hat zum 1.7.1998 durch das Handelsrechtsreformgesetz[14] stattgefunden, das vor allem den Kaufmannsbegriff reformiert hat.

IV. Die Handelsgerichtsbarkeit

6 Die Besonderheiten des Handelsrechts spiegeln sich bis zum heutigen Tage im Bestehen einer besonderen Gerichtsbarkeit.

Dies hat, wie gesehen, zum einen **historische Gründe**. Das wahrscheinlich erste in Handelssachen spezialisierte deutsche Gericht trat auf das Edikt Kaiser Maximilian I. vom 17.3.1508 zur Konstituierung des Nürnberger Bankoamtes zusammen, das besagt, dass „... überhaupt niemand geschickter ist, die obgemeldeten Gebrechen der Kaufleut und Kaufmannshändel zu entscheiden, als die verständigen Kaufleut".

In Frankreich, das schon im 16. Jahrhundert Handelsgerichte kennt, bestehen die Kammern für Handelssachen seit langem sogar ausschließlich aus ehrenamtlichen Handelsrichtern (anders nur in den elsässischen und lothringischen Départements). Das ADHGB sah in Artikel 3 ein besonderes Handelsgericht vor und verwies nur in Ermangelung eines besonderen Handelsgerichts die Rechtsstreitigkeiten an das allgemein für Zivilsachen zuständige Gericht.

Zum anderen liegt es an den **Besonderheiten des Handelsverkehrs**. Die Redaktoren des GVG erwogen die Einrichtung eigener Handelsgerichte als besondere Gerichte erster Instanz neben den Amts- und Landgerichten mit einheitlicher sachlicher Zuständigkeit,[15] weil sie den Vorzug der Handelsgerichte darin sahen,

---

8 Zu Aufbau und Funktion nachstehend Rn. 6 ff.
9 Mit Inkrafttreten des Gerichtsverfassungsgesetzes, vgl. *Kissel* Gerichtsverfassungsgesetz, 3. Aufl., Anm. 1 f zu § 93 GVG.
10 *Schubert* ZGR 1981, 285 ff.
11 RGBl. 1897, S. 219.
12 Nachweise bei *Schubert/Schmiedel/Krampe* Quellen zum Handelsgesetzbuch, 1986 ff.
13 RGBl. 1937 I S. 107.
14 BGBl. 1998 I, S. 1474 ff.
15 §§ 81 ff. des Regierungsentwurfs zum GVG sah damit das Handelsgericht als drittes erstinstanzliches Gericht neben Amtsgericht und Landgericht und das Oberlandesgericht als einheitliche Rechtsmittelinstanz vor.

„dass durch die Errichtung der Handelsgerichte die sachgemäße Urteilsfällung in Handelssachen insofern gefördert wird, als die kaufmännischen Mitglieder dem rechtsgelehrten Richter die Handhabung der kaufmännischen Geschäfte erläutern, ihn mit der Ausdrucksweise und den Gebräuchen des Handelsstandes vertraut machen und ihm das Verständnis des Zweckes der einzelnen Geschäftsbetriebe erleichtern. Gerichte, bei welchen tüchtige und erfahrene Kaufleute mitwirken, werden in Handelssachen ohne Weiteres und mit Sicherheit zu einem sachgemäßen, die Gestaltung des kaufmännischen Verkehrs richtig würdigenden Urteil gelangen können, während ein nur mit rechtsgelehrten Richtern besetztes Gericht in vielen Fällen nur durch das umständliche und weniger sichere Mittel der Vernehmung von Sachverständigen sich die notwendigen Grundlagen des Urteils verschaffen kann. Der Entwurf [zum GVG] glaubt hiernach der neueren der Errichtung von Handelsgerichten günstigen Zeitströmung insoweit Rechnung tragen zu müssen, dass er die Errichtung von Handelsgerichten gestattet, ohne aber als Konsequenz dieses Vorgehens anzuerkennen, dass alle Handelssachen und dass Handelssachen an allen Orten von Handelsgerichten abgeurteilt werden müssten. Die Errichtung von Handelsgerichten und die Abgrenzung ihrer Zuständigkeit ist wesentlich eine Frage der Zweckmäßigkeit, und der Gesetzgeber muss auch solche Gründe in Berücksichtigung ziehen, welche in dieser oder in jener Beziehung eine Beschränkung der handelsgerichtlichen Tätigkeit angemessen erscheinen lassen".[16]

Der Reichstag entschied für eine einheitliche Behandlung aller bürgerlichen Rechtsstreitigkeiten einschließlich der Handelssachen vor den Amts- und Landgerichten und einer Trennung nur innerhalb des Landgerichts, so dass die **Kammer für Handelssachen** eine besondere Kammer des Landgerichts im Rahmen der allgemeinen Zuständigkeit des Landgerichts ist.[17] Seit 1.1.1909 ist die Kammer für Handelssachen in der gesamten Zuständigkeit des Landgerichts zuständig, also auch soweit das Landgericht als Rechtsmittelgericht zuständig ist.

Rechtsstreitigkeiten zwischen Kaufleuten sind seither im Regelfall **Handelssachen nach §§ 94, 95 GVG** und werden von einer Kammer für Handelssachen am Landgericht in erster Instanz verhandelt. Die Kammern für Handelssachen sind als besondere Spruchkörper nach §§ 93 ff. GVG mit einem Berufsrichter als Vorsitzendem und zwei Handelsrichtern – juristische Laien, die entweder im Handelsregister eingetragene Kaufleute oder Organe von Handelsgesellschaften sind, § 109 GVG – als Beisitzern besetzt. Entweder der Kläger richtet sein Begehren sogleich an eine Kammer für Handelssachen, § 96 GVG, oder der im Handelsregister eingetragene Beklagte beantragt Verweisung an die Kammer für Handelssachen, § 98 GVG.

Im Einzelfall kann zur Klärung von Streitigkeiten auf nichtstaatliche **Schiedsgerichte** ausgewichen werden, die allein durch die Abrede der Parteien, der Schiedsvertrag gemäß §§ 1025 ff. ZPO, nach Eintritt von Streitigkeiten zusammentreten.

Angelegenheiten des **Handelsregisters** sind solche der freiwilligen Gerichtsbarkeit und werden daher von den Amtsgerichten verhandelt, die auch das Handelsregister führen (§§ 1, 374 Nr. 1, 376 FamFG).

» Lesen Sie zu den zivilprozessualen Besonderheiten §§ 96–100 GVG. «

---

16 *Hahn* Die gesammten Materialien zu dem Gerichtsverfassungsgesetz, Berlin 1879, Erste Abtheilung S. 108–111.

17 Zu den Kommissionsberatungen *Hahn* Die gesammten Materialien zur Civilprozeßordnung, Berlin 1880, Erste Abtheilung S. 527 ff.

B. Handelsstand

I. Handelsrecht und Unternehmensrecht

1. Subjektive Anknüpfung des Kaufmannsbegriffs

>> Lesen Sie § 345 HGB: Er knüpft daran an, ob das Rechtsgeschäft Handelsgeschäft „für einen der beiden Teile", d.h. der Vertrags- parteien ist. <<

7 Kaufleute im Sinne des Handelsgesetzbuches sind zum einen die Träger eines handelsrechtlichen Unternehmens nach §§ 1–5 HGB, zum anderen die Handelsgesellschaften nach § 6 HGB. Das Handelsrecht als Sonderprivatrecht der Kaufleute knüpft daran an, ob jemand als Kaufmann im Rechtsverkehr auftritt oder ein Handelsgewerbe oder Handelsgeschäft betreibt. Voraussetzung für die Anwendung des HGB ist damit, dass mindestens ein Beteiligter (§ 345 HGB), in anderen Fällen beide Beteiligten (§§ 346, 352 f., 369, 377 HGB) Kaufleute sind. Das Handelsrecht basiert somit auf einem **subjektiven System**. Demgegenüber orientiert sich das objektive System an der Art der Rechtsgeschäfte, so etwa der französische Code de Commerce, der den Kaufmann als diejenige Person definiert, die Handelsgeschäfte vornimmt. Ausnahmen vom subjektiven System kennt das Handelsgesetzbuch für den Kaufmann für sein privates Handeln und in verschiedenen Rechtsvor- schriften, die eine Kaufmannseigenschaft der Handelnden nicht voraussetzen.

2. Unternehmensbezogener Kaufmannsbegriff

8 Das HGB geht von einem unternehmensbezogenen Kaufmannsbegriff aus, so dass nicht nur der Einzelkaufmann, sondern auch Gesellschaften als Unternehmensträger, etwa die Perso- nenhandelsgesellschaften, Kaufmann sind, und zwar so genannter Formkaufmann nach § 6 HGB. Eine gesetzliche Definition des Begriffs des Unternehmens fehlt jedoch, weil ihm je nach Regelungszusammenhang unterschiedliche Bedeutung zukommt. **Unternehmen** ist zum einen die Gesamtheit aller personellen und sachlichen Mittel und aller Rechte zum Zwecke der wirtschaftlichen Betätigung, zum anderen eine Organisation mit interner Kompe- tenzverteilung nach personalgeprägten Strukturen, Geschäftswissen und -erfahrungen, Bezugsquellen und Kundenstamm. Diese Organisationsverfassung ist weit mehr als die Gesamtheit der Gegenstände charakteristisch für das Unternehmen und Indikator seines Geschäftswertes, der selbst mehr ist als die Differenz der Aktiva und Passiva.[18] In Kombination der beiden Betrachtungen lässt sich das Unternehmen wie folgt definieren:

> **Unternehmen** ist jede organisatorische Einheit, die auf einer Verbindung personeller und sachlicher Mittel beruht, um einen wirtschaftlichen Zweck zu erreichen.

9 Aus dieser organisatorischen Einheit des Unternehmens folgt jedoch nicht, dass etwa das Unternehmen als solches Rechtsfähigkeit besäße. Rechtsträger ist vielmehr der Unternehmer als die natürliche oder juristische Person bzw. Handelsgesellschaft.

Es gibt verschiedene Bestrebungen, als zentralen Anknüpfungspunkt des Handelsrechts in Abkehr vom subjektiven System nicht auf den Träger des Unternehmens als den Kaufmann abzustellen, sondern auf das Unternehmen selbst. Insbesondere in den 1970er Jahren wurde versucht, ein all- gemeines Unternehmensrecht zu schaffen, die Vorarbeiten für ein entsprechendes Reformwerk dauern an.[19] Grundlage für eine Abkehr vom subjektiven System hin zu einem Unternehmens-

---

18 Die außerbilanziellen Geschäftswerte werden gemeinhin als „good will" bezeichnet.
19 *K. Schmidt* HandelsR S. 47 ff.

recht ist die Überlegung, dass der Normadressatenkreis mit seiner Beschränkung auf Kaufleute und die umständliche Einbeziehung der Gesellschaften über § 6 HGB als Formkaufleute nur noch der historischen Perspektive des Einzelkaufmanns gerecht wird, nicht aber der modernen Konstitution von Unternehmen. Der Gesetzgeber verwendet bereits selbst den Begriff des Unternehmens im modernen Gesellschaftsrecht, so etwa im Konzernrecht der §§ 15–22, 291–328 AktG.

> **Hinweis**
>
> Der in diesem Zusammenhang diskutierte Unternehmensbegriff ist ein anderer als derjenige des § 14 BGB, der zur Umsetzung von mehreren europäischen Richtlinien zum Verbraucherschutz in das BGB eingefügt worden ist.[20] Gleichwohl ist der Kaufmann, weil gewerblich tätig, immer auch Unternehmer im Sinne des § 14 BGB und damit dem Verbraucherschutzrecht zu Lasten der Unternehmer unterworfen.[21]

II. Der Kaufmann

Grundlegende Änderungen des Kaufmannsbegriffs hat zuletzt das Handelsrechtsreformgesetz vom 22.6.1998 mit Wirkung zum 1.7.1998 vorgenommen.[22] Zu unterscheiden ist zunächst der Kaufmann vom Nichtkaufmann als demjenigen, der weder einen in kaufmännischer Weise eingerichteten Geschäftsbetrieb unterhält (§ 1 Abs. 2 HGB), noch im Handelsregister eingetragen ist.

10

Kaufleute lassen sich wie folgt unterscheiden:
- kraft Gewerbebetrieb;
- kraft Rechtsschein;
- kraft Rechtsform.

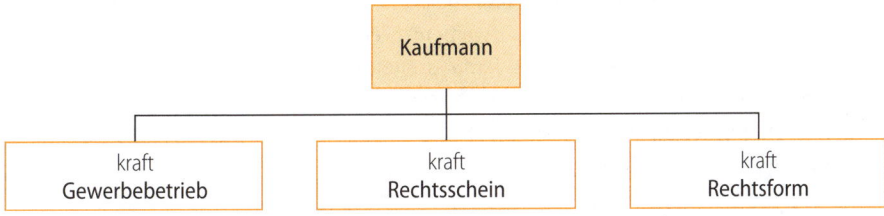

---

20 Im Einzelnen die Richtlinie 87/577/EWG des Rates vom 20.12.1985 betreffend den Verbraucherschutz im Falle von außerhalb von Geschäftsräumen geschlossenen Verträgen (ABl. EG Nr. L 372 S. 31); die Richtlinie 87/102/EWG des Rates zur Angleichung der Rechts- und Verwaltungsvorschriften der Mitgliedstaaten über den Verbraucherkredit (ABl. EG Nr. L 42 S. 48), zuletzt geändert durch die Richtlinie 98/7/EG des Europäischen Parlaments und des Rates vom 16.2.1998 zur Änderung der Richtlinie 87/102/EWG zur Angleichung der Rechts- und Verwaltungsvorschriften der Mitgliedstaaten über den Verbraucherkredit (ABl. EG Nr. L 101 S. 17); die Richtlinie 93/13/EWG des Rates vom 5.4.1993 über missbräuchliche Klauseln in Verbraucherverträgen (ABl. EG Nr. L 95 S. 29); die Richtlinie 94/47/EG des Europäischen Parlaments und des Rates vom 26.10.1994 zum Schutz der Erwerber im Hinblick auf bestimmte Aspekte von Verträgen über den Erwerb von Teilzeitnutzungsrechten an Immobilien (ABl. EG Nr. L 280 S. 82), die Richtlinie 97/7/EG des Europäischen Parlaments und des Rates vom 20.5.1997 über den Verbraucherschutz bei Vertragsabschlüssen im Fernabsatz (ABl. EG Nr. L 144 S. 19), und die Richtlinie 1999/44/EG des Europäischen Parlaments und des Rates vom 25.5.1999 zu bestimmten Aspekten des Verbrauchsgüterkaufs und der Garantien für Verbrauchsgüter (ABl. EG Nr. L 171 S. 12).

21 Rechtssystematisch dazu *Hübner* Handelsrecht Rn. 11 f. Zur Abgrenzung *OLG Stuttgart* Urteil vom 21.4.2016 (Az: 2 U 162/15), unter Tz. 30 ff. = WRP 2016, 1049.

22 Zum Kaufmannsbegriff *K. Schmidt* HandelsR S. 277 ff.; *Canaris* HandelsR S. 19 ff.; *Hübner* HandelsR S. 8 ff.; *Brox/Henssler* S. 15 ff.

1. Der Kaufmann kraft Gewerbebetrieb, § 1 HGB

11   Istkaufmann nach § 1 HGB

I. Gewerbe
   1. Äußerliche Erkennbarkeit
   2. Planmäßigkeit
   3. Selbstständigkeit
   4. Keine freiberufliche Tätigkeit
   5. Beteiligung am allgemeinen wirtschaftlichen Verkehr
      Weitere Kriterien: Erlaubte Tätigkeit und Gewinnerzielungsabsicht?   Rn. 19 f.

II. Betrieb des Gewerbes

III. Handelsgewerbe nach § 1 Abs. 2 HGB
   1. Art
   2. Umfang

12   § 1 Abs. 1 HGB bestimmt zum Kaufmann kraft Gewerbebetrieb denjenigen, der ein **Handelsgewerbe betreibt**. Handelsgewerbe ist nach der gesetzlichen Vermutung des § 1 Abs. 2 HGB jeder Gewerbebetrieb, es sei denn, dass das Unternehmen nach Art und Umfang einen in kaufmännischer Weise eingerichteten Geschäftsbetrieb nicht erfordert.

> **JURIQ-Klausurtipp**
>
> Beachten Sie die Negativformulierung des § 1 Abs. 2 HGB. Er enthält eine gesetzliche Vermutung, dass ein Gewerbe im handelsrechtlichen Sinne auch Handelsgewerbe ist. Im Streitfall wird also vermutet, dass ein Gewerbetrieb eine kaufmännische Einrichtung erfordert. In der Klausur ist eine gestaffelte Prüfung erforderlich: Zunächst ist der Gewerbebegriff im handelsrechtlichen Sinne zu prüfen, sodann, ob das Gewerbe auch Handelsgewerbe im Sinne des § 1 Abs. 2 HGB ist. Dabei genügt der Hinweis auf die Vermutungswirkung allein regelmäßig nicht.

a) Das Gewerbe

» Lesen Sie § 7 HGB: Eine häufig übersehene Vorschrift. «

13   Der Begriff des **Gewerbes** im Handelsgesetzbuch ist ein anderer als der öffentlich-rechtliche Gewerbebegriff. Das Bundesverwaltungsgericht[23] definiert das Gewerbe für das öffentliche Recht als „jede nicht sozial unwertige, auf Gewinnerzielung gerichtete und auf Dauer angelegte selbstständige Tätigkeit, ausgenommen Urproduktion, Freiberufe und bloße Verwaltung eigenen Vermögens".

Nach § 7 HGB sind die Vorschriften des öffentlichen Rechtes, nach welchen die Befugnis zum Gewerbebetrieb ausgeschlossen oder von gewissen Voraussetzungen abhängig gemacht ist, für den handelsrechtlichen Gewerbebegriff unerheblich.

---

23 *BVerwG* Beschluss vom 11.3.2008 (Az: 6 B 2/08), unter Tz. 5 = NJW 2008, 1974.

Im HGB ist der Begriff des Gewerbes nicht bestimmt. Eine Anknüpfung findet sich in § 15 Abs. 2 EStG. Gewerbe im handelsrechtlichen Sinne lässt sich wie folgt definieren:

> **Gewerbe** ist jede
> 1. äußerlich erkennbare
> 2. planmäßige
> 3. selbstständige
> 4. nicht freiberufliche Betätigung, die
> 5. sich als Beteiligung am allgemeinen wirtschaftlichen Verkehr darstellt.

aa) Äußerliche Erkennbarkeit

An einer äußerlichen Erkennbarkeit fehlt es zunächst, wenn die beabsichtigte Tätigkeit noch nicht aufgenommen worden ist. Dieses Merkmal deutet § 1 Abs. 1 HGB an, der ein „Betreiben" des Gewerbes verlangt. **14**

Nicht äußerlich erkennbar ist zudem eine Tätigkeit, die der Öffentlichkeit verborgen bleibt.

Beispiel Handwerker H spekuliert abends vom heimischen Computer aus über einen Onlinebroker an der Börse. ◼

Im Bereich der Gesellschaften fehlt es vor allem den allein vermögensverwaltenden Gesellschaften regelmäßig an einer äußerlichen Erkennbarkeit.[24]

bb) Planmäßigkeit

Planmäßigkeit setzt ein Betreiben für eine gewisse Zeitdauer aufgrund eines vorgefassten Entschlusses voraus.[25] Der Handelnde muss eine Vielzahl von Geschäften als Ganzes tätigen wollen.[26] Es genügt nicht, dass das einzelne Geschäft aufgrund eines jeweils neuen Entschlusses vorgenommen wird. Einer lediglich gelegentlichen Tätigkeit fehlt es an dem erforderlichen inneren Zusammenhang, sie ist daher nicht planmäßig. Eine bestimmte Zeitdauer ist nicht maßgeblich, so dass auch so genannte „**Saisonbetriebe**" planmäßig betrieben werden, also solche, die nur zeitweise unterhalten werden. **15**

Beispiel Der Italiener I betreibt in den Sommermonaten in Deutschland ein Eiscafé, das er zwischen Oktober und April jeden Jahres schließt, um in Neapel zu überwintern. ◼

cc) Selbstständigkeit

Selbstständig handelt, wer nach außen im eigenen Namen auftritt, im Innenverhältnis die Verantwortung und die Kosten trägt, wer also auf eigene Rechnung und Gefahr handelt und in persönlicher und sachlicher Hinsicht nicht weisungsgebunden ist. Maßgeblich ist eine rechtliche, nicht eine wirtschaftliche Selbstständigkeit. Anhaltspunkt für die Abgrenzung ist § 84 Abs. 1 S. 2 HGB, der die inhaltliche und zeitliche Weisungsfreiheit nennt. **16**

---

24 *OLG Hamm* Beschluss vom 21.6.1993 (Az: 15 W 75/93), unter Tz. 17 = ZIP 1993, 1310.

25 Die Begrifflichkeiten variieren im Detail: *K. Schmidt* HandelsR S. 288, verlangt eine erkennbar planmäßige und auf Dauer angelegte Tätigkeit, *Canaris* HandelsR S. 20 f., eine Intention zum Abschluss einer Vielzahl von Geschäften.

26 *RG* Urteil vom 5.7.1910 = RGZ 74, 150.

Beispiel   Die bei Steuerberater S angestellte Steuerfachgehilfin F arbeitet dem S nach dessen Weisungen zu.

Da F in ihrer Zeit- und Arbeitseinteilung nicht frei ist, sondern S ihr die zu erledigenden Arbeiten vorgibt, ist sie nicht selbstständig tätig und betreibt daher kein Gewerbe. Als Arbeitnehmer ist sie nicht Kaufmann. ◼

dd) Keine freiberufliche Tätigkeit

17   Die so genannten freien Berufe betreiben kein Gewerbe.

Freiberufler sind u.a.
- Rechtsanwälte (§ 2 Abs. 2 BRAO),
- Notare (§ 2 S. 3 BNotO),
- Wirtschaftsprüfer (§ 1 Abs. 2 S. 1, 2 WiPrO),
- Steuerberater (§ 32 Abs. 2 S. 1, 2 StBerG),
- Ärzte (§ 1 Abs. 2 BundesärzteO),
- Zahnärzte (§ 1 Abs. 4 ZahnheilkG),
- Architekten,
- Künstler,
- Dolmetscher und
- Schriftsteller.

Die Unterscheidung hat zum einen historische, zum anderen soziale Gründe.

Seit dem Mittelalter ist für die freien Berufe eine weitgehende Selbstverwaltung typisch, die sich noch heute in einem eigenen Standesrecht mit eigenen Aufsichtsgremien (Rechtsanwaltskammern, Steuerberaterkammern, Ärztekammern, Apothekerkammern) und in einer eigenständig organisierten Eigenversorgung und Fürsorge (Versorgungswerke, Künstlersozialkassen) widerspiegelt.

Die freien Berufe zeichnen sich dadurch aus, dass intellektuelle Leistungen, nicht körperliche Arbeitsleistungen erbracht werden. Typisch ist ein Zurücktreten des Erwerbszweckes hinter einem höheren Interesse an Fortbildung und Ausprägung von Wissenschaft und Kunst. Aus historischer Sicht lässt sich zugespitzt formulieren: Freiberufler sind diejenigen, die mit dem Kopf arbeiten, im Unterschied zu den Gewerbetreibenden, die mit den Händen arbeiten.

Beispiel   Steuerberater S berät eine Kölner Werbeagentur. Ist S Kaufmann?

Nach § 32 Abs. 2 StBerG übt S einen freien Beruf aus und betreibt daher kein Gewerbe. Als Freiberufler ist er kein Kaufmann. ◼

Die freiberufliche Tätigkeit endet indes dort, wo die Tätigkeit nicht mehr dem klassischen Berufsbild entspricht. Jenseits der klassisch freiberuflichen Tätigkeit kann der Gewerbebegriff erfüllt sein.

Beispiel   Schönheitschirurg C betreibt neben seiner Arztpraxis eine private Schönheitsklinik. Die Klinik ist Gewerbebetrieb. ◼

> **Hinweis**
>
> § 1 Abs. 2 PartGG enthält einen nicht abschließenden Katalog der freien Berufe. Dieser ist allerdings weiter gefasst als der handelsrechtliche Begriff des freien Berufes.

ee) Beteiligung am allgemeinen wirtschaftlichen Verkehr

Eine Beteiligung am allgemeinen wirtschaftlichen Verkehr liegt nur dann vor, wenn der Handelnde die Grenzen des privaten Handelns überschreitet, insbesondere nicht nur privates Vermögen verwaltet oder aus privaten Geldern Kapitalanlagen tätigt. So soll die Anschaffung einzelner Wohnungen zur Vermietung nicht Gewerbe sein, anders aber die Errichtung und Verwaltung von mehr als hundert Wohnungen mit mehreren Gewerbeeinheiten.[27]

18

ff) Erlaubte Tätigkeit

Ob der Gewerbebetrieb erlaubt sein muss, ist umstritten. So wird vertreten, die Geschäfte müssten zivilrechtlich wirksam und einklagbar sein, der Gesetzgeber wolle für gesetzes- oder sittenwidrige Tätigkeiten (§§ 134, 138 BGB) nicht die Rechte eines Kaufmannes gewähren.[28] Dem wird entgegengehalten, es bestehe kein Grund, denjenigen nicht als Kaufmann zu behandeln, der als Kaufmann gegenüber anderen auftritt, nur weil er verbotene Geschäfte betreibt.[29] Teilweise wird für die Anwendung der Grundsätze über den Scheinkaufmann plädiert.

19

Der Ansicht, die auch den nicht erlaubt Handelnden dem Kaufmannsrecht unterwerfen will, ist zugute zu halten, dass die den Kaufmann treffenden Sondervorschriften des HGB insbesondere im Bereich der Handelsgeschäfte regelmäßig Verschärfungen gegenüber den allgemeinen Regelungen des BGB enthalten. Es ist nicht einzusehen, weshalb der unerlaubt Handelnde entgegen seinem Auftreten im Geschäftsverkehr aus diesen Regeln gerade wegen der fehlenden Erlaubnis entlassen werden soll. Der handelsrechtliche Begriff des Gewerbes ist wertneutral, so dass eine gesetzes- bzw. sittengemäße Tätigkeit nicht Voraussetzung für die Anwendung des HGB ist.

> **JURIQ-Klausurtipp**
>
> Ein regelmäßiges Argument bei Meinungsstreitigkeiten: Derjenige, der gesetzes- oder sittenwidrig handelt, soll im Ergebnis nicht besser gestellt sein als derjenige, der sich normgemäß verhält. Dies wäre jedoch zu weiten Teilen der Fall, entließe man den nicht erlaubt Handelnden aus den Vorschriften des HGB. Im Einzelfall können diese allerdings auch einen Vorteil gegenüber den allgemeinen Regelungen des BGB darstellen.
>
> Nochmals: Auch in diesem Zusammenhang ist unerheblich, ob für die Tätigkeit eine nach öffentlich-rechtlichen Vorschriften erforderliche Erlaubnis besteht (§ 7 HGB).

gg) Absicht der Gewinnerzielung

Auch die Absicht einer Gewinnerzielung ist als Voraussetzung des handelsrechtlichen Gewerbebegriffes umstritten. Die Rechtsprechung sieht in der Gewinnerzielungsabsicht seit langem ein konstitutives Merkmal des Gewerbebegriffs,[30] lässt aber die Absicht genügen, so dass auch solche Betriebe dem Gewerbebegriff unterfallen, die tatsächlich keinen Gewinn erwirtschaften. Dagegen soll nach anderer Ansicht eine entgeltliche Tätigkeit ausreichen.[31]

20

---

27 Im Einzelnen Glanegger/Kirnberger/Kusterer/Ruß/Selder/Stuhlfelner-*Ruß* zu § 1 Rn. 32 m.w.N.

28 *Staub* Handelsgesetzbuch Großkommentar -*Brüggemann* § 1 Rn. 17.

29 MünchKomm HGB-*K. Schmidt* § 1 Rn. 29.

30 *BGH* Urteil vom 22.1.1976 (Az: VII ZR 280/75), unter Tz. 4 = BGHZ 66, 48.

31 *OLG Dresden* Urteil vom 20.11.2001 (Az: 2 U 1928/01), unter Tz. 14 = NZG 2003, 124.

Die Ansichten werden meist zum gleichen Ergebnis kommen, da der Unterschied zwischen der Absicht der Gewinnerzielung und einem entgeltlichen Anbieten vor allem in der Perspektive liegt: Dem Kriterium der Gewinnerzielungsabsicht liegt eine Gesamtbetrachtung im Sinne einer Gegenüberstellung aller Einnahmen und Ausgaben zugrunde, das Kriterium des entgeltlichen Angebotes betrachtet hingegen das einzelne Geschäft.

Beispiel Drucker D stellt auf eigene Kosten Schriften seiner Religion her und verkauft sie zum Selbstkostenpreis. D betreibt nach beiden Ansichten kein Gewerbe, da er weder mit der Absicht der Gewinnerzielung, noch entgeltlich handelt. ■

21   Bei privaten Wirtschaftsunternehmen vermutet die Rechtsprechung die Gewinnerzielungsabsicht, ein Gegenbeweis dürfte kaum gelingen.

Relevanz hat der Streit allenfalls noch für die **Unternehmen der öffentlichen Hand**, für die die Vermutung nicht gilt. Dabei ist jedoch zu unterscheiden:
- Unternehmen der öffentlichen Hand in privatrechtlicher Form, die bei Energieversorgungsunternehmen oder sonstigen Leistungsträgern der öffentlichen Hand üblich sind, sind Kaufleute nach § 6 HGB.
- Juristische Personen des öffentlichen Rechts, also Bund, Länder, Gemeinden und Kommunalverbände, können durch Betrieb eines Handelsgewerbes Kaufleute nach Handelsgesetzbuch ein, so etwa beim Betrieb von Mineralquellen, Brauereien oder Bergwerken.

Die Rechtsprechung tendiert allerdings für Betriebe, bei denen die Gewinnerzielungsabsicht fehlt, zu einer Verneinung der Gewerbeeigenschaft, hier vor allem für städtische Versorgungsbetriebe. Es solle nicht darauf ankommen, ob die öffentlich-rechtliche Körperschaft neben der Verfolgung der Erwerbsabsicht auch zugleich in Erfüllung gemeinnütziger öffentlich-rechtlicher Aufgaben tätig werde, da Voraussetzung für den Gewerbebegriff nur das Betreiben eines wirtschaftlichen Unternehmens ist, also eine Tätigkeit, die nicht allein und herkömmlich mit der Zielrichtung einer öffentlichen Aufgabe betrieben wird.[32]

> **Hinweis**
>
> Der steuerrechtliche Gewerbebegriff stellt auf einen engeren Terminus der Gewinnerzielungsabsicht ab als das Handelsrecht. Deshalb heißt es zum Handelsrecht, dass bloße Entgeltlichkeit genügt.

b)   Der Betrieb

22   Das Gewerbe betreibt gemäß § 1 Abs. 1 HGB derjenige, in dessen Namen die Geschäfte abgeschlossen werden und der aus ihnen berechtigt und verpflichtet wird. In seiner Person treten die Rechtsfolgen ein.

> **Hinweis**
>
> Einzige Ausnahme ist der Handelsvertreter, der ein Gewerbe auch dann betreibt, wenn er als sogenannter Abschlussvertreter Geschäfte im Namen des Unternehmens abschließt.

---

32 *BGH* Urteil vom 2.7.1985 (Az: X ZR 77/84), unter Tz. 10 = NJW 1985, 3063.

So betreibt der Minderjährige im Fall des § 112 BGB selbst das Gewerbe, nicht aber sein gesetzlicher Vertreter, ebenso bei einer Betriebspacht der Pächter und nicht der Verpächter. Das zivilrechtliche Eigentum an den Betriebsmitteln, das beim Verpächter verbleibt, ist unerheblich, da ein Betreiben im Sinne von § 1 Abs. 1 HGB keine Verwendung ausschließlich eigener Gegenstände voraussetzt.

Unerheblich ist auch, für wessen Rechnung die Geschäfte geführt werden, so dass der Treuhänder das Gewerbe betreibt, nicht aber der Treugeber, denn berechtigt und verpflichtet wird der Treuhänder. Deshalb ist auch der Kommissionär Betreiber des Handelsgewerbes, nicht der Kommittent, obwohl er Waren für dessen Rechnung kauft und verkauft (§ 383 HGB).

Betreiber des Handelsgewerbes ist der Einzelkaufmann, bei den Personenhandelsgesellschaften die oHG und die KG, nicht jedoch deren Gesellschafter, da die Personenhandelsgesellschaften insoweit rechtsfähig sind.[33] Für die Gesellschaft bürgerlichen Rechts, deren Teilrechtsfähigkeit anerkannt ist, gilt gleiches. Daneben sind die persönlich haftenden Gesellschafter einer Personenhandelsgesellschaft regelmäßig selbst Gewerbetreibende,[34] nicht aber Kommanditisten, da sie gemäß § 171 Abs. 1 HGB nur beschränkt für die Verbindlichkeiten der KG haften.[35]

Nicht Betreiber des Handelsgewerbes sind organschaftliche Vertreter bei Kapitalgesellschaften wie der Geschäftsführer der GmbH[36] oder der Vorstand einer AG.

c) Das Handelsgewerbe

Steht fest, dass es sich um ein Gewerbe im handelsrechtlichen Sinne handelt, wird nach der Formulierung des § 1 Abs. 2 HGB das Erfordernis einer kaufmännischen Einrichtung und damit das Vorliegen eines Handelsgewerbes vermutet. Der Begriff des Handelsgewerbes stellt über das Erfordernis einer kaufmännischen Einrichtung auf das Gesamtbild des Geschäftsbetriebes nach Art und Umfang ab. **23**

Für eine kaufmännische Einrichtung typisch sind
* der **Art** nach solche Einrichtungen, die eine ordnungsgemäße Geschäftsführung ermöglichen, vor allem eine kaufmännische Buchführung, eine Kassenführung und regelmäßige Inventarisierungen, die Vielfalt der Leistungs- und Geschäftsbeziehungen und der Zahlungswege, die organisatorische Strukturierung der Angestellten;
* dem **Umfang** nach die Größe von Umsatz und Kapitaleinsatz und die Zahl der Betriebsstätten und der Angestellten.

> **Hinweis**
>
> Der Handelnde entgeht den Vorschriften des HGB nicht dadurch, dass er eine kaufmännische Einrichtung vermeidet. Entscheidend ist das Erfordernis einer kaufmännischen Einrichtung.

33 Im Einzelnen dazu in Teil 2 Rn. 330.

34 *BGH* Urteil vom 16.2.1961 (Az: VII ZR 239/59) = BGHZ 34, 293.

35 *BGH* Urteil vom 2.6.1966 (Az: VII ZR 292/64), unter Tz. 24 f. = BGHZ 45, 282; *BGH* Urteil vom 22.10.1981 (Az: III ZR 149/80), unter Tz. 18 = NJW 1982, 569.

36 Betreiber der GmbH ist auch nicht der Gesellschafter-Geschäftsführer, der sowohl Gesellschafter als auch Geschäftsführer ist, selbst wenn er Alleingesellschafter ist, vgl. *BGH* Urteil vom 8.11.2005 (Az: XI ZR 34/05), unter Tz. 14 ff. = BB 2006, 177.

Beispiel 1 Der Maschinenbaubetrieb M aus Köln erzielt einen jährlichen Umsatz von 400 000 €, hat zehn Angestellte sowie regelmäßig zehn bis fünfzehn Kunden pro Monat. M beschäftigt zur Abwicklung der Geschäftsvorfälle den Buchhalter B, der Stammkunden kulanzweise Ratenzahlung gewähren darf. Jeweils weitere fünf Mitarbeiter arbeiten an Standorten in Bonn und in Düsseldorf.

Angesichts des Umsatzes und der Anzahl der Mitarbeiter ist der Umfang des Betriebs groß. Die Leistungsbeziehungen sind nach ihrer Zahl und im Hinblick auf eine zeitlich versetzte Zahlung bei Stammkunden komplex. Eine kaufmännische Buchhaltung wird von B vorgenommen.

Nach Art und Umfang kann hier daher davon ausgegangen werden, dass ein kaufmännisch eingerichteter Geschäftsbetrieb erforderlich ist. Damit betreibt M ein Handelsgewerbe. ■

Beispiel 2 Buchhalter B kündigt bei M und eröffnet einen eigenen Maschinenbaubetrieb. Mangels technischen Sachverstands des B laufen die Geschäfte schleppend. Im ersten Jahr liegt der Umsatz aus nur zwei Verkäufen an einen einzigen Kunden bei 10 000 €, die bei Anlieferung in bar gezahlt wurden.

Angesichts des geringen Waren- und Geldumsatzes, mangels Angestellten und der einfachen Zahlungswege (Barzahlung) ergibt eine Gesamtwürdigung, dass ein kaufmännisch eingerichteter Geschäftsbetrieb nicht erforderlich ist. B betreibt daher kein Handelsgewerbe. ■

d) Die Eintragung im Handelsregister

24 Die Eintragung des Handelsnamens, der Firma (§ 17 HGB), in das Handelsregister ist nach § 29 HGB verpflichtend, hat aber nur deklaratorische (= rechtsbekundende), nicht konstitutive (= rechtsbegründende) Bedeutung. Der Kaufmann, dessen Geschäftsbetrieb – wie regelmäßig – einen in kaufmännischer Weise eingerichteten Geschäftsbetrieb erfordert, ist schon deshalb und nicht wegen der Handelsregistereintragung Kaufmann, weshalb er auch als „Istkaufmann" bezeichnet wird.

Beispiel Der Maschinenbaubetrieb M ist bisher aufgrund eines Versehens entgegen § 29 HGB nicht zur Eintragung im Handelsregister angemeldet worden. Als der Stahllieferant S im Rahmen einer bestehenden Geschäftsbeziehung Metall für den Geschäftsbetrieb des M liefert, verweigert M eine Woche nach der Lieferung eine Kaufpreiszahlung unter Hinweis auf einen fehlenden Vertragsschluss. S meint jedoch, der Kaufpreis für diese Lieferung müsse ebenso wie alle vorherigen im Hinblick auf die sonstige Übung und die lange Geschäftsbeziehung gezahlt werden.

M kann sich nicht erfolgreich darauf berufen, mangels Handelsregistereintragung nicht Kaufmann zu sein, da sich die Kaufmannseigenschaft bereits aus dem Betrieb des Handelsgewerbes (§ 1 Abs. 1, Abs. 2 HGB) ergibt. Nach § 362 Abs. 1 HGB ist ein Kaufmann, dessen Gewerbebetrieb die Besorgung von Geschäften für andere mit sich bringt und dem ein Antrag über die Besorgung solcher Geschäfte von jemandem zugeht, mit dem er in Geschäftsverbindung steht, verpflichtet, unverzüglich zu antworten; sein Schweigen gilt als Annahme des Antrags. Da M schwieg, ist ein Kaufvertrag über das Metall zustande gekommen, so dass ein Kaufpreiszahlungsanspruch des S gegen M besteht. ■

> **Hinweis**
>
> Die Kaufmannseigenschaft nach § 1 HGB hat damit folgende drei Voraussetzungen:
> 1. Es muss ein Gewerbe im handelsrechtlichen Sinne
> 2. betrieben werden,
> 3. das Handelsgewerbe ist, weil es einen in kaufmännischer Weise eingerichteten Geschäftsbetrieb erfordert.

e)   **Übungsfall Nr. 1**

25   „Der unschlüssige Stahllieferant"

Der Betrieb von Stahllieferant S entwickelt sich prächtig. S hat 50 Mitarbeiter im Lager und weitere 8 in der Verwaltung. Er erwirtschaftet einen Umsatz von 2 500 000 € pro Jahr. S fragt sich, ob er eine Eintragung im Handelsregister herbeiführen muss.

26   **Lösung**

§ 29 HGB schreibt die Eintragung für alle Vollkaufleute vor. S muss daher die Eintragung herbeiführen, wenn er ein Handelsgewerbe im Sinne des § 1 HGB betreibt. Dies ist gemäß § 1 Abs. 2 HGB jeder Gewerbebetrieb, es sei denn, dass das Unternehmen nach Art und Umfang einen in kaufmännischer Weise eingerichteten Geschäftsbetrieb nicht erfordert.

I.   Gewerbe

Bei dem Stahlhandel müsste es sich zunächst um ein Gewerbe handeln.

Gewerbe ist jede
1. äußerlich erkennbare
2. planmäßige
3. selbstständige
4. nicht freiberufliche Betätigung, die
5. sich als Beteiligung am allgemeinen wirtschaftlichen Verkehr darstellt.

S tritt mit dem Stahlhandel am Markt auf, der damit äußerlich erkennbar ist. Er handelt außerdem planmäßig, da der fortgesetzte Betrieb des Stahlhandels auf einem einheitlichen Willensentschluss des S beruht. S ist weisungsungebunden und daher selbstständig tätig. Der Betrieb eines Stahlhandels stellt auch keine Ausübung eines freien Berufes dar. Mit dem Betrieb beteiligt sich S schließlich am allgemeinen wirtschaftlichen Verkehr, da er die Grenzen der privaten Vermögensverwaltung überschreitet.

Damit liegt ein Gewerbe vor.

II.   Gewerbebetrieb von S

Das Gewerbe wird von S betrieben, da in seinem Namen die Geschäfte abgeschlossen werden und er aus ihnen berechtigt und verpflichtet wird.

III.   Handelsgewerbe

Dieses Gewerbe müsste auch Handelsgewerbe sein.

§ 1 Abs. 2 HGB vermutet, dass ein Gewerbe im Sinne des § 1 Abs. 1 HGB Handelsgewerbe im Sinne des Handelsgesetzbuches ist. § 1 Abs. 2 HGB setzt das Erfordernis einer kaufmännischen Einrichtung voraus. Diese bestimmt sich nach Art und Umfang des Betriebs, Kriterien sind nach der Art des Betriebes u.a. eine kaufmännische Buchführung, eine Kassenführung, die Vielfalt der Leistungs- und Geschäftsbeziehungen, schwierige Zahlungswege und eine komplexe organisatorische Struktur, nach dem Umfang die Größe von Umsatz und Kapitaleinsatz und die Zahl der Betriebsstätten und der Angestellten. Je nach Branche wird das Erfordernis einer kaufmännischen Einrichtung ab einem Umsatz von 250 000 € pro Jahr angenommen.

S beschäftigt eine Vielzahl von Mitarbeitern, die zudem organisatorisch auf Lager und Verwaltung aufgeteilt sind, und erwirtschaftet einen erheblichen Jahresumsatz, so dass eine kaufmännische Einrichtung erforderlich ist. Bei einer derartigen Betriebsgröße kann nicht mehr von einem Kleingewerbebetrieb gesprochen werden.

IV.   Ergebnis

Da S somit Istkaufmann gemäß § 1 HGB ist, ist er zur Eintragung nach § 29 HGB verpflichtet.

2. Der Kaufmann kraft Eintragung, § 2 HGB

Kannkaufmann nach § 2 HGB   27

I. Gewerbe
  1. Äußerliche Erkennbarkeit
  2. Planmäßigkeit
  3. Selbstständigkeit
  4. Keine freiberufliche Tätigkeit
  5. Beteiligung am allgemeinen wirtschaftlichen Verkehr
       Weitere Kriterien: Erlaubte Tätigkeit und Gewinnerzielungsabsicht?   Rn. 19 f.

II. Betrieb des Gewerbes

III. Eintragung im Handelsregister
       Bewusstsein der konstitutiven Wirkung erforderlich?   Rn. 37

28 Ist bei einem gewerblichen Unternehmen eine kaufmännische Einrichtung im Sinne von § 1 Abs. 2 HGB nicht erforderlich, handelt es sich um ein so genanntes **Kleingewerbe**. Dies ist nur dann Kaufmann, wenn der Handelnde gemäß § 2 HGB die Eintragung im Handelsregister herbeiführt. Sein Gewerbe gilt erst mit der Eintragung als Handelsgewerbe nach § 2 HGB mit allen Rechten und Pflichten. Der Gesetzgeber überlässt es also dem Kleingewerbetreibenden, die Kaufmannseigenschaft zu wählen. Daher ist die Handelsregistereintragung in diesem Fall konstitutiv (= rechtsbegründend) für die Kaufmannseigenschaft.

Ist der Kleingewerbetreibende im Handelsregister eingetragen, kann er sich nicht auf die fehlende kaufmännische Unternehmenseinrichtung berufen (§ 5 HGB). Er kann jedoch jederzeit die Löschung der Registereintragung beantragen (§ 2 S. 3 HGB). Erst mit Vornahme der Löschung endet die Kaufmannseigenschaft.

Beispiel Buchhalter B will seinen eigenen Betrieb auf solide Füße stellen und veranlasst deshalb eine Handelsregistereintragung. Er kauft fleißig bei Stahllieferant S ein. Einige Zeit nach Anlieferung des Metalls stellt B fest, dass das von S gelieferte Metall völlig verrostet und daher für seinen Betrieb unbrauchbar ist, was bei Anlieferung erkennbar war, von B mangels Untersuchung jedoch nicht erkannt worden ist. Im Hinblick auf § 377 HGB beantragt er die Löschung der Handelsregistereintragung.

Der Kauf des Metalls war für beide Seiten ein Handelsgeschäft im Sinne des § 377 HGB, eine spätere Löschung der Eintragung im Handelsregister ändert daran nichts mehr. Nach § 377 Abs. 2 HGB gilt die Ware, da der Mängel bereits bei Anlieferung erkennbar war, als genehmigt. B hat daher keine Ansprüche gegen S wegen Schlechtleistung. ■

Da der Kleingewerbetreibende die Wahl hat, ob er die Kaufmannseigenschaft über eine Eintragung im Handelsregister herbeiführen will, bezeichnet man ihn auch als „**Kannkaufmann**". Die Unterschiede zwischen Istkaufmann und Kannkaufmann zeigt die nachfolgende Übersicht:

	Erfordernis einer Eintragung	Wirkung einer Eintragung
Istkaufmann (§ 1 HGB)	Obligatorisch	Deklaratorisch
Kannkaufmann (§ 2 HGB)	Fakultativ	Konstitutiv

> **Hinweis**
>
> Die Kaufmannseigenschaft nach § 2 HGB hat damit folgende drei Voraussetzungen:
> 1. Es muss ein Kleingewerbe, das also keinen in kaufmännischer Weise eingerichteten Geschäftsbetrieb erfordert,
> 2. betrieben werden,
> 3. das im Handelsregister eingetragen ist.

3. Land- und Forstwirte, § 3 HGB

PRÜFUNGS-SCHEMA

29 Land- und Forstwirte nach § 3 HGB

   I. Unternehmen der Land- oder Forstwirtschaft

   II. Erfordernis kaufmännischer Einrichtung

   III. Eintragung im Handelsregister

30 Der Betrieb von Land- und Forstwirtschaft ist dadurch gekennzeichnet, dass **pflanzliche oder tierische Rohstoffe durch Nutzung des Bodens gewonnen oder verwertet** werden. Nicht Betrieb der Land- oder Forstwirtschaft ist damit
- der Abbau von Bodenschätzen, da es sich nicht um die Gewinnung von pflanzlichen oder tierischen Rohstoffen handelt,
- der Betrieb einer Baumschule, in der hauptsächlich gekaufte Pflanzen vertrieben werden,
- der Betrieb einer Geflügelfarm, bei der das Geflügel ausschließlich mit gekauftem Futter gezüchtet wird, so dass es an der Bodenausnutzung fehlt.

Land- und Forstwirte sind von Gesetzes wegen keine Kaufleute, selbst wenn ihr Geschäftsbetrieb nach Art und Umfang eine kaufmännische Einrichtung erfordert, § 3 Abs. 1 HGB. Auch Land- und Forstwirte können sich jedoch im Handelsregister eintragen lassen, sobald sie nach Art und Umfang einen Geschäftsbetrieb unterhalten, der eine kaufmännische Einrichtung erfordert, § 3 Abs. 2 HGB. Die freiwillige Eintragung ist auch hier konstitutiv, aber im Hinblick auf das Erfordernis nach § 1 Abs. 2 HGB enger gefasst als § 2 HGB. Demgemäß kann auch eine Löschung nach § 3 Abs. 2 HGB nur dann erfolgen, wenn der Betrieb keine kaufmännische Einrichtung mehr erfordert. Dies ist der Unterschied zu § 2 HGB.

31 Gleiches gilt für **Nebenbetriebe** nach § 3 Abs. 3 HGB, der vermeidet, dass das Erfordernis einer kaufmännischen Einrichtung des Nebenbetriebs auf den Hauptbetrieb „abfärbt", also auch der Hauptbetrieb § 1 Abs. 2 HGB unterliegt.

4.   Der Fiktivkaufmann, § 5 HGB

Fiktivkaufmann nach § 5 HGB   32

I. Gewerbe

II. Betrieb des Gewerbes

III. Eintragung im Handelsregister

Ob jemand Kaufmann ist und deshalb dem Handelsrecht unterliegt, richtet sich nach §§ 1–3   33
HGB. Im Einzelfall kann jedoch die Beurteilung schwierig sein, ob ein Handelsgewerbe vor-
liegt. Ebenso kann es zweifelhaft sein, ob für den konkreten Betrieb eine kaufmännische
Geschäftseinrichtung erforderlich ist (§ 1 Abs. 2 HGB). Die Unsicherheit darüber, ob dieses
Merkmal vorliegt, will § 5 HGB beseitigen. Der Rechtsverkehr soll sich auf die Eintragung der
Firma im Handelsregister verlassen können. Ist die Eintragung erfolgt, soll sich niemand mit
Erfolg darauf berufen können, der Betrieb erfordere keine kaufmännische Einrichtung. Vielmehr ist wegen der Registereintragung der Inhaber des Gewerbebetriebs wie ein Kaufmann
zu behandeln, selbst wenn er in Wirklichkeit Nichtkaufmann ist. § 5 HGB stellt also einen Auf-
fangtatbestand zu den §§ 1 ff. HGB dar.

Ist ein Geschäftsbetrieb mit einer Firma im Handelsregister eingetragen, wird aus Gründen   34
der Rechtssicherheit nach § 5 HGB unwiderleglich vermutet, dass der im Handelsregister eingetragene Gewerbebetrieb Kaufmann ist. § 5 HGB soll Rechtsunsicherheiten vorbeugen, die
aus der Frage entstehen können, ob für einen Gewerbebetrieb das Erfordernis eines in kaufmännischer Weise eingerichteten Geschäftsbetriebs besteht oder nicht. Denn dieses für
Außenstehende nur schwer zu beurteilende Kriterium entscheidet darüber, ob der Handelnde unabhängig von der Registereintragung Istkaufmann ist oder nicht. § 5 HGB schafft
somit eine unwiderlegliche Vermutung für die Kaufmannseigenschaft, indem der im Handelsregister Eingetragene Kaufmann ist, auch wenn er kein Handelsgewerbe im Sinne der
§§ 1–3 HGB betreibt, soweit nur das **Mindesterfordernis** des **Betreibens eines Gewerbes**
erfüllt ist. § 5 HGB ist kein Rechtsscheintatbestand, denn Zweck ist nicht der Schutz gutgläubiger Dritter, sondern die objektive Rechtssicherheit. Mit der gelegentlich anzutreffenden
Bezeichnung Scheinkaufmann ist gemeint, dass der im Handelsregister Eingetragene, obwohl
nicht Kaufmann, sich als Kaufmann behandeln lassen muss.

Beim Anwendungsbereich des § 5 HGB sind **zwei Fallgruppen** zu unterscheiden: 35
- Im Handelsregister ist die Firma eingetragen, obwohl in Wirklichkeit keine Kaufmannseigenschaft vorliegt. Dabei kann die Eintragung von vornherein falsch sein, weil sie mangels
  Erfordernisses eines kaufmännischen Geschäftsbetriebes nicht hätte erfolgen dürfen. Es ist
  aber auch möglich, dass eine zu Recht erfolgte Eintragung später unrichtig wird, weil sich
  die bei der Eintragung richtig beurteilten Verhältnisse inzwischen geändert haben, indem
  etwa aus dem Gewerbebetrieb ein Kleingewerbe geworden ist. In beiden Fällen stimmt die
  Eintragung mit den wirklichen Verhältnissen nicht überein. § 5 HGB enthält insoweit eine
  Fiktion, wonach der Nichtkaufmann so angesehen wird, als ob er Kaufmann wäre.
- Die Eintragung im Handelsregister kann jedoch auch mit den wirklichen Verhältnissen
  übereinstimmen. Dennoch ist eine Ungewissheit darüber möglich, ob der Gewerbebetrieb eine kaufmännische Einrichtung erfordert. Diese Ungewissheit braucht aber nicht

aufgeklärt zu werden. Vielmehr macht § 5 HGB diese Aufklärung entbehrlich. Die Bestimmung enthält eine unwiderlegliche Vermutung, dass, solange die Firma im Handelsregister eingetragen ist, ein kaufmännischer Geschäftsbetrieb erforderlich ist.

Hinweis

§ 5 HGB hat zwei Voraussetzungen:
1. Es muss ein Gewerbe im handelsrechtlichen Sinne betrieben werden,
2. das im Handelsregister eingetragen ist.

Der Grund der Eintragung ist unerheblich, entscheidend ist die Eintragung als solche. Damit kommt § 5 HGB auch dann zur Anwendung, wenn das Registergericht die Eintragung versehentlich vorgenommen haben sollte, auch wenn der Eingetragene keinerlei Veranlassung zur Eintragung gegeben hat. Anders als in den Fällen der Publizitätswirkung nach § 15 HGB ist auch unerheblich, ob die Eintragung gemäß § 10 HGB bekannt gemacht wurde.

Die Mindestvoraussetzung des Betreibens eines Gewerbes folgt aus dem Sinn des § 5 HGB, der Unklarheiten nur darüber beseitigen will, ob der Gewerbebetrieb einer kaufmännischen Einrichtung bedarf. Freiberufler fallen daher nicht unter diese Vorschrift und sind auch dann nicht Kaufmann kraft Eintragung, wenn sie aufgrund eines Versehens des Registergerichts eingetragen sein sollten.

Anders als der Wortlaut des § 5 HGB („welcher sich auf die Eintragung beruft") nahe legt, ist ein solches Berufen auf die Eintragung für die materiellrechtlichen Wirkungen des § 5 HGB unerheblich. Allein im Zivilprozessrecht ist umstritten, ob das Gericht von Amts wegen prüfen muss, ob eine Eintragung im Handelsregister besteht, oder ob die Eintragung von einer Partei vorgetragen werden muss. Letzteres ist zutreffend, da der Zivilprozess von der Verhandlungsmaxime geprägt ist, derzufolge die Prozessparteien den Tatsachenstoff vorbringen; die Eintragung im Handelsregister ist eine solche Tatsache.

>> Lesen Sie § 5 HGB genau und vergleichen Sie ihn mit § 2 HGB. «

Für die Anwendung von § 5 HGB ist weiter unerheblich, ob derjenige, der sich auf seine Wirkungen beruft, bösgläubig ist. Auch der Eingetragene selbst kann sich auf die Eintragung berufen. Die Grenze liegt bei einem Verstoß gegen Treu und Glauben, etwa bei arglistigem Handeln.

Rechtsfolge des § 5 HGB ist, dass sich der Eingetragene nicht darauf berufen kann, dass das unter der Firma betriebene Gewerbe kein Handelsgewerbe im Sinne von § 1 Abs. 2 HGB sei. § 5 HGB **fingiert** die Kaufmannseigenschaft. Der Eingetragene wird daher nicht über § 5 HGB zum Kaufmann, sondern nur wie ein Kaufmann behandelt. Ihm bleibt damit lediglich die Löschung seiner Eintragung im Handelsregister, die gegebenenfalls von Amts wegen nach § 395 FamFG erfolgen kann.

Beispiel   Der den B beratende Steuerberater T ist vom Registergericht versehentlich eingetragen worden. Seine Geschäftspartner wollen die Geschäftsbeziehung nunmehr den verschärften Regeln des HGB unterstellen.

§ 5 HGB kommt hier nicht zur Anwendung, da T als Freiberufler schon kein Gewerbe betreibt, das § 5 HGB jedoch voraussetzt. ■

Die Vorschrift des § 5 HGB hat im Hinblick auf § 2 HGB kaum einen eigenständigen Anwendungsbereich.[37] Keine Bedeutung hat sie für Kapitalgesellschaften, die mit ihrer Eintragung Kaufleute sind, selbst wenn sie kein Gewerbe betreiben.

> **Hinweis**
>
> § 5 HGB gilt auch zugunsten des Eingetragenen selbst und gegen einen Dritten. Auf die Gutgläubigkeit kommt es nicht an. Allerdings kann die Berufung auf § 5 HGB durch den Eingetragenen im Einzelfall gegen die Grundsätze von Treu und Glauben verstoßen. Wer seine Eintragung im Handelsregister etwa durch Täuschung des Gerichts arglistig erschlichen hat, um sich auf diese Weise Vorteile zu verschaffen, kann sich nicht mit Erfolg auf § 5 HGB berufen.

---

37 *K. Schmidt* HandelsR S. 299; a.A. *Canaris* HandelsR S. 39 f.: § 5 HGB und nicht § 2 HGB komme zur Anwendung, wenn der Kleingewerbetreibende keine bewusste Wahl getroffen, sondern irrtümlich angenommen habe, § 1 Abs. 2 HGB zu unterfallen und damit zur Eintragung verpflichtet gewesen zu sein; vgl. zu dieser Kontroverse *Schulze-Osterloh* ZIP 2007, 2390 ff. und den nachfolgenden Übungsfall.

5. Übungsfall Nr. 2

36 „Kaufmann alaaf!"

Student S betreibt in jedem Frühjahr während des Kölner Karnevals für zwei Wochen einen kleinen Verkaufsstand in der Kölner Altstadt, der nach seiner Ansicht keine kaufmännische Einrichtung erfordert. Er meint jedoch, in jedem Fall Kaufmann zu sein und lässt sich deshalb ins Handelsregister eintragen.

Ist S Kaufmann?

37 **Lösung**

I.   Istkaufmann gem. § 1 HGB

S könnte zunächst Istkaufmann gemäß § 1 HGB sein.

Dann müsste A mit dem Verkaufsstand ein Gewerbe betreiben, das Handelsgewerbe gemäß § 1 Abs. 2 HGB ist.

1. Betrieb eines Gewerbes

Das Betreiben des Verkaufsstandes ist eine äußerlich erkennbare, planmäßige, selbstständige, nicht freiberufliche Betätigung, die sich als Beteiligung am allgemeinen wirtschaftlichen Verkehr darstellt. Der Umstand, dass der Verkaufsstand nur für zwei Wochen pro Jahr betrieben wird, steht dem Gewerbebegriff nicht entgegen; es handelt sich um einen so genannten Saisonbetrieb.

2. Handelsgewerbe

Der Verkaufsstand müsste darüber hinaus Handelsgewerbe gemäß § 1 Abs. 2 HGB sein.

Da er keinen nach Art und Weise in kaufmännischer Weise eingerichteten Geschäftsbetrieb erfordert, ist er nicht Handelsgewebe gemäß § 1 Abs. 2 HGB.

3. Zwischenergebnis

A ist folglich nicht Istkaufmann nach § 1 HGB.

II. Kannkaufmann gem. § 2 HGB

S könnte jedoch Kannkaufmann gemäß § 2 HGB sein.

1. Betrieb eines Gewerbes

S betreibt, wie gesehen, ein Gewerbe im handelsrechtlichen Sinne.

2. Eintragung im Handelsregister

Dieses ist im Handelsregister eingetragen.

Allerdings ging S bei Eintragung davon aus, als Kaufmann lediglich der Eintragungspflicht des § 29 HGB nachzukommen. Er hielt die Eintragung daher für deklaratorisch, verkannte also deren konstitutive Rechtsfolgen. S hat folglich keine Entscheidung im Sinne einer freiwilligen Eintragung getroffen.

(P) Ob sich der Eintragende seiner Wahlmöglichkeit nach § 2 HGB bewusst sein muss, ist umstritten.

Einer Auffassung zufolge kommt es nur auf die Tatsache der Eintragung als solche an. Ob die Eintragung nach § 2 HGB freiwillig oder unfreiwillig erfolge, sei unerheblich.[38] Danach wäre A Kannkaufmann nach § 2 HGB.

Nach anderer Ansicht muss die Eintragung nach § 2 HGB freiwillig erfolgen. Sei der Eintra-

---

38 *K. Schmidt* ZHR 163 (1999), 92.

gungsantrag nach § 29 HGB gestellt, könne keine Kaufmannseigenschaft nach § 2 HGB begründet werden. § 2 S. 2 HGB betone gerade das Wahlrecht des Kleingewerbetreibenden, so dass er es bewusst ausüben müsse. Außerdem drohe andernfalls der Anwendungsbereich des § 5 HGB leer zu laufen.[39] A wäre nach dieser Ansicht nicht Kaufmann nach § 2 HGB.

III. Kannkaufmann gem. § 5 HGB

Eine Entscheidung des Meinungsstreites kann dahinstehen, wenn die Kaufmannseigenschaft nach § 5 HGB fingiert würde. Auch § 5 HGB setzt das Betreiben eines Gewerbes voraus. Fehlt es bereits an einem Gewerbebetrieb, bewirkt auch die fälschliche Eintragung im

---

39 *Lieb* NJW 1999, 36.

Handelsregister keine Kaufmannseigenschaft nach § 5 HGB. Mit dem Verkaufsstand betreibt S ein Gewerbe, das ins Handelsregister eingetragen ist. Damit ist er jedenfalls Kaufmann nach § 5 HGB.

§ 5 HGB kommt damit neben § 2 HGB in zwei Fällen eigenständige Bedeutung zu, wenn der Eintragungsantrag nichtig oder irrtümlich ist oder gänzlich fehlt und wenn der Umfang eines ursprünglich nach § 1 Abs. 1 HGB eingetragenen Gewerbes eines Istkaufmanns das Erfordernis der kaufmännischen Einrichtung nach § 1 Abs. 2 HGB verliert, also zum Kleingewerbe des § 2 HGB wird.

IV. Ergebnis

A ist jedenfalls Kaufmann gemäß § 5 HGB.

✎ 6. Der Formkaufmann, § 6 HGB

» Vergleichen Sie
§ 1 HGB und § 105
HGB. Bereits aus
dem Wortlaut der
Vorschriften ergibt
sich der Zusam-
menhang von Per-
sonengesellschafts-
recht und Kauf-
mannsrecht. «

38 Nach § 6 HGB gelten Gesellschaften als Handelsgewerbe ohne Rücksicht auf den Gegenstand ihres Unternehmens. Dabei setzen die Personenhandelsgesellschaften, die oHG und
die KG, den Betrieb eines Handelsgewerbes voraus. Die oHG, die ein Handelsgewerbe
betreibt (§§ 105 Abs. 1, 1 Abs. 2 HGB), ist als solche Formkaufmann, die Eintragung nur
deklaratorisch.

Eine Vereinigung, die ein Gewerbe gemäß §§ 2 oder 3 HGB betreibt oder die nur eigenes
Vermögen verwaltet, kann durch eine konstitutive Handelsregistereintragung oHG werden
und so Kaufmannseigenschaft erlangen (§ 105 Abs. 2). Vorher ist sie eine Gesellschaft bürgerlichen Rechts. Für die Kommanditgesellschaft gilt gleiches mit der Maßgabe, dass die
Haftung des Kommanditisten erst mit der Eintragung im Handelsregister beschränkt ist,
§ 176 HGB.

Die Aktiengesellschaft, die GmbH, die Kommanditgesellschaft auf Aktien, die eingetragene
Genossenschaft und der Versicherungsverein auf Gegenseitigkeit gelten kraft Rechtsform
stets als Handelsgesellschaften und damit als Kaufleute (§ 6 Abs. 2 HGB in Verbindung mit
§§ 3, 278 Abs. 3 AktG, 13 Abs. 3 GmbHG, 17 Abs. 2 GenG, 172 VAG).

Dies gilt selbst dann, wenn gar kein Gewerbe betrieben wird. Bedeutung hat dies für die eingetragene Genossenschaft, die nicht Handelsgewerbe ist, so dass § 17 Abs. 2 GenG besondere Bedeutung zukommt. Die Eintragung ist hier insofern konstitutiv, als die Gesellschaften
als solche vor ihrer Eintragung nicht existieren. Vor der Eintragung sind sie Gesellschaft bürgerlichen Rechts oder unter den Voraussetzungen des § 1 Abs. 2 HGB oHG.

7. Der Scheinkaufmann

PRÜFUNGS-
SCHEMA

39 Kaufmann kraft Rechtsscheins

I. Setzung eines Rechtsscheins

II. Zurechenbarkeit des Rechtsscheins

III. Schutzbedürftigkeit des Dritten

IV. Kausalität für die Rechtshandlung

40 Anders als beim Kaufmann kraft Eintragung fehlt es beim Scheinkaufmann an einer Eintragung
im Handelsregister. § 5 HGB erfasst damit nicht die Fälle, in denen ein Nichteingetragener im
Geschäftsleben als Kaufmann auftritt, so zum Beispiel bei einer entsprechenden Kennzeichnung auf Briefköpfen, in Werbebroschüren oder in Zeitungsinseraten. Der nicht eingetragene
Scheinkaufmann ist damit ein Sonderfall des auf dem Grundsatz von Treu und Glauben (§ 242
BGB) basierenden Rechtsscheingedankens: Wer in zurechenbarer Weise einen Rechtsschein
gesetzt hat, muss sich von gutgläubigen Dritten nach Maßgabe dieses Rechtsscheins behandeln lassen.

a)   Die Lehre vom Rechtsschein

§ 5 HGB reicht für die Sicherheit im Rechtsverkehr nicht aus, denn er greift nur ein, wenn die **41** Eintragung der Firma im Handelsregister erfolgt ist. Der Rechtsverkehr verlangt auch dann Schutz, wenn sich jemand, der nicht ins Handelsregister eingetragen worden ist, wie ein Kaufmann aufführt, ohne es zu sein. Das BGB enthält in verschiedenen Vorschriften, so etwa §§ 171, 405, 409 BGB, den Grundgedanken, dass derjenige, der in zurechenbarer Weise einen Rechtsschein veranlasst hat, weniger schutzwürdig ist als der auf diesen Schein redlich vertrauende gutgläubige Dritte. Deshalb muss er sich gegenüber dem gutgläubigen Dritten nach dem Rechtsschein behandeln lassen, den er erweckt hat.

Der Rechtsscheingedanke hat im Handelsverkehr große Bedeutung: Wer den Anschein erweckt, Kaufmann oder Gesellschafter zu sein, muss sich wie ein Kaufmann oder ein Gesellschafter behandeln lassen.

> **Hinweis**
>
> Auch die Duldungs- und die Anscheinsvollmacht beruhen auf diesem Prinzip: Der Vertretene muss sich so behandeln lassen, als hätte er Vollmacht erteilt, wenn er in zurechenbarer Weise den Rechtsschein gesetzt hat, dass er den für ihn Handelnden bevollmächtigt habe, wenn der Dritte nach Treu und Glauben mit Rücksicht auf die Verkehrssitte aus dem äußeren Geschehen auf eine Bevollmächtigung schließt und schutzwürdig ist, insbesondere auf eine Bevollmächtigung vertraut.[40]

aa)   Zurechenbarkeit des Rechtsscheins

Der Rechtsschein kann (ausdrücklich oder konkludent) gegenüber der Öffentlichkeit oder **42** einem Dritten erweckt werden. Eine Willenserklärung ist nicht erforderlich.

Beispiele   Ausdrückliche wahrheitswidrige Behauptung während der Vertragsverhandlungen, Kaufmann zu sein; Gebrauch einer Firma bei der Geschäftskorrespondenz, vor allem die Gestaltung eines entsprechenden Briefkopfes, der beim unbefangenen Leser den Eindruck erweckt, es handele sich um einen kaufmännischen Gewerbebetrieb; übertreibende Angaben zu Art und Umfang des Unternehmens. ■

Auch das Verhalten Dritter kann einen Rechtsschein erzeugen. Ist der Rechtsschein von einer anderen Person erweckt worden, so ist er dem Scheinkaufmann nur dann zurechenbar, wenn dieser das Verhalten des anderen kennt oder kennen musste und ihm ein Einschreiten zur Zerstörung des Rechtsscheins möglich war.

Beispiel   Erklärt Immobilienmakler M gegenüber Kaufinteressent K fälschlicherweise bei der Wohnungsbesichtigung, Wohnungseigentümer E sei Kaufmann, ist dieser Rechtsschein dem E zuzurechnen, wenn M diese Behauptung entweder im Beisein des E aufstellt und E den M nicht korrigiert, oder wenn M den K entsprechend falsch schriftlich unterrichtet und E Abschriften der Korrespondenz zwischen M und K unbeachtet lässt. ■

Ein Rechtsschein kann nicht, etwa wegen Inhaltsirrtums nach § 119 Abs. 1 BGB, angefochten werden. Eine rückwirkende Vernichtung durch Anfechtung kann den Schutz des Dritten, der auf den Rechtsschein vertraut hat, nicht beseitigen.

---

40 Siehe dazu im Skript „BGB Allgemeiner Teil II" unter Rn. 116 ff.

Der Scheinkaufmann muss aber geschäftsfähig sein, da der Schutz des Nichtgeschäftsfähigen Vorrang vor dem Verkehrsschutz hat.

bb) Schutzbedürftigkeit des Dritten

43 Der Dritte muss hinsichtlich des Rechtsscheins gutgläubig sein, da er sonst, anders bei § 5 HGB, nicht schutzbedürftig ist. Eine Gutgläubigkeit entfällt auch dann, wenn der Dritte den wahren Sachverhalt bei Anwendung der pflichtgemäßen Sorgfalt erkennen konnte. Die Anforderungen an die Sorgfaltspflicht bestimmen sich nach den Umständen des konkreten Falles.

cc) Kausalität für die Rechtshandlung

44 Der Rechtsschein muss für die Rechtshandlung des Dritten ursächlich sein. Der Dritte muss durch das Verhalten des Handelnden zu der Auffassung gelangt sein, dieser sei Kaufmann, das Vertrauen auf den Rechtsschein muss den Dritten zu seiner Rechtshandlung veranlasst haben.

b) Rechtsfolgen

45 Der Rechtsschein wirkt nur zugunsten des Dritten, nicht gegen ihn. Ihm gegenüber gilt der verursachte Rechtsschein als echt, so dass sich der Scheinkaufmann nicht mit Erfolg auf seine in Wirklichkeit fehlende Kaufmannseigenschaft gegenüber dem Dritten berufen kann.

Der Rechtsschein wirkt immer nur zu Lasten des Scheinkaufmanns, nicht aber zu Lasten einer anderen Person; denn dieser kann der Rechtsschein nicht zugerechnet werden. Der Rechtsschein wirkt insbesondere nicht zugunsten des Scheinkaufmanns. Wer den Rechtsschein gesetzt hat, verdient keinen Schutz.

III. Die Firma

1. Firmenbegriff

a) Die Firma des Kaufmanns

46 Die Firma ist der Name, unter dem der Kaufmann seine Geschäfte betreibt, § 17 HGB, nicht das Unternehmen oder der Betrieb selbst. Eine Verknüpfung stellt § 23 HGB her, wonach die Firma nicht ohne das Handelsgeschäft, für welches sie geführt wird, veräußert werden kann. Die gesetzlichen Regelungen des Firmenrechts befinden sich im Handelsgesetzbuch in §§ 17–37a HGB und vereinzelt in Gesetzen zu einzelnen Gesellschaftsformen, so im GmbHG und im AktG.

b) Die Firma bei Handelsgesellschaften

47 Neben dem Kaufmann führen alle Handelsgesellschaften eine Firma, da sie Formkaufmann nach § 6 HGB sind, im Einzelnen die oHG, die KG, die GmbH & Co. KG, die EWIV, die AG, die KGaA, die GmbH und die SE.[41]

---

41 Einzelheiten zur Firma s. bei den einzelnen Gesellschaftsformen in Teil 2 Rn. 326 zur oHG, Rn. 364 zur KG, Rn. 420 zur EWIV, Rn. 472 zur GmbH, Rn. 531 zur AG, Rn. 577 zur KG aA, Rn. 592 zur Genossenschaft.

c) Die Geschäftsbezeichnung

Andere Gesellschaften führen keine Firma, da sie nicht Kaufleute sind, vor allem nicht die GbR **48** und die Partnerschaftsgesellschaft. Diese können eine Geschäftsbezeichnung haben, die den Betrieb des Unternehmens im Unterschied zum Unternehmensinhaber kennzeichnet. Der Unterschied zwischen Firma und Geschäftsbezeichnung besteht darin, dass die Firma einen Rechtsformzusatz führt, während dies bei der Geschäftsbezeichnung nicht der Fall ist.[42]

d) Die Marke

Die Marke im Sinne des MarkenG bezeichnet nicht ein Unternehmen, sondern dient der **49** Identifizierung und Unterscheidung von Waren oder Dienstleistungen.

2. Firmenbildung

a) Bestandteile der Firma

Die Firma hat zwei Bestandteile, den Firmenkern und den Rechtsformzusatz. **50**

aa) Der Firmenkern

Der Firmenkern unterscheidet die Art der Firma nach ihrer Anknüpfung an die Person des **51** Unternehmensträgers, dann Personenfirma, oder an den Unternehmensgegenstand, dann Sachfirma. Bei einer Kombination von Personen- und Sachanknüpfung handelt es sich um eine Mischfirma. Seit der Handelsrechtsreform im Jahr 1998 sind auch Phantasiebezeichnungen zulässig, wenn sie den Inhaber des Unternehmens individualisieren und den Rechtsverkehr vor Täuschungen schützen lassen; in diesem Fall handelt es sich um eine Phantasiefirma.

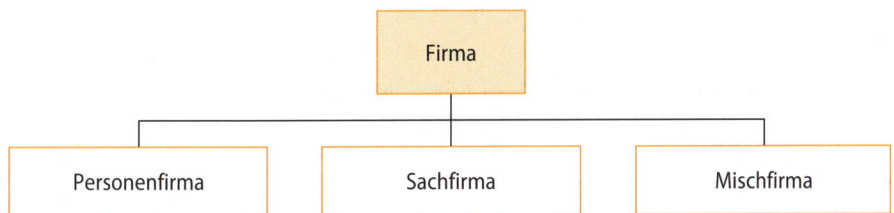

Die **Personenfirma** nennt den Namen des Unternehmensträgers, in der Regel den des Kauf- **52** manns oder im Falle der Gesellschaften den der Gesellschafter, etwa „Johann Maria Farina GmbH". Die Anknüpfung an den Namen des Unternehmensträgers ist üblich bei kleineren und familiär geprägten Betrieben und war daher vor allem in vorindustrieller Zeit bedeutsam.

Demgegenüber betont die **Sachfirma** den Unternehmensgegenstand, etwa „Parfümeur **53** GmbH", gelegentlich verknüpft mit einer Ortsbezeichnung wie „Kölner Parfümeur GmbH".

Die **Mischfirma** kombiniert beide Elemente, beispielsweise „Farina Parfümeur GmbH". Dem- **54** gegenüber lassen **Phantasiefirmen** keinen direkten Rückschluss mehr auf Unternehmensinhaber und -gegenstand zu, vgl. etwa „ish GmbH".

---

42 BT-Drucks. 340/97 S. 55.

Es lassen sich weiter unterscheiden:

- Die **einfache** und die **zusammengesetzte Firma**: Besteht die Firma nur aus einem Namen, firmiert etwa der Kaufmann Karl Kraus als „Karl Kraus", liegt eine so genannte einfache Firma vor, da sie nur aus einem so genannten Firmenkern besteht, § 18 Abs. 1 HGB. Wird diesem Firmenkern jedoch ein Zusatz nach § 18 Abs. 2 HGB beigefügt, beispielsweise „Karl Kraus Malereibetrieb", handelt es sich um eine zusammengesetzte Firma aus Firmenkern und Firmenzusatz, die beide gleichwertig sind.

- **Ursprüngliche** und **abgeleitete Firma**: Abgeleitete Firmen entstehen häufig im Zuge eines Unternehmensverkaufs, wenn der Erwerber die Firma mit einem Nachfolgezusatz weiterführt, etwa der Erwerber des Malereibetriebs von Karl Kraus wie folgt: „Karl Kraus Malereibetrieb, Nachfolger Anton Alt". Gleiches gilt bei der Bildung einer Gesellschaft durch Eintritt in ein bestehendes Handelsgeschäft oder bei Veränderungen im Gesellschafterbestand einer Gesellschaft.

bb) Der Rechtsformzusatz

55 Der Rechtsformzusatz lässt die Rechtsform des Unternehmens erkennen. Ziel ist der Schutz des Geschäftsverkehrs im Hinblick auf das durch die Rechtsform erkennbare Haftungsstatut und die Erleichterung der Abgrenzung zur Geschäftsbezeichnung.[43] Der Rechtsformzusatz steht am Ende der Firma. Bei Unternehmenszusammenschlüssen, bei denen die Firmen kombiniert werden, entfallen daher die bisherigen Rechtsformzusätze zugunsten der fortbestehenden Rechtsform,[44] so dass nur die Firmenkerne aufrechterhalten werden können. Es besteht im Gegenzug aber keine Pflicht zur Fortführung der Firmenkerne.[45]

Ein Verstoß kann für Gesellschafter oder Geschäftsführer zu einer Rechtsscheinhaftung führen, wobei diese gesamtschuldnerisch mit dem Unternehmensträger haften.[46]

Bei einer oHG oder KG, in der keine natürliche Person persönlich haftet, muss die Firma eine die Haftungsbeschränkung kennzeichnende Bezeichnung enthalten (§ 19 Abs. 2 HGB). Gleiches gilt bei der KGaA (§ 279 AktG). Eine GmbH soll den Zusatz „& Co." vor ihrem Rechtsformzusatz verwenden dürfen (X & Co. GmbH), da keine Verwechselungsgefahr mit der GmbH & Co. KG bestehen soll.[47] Die einzelnen Zusätze sind katalogmäßig in § 19 HGB aufgeführt.

Bis zum 31.3.2003 waren im Handelsregister Firmen offener Handelsgesellschaften und Kommanditgesellschaften ohne Zusatz eingetragen. Dies entsprach der alten Rechtslage vor dem 1.7.1998, die zunächst beibehalten werden durfte. Seit dem 1.4.2003 sind diese Gesellschaften verpflichtet, den nach § 19 Abs. 1 Nrn. 2 und 3 HGB vorgeschriebenen Zusatz in die Firma aufzunehmen und im Rechts- und Geschäftsverkehr zu verwenden, einer Anmeldung zur Eintragung in das Handelsregister bedarf es nicht, Art. 38 EGHGB.

---

43 BR-Drucks. 340/97 S. 54.

44 *OLG Stuttgart* Beschluss vom 15.8.2000 (Az: 8 W 80/00), unter Tz. 17 f. = BB 2001, 14: Firmenkern einer Aktiengesellschaft kann namensgebender Bestandteil der Firma einer GmbH & Co. KG werden, der Zusatz „AG" muss entfallen.

45 *OLG Oldenburg* Beschluss vom 16.2.2001 (Az: 5 W 1/01), unter Tz. 2 = BB 2001, 1373, sieht keine Irreführung bei Aufnahme des Namens der persönlich haftenden Gesellschafterin (hier: I.W. GmbH) nur in abgewandelter Form in die Firma einer GmbH & Co. oHG (hier: I.C.C. GmbH).

46 *BGH* Urteil vom 24.6.1991 (Az: II ZR 293/90), unter Tz. 10 = NJW 1991, 2627.

47 *LG Bremen* Beschluss vom 21.10.2003 (Az: 13 T 12/03) = GmbHR 2004, 186.

Nur die Partnerschaftsgesellschaft darf die Zusätze „und Partner", „& Partner" oder „+ Partner" führen, und zwar auch in englischer Form.[48] Andere nach dem 1.7.1995 gegründete Gesellschaften dürfen diesen Zusatz nicht führen.[49] Ungeklärt ist die Firmierung anderer Gesellschaften mit dem Firmenbestandteil „Partner". Ob der Firmenbestandteil bei einer Firmenänderung zwingend zu ändern ist, ist umstritten.[50]

b) Die Firmengrundsätze

56 Die Firmenwahl ist jedoch nicht schrankenlos möglich. Sie wird durch folgende Grundsätze eingeschränkt:

aa) Grundsatz der Firmenklarheit und Firmenunterscheidbarkeit

57 Jede neue Firma muss sich von allen am selben Ort bereits bestehenden und ins Register eingetragenen Firmen deutlich unterscheiden, §§ 18 Abs. 1, 30 Abs. 1 HGB.

Beurteilungsmaßstab sind daher die am selben Ort bzw. – je nach Größe des Geschäfts – die in der Region bereits bestehenden Firmen. Nach dem **Prioritätsgrundsatz** wird grundsätzlich die zuerst eingetragene Firma geschützt.

Um die Firma individualisieren zu können, muss sie außerdem
- zur Kennzeichnung geeignet sein und
- Unterscheidungskraft besitzen (§ 18 Abs. 1 HGB).

Eine Eignung zur Kennzeichnung liegt vor, wenn die Bezeichnung Namensfunktion hat. Eine solche haben nur Sprachzeichen, also grundsätzlich Namen aller Art, Beschreibungen des Unternehmensgegenstandes und reine Phantasiebezeichnungen, nicht jedoch Bildzeichen. Firmenkern und Zusätze müssen eine wörtliche und aussprechbare Bezeichnung darstellen.[51]

Unterscheidungskraft fehlt solchen Firmenbezeichnungen, die nach Verkehrsauffassung des angesprochenen Publikums eine Verwechslungsgefahr mit anderen Firmen begründen. Sie kann auf Gleichlaut, Ähnlichkeit, Klang- und Erscheinungsbild beruhen. Maßstab der Unterscheidung sind nur die im Handelsregister eingetragenen Inhalte, nicht die im Geschäftsverkehr verwendeten Kurzbezeichnungen oder Geschäftsbezeichnungen nichtkaufmännischer Betriebe.[52]

---

48 *OLG Frankfurt* Beschluss vom 11.11.2004 (Az: 20 W 321/04), unter Tz. 6 f. = DB 2005, 99, für „& Partners"; Beschluss des *KG* vom 27.4.2004 (Az: 1 W 180/02), unter Tz. 14 = ZIP 2004, 1645, für „Partners" ohne die Verknüpfung „und".

49 *BGH* Beschluss vom 21.4.1997 (Az: II ZB 14/96), unter Tz. 4 = NJW 1997, 1854, für nachträgliche Aufnahme des Zusatzes in die Firma einer GmbH; anders *OLG Frankfurt* Beschluss vom 3.8.2005 (Az: 20 W 111 /05), unter Tz. 10 = DB 2006, 553: Die Löschung der an sich unzulässigen Firma könne unverhältnismäßig sein, wenn die Gesellschaft sie schon einige Jahre führe und wegen der zusätzlichen Führung des „richtigen" Rechtsformzusatzes auch keine konkrete Verwechslungsgefahr mit Partnerschaftsgesellschaften bestehe.

50 Verneinend *OLG Stuttgart* Beschluss vom 21.3.2000 (Az: 8 W 154/99), unter Tz. 12 = ZIP 2000, 1108, für Firmenänderung einer GmbH wegen Ausscheidens eines in ihr namentlich genannten Gesellschafters; bejahend *LG Köln* Beschluss vom 6.9.1998 (Az: 87 T 29/98) = GmbHR 1999, 411, für Änderung des Hinweises auf den Unternehmensgegenstand, ebenso *BayObLG* Beschluss vom 19.2.2003 (Az: 3Z BR 17/03) = GmbHR 2003, 475: „communication" statt „Werbeagentur"; *OLG Frankfurt* Beschluss vom 6.9.1998 (Az: 87 T 29/98) = GmbHR 1999, 411, gestattet eine Fortführung der Firma mit den Bestandteilen „& Partner" für eine vor 1995 eingetragene oHG nach Formwechsel in eine GmbH.

51 *BGH* Urteil vom 6.7.1954 (Az: I ZR 167/52), unter Tz. 15 f. = BGHZ 14, 155 – Farina/rote Blume.

52 *OLG Düsseldorf* Urteil vom 7.11.1995 (Az: 20 U 175/95) = NJW-RR 1996, 936.

58 Eine Unterscheidungskraft ist verneint worden für

- Allgemeinbegriffe wie Gattungsbezeichnungen, z.B. „Creativ", „Fun", „Turbo".[53]
- Abkürzungen aus nicht aussprechbaren Buchstabenfolgen, vor allem, wenn firmenfremde Ziele verfolgt werden, so für „A.A.A.A.A.A.".[54] Zulässig sind aber Buchstabenfolgen, wenn sie aussprechbar oder bloße Abkürzungen sind, so etwa „GEFA",[55] nicht aber „AKDV" als Phantasiewort.[56]
- Zahlen, wenn die Unterscheidungskraft zu anderen Zahlen aufgrund des nahezu einheitlichen Erscheinungsbildes fehlt, z.B. „4811" zu „4711" oder „fifty-two" zu „fifty-one".[57]
- Branchenbezeichnungen, bei diesen besteht ein Freihaltebedürfnis, da sie regelmäßig Bestandteil des Firmenkerns sind, wie „Druckerei", „Bäckerei", „Profi-Handwerker GmbH",[58] angeblich zulässig aber „Software AG" und „Immo-Data".[59]
- Schlagwortartige Begriffe im Ausnahmefall, wenn ihre Verwendung nicht dem üblichen Gebrauch entspricht, zulässig daher „Garant-Möbel".[60]

bb) Grundsatz der Firmenwahrheit

» Lesen Sie § 18 HGB, er enthält die Kernsätze des Firmenrechts. «

59 Der Grundsatz der Firmenwahrheit verbietet jede Irreführung als solche. Er gebietet gleichzeitig die Beifügung des Rechtsformzusatzes. Er ist mit dem **Irreführungsverbot** in § 18 Abs. 2 S. 1 HGB verankert, das alle Angaben untersagt, die geeignet sind, über geschäftliche Verhältnisse, die für die angesprochenen Verkehrskreise wesentlich sind, irrezuführen.[61] Damit besteht ein umfassendes Irreführungsverbot für sämtliche Firmenbestandteile einschließlich der Firma als Ganzes.

Das Irreführungsverbot kommt jedoch nur dort zum Tragen, wo die Angaben für die angesprochenen Verkehrskreise von einiger wettbewerblicher Relevanz sind und die Wertschätzung für das Unternehmen mitbestimmen. Maßstab ist die objektive Sicht eines durchschnittlichen Angehörigen des betroffenen Personenkreises bei verständiger Würdigung.[62]

Betrachtet wird nur die **Täuschungseignung** als solche, ob tatsächlich eine Täuschung eingetreten ist, ist unerheblich.[63] Eine Eignung zur Täuschung liegt jedoch dann noch nicht vor, wenn die Bezeichnung unterschiedliche Assoziationen gestattet, so im Fall MEDITEC für Medizintechnik oder Medientechnik.[64]

Eine Täuschung liegt dort vor, wo über die **Größe** des Unternehmens Fehlvorstellungen erweckt werden. „Euro", „Europa" und „European" sind unbedenklich, sofern sich nicht im Einzelfall konkrete Anhaltspunkte für eine Täuschungseignung ergeben, so wenn sich ein kleiner

53 *Bülow* DB 1999, 270.
54 *OLG Frankfurt* Beschluss vom 28.2.2002 (Az: 20 W 531/01), unter Tz. 7 f. = GmbHR 2002, 647: Firma soll zu allererster Nennung im Branchenbuch verhelfen.
55 *BGH* Urteil vom 17.1.1985 (Az: I ZR 172/82), unter Tz. 16 ff. = GRUR 1985, 461 – Gefa/Gewa.
56 *OLG Celle* Beschluss vom 6.7.2006 (Az: 9 W 61/06), unter Tz. 2 = DB 2006, 1950.
57 *Kögel* BB 1997, 796.
58 *BayObLG* Beschluss vom 1.7.2003 (Az: 3Z BR 122/03), unter Tz. 11 f. = GmbHR 2003, 1003.
59 *BGH* Urteil vom 26.6.1997 (I ZR 56/95), unter Tz. 17 = NJW-RR 1997, 1402.
60 *BGH* Urteil vom 8.12.1994 (Az: I ZR 192/92), unter Tz. 17 = NJW-RR 1995, 357.
61 An einer solchen Wesentlichkeit fehlt es, wenn die Verkehrskreise mit dem in der Firma eines Autohauses verwendeten Namen des Urgroßvaters eines Mehrheitsgesellschafters keine maßgeblichen Vorstellungen verbinden, vgl. *OLG Düsseldorf* Beschluss vom 11.1.2017 (Az: I-3 Wx 81/16), unter Tz. 7 = NZG 2017, 350, 351.
62 *Bokelmann* GmbHR 1998, 60.
63 *RG* Beschluss vom 19.10.1937, RGZ 156, 16.
64 *BayObLG* Beschluss vom 17.5.1999 (Az: 3Z BR 90/99), unter Tz. 6, 8 = BB 1999, 1401.

Getränkeladen ohne Angestellte „Eurospirituosen" nennt. Dies gilt unabhängig von einer denkbaren Assoziation mit der Währung. Auch der Firmenbestandteil „International" verstößt nicht gegen das Irreführungsverbot, wenn grenzüberschreitende Aktivitäten ausgeübt werden.[65] Den Firmenbestandteil „Group" darf ein Einzelkaufmann nicht wählen, der Inhaber zweier einzelkaufmännischer Firmen und einer weiteren GmbH-Beteiligung ist, weil er auf eine Gesellschaft hindeutet[66]. Landschaftsbezeichnung und Städtenamen sind weithin zulässig.[67]

Eine Täuschung wird außerdem bejaht, wenn die Bezeichnung eine besondere **Qualität** der Ausbildung vorspiegelt. So ist der Zusatz „Institut" für gewerbliche und freiberufliche Unternehmen unzulässig, weil er den irreführenden Eindruck erweckt, es handele sich um eine öffentliche wissenschaftliche Einrichtung.[68]

Ist die angemeldete Firma ersichtlich zur Täuschung geeignet, verweigert das Registergericht die Eintragung (§ 18 Abs. 2 S. 2 HGB).

cc) Grundsatz der Firmeneinheit

Der Grundsatz der Firmeneinheit ist aus dem Grundsatz der Firmenwahrheit abgeleitet und **60** hat keine eigenständige gesetzliche Regelung erfahren. Er besagt, dass der Kaufmann **nur eine einzige Firma** für ein und dasselbe Unternehmen führen darf. Dies vermeidet eine Irreführung des Rechtsverkehrs, in dem ein Kaufmann unter verschiedenen Firmen für ein Unternehmen aufträte. Eine unterschiedliche Firmierung für mehrere organisatorisch getrennte Betriebe ist aber zulässig.[69] Der Grundsatz der Firmeneinheit beinhaltet damit das **Verbot der Firmenmehrheit**. Kein Verstoß liegt vor, wenn einzelne Filialen eines Betriebs zur Unterscheidung mit einer Ortsbezeichnung oder einer Zählung versehen werden.

dd) Grundsatz der Firmenöffentlichkeit

Die Firma muss der Öffentlichkeit kund gemacht werden, wozu vor allem die Eintragung **61** im Handelsregister dient. In das Handelsregister werden die Firma, der Ort der Handelsniederlassung, die Änderung der Firma oder ihrer Inhaber, die Verlegung der Niederlassung, die Eröffnung des Insolvenzverfahrens bzw. seine Aufhebung und das Erlöschen der Firma eingetragen, §§ 29–31 HGB.

3. Firmenschutz

a) Schutz der Firma durch das Registergericht

Nach § 37 Abs. 1 HGB kann das Registergericht im Firmenmissbrauchsverfahren von Amts **62** wegen zur Unterlassung des Gebrauchs der Firma durch Festsetzung von Ordnungsgeld anhalten. Es gibt dem Kaufmann unter Androhung eines Ordnungsgeldes auf, sich des Gebrauchs der Firma zu enthalten. Ausreichend ist, dass die Firma objektiv unbefugt gebraucht wird, ein Verschulden des Gebrauchenden ist nicht erforderlich.

---

65 *LG Stuttgart* Beschluss vom 11.4.2000 (Az: 4 KfH T 4/00) = BB 2000, 1213.
66 *OLG Schleswig* Beschluss vom 28.9.2011 (Az: 2 W 231/10), unter Tz. 13 = NZG 2012, 34, 35.
67 *OLG Stuttgart* Beschluss vom 3.7.2003 (Az: 8 W 425/02), unter Tz. 30 ff. = Justiz 2003, 561: „Bodensee"; *OLG Stuttgart* Beschluss vom 17.11.2000 (Az: 8 W 153/99), unter Tz. 13 = DB 2001, 697: „Stuttgart".
68 *OLG Düsseldorf* Beschluss vom 16.4.2004 (Az: I-3 Wx 107/04), unter Tz. 17 = DB 2004, 1720.
69 *Koller/Kindler/Roth/Morck* § 17 Rn. 15.

Im Falle von schuldhaften Zuwiderhandlungen kann das Registergericht eine Ordnungsstrafe androhen und festsetzen, §§ 388, 389, 392 FamFG. Daneben kann es außerdem die Löschung von Amts wegen nach den §§ 393 ff. FamFG durchführen.

b) Schutz der Firma durch Firmeninhaber

63 Anspruch aus § 37 Abs. 2 HGB – Voraussetzungen

I. Firmeninhaberschaft des Anspruchstellers

II. unbefugter Firmengebrauch durch Anspruchsgegner

III. Verletzung des Rechts des Anspruchstellers

64 Der Schutz der Firma gegen unzulässigen Gebrauch ist vor allem außerhalb des HGB geregelt: Im Bürgerlichen Gesetzbuch (BGB), im Markengesetz (MarkenG) und im Gesetz gegen den unlauteren Wettbewerb (UWG).

Der durch den Firmenfehlgebrauch Verletzte, insbesondere der prioritätsältere Firmeninhaber, hat zivilrechtlich **Anspruch auf Unterlassung**

- gemäß § 37 Abs. 2 HGB, mit dem die registerrechtliche Unzulässigkeit einer Firmenbezeichnung geltend gemacht werden kann,
- gemäß § 15 Abs. 4 MarkenG, der geschäftliche Bezeichnungen und damit in vielen Fällen auch die Firma schützt,
- gemäß § 12 BGB, der über §§ 1004, 823 BGB den Schutz der Firma als zivilrechtlichen Namen schützt, § 15 Abs. 4 MarkenG ist allerdings lex specialis zu § 12 BGB, und
- gemäß §§ 8 Abs. 1 S. 1, 3 UWG für Wettbewerbsverhältnisse, auch dieser wird durch § 15 Abs. 4 MarkenG verdrängt.

Neben den vorgenannten Unterlassungsansprüchen kann der Verletzte **Schadensersatz** verlangen

- gemäß § 823 Abs. 1 BGB, die Firma ist sonstiges Recht, der Firmenmissbrauch ein Eingriff in den eingerichteten und ausgeübten Gewerbebetrieb,
- gemäß § 823 Abs. 2 BGB i.V.m. § 37 Abs. 2 S. 1 HGB,
- gemäß § 826 BGB insbesondere bei Kreditgefährdung durch die Irreführung des Geschäftsverkehrs,
- gemäß §§ 9, 3 UWG unter wettbewerbsrechtlichen Gesichtspunkten.

Der durch den unzulässigen Firmengebrauch Verletzte hat hingegen keinen Anspruch auf Einschreiten des Registergerichts, da das Registergericht eine eigene Ermessensentscheidung trifft, bei der es öffentliche und private Interessen gegeneinander abzuwägen hat.

c)   Übungsfall Nr. 3

„Kölsch für Köln"   65

Kaufmann K eröffnet in Köln eine Kölschbrauerei, weil ihm die dort bisher vielfach hergestellten Kölschsorten nicht zusagen. Er möchte den Betrieb entweder unter der Firma „K Kölner Kölschbrauereien" oder unter „Beer for all of us" zur Eintragung im Handelsregister anmelden. Wie wird das Registergericht entscheiden?

Lösung   66

Das Registergericht wird erwägen, ob die Firma eine hinreichende Unterscheidungskraft (§ 18 Abs. 1 HGB) von den am Ort vorhandenen Brauereien (§ 30 Abs. 1 HGB) hat, keine wesentliche Täuschung der maßgeblichen Verkehrskreise zu erwarten ist (§ 18 Abs. 2 HGB) und den für den Kaufmann vorgesehenen Rechtsformzusatz beinhaltet (§ 19 Abs. 1 Nr. 1 HGB).

I.   K Kölner Kölschbrauereien

Die Verwendung des Familiennamens des K ist zunächst unbedenklich. § 17 HGB knüpft an das bürgerlich-rechtliche Namensrecht an, aus dem bereits eine Unterscheidungskraft folgt. Es handelt sich um eine Mischfirma, da K neben seinem Familiennamen auch die Art des Betriebs mit einer Branchenbezeichnung (Brauerei) und der Angabe des Produktes (Kölsch) beschreibt.

Bedenken bestehen aber gegen die Verwendung der Pluralform bei der Angabe der Branche, da dies bei den maßgeblichen Verkehrskreisen die Fehlvorstellung hervorrufen kann, dass K mehrere Brauereien betreibt.

Darüber hinaus suggeriert die Nennung des Ortes (Kölner) eine Alleinstellung des K, die die Firmenrechte der anderen am Ort betriebenen Brauereien missachtet und den maßgeblichen Verkehrskreisen vorspiegelt, K sei der einzige Brauereienbetreiber in Köln.

Damit liegt sowohl ein Verstoß gegen das Gebot hinreichender Unterscheidungskraft (§ 18 Abs. 1 HGB), als auch gegen das Verbot der Irreführung (§ 18 Abs. 2 S. 1 HGB) vor.

II.   Beer for all of us

Die Firma „Beer for all of us" ist als fremdsprachlicher Ausdruck eine Phantasiefirma, die seit 1998 grundsätzlich zulässig ist. Gegen die Verwendung einer Fremdsprache bestehen keine Bedenken, wenn sie von den maßgeblichen Verkehrskreisen dem Sinn nach verstanden wird. Davon ist bei einem derart einfachen Satzgebilde auszugehen.

Allerdings handelt es sich bei dem Ausdruck nur um eine allgemeine Formulierung in der Einkleidung einer Forderung, die eine hinreichende Individualisierung vermissen lässt. Mangels Individualisierung fehlt es daher an der erforderlichen Unterscheidungskraft (§ 18 Abs. 1 HGB).

III.   Ergebnis

Das Registergericht wird weder „K Kölner Kölschbrauereien" noch „Beer for all of us" eintragen.

4. Firmenfortführung

67 Der Betrieb des Kaufmanns kann als solcher Gegenstand des Rechtsverkehrs sein, indem er verkauft, verpachtet, verschenkt oder belastet wird. Die handelsrechtlichen Vorschriften der §§ 25 ff. HGB ergänzen die Vorschriften des bürgerlichen Rechts zum Rechtsgrund.

Im Grundsatz gilt, dass das Handelsgeschäft mit oder ohne die Firma veräußert werden kann, die Firma jedoch nicht selbstständig Gegenstand einer Veräußerung unabhängig vom Handelsgeschäft sein kann, § 23 HGB.

a) Haftung des Erwerbers bei Firmenfortführung, § 25 HGB

68

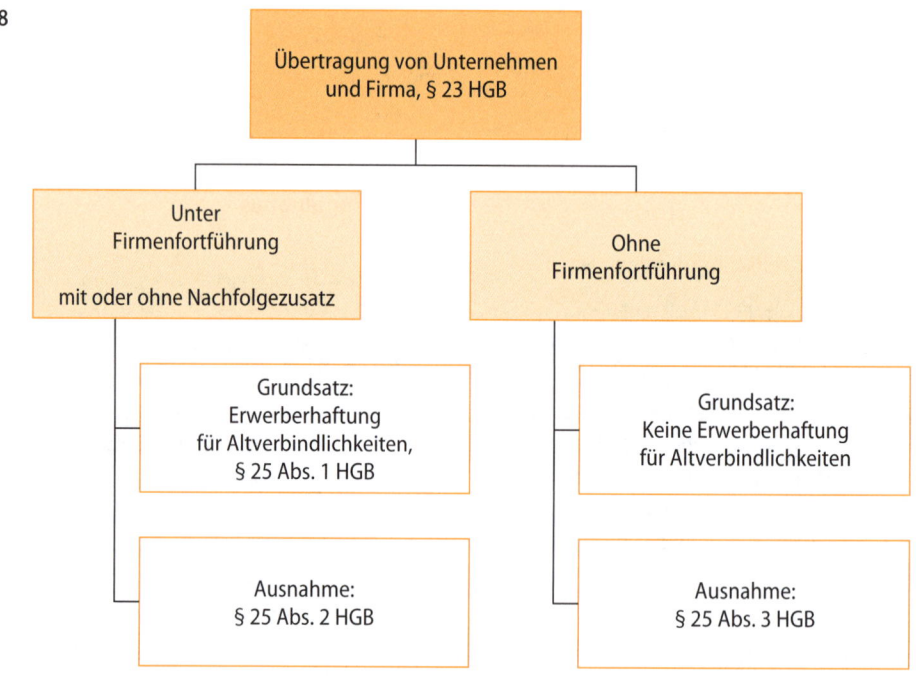

aa) § 25 Abs. 1 S. 1 HGB

69 **Haftungsvoraussetzungen nach § 25 Abs. 1 S. 1 HGB**

I. Kaufmännisches Handelsgewerbe

II. Erwerb durch Rechtsgeschäft unter Lebenden

III. Fortführung des Handelsgeschäfts unter der bisherigen Firma

IV. Betriebszugehörigkeit der Verbindlichkeit

V. Keine abweichende Vereinbarung

PRÜFUNGSSCHEMA

Der Erwerber haftet grundsätzlich nach § 25 Abs. 1 S. 1 HGB für Altschulden des bisherigen Inhabers des Handelsgeschäfts, wenn er das Handelsgeschäft unter Lebenden unter der bisherigen Firma mit oder ohne Beifügung eines das Nachfolgeverhältnis andeutenden Zusatzes fortführt und es sich um eine im Betriebe des Geschäfts begründete Verbindlichkeit, eine so genannte Altverbindlichkeit des früheren Inhabers, handelt.

70

» Lesen Sie § 25 HGB vollständig und machen Sie sich die einzelnen Konstellationen klar. «

Zweierlei ist zu beachten:

- § 25 HGB regelt einen **Erwerb durch Rechtsgeschäft unter Lebenden**. In Erbfällen gilt § 27 HGB.
- Die Haftung nach § 25 Abs. 1 S. 1 HGB erfasst nur **betriebliche Altverbindlichkeiten** des früheren Inhabers des Handelsgeschäfts, nicht dessen Privatverbindlichkeiten, vgl. auch § 344 HGB.

Im Einzelnen müssen folgende **Voraussetzungen** erfüllt sein:

(1) Kaufmännisches Handelsgewerbe

Der frühere Inhaber muss Kaufmann nach den §§ 1 ff. HGB sein, wobei eine fingierte Kaufmannseigenschaft kraft Eintragung nach § 5 HGB genügt. Gegenstand des schuldrechtlichen Erwerbsgeschäfts muss das kaufmännische Handelsgewerbe sein. Es genügt aber, wenn der Erwerber den wesentlichen Teil des Handelsgeschäfts erwirbt. Ob § 25 Abs. 1 S. 1 HGB einen darüber hinausgehenden Anwendungsbereich für Nichtkaufleute oder zumindest für Unternehmensträger hat, ist nicht geklärt.[70]

71

Beispiel Rechtsanwalt R verkauft seine Kanzlei an den Erwerber E. In diesem Fall kommt § 25 HGB nicht zur Anwendung, da R als Freiberufler nicht Kaufmann nach § 1 HGB ist. In diesem Fall kommt allenfalls eine Haftung aus allgemeinen Rechtsscheingrundsätzen in Betracht. ■

(2) Erwerb durch Rechtsgeschäft unter Lebenden

Der Erwerb muss durch Rechtsgeschäft unter Lebenden erfolgt sein, womit jede Unternehmensübertragung und -überlassung, aber auch ein zeitlich beschränkter Erwerb durch Pacht oder Nießbrauch erfasst ist. Die Wirksamkeit der der Übernahme zugrunde liegenden schuldrechtlichen oder dinglichen Geschäfte ist unerheblich, entscheidend für die Haftung ist vielmehr die tatsächlich einvernehmliche Übernahme des Geschäftsbetriebs. Es kommt also allein darauf an, ob tatsächlich ein Wechsel des Unternehmensträgers stattgefunden hat. Bei einem Erwerb vom Insolvenzverwalter ist § 25 Abs. 1 HGB nicht anwendbar, da andernfalls ein Unternehmen in der Insolvenz nicht veräußert werden könnte.[71] Wird jedoch ein in Insolvenz befindliches Unternehmen von einem Dritten außerhalb des Insolvenzverfahrens lediglich tatsächlich fortgeführt, ohne dass diese Fortführung vom Insolvenzverwalter abgeleitet ist, so ist § 25 Abs. 1 HGB anwendbar.[72]

72

(3) Fortführung des Handelsgeschäfts unter der bisherigen Firma

Eine Fortführung des Handelsgeschäfts unter der bisherigen Firma durch den Erwerber liegt schon dann vor, wenn er das Handelsgeschäft im wesentlichen Bestand oder seinem Kern fortführt, nicht erforderlich ist eine vollständig unveränderte Fortführung. Fortführung der bisherigen Firma meint ebenfalls nicht eine buchstabengetreue Übernahme, auch hier genügt die Fortführung im Kern.

73

---

70 *K. Schmidt* HandelsR § 8 Abs. 2 S. 1a für eine weite Anwendung auf Unternehmen.
71 *BGH* Urteil vom 11.4.1988 (Az: II ZR 313/87), unter Tz. 4 = NJW 1988, 1912.
72 *BGH* Urteil vom 23.10.2013 (Az: VIII ZR 423/12), unter Tz. 17 = WM 2014, 74,76 f.

(4) Keine abweichende Vereinbarung

74 Eine abweichende unmittelbare Vereinbarung mit Dritten schließt eine Haftung nach § 25 Abs. 1 S. 1 HGB diesen gegenüber aus.

Eine entsprechende Vereinbarung zwischen dem früheren Inhaber und dem Erwerber über den Ausschluss der Haftung gemäß § 25 Abs. 1 S. 1 HGB ist Dritten gegenüber jedoch nur dann wirksam, wenn ihnen diese Vereinbarung bekannt ist, insbesondere wenn die Vereinbarung im Handelsregister eingetragen und bekannt gemacht worden ist, § 25 Abs. 2 HGB. Es genügt jede formlose Mitteilung eines solchen Ausschlusses gegenüber dem Dritten.

(5) Rechtsfolge

75 Rechtsfolge ist ein gesetzlicher Schuldbeitritt, so dass der Erwerber neben dem früheren Inhaber für alle im Betrieb begründeten Altverbindlichkeiten haftet.

Dem **Umfang** nach haftet der Erwerber mit seinem gesamten Vermögen, nicht nur begrenzt auf das erworbene Handelsgeschäft. Er haftet als Gesamtschuldner neben dem früheren Inhaber und kann daher dem Gläubiger alle Einreden des früheren Inhabers sowie seine eigenen Einreden als Gesamtschuldner nach §§ 422 ff. BGB entgegenhalten. Aufrechnen kann er nach § 422 Abs. 2 BGB nur, soweit auch die Forderung auf ihn übergegangen ist. Auf eine vor der Veräußerung erklärte Aufrechnung kann er sich gemäß § 422 Abs. 1 BGB berufen.

Unerheblich ist auch die Art der im Betrieb des Geschäfts begründeten Verbindlichkeiten und ihr Rechtsgrund, so dass der Erwerber aus Vertrag, Delikt oder sonstigem Rechtsgrund haftet. Insbesondere haftet er auch für die im Zusammenhang mit dem Erwerb des Handelsgeschäfts selbst begründeten Verbindlichkeiten.

Die Haftung erstreckt sich im Falle unternehmensbezogener Dauerschuldverhältnisse auf entstandene Teilansprüche. Für Teilansprüche, die erst nach Erwerb des Handelsgeschäfts entstehen, haftet er neben gesetzlichen Vertragsübernahmen, etwa nach § 566 BGB oder § 613a BGB, nur für vereinbarte Vertragsübernahmen, wobei häufig von einer konkludenten Vertragsübernahme durch die Fortführung des Geschäfts insgesamt ausgegangen werden kann.

Zeitlich ist die Haftung begrenzt gemäß § 26 HGB, da eine unbegrenzte Nachhaftung des Veräußerers trotz Geschäfts- und Firmenfortführung durch den Erwerber vor allem bei Dauerschuldverhältnissen nicht sachgerecht wäre. Ansprüche gegen den Veräußerer verjähren in fünf Jahren auch dann, wenn der Erwerber nicht nur gemäß § 25 Abs. 1 S. 1 HGB, sondern daneben aus allgemeinen bürgerlichen Vorschriften haftet.[73]

bb) Forderungsübergang nach § 25 Abs. 1 S. 2 HGB

76 Nach § 25 Abs. 1 S. 2 HGB gelten Forderungen den Schuldnern gegenüber als auf den Erwerber übergegangen, wenn der Erwerber das Handelsgeschäft mit Einwilligung des bisherigen Inhabers unter der bisherigen Firma mit oder ohne Anführung eines Nachfolgezusatzes fortführt. § 25 Abs. 1 S. 2 HGB ist damit eine Schuldnerschutznorm, die an die Unternehmenskontinuität nach außen anknüpft.

---

73 *BGH* Urteil vom 26.11.1964 (Az: VII ZR 75/63) = BGHZ 42, 381.

§ 25 Abs. 1 S. 2 HGB ist als widerlegliche Vermutung ausgestaltet, die an die Voraussetzungen des § 25 Abs. 1 S. 1 HGB anknüpft, so dass auch für den Forderungsübergang der bisherige Inhaber in die Fortführung der Firma eingewilligt haben muss und kein Haftungsausschluss gemäß § 25 Abs. 2 HGB vorliegen darf.

Rechtsfolge des § 25 Abs. 1 S. 2 HGB ist die Fiktion eines Übergangs betriebsbezogener Forderungen auf den Erwerber, wobei der Schuldner auch weiterhin schuldbefreiend an den bisherigen Inhaber leisten kann, der Forderungsinhaber bleibt, da der Forderungsübergang nur fingiert wird. Bei Leistung an den Erwerber ist dieser Nichtberechtigter im Sinne von § 816 Abs. 2 BGB. Die schuldbefreiende Wirkung bleibt nach § 25 Abs. 1 S. 2 HGB i.V.m. §§ 398, 404 ff. BGB jedoch bestehen, obwohl keine Abtretung der Forderung stattgefunden hat.

cc) Haftung gemäß § 25 Abs. 3 HGB

§ 25 Abs. 3 HGB hat lediglich klarstellende Funktion. Er besagt, dass soweit die Voraussetzungen **77** von § 25 Abs. 1 S. 1 HGB nicht erfüllt sind, eine Haftung nur in Betracht kommt, wenn besondere vertragliche oder gesetzliche Verpflichtungsgründe, etwa ein Schuldbeitritt, eine Vertragsübernahme oder ein Betriebsübergang nach § 613a BGB, vorliegen. Die in § 25 Abs. 3 HGB beispielhaft genannte Bekanntmachung der Haftungsübernahme in handelsüblicher Weise meint jede Kundgabe des Erwerbers, beispielsweise durch ein Rundschreiben, wobei streitig ist, ob es sich um eine einseitige, nicht annahmebedürftige Verpflichtungserklärung handelt.

b) Haftung bei Firmenfortführung durch den Erben, § 27 HGB

78

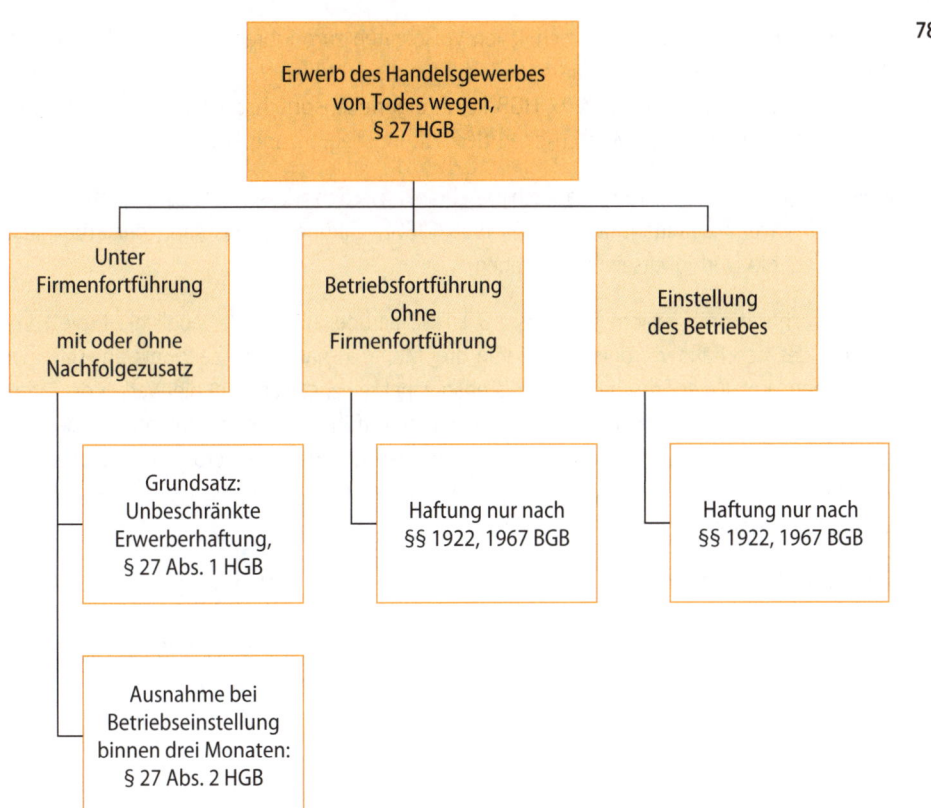

aa) **Voraussetzungen**

79 **Haftungsvoraussetzungen nach § 27 Abs. 1 i.V.m. § 25 Abs. 1 S. 1 HGB**

I. Kaufmännisches Handelsgewerbe

II. Erwerb von Todes wegen

III. Fortführung des Handelsgeschäfts unter der bisherigen Firma
Firmenaufgabe innerhalb Dreimonatsfrist   Rn. 83

IV. Durch den oder die Erben

V. Betriebszugehörigkeit der Verbindlichkeit

VI. Keine abweichende Vereinbarung
Bezugnahme auf § 25 Abs. 2 HGB   Rn. 82

80 Der Übergang des Handelsgeschäfts im Erbfall richtet sich zunächst nach bürgerlich-rechtlichen Grundsätzen: Es geht im Erbfall als Teil des Gesamtvermögens des Erblassers nach dem Grundsatz der **Universalsukzession** gemäß § 1922 BGB auf den oder die Erben über. Der Erbe erwirbt daher sämtliche unternehmensbezogenen Forderungen und Schulden bereits nach allgemeinen BGB-Grundsätzen.

§ 27 HGB ergänzt die bürgerlich-rechtlichen Vorschriften zum Erbrecht für handelsrechtliche Bedürfnisse. Der Erbe haftet gemäß § 1967 BGB für alle Schulden des Erblassers unbeschränkt mit seinem Vermögen, so dass **§ 27 HGB keine eigene Anspruchsgrundlage** darstellt, sondern weitere erbrechtliche Möglichkeiten der Haftungsbegrenzung begründet.

Erbrechtlich kann die Haftung dadurch beschränkt werden, dass Nachlassverwaltung oder Nachlassinsolvenz beantragt werden, §§ 1975 ff. BGB. Darüber hinaus kann der Erbe nach § 1990 BGB die Dürftigkeitseinrede erheben.

Handelsrechtlich eröffnet ihm § 27 Abs. 2 S. 1 HGB darüber hinaus die Möglichkeit, die Fortführung des Geschäfts vor dem Ablauf von drei Monaten nach dem Zeitpunkt, in welchem er von dem Anfall der Erbschaft Kenntnis erlangt hat, einzustellen, d.h. die werbende Tätigkeit völlig aufzugeben, ohne dass ein Fall der Firmenfortführung angenommen wird. Gleiches gilt, wenn ein Insolvenzverfahren über das Vermögen des Erblassers eröffnet wird oder das Unternehmen veräußert oder verpachtet wird. Für die Firmenänderung gelten die gleichen Grundsätze wie für die Geschäftseinstellung.

§ 27 HGB gilt nicht für den **Vermächtnisnehmer**, da das Vermächtnis lediglich einen schuldrechtlichen Anspruch auf Erfüllung des Vermächtnisses gewährt, jedoch keinen unmittelbaren Rechtserwerb zur Folge hat. Für den Vermächtnisnehmer gilt daher § 25 HGB. § 27 HGB gilt jeweils unabhängig voneinander aber für den **Vor- und Nacherben**.

Nach § 27 Abs. 1 i.V.m. § 25 Abs. 1 S. 1 HGB haftet der Erbe den Geschäftsgläubigern unbeschränkt und ohne die nach dem BGB gegebenen Möglichkeiten der Haftungsbeschränkung auf den Nachlass, wenn folgende Voraussetzungen vorliegen, für die im Einzelnen die zu § 25 Abs. 1 S. 1 HGB dargestellten Grundsätze gelten:

- Fortführung des Handelsgeschäfts
- Durch den oder die Erben
- Unter Fortführung der Firma mit oder ohne Nachfolgezusatz
- Betriebszugehörigkeit der Verbindlichkeit

Grund für diese unbeschränkbare Haftung ist die Firmenfortführung, in der eine Mitteilung über die Schuldübernahme liegen soll. Die unbeschränkte Haftung trifft den Erben im Übrigen auch dann, wenn er die Firma zwar nicht fortführt, aber die **Übernahme der Verbindlichkeiten** in handelsüblicher Weise **bekannt gemacht** hat oder sonst ein Verpflichtungsgrund vorliegt, § 27 Abs. 1 i.V.m. § 25 Abs. 3 HGB.

bb) Dreimonatsfrist des § 27 Abs. 2 HGB

Zweck der **Dreimonatsfrist** des § 27 Abs. 2 HGB ist es, dem Erben eine Überlegungsfrist einzuräumen, ob der Vorteil der Firmenfortführung den Nachteil der unbeschränkten Haftung aufwiegt. In diesem Fall bleibt die Haftung durch eine Nachlassverwaltung auf den Nachlass beschränkbar.

81 » Vergleichen Sie § 27 Abs. 2 HGB und die Regelung des Beginns der Dreimonatsfrist mit § 1944 BGB. «

cc) Sonderfälle

(1) § 27 Abs. 1 i.V.m. § 25 Abs. 2 HGB

Fraglich ist zunächst, ob § 27 Abs. 1 HGB auch auf § 25 Abs. 2 HGB verweist mit der Folge, dass der Erbe die Firma zwar fortführen kann, ohne aber seine Haftungsbeschränkungsmöglichkeiten gegenüber den Geschäftsgläubigern zu verlieren.

82

Dies ist zulässig, da § 27 Abs. 1 HGB seinem Wortlaut nach keine Verweisungsbeschränkung, die § 25 Abs. 2 HGB ausnehmen könnte, enthält. § 27 Abs. 1 HGB hat auch nicht den Zweck, Geschäftsgläubiger besser zu stellen als Privatgläubiger des bisherigen Inhabers. § 27 Abs. 1 HGB soll vielmehr wie § 25 Abs. 2 HGB die Haftungsfrage klären. Der Erwerber kann daher durch einseitige Erklärung die unbeschränkte Haftung vermeiden. Über § 25 Abs. 2 HGB tritt an die Stelle der Vereinbarung mit dem bisherigen Inhaber, dessen Ableben eine Vereinbarung ausschließt, die Erklärung des Erwerbers.

(2)   § 27 Abs. 2 HGB

 83

Die Fortführung der Firma und die Fortführung des Unternehmens dürfen nicht verwechselt werden. Unklar ist hier, ob es für die Anwendung des § 27 Abs. 2 HGB genügt, wenn der fortführende Erbe binnen drei Monaten nur die Firma, nicht aber das Unternehmen aufgibt.

Die überwiegende Meinung lehnt dies ab, da § 27 Abs. 2 HGB nur von einem „Geschäft", also nicht nur von der Firma spreche. Die Aufgabe der Firma sei der Einstellung der Geschäftsfortführung nicht gleichzustellen. § 27 Abs. 2 HGB verlange die vollständige Beseitigung jedes Scheins einer Fortführung.[74]

Nach anderer Ansicht soll § 27 Abs. 2 HGB dem Erben eine Überlegungsfrist einräumen, in der der Erbe prüfen solle, ob der Vorteil der Firma den Nachteil der Haftung aufwiege. Er sei daher benachteiligt, wenn er die Haftungsbeschränkung nur durch eine Zerschlagung des ganzen Geschäfts erreichen könne. Eine solche Zerschlagung liege gerade nicht im Gläubigerinteresse. Für die Gläubiger sei es auch unerheblich, ob der Erbe die Firma sofort aufgebe, so dass § 27 Abs. 1 HGB von vornherein nicht anwendbar ist, oder erst im Rahmen der Dreimonatsfrist.[75]

c)   Eintritt in das Geschäft eines Einzelkaufmanns, § 28 HGB

PRÜFUNGS-SCHEMA

84 **Haftungsvoraussetzungen nach § 28 Abs. 1 S. 1 HGB**

I. Verbindlichkeit des Geschäftsbetriebs des früheren Geschäftsinhabers

II. Eintritt eines Dritten als Gesellschafter in den Geschäftsbetrieb

III. Kein Haftungsausschluss nach § 28 Abs. 2 HGB

---

74 Baumbach/Hopt-*Hopt* § 27 Rn. 5.
75 *Hueck* ZHR 108 (1941), 16.

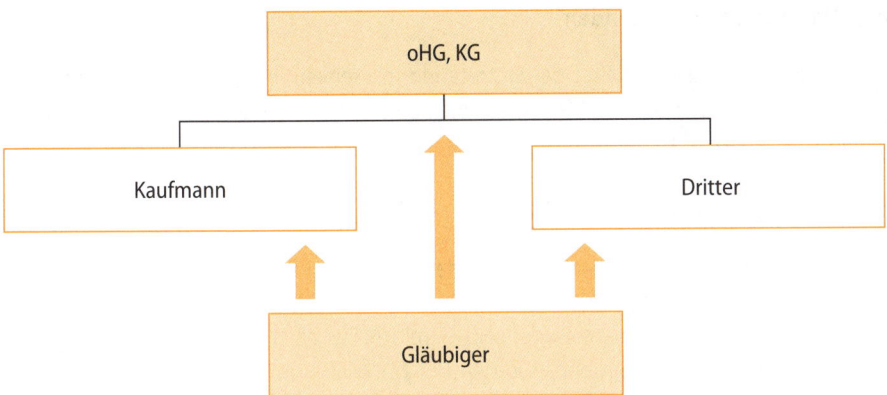

Durch Gesellschaftsvertrag kann der Einzelkaufmann einen Dritten in sein Geschäft aufnehmen. In diesem Fall bringt der Einzelkaufmann sein Unternehmen in die Gesellschaft als Einlage ein. Dieses Vermögen, das bisherige Einzelunternehmen, und die Einlage des Dritten stehen den Gesellschaftern fortan zur gesamten Hand zu, es ist damit Gesamthandsvermögen. Ob eine oHG oder eine KG entsteht, hängt von den Vereinbarungen der Gesellschafter ab. Haften sie beide unbeschränkt, handelt es sich um eine oHG, soll einer der Gesellschafter beschränkt haften, also lediglich Kommanditist sein, handelt es sich um eine KG.

§ 28 HGB regelt speziell den Fall der Schuldenhaftung und des Forderungsübergangs für den Fall eines solchen Eintritts, der die Gesellschaft erst konstituiert. Nicht erfasst ist der Fall, in dem ein neuer Gesellschafter in eine bereits bestehende Personenhandelsgesellschaft eintritt, die dort auftretenden Haftungsfragen regeln die §§ 130, 161 Abs. 2, 173, 176 Abs. 2 HGB.

aa) Haftung der Personenhandelsgesellschaft

Nach § 28 Abs. 1 HGB haftet das Gesamthandsvermögen der neu entstehenden **Personen-** 85
handelsgesellschaft für die Verbindlichkeiten des früheren Alleininhabers unter den folgenden Voraussetzungen:
- Die Verbindlichkeit muss eine im Betrieb des Geschäfts entstandene Verbindlichkeit des früheren Geschäftsinhabers sein;
- Es muss jemand als persönlich haftender Gesellschafter (Komplementär) oder als beschränkt haftender Gesellschafter (Kommanditist) in das Geschäft eines Einzelkaufmanns eingetreten sein;
- Ein Haftungsausschluss nach § 28 Abs. 2 HGB darf nicht vorliegen.

Ob die Firma durch die Gesellschaft fortgeführt wird, ist für die Haftung nach § 28 HGB anders als bei den §§ 25 ff. HGB nicht entscheidend. § 28 Abs. 1 S. 1 HGB beruht nicht auf einem Rechtsscheingedanken, sondern auf dem Zusammenhang von Vermögen und Schulden: „Durch die Regelung des § 28 HGB soll der Gläubiger des alten Geschäfts geschützt werden entsprechend dem Rechtsgedanken, dass, wer das Vermögen erhält, auch für die Schulden aufkommen soll".[76]

---

76 *RG* Urteil vom 8.6.1940 = RGZ 164, 115, 121.

bb) Haftung des Eintretenden

86 Neben dem Gesellschafter haftet der **Eintretende** mit seinem Privatvermögen als Kommanditist beschränkt nach § 171 HGB, als Komplementär oder Gesellschafter einer oHG unbeschränkt nach § 128 HGB.

cc) Haftung des bisherigen Inhabers

87 Der **bisherige Inhaber** haftet aus zwei Gründen mit seinem Privatvermögen,
- zum einen als Gesellschafter der neuen Gesellschaft, und zwar im Falle der unbeschränkten Haftung als Komplementär oder oHG-Gesellschafter nach § 128 HGB und im Falle der beschränkten Kommanditistenhaftung nach § 171 HGB,
- zum anderen unbeschränkt als bisheriger Inhaber und zwar auch neben seiner Kommanditistenstellung, da er anders als der Veräußerer im Falle des § 26 HGB nicht aus dem Unternehmen ausscheidet, so dass für eine Anwendung von § 26 HGB kein Raum ist.

Die Haftungsfolge von § 28 HGB ist unabhängig davon, ob der Eintritt in das Geschäft des Einzelkaufmanns rechtlich wirksam war oder ob die Gesellschaft nach Invollzugsetzung als faktische Gesellschaft betrieben wird.[77]

---

77 *BGH* Urteil vom 22.11.1971 (Az: II ZR 166/69), unter Tz. 10 = NJW 1972, 1466.

dd) Übungsfall Nr. 4

„Alte Fahnen" 88

F betreibt in Bonn in dritter Generation eine Fahnenfabrik unter der im Handelsregister eingetragenen Firma „Bonner Fahnen Manufaktur". Die Tuche zur Herstellung der Fahnen bezieht er seit langem bei Tuchhändler T, der aus Tuchlieferungen Ansprüche in Höhe von 12 000 € hat.

Als F im Winter 2016 das siebzigste Lebensjahr beschließt, übergibt er die Fahnenfabrik an seinen Sohn S gegen Zahlung eines angemessenen Kaufpreises und setzt sich zur Ruhe. S betreibt die Fahnenfabrik ab dem 1.1.2017 unter „Bonner Fahnen Manufaktur". Um die Fabrik zu modernisieren, lässt S die bisher handbetriebenen Nähmaschinen gegen EDV-gestützte Anlagen tauschen. Außerdem bezieht er fortan als Material für die Fahnen nur noch Kunstgewebe von anderen Herstellern, die schweren Tuche von T scheinen ihm nicht mehr zeitgemäß. Auf Proteste von F gegen einen „Bruch der Familientradition" hin baut er im Eingangsbereich der Fabrik ein kleines Museum zur Fahnengeschichte auf, das Besucher kostenlos besichtigen dürfen.

T ist verärgert über den Verlust der Fahnenfabrik als Kunde und verlangt von S im Mai 2017 Zahlung des Kaufpreises. Daraufhin stellt S, überrascht von der Forderung, den F zur Rede. S und F vereinbaren nachträglich, dass S nicht für die von F begründeten Geschäftsverbindlichkeiten haften soll. Diese Vereinbarung meldet S Anfang Juni 2017 zur Eintragung im Handelsregister an, Eintragung und Bekanntmachung erfolgen noch im selben Monat. Im Juli 2017 droht T dem S mit einer Klage. Kann T von S Zahlung verlangen?

Lösung 89

T könnte gegen S Anspruch auf Zahlung des Kaufpreises aus § 433 Abs. 2 BGB, § 25 Abs. 1 S. 1 HGB haben. Dies setzt voraus, dass S ein Handelsgeschäft im Sinne des § 1 HGB unter Lebenden erworben hat, eine Verbindlichkeit des Handelsgeschäfts besteht, er das Handelsgeschäft und die Firma fortführt und kein Haftungsausschluss zu seinen Gunsten besteht.

I. Handelsgeschäft

F war als Betreiber eines Handelsgewerbes gemäß § 1 Abs. 2 HGB im Handelsregister eingetragen und somit mindestens Kannkaufmann nach § 2 HGB bzw. als Gewerbetreibender Fiktivkaufmann nach § 5 HGB.

II. Verbindlichkeit des Handelsgeschäfts

Der Kaufvertrag über Tuche zwischen F und T begründete einen Kaufpreiszahlungsanspruch des T gegen F gemäß § 433 Abs. 2 BGB.

III. Erwerb unter Lebenden

S hat das Handelsgeschäft nicht als Erbe des F, sondern unter Lebenden erworben.

IV. Fortführung des Handelsgeschäfts

Einer Fortführung des Handelsgeschäfts könnten die betrieblichen Umstrukturierungen durch Wechsel von Maschinen und Lieferant und durch die Umgestaltung des Eingangsbereiches durch das Museum entgegenstehen. Da § 25 Abs. 1 S. 1 eine gläubigerschützende Vorschrift ist, ist maßgeblich, ob die Änderungen des Handelsgeschäfts nach Sicht eines objektiven und unternehmensfremden Dritten ein Maß erreichen, dass das vom Erwerber betriebene Handelsgeschäft als ein anderes erscheinen lässt als das ursprünglich bestehende. Die von S vorgenommenen Änderungen lassen den Kern des Handelsgeschäfts, die Fahnenherstellung, unberührt. S führt das bisherige Handelsgeschäft fort.

V. Fortführung der Firma

Auch bei Fortführung der Firma kommt es allein auf die Fortführung des wesentlichen Kerns der Firma an. Die Hinzufügung eines Nachfolgezusatzes ist schon nach dem Gesetzeswortlaut unerheblich. S lässt den Firmenkern „Bonner Fahnen Manufaktur" unangetastet. Der Nachfolgezusatz „Inhaber S" ist für den Rechtsverkehr unerheblich.

VI. Kein Haftungsausschluss

Eine Haftung entfällt bei Vereinbarung oder Eintragung eines Haftungsausschlusses im Sinne von § 25 Abs. 2 HGB. Ein Haftungsausschluss muss mit dem Erwerb, spätestens aber unverzüglich nach Fortführung des Handelsgeschäfts angemeldet werden. S hat weder unmittelbar mit T eine Haftungsvereinbarung getroffen, noch ist in zeitlichem Zusammenhang mit dem Erwerb des Handelsgeschäfts ein Haftungsausschluss zwischen S und F vereinbart und im Handelsregister eingetragen worden. Der erst im Juni 2017 angemeldete und eingetragene Haftungsausschluss ist gegenüber T unwirksam, weil im Hinblick auf den Erwerb zum 1.1.2017 verspätet.

VII. Ergebnis

T hat gegen S Anspruch auf Zahlung des Kaufpreises aus § 433 Abs. 2 BGB, § 25 Abs. 1 S. 1 HGB.

Hinweis

S kann von F angesichts der, weil Änderungsvertrag, auch nachträglich gültigen Haftungsvereinbarung Freistellung oder nach Zahlung des Kaufpreises Ersatz nach § 426 BGB verlangen. Daneben haftet F im Fall eines schuldhaften Verschweigens der Verbindlichkeit im Zuge der Erwerbsverhandlungen wegen Verschuldens bei Vertragsverhandlungen gemäß §§ 280 Abs. 1, 311 Abs. 2, 241 Abs. 2 BGB wegen Aufklärungspflichtverletzung

Da der frühere Inhaber F und der Erwerber S nach § 433 Abs. 2 BGB, § 25 Abs. 1 S. 1 HGB als Gesamtschuldner gemäß §§ 421 ff. BGB haften, könnte T auch unmittelbar gegen F vorgehen.

IV. Das Handelsregister

Das Handelsregister ist ein öffentliches Verzeichnis, das der Offenlegung der Rechtsverhält- **90** nisse der kaufmännischen Unternehmen zur Sicherung des Handelsverkehrs dient, § 9 Abs. 1 HGB. Es ist aus den mittelalterlichen Gilderollen, die die Mitglieder der jeweiligen Gilde verzeichneten, hervorgegangen. Seine gesetzlichen Grundlagen finden sich im Handelsgesetzbuch (§§ 8 bis 16 HGB), dem Gesetz über das Verfahren in Familiensachen und in den Angelegenheiten der freiwilligen Gerichtsbarkeit (§§ 374 ff. FamFG) und dem Rechtspflegergesetz (§§ 3 Nr. 2d, 17 RPflG). Einzelheiten über die Einrichtung und Führung des Handelsregisters ergeben sich aus der Handelsregisterverordnung.

Das Register besteht aus **zwei Abteilungen**. In **Abteilung A** werden Einzelkaufleute und die eintragungspflichtigen Personenhandelsgesellschaften, die EWIV und Unternehmen der öffentlichen Hand, in **Abteilung B** Kapitalgesellschaften, die SE sowie Versicherungsvereine auf Gegenseitigkeit eingetragen. Für die Genossenschaften und die Partnerschaftsgesellschaften werden eigene Register geführt (§ 10 GenG, §§ 4 f. PartGG). Jedes Unternehmen erhält ein eigenes Registerblatt mit eigener Registernummer, in Abteilung A mit sechs, in Abteilung B mit sieben Spalten. Eintragungen werden fortlaufend nummeriert.

Ein *Beispiel* für einen Handelsregisterauszug der Abteilung B zeigt das nachstehende Bild:

Handelsregister B des Amtsgerichts Köln	Abteilung B Wiedergabe des aktuellen Registerinhalts Abruf vom 10.10.2016 07:10	Nummer der Firma: HRB 12345
– Ausdruck –	Seite 1 von 1	

1. Anzahl der bisherigen Eintragungen:
   7
2. a) Firma:
   Mustermann Handelsgesellschaft mit beschränkter Haftung
   b) Sitz, Niederlassung, inländische Geschäftsanschrift, empfangsberechtigte Person, Zweigniederlassungen:
   Köln, Geschäftsanschrift: Musterstrasse 11, 54321 Köln
   c) Gegenstand des Unternehmens:
   Erbringung von Musterhandelsleistungen sowie die Durchführung von musterbezogenen Projektentwicklungsmaßnahmen, insbesondere dabei auch der Erwerb, die Verwaltung und die Veräußerung von Mustergrundstücken
3. Grund- oder Stammkapital:
   250 000,00 EUR
4. a) Allgemeine Vertretungsregelung:
   Ist nur ein Geschäftsführer bestellt, so vertritt er die Gesellschaft allein. Sind mehrere Geschäftsführer bestellt, so wird die Gesellschaft durch zwei Geschäftsführer gemeinsam vertreten.
   b) Vorstand, Leitungsorgan, geschäftsführende Direktoren, persönlich haftender Gesellschafter, Geschäftsführer, Vertretungsberechtigte und besondere Vertretungsbefugnis:
   Mit der Befugnis im Namen der Gesellschaft mit sich im eigenen Namen oder als Vertreter eines Dritten Rechtsgeschäfte abzuschließen:
   Geschäftsführer: Mustermann, Hans, Bonn, *1.1.1950

5. Prokura:

—

6. a) Rechtsform, Beginn, Satzung oder Gesellschaftsvertrag:
Gesellschaft mit beschränkter Haftung
Gesellschaftsvertrag vom 3.2.1975
Zuletzt geändert durch Beschluss vom 23.9.2008

b) Sonstige Rechtsverhältnisse:

—

7. Tag der letzten Eintragung:
07.10.2016

91   Das Handelsregister wird von dem **Amtsgericht** als Registergericht am Ort der Niederlassung geführt, § 8 HGB. Als öffentliches Register ist ein Nachweis eines besonderen Interesses zur Einsichtnahme nicht erforderlich. Jedermann darf Einsicht nehmen, auch über das Internet (www.handelsregister.de), Abschriften der Eintragungen anfertigen und sich auch die Abwesenheit von Eintragungen bescheinigen lassen (so genanntes „Negativattest"). Eintragungen werden in dem von der Landesjustizverwaltung bestimmten elektronischen Informations- und Kommunikationssystem in der zeitlichen Folge ihrer Eintragung nach Tagen geordnet bekanntgegeben, § 10 HGB. Die Einsichtnahme ist kostenfrei, Vorbemerkung 1.1.4 Abs. 1 S. 2 Kostenverzeichnis JVKostG.

Seit dem Gesetz über elektronische Handelsregister und Genossenschaftsregister sowie das Unternehmensregister,[78] das am 1.1.2007 in Kraft getreten ist, wird das Handelsregister **elektronisch** geführt. Daneben ist mit dem EHUG die bis dahin erforderliche handschriftliche Unterschriftszeichnung von Geschäftsführern und Prokuristen entfallen. Im Zuge der Umstellung auf die elektronische Registerführung haben einzelne Bundesländer die Zuständigkeit für die Führung der Handelsregister außerdem auf einzelne Amtsgerichte konzentriert.[79] Funktionell ist für die Registerführung grundsätzlich der Rechtspfleger zuständig (§ 3 Nr. 2d RPflG); der Registerrichter wird nur im Einzelfall tätig, so etwa bei Gründung, Umwandlung und Unternehmensverträgen von Kapitalgesellschaften (§ 17 RPflG).

1.   Anmeldung und Eintragung

a)   Das Verfahren der Anmeldung

92   Die Eintragung erfolgt auf **Antrag elektronisch in öffentlich beglaubigter Form**, § 12 Abs. 1 HGB. Eine Eintragung von Amts wegen erfolgt grundsätzlich nicht, anders ist dies nur bei der Insolvenzeröffnung, § 32 HGB. Selbst wenn eine Eintragungspflicht besteht, kann das Registergericht nicht auf eigene Veranlassung eintragen, sondern setzt ein Zwangsgeld fest, um den Anmeldepflichtigen zur Anmeldung anzuhalten, § 14 HGB.

Die **anmeldeberechtigte bzw. verpflichtete Person** ist im Gesetz genannt. Bei Personenhandelsgesellschaften müssen alle Gesellschafter anmelden, also bei der oHG auch die nicht vertretungsberechtigten persönlich haftenden Gesellschafter und bei der KG auch die Kommanditisten (§ 108 HGB). Bei den Kapitalgesellschaften sind die jeweils nach außen vertretungsberechtigten Organe anmeldepflichtig, in grundlegenden Fällen alle Geschäftsführer einer Gesellschaft.

---

78 Kurz EHUG, BGBl. I 2006 S. 2553.
79 So z.B. Baden-Württemberg auf die Amtsgerichte Stuttgart, Ulm, Mannheim und Freiburg.

Beispiel Bei der GmbH in den Fällen der Gründung und der Kapitalerhöhung ■

In der Praxis wird vor allem der **Notar** anmelden, weil er die zu einer Eintragung erforderliche Erklärung beurkundet oder beglaubigt hat, § 378 FamFG.

Anmeldefristen bestehen nur in Ausnahmefällen, so bei Kapitalerhöhungen mit gleichzeitiger Kapitalherabsetzung bei der GmbH, bei der AG bei effektiver und nomineller Kapitalherabsetzung.

Wird die Pflicht zur Anmeldung missachtet, kann das Registergericht ein Zwangsgeld bis zu einem Betrag von 5000 € (§ 14 HGB) festsetzen.

Beispiel Istkaufmann K will von einer Anmeldung nichts wissen. Registerrichter R überlegt, was zu tun ist.

R wird K unter Fristsetzung und Androhung eines Zwangsgeldes per richterlicher Verfügung auffordern, seiner Anmeldeverpflichtung nachzukommen oder Einspruch mit dem Ziel der Rechtfertigung einzulegen (§ 390 FamFG). K kann diese Verfügung selbst nicht mit der Beschwerde angreifen, da das Gesetz einen diesbezüglichen Rechtsbehelf nicht vorsieht.

Lässt K auch diese Frist ungenutzt verstreichen, setzt R das angedrohte Zwangsgeld fest und wiederholt die frühere Verfügung unter Androhung eines erneuten Zwangsgeldes (§ 389 Abs. 1 FamFG). Wehrt sich K im Wege des Einspruchs, hängt die Festsetzung des Zwangsgeldes vom Ausgang des Einspruchsverfahrens ab (§ 390 FamFG).

K kann sich zwar nicht gegen die Verfügungen des R, aber gegen den das Zwangsgeld festsetzenden Beschluss mit der sofortigen Beschwerde wehren (§ 391 Abs. 1 FamFG). ■

> **Hinweis**
>
> Notfristen sind nicht verlängerbar!

b)   Die anzumeldenden Tatsachen

aa)   Eintragungsfähige Tatsachen

Eingetragen werden können nur die eintragungsfähigen Tatsachen, also diejenigen, bei **93** denen ein Gesetz ausdrücklich bestimmt, dass sie eingetragen werden können. Enthält das Gesetz keine Bestimmung darüber, dass eine bestimmte Tatsache einzutragen ist oder eingetragen werden kann, handelt es sich um eine eintragungsunfähige Tatsache. So kann z.B. ein Einzelkaufmann – im Gegensatz zur GmbH oder AG – kein haftendes Eigenkapital eintragen lassen. Für einen Kommanditisten kann gemäß § 162 Abs. 1 HGB zwar die Höhe der Einlage, nicht aber der Umstand eingetragen werden, dass die Einlage tatsächlich geleistet wurde. Nicht eingetragen werden generell Tatsachen, die andernorts verzeichnet werden, etwa der Güterstand eines Kaufmanns im Güterrechtsregister, oder solche, für die kein Eintragungsbedürfnis besteht.

Die Eintragung nicht eintragsfähiger Tatsachen ist ohne Rechtswirkung. Eine irrtümlich erfolgte Anmeldung kann wegen ihrer allgemeinen Außenwirkung aber im Interesse der Rechtssicherheit nicht rückwirkend angefochten werden (§ 119 BGB), sondern lediglich bis zur Eintragung widerrufen werden. Nach Eintragung hat der Betroffene nur die Möglichkeit, ein Amtslöschungsverfahren (§§ 393 ff. FamFG) und eine erneute – diesmal inhaltlich zutref-fende – Anmeldung in die Wege zu leiten. Als Verfahrenshandlung ist die Anmeldung außer-dem bedingungs- und befristungsfeindlich.

Beispiel Rechtsanwalt R erfährt zufällig, dass er im Handelsregister eingetragen ist. R muss die Löschung der Eintragung beantragen, das Registergericht kann nicht von sich aus tätig werden.

Eine Beschwerde gegen die Eintragung im Handelsregister kann R nicht führen, weil die Publizitätswirkungen der Eintragung durch eine Aufhebung im Rechtszug nicht mehr rückgängig gemacht werden können.[80]

Der Registerrichter handelt in Ausübung eines öffentlichen Amtes. Die Verletzung einer drittschützenden Amtspflicht kann damit zur Staatshaftung nach Art. 34 GG i.V.m. § 839 BGB führen. Hat R durch die Eintragung Schäden erlitten, kann er vom Staat Ersatz verlangen. ▪

bb) Eintragungspflichtige Tatsachen

94   In aller Regel sind die eintragungsfähigen Tatsachen gleichzeitig auch eintragungspflichtig. Bei ihnen besteht eine **Pflicht zur Eintragung**.

Beispiel Nach § 53 Abs. 1 HGB ist die Erteilung der Prokura vom Inhaber des Handelsge-schäfts zur Eintragung im Handelsregister anzumelden, ebenso das Erlöschen der Prokura (§ 53 Abs. 2 HGB). ▪

Gemäß § 29 HGB ist der Kaufmann verpflichtet, seine Firma ins Handelsregister eintragen zu lassen. Eintragungspflichtige Tatsachen finden sich für die oHG z.B. in §§ 106 f. Ausnahms-weise bestimmt das Gesetz, dass Tatsachen eingetragen werden können, aber nicht eingetra-gen werden müssen (z.B. §§ 25 Abs. 2, 28 Abs. 2 HGB).

Das **Gesetz zur Modernisierung des GmbH-Rechts und zur Bekämpfung von Missbräu-chen**[81] hat die einzutragenden Tatsachen erweitert: Gesellschaften ebenso wie Zweignieder-lassungen von inländischen und von ausländischen Unternehmen (§§ 13, 13d–13g HGB) werden mit einer inländischen Geschäftsanschrift im Handelsregister eingetragen (§ 8 Abs. 4 Nr. 1 GmbHG, § 37 Abs. 3 Nr. 1 AktG, § 106 Abs. 2 Nr. 2 HGB), um Zustellungen für Gläubiger der Gesellschaften zu erleichtern. Zur Vereinfachung können Kapitalgesellschaften und

---

80 *OLG Köln* Beschluss vom 4.2.2004 (Az 2 Wx 36/03), unter Tz. 36 = ZIP 2004, 505.
81 Das „Gesetz zur Modernisierung des GmbH-Rechts und zur Bekämpfung von Missbräuchen", kurz MoMiG, ist am 1.11.2008 in Kraft getreten, BGBl. I 2008, S. 2026.

Zweigniederlassungen ausländischer Gesellschaften eine empfangsberechtigte Person zusätzlich benennen (§ 10 Abs. 2 S. 2 GmbHG, § 39 Abs. 1 S. 2 AktG, § 13e Abs. 2 S. 4 HGB), die Zustellungsempfänger ist, und statt ihrer Geschäftsanschrift auch die inländische Wohnanschrift eines Geschäftsführers, Gesellschafters oder aber des Rechtsanwalts oder Steuerberaters der Gesellschaft angeben.[82]

Für bei Inkrafttreten des MoMiG bestehende Gesellschaften ist eine Übergangsregelung geschaffen worden, die ihnen erlaubt, die Angaben zur inländischen Geschäftsanschrift im Rahmen der ersten anderen die Gesellschaft betreffenden Registeranmeldung nachzuholen. Seit dem 31.10.2009 tragen die Registergerichte die ihnen mitgeteilten inländischen Anschriften nach (§ 3 EGGmbHG, § 18 EGAktG, Art. 65 EGHGB).

c) Prüfung durch das Registergericht

Das Registergericht hat eine uneingeschränkte Prüfungskompetenz nur hinsichtlich der **formellen** Voraussetzungen einer Eintragung.   **95**

Beispiel Das Registergericht prüft seine Zuständigkeit, die Einhaltung der Formvorschriften, die Ordnungsmäßigkeit der vorgelegten Urkunden. ■

Materiell prüft das Registergericht die Anmeldung nur auf offensichtliche Mängel und Fehler, soweit nicht eine materielle Prüfungskompetenz ausdrücklich bestimmt ist, so in § 38 AktG, § 9c GmbHG, § 18 Abs. 2 S. 2 HGB.[83]

d) Eintragung und Bekanntmachung

aa) Elektronische Form

Eintragungen (§ 8 Abs. 1 HGB) und Bekanntmachungen (§ 10 HGB) erfolgen seit Anfang 2009   **96** nur noch auf elektronischem Weg, wodurch sich die Dauer bis zur Bekanntmachung bereits spürbar verkürzt hat. § 8a HGB bestimmt, dass die Handelsregistereintragung mit Aufnahme in den für die Handelsregistereintragungen bestimmten Datenspeicher in auf Dauer inhaltlich unverändert lesbarer Form wirksam wird.

> **Hinweis**
>
> Bekanntmachungen der Registergerichte aller Bundesländer erfolgen über die Internetseite www.handelsregisterbekanntmachungen.de

Verweigert das Registergericht Eintragung und Bekanntmachung, stehen dem Anmeldenden **Rechtsschutzmöglichkeiten** zu.

Beispiel Istkaufmann K will seine Firma zur Eintragung anmelden, Registerrichter R weigert sich jedoch per richterlicher Verfügung.

K ist als Anmeldender beschwerdeberechtigt nach § 59 Abs. 1 FamFG und kann gegen die ablehnende Entscheidung im Wege der Beschwerde (§§ 58 ff. FamFG) vorgehen. Die

---

82 BR-Drucks. 354/07 S. 81.
83 *OLG Stuttgart* Beschluss vom 13.7.2011 (Az: 8 W 252/11), unter Tz. 10: Die Prüfung des Registergerichts hat sich auch im Rahmen des § 9c GmbHG auf die gesetzlichen Mindestanforderungen zu beschränken.

Einlegung der Beschwerde muss innerhalb von einem Monat nach Bekanntgabe des Beschlusses (§ 63 Abs. 1, 3 FamFG) beim Gericht, dessen Entscheidung angefochten wird (§ 64 Abs. 1 FamFG), erfolgen. Ist die Beschwerde begründet, so kann das Gericht selbst abhelfen (§ 68 Abs. 1 FamFG). Hat die Beschwerde hingegen keinen Erfolg, erfolgt die Vorlage an das Beschwerdegericht (§ 119 Abs. 1 Nr. 1 GVG, §§ 68 Abs. 1, 69 Abs. 1 S. 1 FamFG).

Gegen die Entscheidung des Beschwerdegerichts ist die Rechtsbeschwerde statthaft, gerichtet auf die Rüge der Verletzung des Rechts (§ 72 Abs. 1 FamFG). Die Einlegung der Rechtsbeschwerde muss innerhalb eines Monats nach schriftlicher Bekanntgabe der Beschwerdeentscheidung durch einen zugelassenen Anwalt beim BGH (§ 10 Abs. 4 FamFG) erfolgen. Eine Nichtzulassungsbeschwerde ist nicht vorgesehen; sondern die Anhörungsrüge (§ 44 FamFG). ■

bb) Wirkung von Eintragung und Bekanntmachung

97   Die Eintragung wirkt **deklaratorisch**, soweit sie eine außerhalb des Handelsregisters bereits eingetretene Tatsache nur verlautbart, wie z.B. die Eintragung des Istkaufmanns, die Erteilung und den Widerruf der Prokura, Änderungen der Firma einer Gesellschaft, den Geschäftsbeginn vor Eintragung und die Auflösung einer Gesellschaft.

Soweit das Gesetz den Eintritt einer bestimmten Rechtsfolge von der Eintragung im Handelsregister abhängig macht, hat die Eintragung **konstitutive Wirkung** wie z.B. beim Kaufmann kraft Eintragung, bei einer oHG nach § 105 Abs. 2 HGB, für die Haftung vor Eintragung einer GmbH, bei Handeln im Namen der Gesellschaft vor der Eintragung und bei Eintragung einer Satzungsänderung.

2.   Die Publizität des Handelsregisters

98   Neben der reinen Information (**Publikationsfunktion**) und der Möglichkeit der Beweisführung (**Beweisfunktion**) dient das Handelsregister auch dem Schutz des Rechtsverkehrs (**Schutzfunktion**).

Daher kann jeder zu Informationszwecken in das Handelsregister Einsicht nehmen, ohne dass wie beim Grundbuch die Darlegung eines besonderen Interesses erforderlich wäre (§ 9 HGB). Eine Ausnahme besteht bei einer gegründeten, aber noch nicht in das Handelsregister eingetragenen GmbH. Die von den Gründern eingereichten Dokumente, also die Gründungsurkunde, der Gesellschaftsvertrag und die Gesellschafterliste können nur bei Vorliegen eines berechtigten Interesses (§ 13 Abs. 2 FamFG) eingesehen werden.[84]

Das Vertrauen derjenigen Personen, die sich auf die Richtigkeit des Handelsregisters verlassen, wird gemäß § 15 HGB geschützt (Publizität des Handelsregisters).

---

84 *OLG Celle* Beschluss vom 19.7.2007 (Az: 9 W 77/07), unter Tz. 2 = GmbHR 2007, 938.

a) Die negative Publizität

Gutglaubensschutz nach § 15 Abs. 1 HGB

99

I. Vorliegen einer eintragungspflichtigen Tatsache

II. in Angelegenheiten des (eintragungspflichtigen) Gegners

III. Fehlen von Eintragung und Bekanntmachung
Fehlende Voreintragung   Rn. 102

IV. Unkenntnis des Dritten von Tatsache

Die negative Publizität knüpft an das an, was nicht im Register steht. Sie schützt Dritte in ihrem Glauben, dass sich eine wahre und eintragungspflichtige Tatsache, die nicht im Register eingetragen und nicht bekanntgemacht ist, auch nicht ereignet hat (§ 15 Abs. 1 HGB). Der kenntnislose Dritte, der Einsicht in das Handelsregister nimmt, kann sich also auf das „Schweigen" des Handelsregisters verlassen. Für ihn gilt die Rechtslage des Handelsregisters unabhängig davon, ob diese mit der materiellen Rechtslage übereinstimmt. Es handelt sich also um eine formelle Publizitätswirkung. Er kann sich jedoch jederzeit auf die wirkliche Sachlage berufen, wenn ihm dies günstiger erscheint.[85] Durch die negative Publizität wird mithin entweder das Vertrauen in den Fortbestand der gesetzlichen Regellage oder der bislang eingetragenen besonderen Rechtslage geschützt; im Hinblick auf das Register wird das Vertrauen in dessen Vollständigkeit geschützt. Im Ergebnis bleibt der gutgläubige Dritte von der nicht offenbarten Veränderung einer wahren Tatsache verschont.

100

Schwierigkeiten in der rechtlichen Beurteilung bereitet der Fall dann, wenn sich der Dritte gleichzeitig teilweise auf den Registerinhalt, teilweise auf die wahre Rechtslage beruft. Der BGH gestattet auch dies unter Hinweis auf den Gesetzeswortlaut.[86] Diese **Rosinentheorie** genannte Ansicht des BGH stößt in der Literatur auf Kritik. Demnach sei es treuwidrig, wenn sich ein Dritter die „Rosinen herauspicke", indem er sich bzgl. eines Tatbestandmerkmals auf die negative Publizität des Handelsregisters nach § 15 Abs. 1 HGB berufe, bzgl. eines weiteren Tatbestandsmerkmals hingegen auf die wirkliche Rechtslage.[87] Dem wird jedoch entgegen gehalten, dass kein treuwidriges oder widersprüchliches Verhalten vorliege, solange sich die Änderung, auf die sich der Dritte trotz fehlender Bekanntmachung berufe, auch durch einen anderen Vorgang als den nicht bekannt gemachten ergeben könne.[88]

Voraussetzungen der negativen Publizität sind
- das Vorliegen von eintragungspflichtigen Tatsachen,
- in Angelegenheiten dessen, der sich ansonsten auf sie berufen könnte,
- die nicht eingetragen und bekannt gemacht sind,
- der Dritte darüber in Unkenntnis ist und
- die den Geschäftsverkehr betreffen.

---

85 *BGH* Urteil vom 1.12.1975 (Az: II ZR 62/75), unter Tz. 6 = BGHZ 65, 309.

86 *BGH* a.a.O. (Fn. 85) = BGHZ 65, 309, 310.

87 *Brox/Henssler* Rn. 86, *Canaris* HandelsR § 5 Rn. 26.

88 MünchKomm HGB-Krebs § 15 Rn. 54. Dem Ergebnis ebenfalls zustimmend *K. Schmidt* HandelsR S. 401 ff. Vgl. beispielhaft zur Rosinentheorie den Fall 13 bei *Fezer* S. 153 ff.

101 Nur der „Gutgläubige" wird durch § 15 Abs. 1 HGB geschützt. Die Gutgläubigkeit reicht jedoch weit: Allein eine positive Kenntnis des Dritten vom tatsächlichen Sachverhalt lässt seine Schutzwürdigkeit und damit den Schutz des § 15 Abs. 1 HGB entfallen, grob fahrlässige Unkenntnis schadet nicht.

102 Umstritten ist der **Fall der fehlenden Voreintragung**:

Beispiel A wird im Unternehmen des U Prokura erteilt, ohne dass die Prokuraerteilung im Handelsregister eingetragen wird. Sechs Monate später wird A entlassen und die Prokura widerrufen. Auch der Widerruf wird nicht eingetragen. Danach kauft A für das Unternehmen des U bei D einen Luxussportwagen. Muss U den Kaufpreis zahlen?[89] ∎

Rückblickend ist das Handelsregister richtig: A ist im *Beispiel* nicht Prokurist und ist auch nicht als solcher eingetragen. Trotzdem ist der Wortlaut des § 15 Abs. 1 HGB erfüllt: Eine eintragungspflichtige Tatsache, das Ausscheiden des A, wurde nicht eingetragen. Gilt § 15 Abs. 1 HGB?

Unter Betonung des Gedankens der Schutzwürdigkeit wird vertreten, dass bei richtigem Registerinhalt der Dritte nicht schutzwürdig sei, da es an einem falschen Rechtsschein fehle. Dabei wird jedoch übersehen, dass eine „Saldierung" der Fehler, die hier gleich zweimal durch Missachtung der Eintragungspflicht unterlaufen sind, nicht vorgesehen ist, das HGB vielmehr an die einzelne eintragungspflichtige Tatsache anknüpft. Eine „Saldierung" der Fehler würde denjenigen Eintragungspflichtigen besserstellen, der gleich mehrfach seine Eintragungspflicht missachtet hat. Der Rechtsschein kann schließlich auch auf andere Weise als durch das Handelsregister selbst gesetzt worden sein, im Beispielsfall durch das Auftreten des A bei D nach Widerruf der Prokura, denn § 15 Abs. 1 HGB setzt eine Einsichtnahme in das Handelsregister nicht voraus. § 15 Abs. 1 HGB ist ein abstrakter Vertrauenstatbestand. Die Eintragung und Bekanntmachung des Widerrufs wäre durchaus geeignet gewesen, diesen Rechtsschein zu zerstören.

Daher ist der Ansicht zu folgen, die nur auf die letzte einzutragende Tatsache abstellt, nicht auf eine Gesamtbetrachtung der Richtigkeit des Handelsregisters.[90]

Dies bildet auch die Praxis des Handelsregisters ab. In derartigen Fällen wird dort vermerkt: „Die erteilte, aber nicht eingetragene Prokura ist erloschen."

---

89 In Anlehnung an *BGH* Urteil vom 11.11.1991 (Az: II ZR 287/90) = BGHZ 116, 37.

90 Gleiches gilt für den aus einer nicht im Handelsregister eingetragenen oHG ausscheidenden Gesellschafter, die sich im Geschäftsverkehr als GbR darstellt, weshalb sein Ausscheiden nicht ins Handelsregister eingetragen wird. Er kann dann das Ausscheiden Geschäftspartnern der Gesellschaft nicht entgegenhalten und haftet auch für nach seinem Ausscheiden begründete Schulden der Gesellschaft, vgl. *OLG Brandenburg* vom 29.5.2003 (Az: 7 U 221/01) = NZG 2002, 909.

b) Die positive Publizität

Positive Publizität nach § 15 Abs. 3 HGB   103

I. Vorliegen einer eintragungspflichtigen Tatsache

II. Eintragung und Bekanntmachung

III. Unrichtigkeit als Abweichung von der wahren Rechtslage

IV. Unrichtigkeit im Zeitpunkt der Bekanntmachung

§ 15 Abs. 3 HGB behandelt den Fall, dass eine einzutragende Tatsache unrichtig bekannt **104**
gemacht wird. Unrichtig bekannt gemacht ist eine Tatsache immer dann, wenn sie mit der
tatsächlichen materiellen Rechtslage nicht übereinstimmt. Dann kann sich der Dritte dem
Eintragungspflichtigen gegenüber auf die bekannt gemachte Tatsache berufen, es sei denn,
dass er die Unrichtigkeit kannte. § 15 Abs. 3 HGB geht von der Annahme aus, dass der Dritte
im Regelfall keine Kenntnis vom Auseinanderfallen von Eintragung und Bekanntmachung
haben wird, so dass für ihn die fehlerhafte Bekanntmachung als richtig gilt.

Der Gesetzeswortlaut nennt den Fall einer richtigen Eintragung im Handelsregister, aber
unrichtigen Bekanntmachung. § 15 Abs. 3 HGB entscheidet so für eine Anknüpfung des Ver-
trauensschutzes an die Bekanntmachung, nicht an die Eintragung selbst, von der der Rechtsverkehr durch Einsicht in das Handelsregister Kenntnis nehmen könnte. Allein die Bekanntmachung schafft einen Vertrauenstatbestand.[91]

Der Wortlaut des § 15 Abs. 3 HGB erfasst weder den Fall, dass sowohl Eintragung als auch
Bekanntmachung unrichtig sind, noch den Fall, dass eine Bekanntmachung erfolgt, obwohl
keinerlei Eintragung existiert. Beide sollen ebenfalls § 15 Abs. 3 HGB unterfallen, wobei mindestens der letztere Fall im Zeitalter der elektronischen Registerführung kaum noch vorkommen dürfte. Die Anwendung des § 15 Abs. 3 HGB auf eine Bekanntmachung ohne jede Eintragung missachtet zudem das „Veranlasserprinzip", wonach derjenige, in dessen Angelegenheiten eine Tatsache eingetragen und bekanntgemacht wird, zumindest eine zurechen-
bare Veranlassung für Eintragung und Bekanntmachung gesetzt haben muss.

Interessant ist der Fall, in dem trotz einer unrichtigen Eintragung eine richtige Bekanntmachung erfolgte. Diesen Fall soll § 15 Abs. 3 HGB nicht regeln.

Beispiel A ist aus der A & B oHG ausgeschieden. Das Ausscheiden wird richtig eingetragen, aber fehlerhaft der Eintritt des A in die oHG bekannt gemacht. ■

Nach § 15 Abs. 3 HGB kommt es auf die Bekanntmachung, nicht auf die Eintragung an. Ein
Dritter wird nicht geschützt, wenn er die Unrichtigkeit der Bekanntmachung kannte. So kann
sich im *Beispiel* die oHG selbst nicht auf das Ausscheiden des A berufen.

---

91 BT-Drucks. V/3862; zur Gesetzesbegründung jetzt *Wilhelm* ZIP 2010, 713.

c) Wirkung eingetragener und bekanntgemachter Tatsachen

105 Ist eine Tatsache richtig eingetragen und bekannt gemacht, so muss ein Dritter sie nach Ablauf von 15 Tagen gegen sich gelten lassen, § 15 Abs. 2 HGB.

Beispiel A ist nach 30 Jahren als geschäftsführender Gesellschafter der A & B oHG zum 1.2.2017 aus der oHG ausgeschieden. Sein Ausscheiden wird am 10.3.2017 eingetragen und am 15.3.2017 bekannt gemacht. Ab dem 30.3.2017 kann sich die oHG jedem Dritten gegenüber darauf berufen, dass A ausgeschieden ist und keine Geschäfte mehr mit Wirkung für und gegen die oHG schließen kann. ◼

§ 15 Abs. 2 HGB trifft den Kern der Publizitätsfunktion des Handelsregisters: Der Eintragungspflichtige kann durch Eintragung und Bekanntmachung jeden Rechtsschein beseitigen, der von der einzutragenden Tatsache abweicht. Ob der Dritte tatsächlich vom Registerinhalt oder der Bekanntmachung Kenntnis genommen hat, ist unerheblich. Nach Ablauf von 15 Tagen gilt dieser als bekannt. Binnen der 15 Tage wird der Dritte noch geschützt, wenn er nachweist, dass er die fragliche Tatsache weder kannte noch kennen musste, dabei schadet schon einfache Fahrlässigkeit. Beweispflichtig ist der Dritte, an die Beweisführung stellt die Rechtsprechung hohe Anforderungen. In der Praxis gelingt der Nachweis daher regelmäßig nicht.

d) Sonderregelung im Insolvenzrecht

106 § 32 Abs. 2 S. 2 HGB nimmt insolvenzrechtliche Vorgänge vom Vertrauensschutz nach § 15 HGB aus. Die Rechtsfolgen beispielsweise einer Eröffnung eines Insolvenzverfahrens und der Frage, wie sich die Kenntnis oder Unkenntnis eines Gläubigers der Gesellschaft von der Eröffnung des Insolvenzverfahrens auswirkt, richten sich ausschließlich nach insolvenzrechtlichen Vorschriften.

Online-Wissens-Check

Worin besteht der Unterschied zwischen positiver und negativer Publizität?

Überprüfen Sie jetzt online Ihr Wissen zu den in diesem Abschnitt erarbeiteten Themen. Unter **www.juracademy.de/skripte/login** steht Ihnen ein Online-Wissens-Check speziell zu diesem Skript zur Verfügung, den Sie kostenlos nutzen können. Den Zugangscode hierzu finden Sie auf der Codeseite.

V. Die kaufmännischen Hilfspersonen

1. Überblick

107 Das Handelsgesetzbuch unterscheidet die kaufmännischen Hilfspersonen in selbstständige und unselbstständige.

Selbstständige Hilfspersonen sind diejenigen Personen, die selbst Kaufmann sind und zu einem Kaufmann oder Nichtkaufmann in einem besonderen Verhältnis stehen. Selbstständige Hilfspersonen sind u.a. Handelsvertreter, Handelsmakler, Vertragshändler, Kommissionäre und Spediteure.

Anders als sie leisten **unselbstständige Hilfspersonen** des Kaufmanns aufgrund eines weisungsgebundenen Arbeitsverhältnisses abhängige Arbeit und sind damit nicht selbst Kaufmann, sondern Arbeitnehmer. Unselbstständige Hilfspersonen sind u.a. Prokuristen, Handlungsbevollmächtigte und Ladenangestellte.

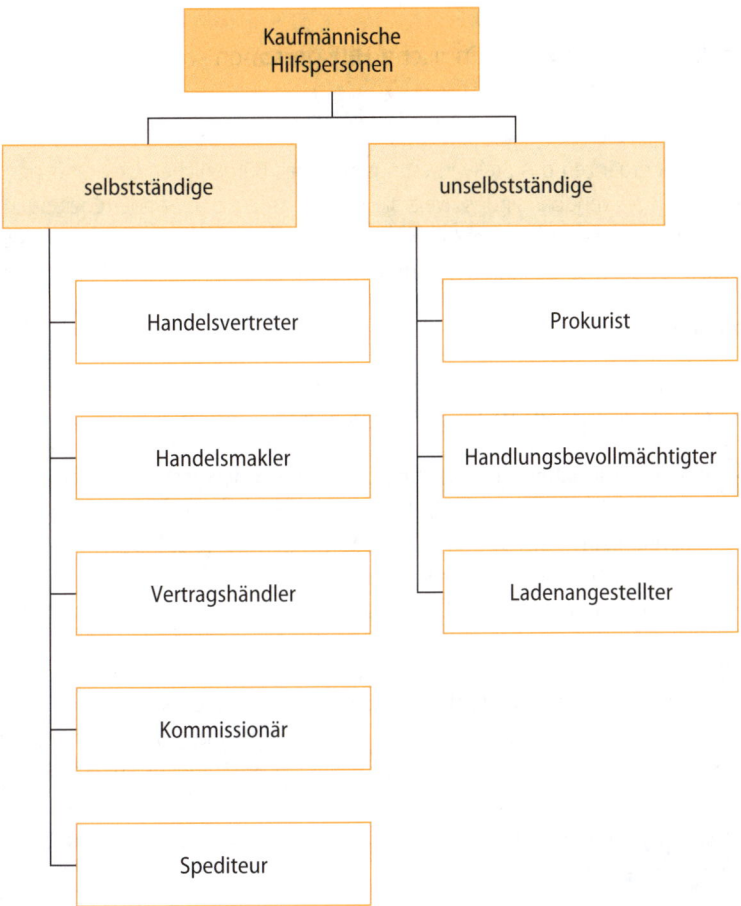

Erbringen diese Hilfspersonen kaufmännische Dienste gemäß § 59 HGB, handelt es sich um **108** **Handlungsgehilfen**. Das Handelsgesetzbuch unterscheidet zwischen Prokuristen und Handlungsbevollmächtigten. Bei den Handlungsgehilfen stellt der Gesetzgeber in den §§ 48 bis 58 HGB im Hinblick auf die Vertretungsbefugnisse zunächst auf diejenigen ab, die beim Abschluss des Rechtsgeschäfts tätig werden. Dies sind neben dem Prokuristen und dem Handlungsbevollmächtigten die Vertreter im Außendienst mit Vertretungsmacht nach §§ 55, 57 und 58 HGB und die Angestellten im Laden oder Warenlager, § 56 HGB. In den §§ 59–83 HGB regelt das Handelsgesetzbuch arbeitsrechtliche Aspekte der Handlungsgehilfen. Praktische Bedeutung haben dabei insbesondere die Regelungen zum gesetzlichen Wettbewerbsverbot (§§ 60, 61 HGB) und zum vertraglich vereinbarten Wettbewerbsverbot (§§ 74–75d HGB). Die §§ 75g und 75h HGB regeln Vertretungsfragen und gehören inhaltlich zum Regelungskomplex der §§ 48–58 HGB. § 83 HGB stellt klar, dass arbeitsrechtliche Vorschriften nach §§ 59–75f HGB auf technische Hilfspersonen keine Anwendung finden.

Sämtlichen Handlungsgehilfen ist gemein, dass sie

- in einem kaufmännischen Handelsgewerbe tätig sind,
- kaufmännische Dienste leisten,
- gegen Entgelt tätig sind und
- zur Leistung der kaufmännischen Dienste angestellt sind, also als unselbstständige Arbeitnehmer in einem durch Arbeitsvertrag begründeten Abhängigkeitsverhältnis stehen.

2. Unselbstständige kaufmännische Hilfspersonen

a) Prokura

109 Die §§ 48 ff. HGB ergänzen das Stellvertretungsrecht des Bürgerlichen Gesetzbuches, so dass die §§ 164 ff. BGB anwendbar sind, soweit die §§ 48 ff. HGB keine Sonderregelungen enthalten. Der wichtigste Unterschied zum Stellvertretungsrecht des Bürgerlichen Gesetzbuches ist der gesetzlich festgelegte Umfang der Vertretungsmacht des Prokuristen nach § 49 HGB.

aa) Erteilung

110 Die Erteilung der Prokura richtet sich im Grundsatz nach den §§ 167 ff. BGB, handelsrechtlich sind jedoch folgende Besonderheiten zu beachten:

Prokura kann nur der **Inhaber eines kaufmännischen Handelsgeschäfts** oder sein gesetzlicher Vertreter erteilen, § 48 Abs. 1 HGB. Inhaber des Handelsgeschäfts sind alle Kaufleute (auch eine Erbengemeinschaft, die ein Handelsgeschäft fortführt[92]). Zu diesen gehören auch die Fiktivkaufleute nach § 5 HGB. Gesetzliche Vertreter des Kaufmanns bedürfen zur Prokuraerteilung einer vormundschaftsgerichtlichen Genehmigung nach §§ 1643, 1822 Nr. 11, 1831, 1915 BGB.

Die Prokura wird mittels **ausdrücklicher Erklärung** erteilt, so dass jede konkludente oder schlüssige Handlung zur Prokuraerteilung ausscheidet. Auch eine Prokura kraft Duldung oder Anschein ist ausgeschlossen. In derartigen Fällen handelt es sich nicht um eine Prokura, sondern um eine Duldungs- oder Anscheinsvollmacht nach BGB. Im Übrigen gelten die §§ 164 ff. BGB. Demnach kann die Prokura schriftlich oder mündlich oder durch Erklärung gegenüber Dritten erteilt werden, § 167 Abs. 1 BGB.

Prokura kann jeder natürlichen geschäftsfähigen oder beschränkt geschäftsfähigen Person erteilt werden, nicht aber einer juristischen Person. Nicht Prokurist sein können außerdem organschaftliche Vertreter.

Die Prokura wird zur Eintragung im **Handelsregister** angemeldet, § 53 Abs. 1 HGB. Die Eintragung ist zwingend, wirkt jedoch nur deklaratorisch, die Handelsregistereintragung ist also nicht Voraussetzung für eine wirksame Prokuraerteilung.

bb) Umfang

111 Der Umfang der Prokura ist aus Rechtssicherheitsgründen in § 49 Abs. 1 HGB gesetzlich festgelegt. Nach § 49 Abs. 1 HGB ist der Prokurist zu allen Arten von gerichtlichen und außergerichtlichen Rechtshandlungen befugt, die der Betrieb eines Handelsgewerbes mit sich bringt. Da

---

92 *BGH* Urteil vom 24.9.1959 (Az: II ZR 46/59) = DB 1959, 1192.

bereits der Wortlaut des § 49 Abs. 1 HGB nicht auf ein bestimmtes Handelsgewerbe oder eine Branche abstellt, wird der Umfang der Prokura auch nicht durch das von dem Prinzipal geführte Handelsgewerbe beschränkt. Der Prokurist ist vielmehr zu allen Handlungen ermächtigt, die zu irgendeinem Handelsgewerbe gehören. Insbesondere kann der Prokurist auch neue Branchen erschließen, Zweigniederlassungen errichten oder den Geschäftssitz verlegen.

Ausgeschlossen von der Prokura sind danach lediglich Geschäfte, die der „Betrieb" nicht „mit sich bringt", also alle Geschäfte, die außerhalb des Geschäftsbereichs liegen. Dazu gehören die Privatgeschäfte des Kaufmanns und Geschäfte, die auf den Betrieb des Handelsgeschäfts grundlegenden Einfluss haben, so die Einstellung oder die Veräußerung des Handelsgeschäfts, eine Firmenänderung, eine Änderung der Geschäftsanschrift, die Aufnahme eines Gesellschafters oder die Insolvenzantragstellung.

Ausgenommen sind außerdem so genannte Prinzipalgeschäfte, also solche, die dem Kaufmann höchstpersönlich vorbehalten sind. Dies sind neben der Erteilung der Prokura nach § 48 Abs. 1 HGB Anmeldungen zum Handelsregister nach § 49 HGB und die Unterzeichnung des Jahresabschlusses nach § 245 HGB. **112**

Die dritte Ausnahme enthält § 49 Abs. 2 HGB. So darf der Prokurist nicht Grundstücke veräußern oder belasten, es sei denn, er wird dazu vom Inhaber des Handelsgewerbes gesondert ermächtigt. Umstritten ist, ob § 49 Abs. 2 HGB auch auf die entsprechenden Verpflichtungsgeschäfte zu erstrecken ist.

Aus Gründen der Rechtssicherheit sind **Beschränkungen** des gesetzlich festgelegten Umfangs der Prokura **Dritten gegenüber unwirksam**, § 50 Abs. 1 HGB. Wichtig ist die Unterscheidung zwischen Innen- und Außenverhältnis. Betreibt der Prokurist außerhalb seines Aufgabenbereichs und unter Verstoß gegen seinen Arbeitsvertrag im Außenverhältnis Geschäfte für das Handelsgewerbe mit Dritten, sind diese im Außenverhältnis grundsätzlich wirksam, soweit nicht ein kollusives Zusammenwirken zwischen dem Dritten und dem Prokuristen zum Nachteil des Geschäftsherrn vorliegt oder der Prokurist seine Vertretungsmacht bewusst missbraucht und der Dritte dies erkennt.[93] Eine Ersatzpflicht im Innenverhältnis gegenüber dem Prinzipal hat auf die Wirksamkeit dieser Geschäfte im Außenverhältnis gegenüber Dritten keinen Einfluss. **113**

cc) Missbrauch

Abweichungen zwischen dem Innen- und dem Außenverhältnis oder dem rechtlichen Können und rechtlichen Dürfen des Prokuristen ergeben sich vor allem in den Fällen, in denen der Prinzipal die Prokura mit Beschränkungen erteilt, die den Prokuristen im Innenverhältnis in geringerem Umfang bevollmächtigen als von § 49 HGB vorgesehen. Auch insoweit gilt, dass derartige Beschränkungen nach § 50 Abs. 1 HGB im Außenverhältnis unwirksam sind. **114**

In den Ausnahmefällen der Kollusion und der Evidenz ist der Vertrag analog § 177 BGB schwebend unwirksam, so dass seine Wirksamkeit von der Genehmigung des Prinzipals abhängt. Ein Widerrufsrecht besteht in derartigen Fällen analog § 178 BGB nur dann, wenn er den Missbrauch der Vertretungsmacht durch den Prokuristen nicht kannte. Eine Haftung des Vertreters analog § 179 Abs. 1 BGB gegenüber dem Dritten scheitert in den Fällen, in denen der andere den Missbrauch kannte oder kennen musste, analog § 179 Abs. 3 BGB.

---

93 *BGH* Urteil vom 25.3.1968 (Az: II ZR 208/64), unter Tz. 3 = BGHZ 50, 112.

Bei Schädigungsabsicht des Prokuristen und dem Dritten ist das Rechtsgeschäft nach herrschender Meinung nach § 138 Abs. 1 BGB nichtig.[94]

dd) Formen

115 **Einzelprokura** liegt vor, wenn ein Prokurist vertretungsberechtigt ist. Eine zulässige Einschränkung der Prokura auch im Außenverhältnis stellt die **echte Gesamtprokura** dar, wenn der Geschäftsherr mehreren Personen gemeinschaftlich Prokura erteilt. Gemeinschaftsprokuristen müssen bei jedem Rechtsgeschäft gemeinschaftlich handeln. Erleichterungen sind durch Ermächtigungen der Gesamtprokuristen untereinander zur Vornahme bestimmter Geschäfte oder bestimmter Arten von Geschäften möglich, § 125 Abs. 2 S. 2 HGB, § 78 Abs. 4 AktG.

116 Demgegenüber bezeichnet die **unechte Gesamtprokura** eine Gesamtvertretung des Prokuristen mit einem anderen Vertreter, beispielsweise mit einem Geschäftsführer oder Gesellschafter, vgl. § 25 Abs. 3 HGB, § 78 Abs. 3 AktG. Eine Sonderform der unechten Gesamtprokura stellt die so genannte halbseitige Gesamtprokura dar, wonach der Prokurist nur zusammen mit einer anderen Person handeln kann, wobei die andere Person für sich allein vertretungsberechtigt bleibt. Es handelt sich um eine häufige Form der unechten Gesamtprokura in den Fällen der Gesamtvertretungsbefugnis nur zusammen mit dem Geschäftsführer, der seinerseits nicht auf die Mitwirkung des Prokuristen angewiesen sein soll. Schließlich ist eine **Filialprokura** anerkannt, wenn die Prokura vom Geschäftsherrn auf den Betrieb einer oder mehrerer Niederlassungen beschränkt wird, § 50 Abs. 3 HGB.

ee) Erlöschen

117 Die Prokura erlischt in den folgenden fünf Fällen:
- Bei Widerruf durch den Geschäftsinhaber, § 52 Abs. 1 HGB. Der Widerruf kann jederzeit und ohne Angabe eines Grundes erfolgen.
- Die Prokura erlischt bei Beendigung des der Prokura zugrunde liegenden Grundverhältnisses, d.h. regelmäßig im Fall der Kündigung des Arbeitsvertrags zum Prokuristen, § 168 S. 1 BGB. Anderes gilt, wenn im Einzelfall die Prokura für eine längere oder kürzere Zeit als das Grundverhältnis erteilt worden ist.
- Die Prokura erlischt beim Tod des Prokuristen, da sie nach § 52 Abs. 2 HGB nicht übertragbar ist, nicht aber bei Tod des Prinzipals, § 52 Abs. 3 HGB.
- Die Prokura erlischt gem. §§ 117 Abs. 1, Abs. 2, 115 Abs. 1 InsO mit der Eröffnung eines Insolvenzverfahrens über das Vermögen der Gesellschaft.
- Die Prokura endet schließlich bei Verlust der Kaufmannseigenschaft des Geschäftsinhabers, da in diesem Fall die Voraussetzungen für die Prokuraerteilung entfallen. Gleiches gilt für die Einstellung der Unternehmenstätigkeit, da die Kaufmannseigenschaft als Voraussetzung der Prokura ihrerseits den Betrieb eines Gewerbes voraussetzt. Hat eine Handelsgesellschaft Prokura erteilt, führt deren Auflösung nicht zu einem Erlöschen der Prokura, die Prokura besteht vielmehr auch im Zeitraum der Abwicklung fort.[95] Veräußert der Kaufmann das Unternehmen, erlischt die Prokura nach den Grundsätzen des § 52 Abs. 2 HGB mangels Übertragbarkeit.

---

94 Vgl. dazu ausführlich im Skript „BGB Allgemeiner Teil II" Rn. 83.
95 *OLG München* Beschluss vom 9.8.2011 (Az: 31 Wx 314/11), unter Tz. 2 = ZIP 2011, 2059, ebd.

In diesen Fällen wird allenfalls noch eine Generalvollmacht gemäß Umdeutung nach § 140 BGB vorliegen.

Folge des Erlöschens der Prokura ist das Erlöschen der Vertretungsmacht. Das Erlöschen der Prokura ist eintragungspflichtige Tatsache nach § 53 Abs. 2 HGB. Registereintragungen und Bekanntmachungen haben wie die Anmeldung der Erteilung jedoch nur deklaratorische Wirkung. Wird das Erlöschen der Prokura nicht angemeldet und eingetragen, ist ein gutgläubiger Dritter über die negative Publizitätswirkung des § 15 Abs. 1 HGB geschützt.

ff)   Übungsfall Nr. 5

118   „Laufende Grundstücke"

H kauft und verkauft Grundstücke und erzielt dabei regelmäßig einen Jahresumsatz von ca. 1 500 000 €. Zu seiner Entlastung stellt er P an und ernennt ihn zum Prokuristen. In der Prokuraurkunde heißt es, P sei für das gesamte „laufende Geschäft" bevollmächtigt. P verkauft im Namen des H formgerecht ein Grundstück des H an den K für einen günstigen Preis, da K im Zuge der Verhandlungen mit P eingehend nach möglichen Altlasten fragt. Als H davon erfährt, ist er über die Blauäugigkeit des P empört. Ansprüche des K?

119   **Lösung**

K könnte gegen H Anspruch auf Auflassung des Grundstücks gem. § 433 Abs. 1 S. 1 BGB haben.

I.   Wirksamer Kaufvertrag zwischen K und H

Dies setzt einen wirksamen Kaufvertrag zwischen K und H voraus. H hat nicht selbst gehandelt, vielmehr hat P den Vertrag in seinem Namen geschlossen.

Die nach § 311b Abs. 1 BGB zu beachtende notarielle Form wurde gewahrt.

Fraglich ist aber, ob P bei Abschluss des Vertrages im Namen des H innerhalb der ihm zustehenden Vertretungsmacht gehandelt hat. Ist dies nicht der Fall, hinge die Wirksamkeit des Vertrages nach § 177 Abs. 1 BGB von einer Genehmigung des H ab.

Eine Vertretungsmacht könnte sich aus der Prokura ergeben, wenn H dem P wirksam Prokura erteilt hat.

H müsste Inhaber eines Handelsgeschäfts, so genannter Prinzipal, sein (§ 48 Abs. 1 HGB). Die Voraussetzungen des Gewerbebegriffs liegen vor. Angesichts der Art des Gewerbes, H handelt mit Grundstücken und verwaltet sie nicht nur, und des Umfangs, H erzielt einen Jahresumsatz von ca. 1 500 000 €, erfordert der Betrieb eine kaufmännische Einrichtung und ist daher Handelsgewerbe gemäß § 1 Abs. 2 HGB.

Eine ausdrückliche Erklärung liegt in der Prokuraurkunde (§ 48 Abs. 1 HGB).

Die Prokura ermächtigte P zur Vornahme aller Geschäfte, die der Betrieb eines Handelsgeschäfts mit sich bringt (§ 49 Abs. 1 HGB).

Allerdings sieht das Gesetz im Regelfall eine Einschränkung für die Veräußerung und Belastung von Grundstücken vor (§ 49 Abs. 2 HGB). Dies betrifft bereits das Verpflichtungsgeschäft, da sonst durch Begründung einer wirksamen Verpflichtung des Prinzipals der Zweck des § 49 Abs. 2 HGB, den Prinzipal vor derart grundlegenden Geschäften zu schützen, leer liefe.

Der Prokurist darf solche Geschäfte nur vornehmen, wenn ihm dazu besondere Befugnis erteilt worden ist (§ 49 Abs. 2 HGB). Vorliegend hatte der im Immobilienhandel tätige H den P gerade für das in seinem Handelsgeschäft laufende Geschäft bevollmächtigt. Das laufende Geschäft des H ist neben dem Ankauf auch der Verkauf und die Veräußerung von Grundstücken. Damit hat H dem P in der Prokuraurkunde mindestens konkludent gesonderte Vollmacht nach § 49 Abs. 2 HGB erteilt.

P handelte daher mit Vertretungsmacht.

Zwischen K und H ist ein wirksamer Kaufvertrag zustande gekommen.

II.   Anfechtung

Eine Anfechtung durch H wegen arglistiger Täuschung des P durch K nach §§ 142, 123 Abs. 1 Alt. 1, 166 Abs. 1 BGB kommt nicht in Betracht, da K sich nur nach Altlasten erkundigt hatte, ohne in P vorsätzlich eine Fehlvorstellung über die Beschaffenheit des Grundstücks hervorrufen zu wollen.

III.   Ergebnis

K hat gegen H Anspruch auf Auflassung des Grundstücks aus § 433 Abs. 1 S. 1 BGB.

b) Die Handlungsvollmacht

Handlungsvollmacht ist jede im Rahmen eines Handelsgewerbes erteilte Vollmacht, die nicht **120**
Prokura ist, § 54 HGB. Demgemäß sind die §§ 164 ff. BGB anwendbar, soweit sie nicht durch
die Spezialregelung des § 54 HGB verdrängt werden.

aa) Erteilung

Wie bei der Prokura wird die Handlungsvollmacht durch eine einseitige, empfangsbedürftige **121**
Willenserklärung erteilt, die allerdings in beiden Formen des § 171 Abs. 1 BGB oder durch
öffentliche Bekanntmachung nach § 171 Abs. 1 BGB erfolgen kann, auch eine konkludente
Bevollmächtigung ist anders als bei der Prokura möglich. Anders als bei der Prokura ist
zudem nicht Voraussetzung, dass der Prinzipal selbst bevollmächtigt. Vielmehr können auch
ein Prokurist oder ein entsprechend bemächtigter Handlungsbevollmächtigter Handlungsvollmacht erteilen. Anders als die Prokura ist die Handlungsvollmacht mit Zustimmung des
Prinzipals übertragbar, § 58 HGB. Die Handlungsvollmacht wird nicht in das Handelsregister
eingetragen; sie ist eine nicht eintragungsfähige Tatsache.

bb) Umfang

Das Gesetz unterscheidet drei Arten des Umfangs der Handlungsvollmacht: **122**

Die **Generalhandlungsvollmacht** nach § 54 Abs. 1 Var. 1 HGB bevollmächtigt zu allen Rechtsgeschäften, die der Betrieb eines derartigen Handelsgewerbes mit sich bringt. Anders als bei
der Prokura ist der Handlungsbevollmächtigte also in allen drei Fällen nur zu solchen
Geschäften ermächtigt, die das konkret betriebene Handelsgewerbe des Prinzipals mit sich
bringen. Der Handlungsbevollmächtigte kann daher anders als der Prokurist keine branchen-
fremden und keine außergewöhnlichen Geschäfte vornehmen. So soll beispielsweise der
Handlungsbevollmächtigte eines Gaststättenbetriebs nicht zum Abschluss eines Automaten-
aufstellungsvertrags bevollmächtigt sein.[96]

> » Vergleichen Sie den Wortlaut von § 49 HGB und § 54 HGB: Letzterer spricht von einem „derartigen Handelsgewerbe" und fasst den Umfang damit schon dem Wortlaut nach enger. «

Die **Arthandlungsvollmacht** nach § 54 Abs. 1 Var. 2 HGB bevollmächtigt zu allen Rechtsge- **123**
schäften, die eine bestimmte Art von Geschäften für gewöhnlich mit sich bringt. So kann der
Handlungsbevollmächtigte eines Werkstatt- und Kfz-Zubehörteilehandels, dessen Arthandlungsvollmacht lediglich auf den Einkauf für Werkstattzwecke beschränkt ist, nicht für den
Zubehörhandel Geschäfte schließen.

Die **Spezialhandlungsvollmacht** nach § 54 Abs. 1 Var. 3 HGB ist auf einzelne Geschäfte, die zu **124**
dem von dem Prinzipal betriebenen Handelsgewerbe gehören, beschränkt. Im Unterschied
zur Spezialhandlungsvollmacht des Bürgerlichen Gesetzbuches wird der Handlungsgehilfe
hier nicht zu einem bestimmten einzelnen Rechtsgeschäft ermächtigt, sondern zu mehreren
Rechtsgeschäften, die mit dem übertragenen Geschäft in innerem Zusammenhang stehen.

Nach § 54 Abs. 2 HGB erstreckt sich die Handlungsvollmacht nicht auf die Veräußerung oder **125**
Belastung von Grundstücken, die Eingehung von Wechselverbindlichkeiten, die Aufnahme
von Darlehen und die Prozessführung; für diese Geschäfte bedarf es einer besonderen, nicht
notwendig ausdrücklichen, Ermächtigung. Schranken ergeben sich in der Praxis aus vom
Prinzipal angeordneten Beschränkungen der Vollmacht im Innenverhältnis, etwa eine Budge-

---

96 *OLG Celle* Urteil vom 17.12.1982 (Az: 2 U 120/82) = BB 1983, 1495.

tierung auf Geschäfte bis 5000 € monatlich. Ähnlich wie bei dem Prokuristen gilt zugunsten gutgläubiger Dritter die Vermutung des § 54 HGB, dass ein Dritter Beschränkungen der Handlungsvollmacht dann gegen sich gelten lassen muss, wenn er sie kannte oder kennen musste, § 54 Abs. 3 HGB.

cc) Missbrauch

126 Bei Missbrauch der Handlungsvollmacht handelt der Handlungsbevollmächtigte gemäß § 179 BGB als falsus procurator. Der Dritte wird nach §§ 170–173 BGB in seinem guten Glauben geschützt.

dd) Erlöschen

127 Das Erlöschen der Handlungsvollmacht bestimmt sich nach den bürgerlich-rechtlichen Vorschriften. So erlischt die Handlungsvollmacht mit der Beendigung des Grundverhältnisses, § 168 S. 1 BGB. Unabhängig vom Fortbestand des Grundverhältnisses kann die Vollmacht durch Widerruf beendet werden, § 168 S. 2, S. 3 BGB. Im Übrigen erlischt die Handlungsvollmacht in den für das Erlöschen der Prokura bestimmten Fällen.

c) Ladenangestellte

PRÜFUNGS-SCHEMA

128 **Vermutungswirkung des § 56 HGB**

    I. Beschäftigter in Laden oder offenem Warenlager

    II. im Rahmen eines Anstellungsverhältnisses

    III. Vertragspartner im guten Glauben über Umfang der Vollmacht

    IV. Vollmachtsumfang: Verkäufe und gewöhnliche Empfangnahmen

129 Gemäß § 56 HGB gilt ein in einem Laden oder offenen Warenlager Angestellter zu solchen Verkäufen oder Inempfangnahmen als bevollmächtigt, die ein solcher Laden oder ein solches Warenlager gewöhnlich mit sich bringen. Ladenangestellte haben regelmäßig Arthandlungsvollmacht für diejenigen Rechtsgeschäfte, die üblicherweise anfallen. § 56 HGB hat daher besondere Bedeutung für den Schutz Dritter, die auf Bestehen und Umfang der Vollmacht vertrauen.

§ 56 HGB hat folgende **Voraussetzungen**:
- Der Angestellte muss **in einem Laden oder offenen Warenlager beschäftigt** sein, also in einer Verkaufsstätte, die zum freien Eintritt für das Publikum und zum Abschluss von Geschäften bestimmt ist. Es spielt dabei keine Rolle, ob es sich um ein Büro, einen Fabrikraum oder ein Kontor handelt.
- Der Ladenangestellte muss im Laden oder Warenlager **angestellt** sein. „Angestellt" ist im Sinne des Schutzes des Dritten weit auszulegen, so dass jeder mit Wissen und Wollen des Ladeninhabers im Laden Tätige erfasst ist; nicht maßgeblich ist der arbeitsrechtliche Begriff.

- Der Dritte muss im **guten Glauben** über den Umfang der Vollmacht sein. Die Vermutungswirkung des § 56 HGB entfällt nur dann, wenn der Dritte die mangelnde Vertretungsmacht des Angestellten kannte oder kennen musste, wobei bereits einfache fahrlässige Unkenntnis schadet. Der Rechtsgedanke ist der gleiche wie bei § 173 BGB und § 54 Abs. 3 HGB.

Rechtsfolge des § 56 HGB ist die unwiderlegliche Vermutung, dass der Angestellte bevollmächtigt ist zu Verkäufen, auf Käufe ist § 56 nicht entsprechend anwendbar,[97] und zu Empfangnahmen, insbesondere Zahlungen, die in einem Laden oder Warenlager gewöhnlich stattfinden.

3. Selbstständige kaufmännische Hilfspersonen

a) Abschlussbevollmächtigte, § 55 HGB

Nach § 55 HGB findet die Vorschrift des § 54 HGB Anwendung auf Handlungsbevollmächtigte, die Handelsvertreter sind oder als Handlungsgehilfen außerhalb des Betriebs des Prinzipals Geschäfte in dessen Namen abschließen, die so genannten **Abschlussvertreter** oder **Abschlussbevollmächtigten**.

130

> **Abschlussbevollmächtigte** sind
> - Handlungsbevollmächtigte, die Handelsvertreter sind oder
> - als Handlungsgehilfen außerhalb des Betriebs des Prinzipals
> - Geschäfte in dessen Namen abschließen.

Damit sind die unselbstständigen Hilfspersonen der Handlungsgehilfen im Innen- und Außendienst und die selbstständigen Hilfspersonen der Handelsvertreter in ihren vertretungsrechtlichen Befugnissen gesetzlich gleichgestellt. Das Handelsgesetzbuch will dem Geschäftspartner die Prüfung ersparen, ob der ihm gegenüber auftretende Vertreter des Prinzipals Handlungsgehilfe im Innen- oder Außendienst oder Handelsvertreter ist. Daher werden im Hinblick auf die Vertretungsmacht auch Handelsvertreter gleich behandelt, die für einen Nichtkaufmann tätig sind, und Handelsvertreter, die nur vermittelnd tätig sind, vgl. §§ 75g, 91 Abs. 2 HGB.

Die Abschlussvollmacht nach § 55 HGB orientiert sich an der Generalhandlungs-, Arthandlungs- oder Spezialhandlungsvollmacht des § 54 HGB mit dem Unterschied, dass die Abschlussvollmacht zur Tätigung der Rechtsgeschäfte außerhalb des Betriebs ermächtigt.

Die widerlegliche **Vermutung**, dass zu allen Geschäften und Rechtshandlungen bevollmächtigt ist, die in einem Handelsgewerbe der betriebenen Art gewöhnlich vorkommen, ist allerdings im Unterschied zu § 54 HGB **modifiziert**. So enthält § 55 Abs. 2, 3 HGB Ausnahmen von der widerleglich zu vermutenden Vertretungsmacht für die Änderung geschlossener Verträge und für die Annahme von Zahlungen. Außerdem erweitert § 55 Abs. 4 HGB die Vertretungsmacht für die Entgegennahme bestimmter Erklärungen, insbesondere die Anzeige von Mängeln, und für die Geltendmachung der dem Prinzipal zustehenden Rechte auf Beweissicherung.

---

97 *BGH* Urteil vom 4.5.1988 (Az: VIII ZR 196/87), unter Tz. 9 = NJW 1988, 2109.

Überschreitet ein Abschlussbevollmächtigter seine Vertretungsmacht, ist das Rechtsgeschäft gemäß § 177 Abs. 1 BGB unwirksam. § 75h Abs. 2 HGB enthält für diesen Fall eine Sonderregelung gegenüber § 177 Abs. 2 BGB.

b) Vermittlungsbevollmächtigte, § 75g HGB

131   **Vermittlungsbevollmächtigte** sind
- Handlungsgehilfen, die damit betraut sind,
- außerhalb des Geschäfts des Prinzipals
- für diesen Geschäfte zu vermitteln.

Vermittlungsbevollmächtigte dürfen Geschäfte nur vermitteln, nicht aber abschließen. Auch eine Entgegennahme von Erklärungen ist nur aufgrund besonderer Bevollmächtigung möglich. Fehlt diese, gilt gemäß § 75g i.V.m. § 55 Abs. 4 HGB wie bei dem Abschlussvertreter, dass die Vermittlungsbevollmächtigten berechtigt sind, Erklärungen entgegenzunehmen, die mit der Lieferung mangelhafter Waren zusammenhängen. Schließt ein Vermittlungsbevollmächtigter ein Rechtsgeschäft ab, ist dieses schwebend unwirksam. Auch hier modifiziert § 75h Abs. 1 HGB den § 177 Abs. 2 BGB.

c) Handelsvertreter, § 84 HGB

aa) Voraussetzungen

132   **Handelsvertreter** ist nach § 84 Abs. 1 S. 1 HGB, wer als
- selbstständiger Gewerbetreibender
- ständig damit betraut ist,
- für einen anderen Unternehmer
- Geschäfte zu vermitteln oder in dessen Namen abzuschließen.

133   Das Gesetz kennt danach zwei unterschiedliche Arten des Handelsvertreters:
- den **Vermittlungsvertreter**, der durch das Einwirken auf einen Dritten zum Entschluss für den Abschluss eines Geschäfts Geschäfte vermittelt,
- den **Abschlussvertreter**, der im Namen des Prinzipals Willenserklärungen abgibt und entgegennimmt.

>> Lesen Sie §§ 84 ff. HGB. Sie sind stark von der europäischen Rechtssetzung geprägt und auf den ersten Blick unübersichtlich. <<

Selbstständiger Gewerbetreibender ist nach der Definition in § 84 Abs. 1 S. 2 HGB derjenige, der unabhängig vom Vorliegen oder Fehlen der dort genannten Umstände nach seinem Gesamtbild selbstbestimmt Arbeiten ausführt.[98] Die Rechtsprechung hat einen Kriterienkatalog für die Annahme der Selbstständigkeit entwickelt, so das Auftreten unter eigener Firma, eine eigene Buchführung, die Zahlung von Entgelt in Form von Provisionen, eigene Anstellungsverhältnisse zu Untervertretern, die Tragung der Geschäftsunkosten und eigene Geschäftsräume. Als selbstständiger Gewerbetreibender ist der Handelsvertreter selbst Kaufmann, und zwar je nach Geschäftsumfang Ist- oder Kannkaufmann.

Ständig betraut ist der Handelsvertreter, der zum Abschluss oder der Vermittlung einer unbestimmten Zahl von Geschäften beauftragt ist. Ständig meint also nicht, dass der Han-

---

98 *BGH* Urteil vom 11.3.1982 (Az: I ZR 27/80), unter Tz. 16 = NJW 1982, 1758.

delsvertreter die ganze Zeit über für einen Unternehmer arbeitet, es genügt eine kurze Zeit, zum Beispiel auf einer Messe, gemeint ist die Abgrenzung der Beauftragung mit lediglich einem Geschäftsabschluss oder einer Geschäftsvermittlung.

Andere Unternehmer, für den der Handelsvertreter tätig ist, können eine natürliche oder eine juristische Person sein, nicht erforderlich ist, dass es sich um einen Kaufmann handelt, § 91 Abs. 1 HGB. Der Handelsvertreter kann für ein einzelnes Unternehmen tätig werden, § 92a HGB, oder für mehrere, er ist danach Einfirmen- und Mehrfirmenvertreter.

Die **Geschäfte**, mit deren Vermittlung oder Abschluss er betraut ist, müssen keine Handelsgeschäfte sein, da der Unternehmer selbst nicht Kaufmann sein muss. In Betracht kommen Geschäfte aller Art, üblich sind Versicherungsverträge, Lizenzverträge, Kaufverträge und Mietverträge.

bb) Pflichten des Handelsvertreters

Neben der Unterscheidung in Abschluss- und Vermittlungsvertreter nach § 84 Abs. 1 HGB **134** und Einfirmen- und Mehrfirmenvertreter nach § 92a HGB unterscheidet das Gesetz
- nach dem **Gegenstand des Geschäfts**: Warenvertreter, Versicherungsvertreter, Bausparkassenvertreter, § 92 HGB, §§ 69 ff. VVG;
- nach dem **Umfang der Tätigkeit**, insbesondere ob der Handelsvertreter im Haupt- oder Nebenberuf tätig ist, § 92b HGB;
- nach der **Organisation der Handelsvertretung**, insbesondere ob es sich um einen General- oder einen Untervertreter handelt, § 84 Abs. 3 HGB.

Im Außenverhältnis schließt der Abschlussvertreter aufgrund nach allgemeinen Vorschriften **135** erteilter Vollmacht, § 167 BGB, Geschäfte für den Prinzipal ab. Für ihren Umfang verweist § 91 Abs. 1 HGB auf § 55 HGB. Dies gilt auch für diejenigen Fälle, in denen der Unternehmer nicht Kaufmann ist. Überschreitet der Handelsvertreter seine Befugnisse, gelten die §§ 177 ff. BGB.

Der von einem Vermittlungsvertreter mit einem Dritten abgeschlossene Vertrag ist schwebend unwirksam im Sinne von § 177 Abs. 1 BGB. War der Dritte gutgläubig, gilt das Geschäft gemäß § 91a HGB als vom Unternehmer genehmigt, wenn dieser es nicht unmittelbar nach Kenntniserlangung ablehnt. Anders als im Falle des § 177 Abs. 2 BGB geht § 91a HGB daher von einem wirksamen Vertragsschluss aus, wenn der Unternehmer nicht handelt. § 91 Abs. 2 HGB fingiert eine dem § 55 Abs. 4 HGB entsprechende Vollmacht zum Empfang von Willenserklärungen.

Nicht Handelsvertreter ist der Abschlussbevollmächtigte gemäß § 55 HGB, weil er unselbst- **136** ständiger Arbeitnehmer ist, der Kommissionär, der gewerbsmäßig Waren oder Wertpapiere für Rechnung eines anderen im eigenen Namen kauft oder verkauft, der Handelsmakler, der als unabhängiger gewerbsmäßiger Vermittler von Verträgen für andere im eigenen Namen auftritt und der Vertrags- oder Eigenhändler.

Der Handelsvertretervertrag ist **Geschäftsbesorgungsvertrag** und grundsätzlich formfrei, **137** eine Ausnahme bildet § 85 HGB. Zum Schutze des Handelsvertreters ordnen die Vorschriften der § 86a Abs. 3 HGB, § 87a Abs. 5 HGB und § 87c Abs. 5 HGB zwingendes Recht an. Die **Pflichten** des Handelsvertreters ergeben sich zunächst aus dem Handelsvertretervertrag, im Übrigen aus den §§ 84 ff. HGB und den ergänzenden Bestimmungen der §§ 611 ff., 675 BGB.

- Der Handelsvertreter ist zunächst **zur Tätigkeit verpflichtet**, § 86 Abs. 1 Hs. 1 HGB. Er hat bei der Tätigkeit die Interessen des Unternehmers zu wahren, § 86 Abs. 1 Hs. 2 HGB. Daraus folgt ein Wettbewerbsverbot in der Vertragszeit, das jede Konkurrenzvertretung ausschließt. Die Interessenwahrnehmung ist eine zwingende und unabdingbare Pflicht des Handelsvertreters.[99] Bei einer Verletzung der Verpflichtung zur Unterlassung jeder Wettbewerbstätigkeit haftet der Handelsvertreter nach § 280 Abs. 1 BGB, ist aber nach Auffassung der Rechtsprechung nicht zur Herausgabe des Gewinns aus der Konkurrenztätigkeit verpflichtet. Eine Verletzung des Wettbewerbsverbots berechtigt den Unternehmer zur Kündigung des Handelsvertretervertrags aus wichtigem Grund, § 89a Abs. 1 S. 1 HGB.
- Weiter hat der Handelsvertreter den **Unternehmer** über jeden Geschäftsabschluss zu **unterrichten**, § 86 Abs. 2 HGB. Bei der Auswahl eines Dritten hat er sorgfältig vorzugehen, § 86 Abs. 3 HGB, in der Praxis wichtig ist die Prüfung der Kreditwürdigkeit des Dritten. Eine Haftung für die Verbindlichkeiten des Kunden, die so genannte **Delkredere-Haftung**, bei der der Handelsvertreter für die Erfüllung der fremden Kundenschuld eintritt, trifft ihn nur unter den Voraussetzungen des § 86b HGB und berechtigt zu einer gesonderten Vergütung, der Delkredere-Provision.

cc) Pflichten des Unternehmers

138 Den Unternehmer trifft die Verpflichtung zur **Provisionszahlung**. Bei der Abschlussprovision entsteht der Provisionsanspruch des Handelsvertreters für Geschäfte, die auf seine Tätigkeit zurückzuführen sind (§ 87 Abs. 1 S. 1 Alt. 1 HGB) oder mit Dritten geschlossen werden, die er als Kunden für Geschäfte der gleichen Art geworben hat (§ 87 Abs. 1 S. 1 Alt. 2 HGB). Es handelt sich um eine Erfolgsvergütung, da sie sich dem Umfang nach an den Einzelgeschäften bemisst. Sie ist mit Ausnahme der Bezirksprovision nach § 87 Abs. 2 HGB außerdem tätigkeitsbezogen.

Für die Tätigkeit des Handelsvertreters genügt eine **Mitursächlichkeit**, wobei streitig ist, ob eine Vergütung auch dann entsteht, wenn der Dritte das Geschäft bereits unabhängig von der Tätigkeit des Handelsvertreters abschließen wollte und sich nur zum Zwecke des Abschlusses an den Handelsvertreter wendet, ebenso umstritten ist der Fall, wenn mehrere Handelsvertreter nebeneinander an der Herbeiführung eines Geschäfts zusammenwirken. Provisionspflichtig sind außerdem solche Geschäfte, die zwar nicht unmittelbar auf die Tätigkeit des Handelsvertreters zurückzuführen sind, aber von Kunden geschlossen werden, die er geworben hat, § 87 Abs. 1 S. 1 Alt. 2 HGB. Das Gesetz geht davon aus, dass derartige Geschäfte wenigstens mittelbar auf die Tätigkeit des Handelsvertreters zurückzuführen sind, und vermutet daher unwiderleglich die Mitursächlichkeit des Vertreterhandelns. Demgegenüber regelt § 87 Abs. 1 S. 2 HGB den Fall eines Nacheinanders von Handelsvertretern bei der Herbeiführung eines Geschäfts.

Der an die Ursächlichkeit des Vertreterhandelns geknüpfte Anspruch auf Provision wird ergänzt durch § 87 Abs. 3 HGB für diejenigen **Geschäfte, die erst nach Beendigung des Handelsvertretervertrags geschlossen werden**, aber auf die Vermittlungstätigkeit des Handelsvertreters zurückzuführen sind (Nr. 1 Fall 1) oder durch den Handelsvertreter so vorbereitet worden sind, dass der Abschluss überwiegend auf seine Tätigkeit zurückzuführen ist

---

99 *BGH* Beschluss vom 25.9.1990 (Az: KVR 2/89), unter Tz. 16 = BGHZ 112, 218 – Pauschalreisen-Vermittlung.

(Nr. 1 Fall 2). Die Provisionspflicht endet jedoch nach angemessener Zeit (§ 87 Abs. 3 S. 1 Nr. 1 Hs. 2 HGB). Ein Provisionsanspruch entsteht schließlich dann, wenn das Angebot eines Dritten auf Abschluss eines nach § 87 Abs. 1 S. 1 oder Abs. 2 S. 1 HGB provisionspflichtigen Geschäfts dem Unternehmer oder dem Handelsvertreter zugegangen ist (Nr. 2).

Ist der Handelsvertreter sogenannter **Bezirksvertreter** nach § 87 Abs. 2 HGB, ist ihm also ein **139** bestimmter Bezirk exklusiv zugewiesen, entsteht ein Provisionsanspruch auch für diejenigen Abschlüsse oder Vermittlungen, die ohne Zutun des Handelsvertreters in diesem Bezirk zustande kommen. Dies gilt für die Fälle des Direktgeschäfts zwischen Unternehmer und Kunde und für Drittvermittlung, wenn also Dritte das Geschäft vermitteln. In diesem Fall hat der Handelsvertreter Anspruch auf volle Provision unabhängig von einem Tätigwerden oder einer Ursächlichkeit für den Geschäftsabschluss. Die Bezirksprovision soll nach § 87 Abs. 2 HGB Entgelt für die Gesamtbemühungen des Handelsvertreters sein, nicht für bestimmte Leistungen in bestimmter Zeit. Die näheren Regelungen zur Höhe und periodischen Abrechnung finden sich in §§ 87b, 87c HGB.

Über die Provisionszahlung hinaus hat der Handelsvertreter Anspruch gegen den Unternehmer auf **Aufwendungsersatz** bei außergewöhnlichen Kosten nach §§ 675, 670 BGB, die regelmäßigen Kosten des Geschäftsbetriebs werden gemäß § 87d HGB ersetzt, wenn dies handelsüblich ist.

Der Prinzipal ist jedoch **nicht zum Geschäftsabschluss verpflichtet**, kann also über die Annahme oder Ablehnung des vom Handelsvertreter vermittelten Geschäfts frei entscheiden, insbesondere hat der Handelsvertreter keinen Anspruch gegen den Unternehmer auf Abschluss eines von ihm vermittelten Geschäfts.

Weiter ist der Unternehmer verpflichtet, die **Tätigkeit des Vertreters zur ermöglichen**, § 86a HGB. Dies ist Äquivalent zur tätigkeitsbezogenen Vergütung des Handelsvertreters.

dd) Ausgleichsanspruch

Bei Beendigung des Handelsvertretervertrags hat der Handelsvertreter Anspruch auf Zahlung **140** eines angemessenen Ausgleichs nach § 89b HGB.[100]

Der Ausgleich beruht auf der Überlegung, dass der Handelsvertreter unabhängig von Provisionen aus den Nachgeschäften nach § 87 Abs. 3 HGB an dem von ihm geschaffenen Kundenstamm beteiligt werden soll. Denn die Umsätze aus diesem Kundenstamm hätten ihm bei einer Vertragsfortführung Anspruch auf weitere Provisionen verschafft, nur durch die Beendigung des Handelsvertretervertrags kommt der Kundenstamm allein dem Unternehmer fortan zugute. Der Ausgleichsanspruch besteht in Höhe von bis zu einer Jahresprovision, § 89b Abs. 2 HGB.

Der Anspruch muss innerhalb eines Jahres nach Beendigung des Vertragsverhältnisses gerichtlich oder außergerichtlich geltend gemacht werden, § 89b Abs. 4 S. 2 HGB.

---

100 Zu den europarechtlichen Bezügen *Koch* ZIP 2011, 1752.

141 **Anspruch auf Ausgleich**

I. Handelsvertretervertrag wurde anders als durch Kündigung des Handelsvertreters beendet

II. Unternehmer hat aus der Geschäftsverbindung mit dem vom Handelsvertreter geschaffenen Kundenstamm auch nach Beendigung des Vertragsverhältnisses erhebliche Vorteile

III. Handelsvertreter erleidet gemäß § 89b Abs. 1 Nr. 2 HGB einen Verlust von Provisionsansprüchen infolge der Beendigung des Vertragsverhältnisses

IV. Ausgleich entspricht der Billigkeit

142 Der Anspruch ist ausgeschlossen, wenn der **Handelsvertreter selbst ordentlich oder außerordentlich kündigt**, § 89b Abs. 3 Nr. 1 HGB. Ausnahmsweise bleibt der Ausgleichsanspruch trotz Kündigung durch den Handelsvertreter bestehen, wenn dieser wegen des weiteren Verhaltens des Prinzipals zur Kündigung veranlasst wurde oder aber wegen des Alters oder Krankheit des Handelsvertreters ihm eine Fortsetzung seiner Tätigkeit nicht zugemutet werden kann, § 89b Abs. 3 Nr. 1 HGB. Der Ausgleichsanspruch entfällt außerdem bei Kündigung durch den Prinzipal aus wichtigem Grund bei schuldhaftem Verhalten des Handelsvertreters, § 89b Abs. 3 Nr. 2 HGB. Der Begriff des wichtigen Grundes steht demjenigen im § 89a Abs. 1 HGB gleich.

Unter die **Vorteile des Unternehmers** fallen nach dem Zweck der Vorschrift ohne weiteres diejenigen Vorteile, die vom Handelsvertreter geworbene neue Kunden des Kundenstamms zur Folge haben. § 89b Abs. 1 S. 2 HGB stellt der Werbung eines neuen Kunden die erhebliche Erweiterung einer Geschäftsbeziehung mit einem alten Kunden gleich. Die Ermittlung der Höhe des Ausgleichsanspruchs ist schwierig, da sie eine Prognose über die künftige Entwicklung auf der Grundlage der am Bewertungsstichtag gegebenen tatsächlichen Verhältnisse notwendig macht. Im Regelfall kommt ein Prognosezeitraum von zwei bis drei Jahren zur Anwendung, bei langlebigen Wirtschaftsgütern, etwa bei Lastkraftwagen, kann von einem Prognosezeitraum von fünf Jahren ausgegangen werden. Maßgeblich ist die Dauer der Verbindung zum neu geworbenen Kunden, soweit sie sich prognostizieren lässt. Der Unternehmer erwirbt jedoch zu einem späteren Zeitpunkt, zu dem sich die Prognose als fehlerhaft herausstellt, keinen Erstattungsanspruch, der Handelsvertreter ist insoweit auch nicht ungerechtfertigt bereichert nach § 812 Abs. 1 S. 2 BGB. Ausgehend vom Prognosezeitraum und den bisherigen Umsätzen ist über eine Abwanderungsquote derjenige Teil der neu gewonnenen Kunden zu berücksichtigen, die während des Prognosezeitraums verloren gehen. Im Streitfall kann die Abwanderungsquote nach § 287 Abs. 2 ZPO geschätzt werden.[101]

Der Handelsvertreter muss gemäß § 89b Abs. 1 S. 1 Nr. 2 HGB einen **Verlust von Provisionsansprüchen** infolge der Beendigung des Vertragsverhältnisses erleiden, die Beendigung muss also kausal für den Verlust geworden sein. Betragsmäßig erreichen die verlorenen Provisionsansprüche nur einen Teil der dem Unternehmer aus dem vom Handelsvertreter geschaffenen Kundenstamm zufließenden Vorteile. Provisionsverluste sind die prognostizier-

---

101 *BGH* Urteil vom 10.7.2002 (Az: VIII ZR 58/00), unter Tz. 52 = WM 2003, 498.

ten Vergütungen, die der Handelsvertreter bei einer unterstellten Fortsetzung des Handelsvertretervertrags aufgrund von bereits abgeschlossenen oder künftig zustande kommenden Geschäften mit von ihm beworbenen Stammkunden verdient hätte.

Das Gesetz fordert eine **Billigkeitskorrektur** der Zahlung nach § 89b Abs. 1 S. 1 Nr. 2 HGB. Der Prinzipal wird in derartigen Fällen im Regelfall einwenden, dass nicht das Tätigwerden des Handelsvertreters ursächlich für die Umsätze war, sondern eine so genannte Sogwirkung der Marke, dass also die besondere Bekanntheit der Marke Hauptursache für die Geschäfte werden wird.

Der Ausgleichsanspruch darf die **Obergrenze** des § 89b Abs. 2 HGB, d.h. eine Jahresprovision, gerechnet nach dem Durchschnitt der letzten fünf Jahre, nicht überschreiten.

ee) Beendigung des Handelsvertretervertrags

Für die Beendigung des Handelsvertretervertrags enthalten die §§ 89, 89a HGB Sonderbestimmungen zu der ordentlichen und außerordentlichen Kündigung. Im Übrigen gelten die allgemeinen Beendigungsgründe, wie etwa Zeitablauf oder der Abschluss eines Aufhebungsvertrags. **143**

d) Handelsmakler

Die Grundform des Maklers regelt das Bürgerliche Gesetzbuch in § 652 Abs. 1 BGB: Danach weist der Makler entweder die Gelegenheit zum Abschluss eines Vertrages nach (**Nachweismakler**) oder er vermittelt einen Vertragsschluss (**Vermittlungsmakler**). Der Maklervertrag kommt typischerweise mit einer der beiden Parteien des Hauptvertrags zustande. Er kann zwar konkludent geschlossen werden, der Makler muss aber erkennen lassen, dass er seine Dienste anbietet und der andere Teil erkennt oder nach Lage der Sache erkennen muss, dass der Makler für ihn und nicht für einen anderen Auftraggeber tätig werden will und tätig wird in dem Umfang, wie er nur gegen Vergütung zu erwarten ist. Zivilmakler können bei Betreiben eines Gewerbes eine Kaufmannseigenschaft über eine Handelsregistereintragung herbeiführen. Dies gilt nicht für Ehevermittler, da sie wegen der fehlenden Rechtsverbindlichkeit ihrer Geschäfte (§ 656 BGB) kein Gewerbe betreiben. **144**

aa) Voraussetzungen

Der Begriff des Handelsmaklers nach §§ 93 ff. HGB ist ein engerer Begriff als der bürgerlichrechtliche. **145**

> **Handelsmakler** ist, wer
> - gewerbsmäßig
> - Verträge vermittelt,
> - die sich auf Gegenstände des Handelsverkehrs beziehen müssen, so Waren, Wertpapiere, Versicherungen, nicht aber Grundstücke, § 93 Abs. 2 HGB.

Gewerbsmäßige Vermittlung liegt vor, wenn nicht nur gelegentlich Maklertätigkeit ausgeübt wird. Ein Vermitteln von Verträgen verlangt, dass der Makler mit beiden Vertragsparteien in Verbindung tritt und durch Einwirken auf beide Parteien die Bereitschaft zum Vertragsschluss herbeiführt.

Die Vermittlung von Verträgen muss sich auf **Gegenstände des Handelsverkehrs** beziehen, die beispielhaft in § 93 Abs. 1 HGB aufgezählt sind. Darüber hinaus kommen auch sonstige Gegenstände des Handelsverkehrs wie die Kreditvermittlung in Betracht, nicht aber Dienstverhältnisse, der Verkauf von Unternehmen oder Grundstücke und Wohnungen. Typisch ist, dass auf den Vertragsgegenstand abgezielt wird, so dass das vermittelte Geschäft selbst kein Handelsgeschäft im Sinne des § 343 HGB sein muss und die Vertragsparteien nicht Kaufleute sein müssen.

bb) Abgrenzungen

146   Im Unterschied zum **Vermittlungsvertreter** nach § 84 HGB steht der Handelsmakler nicht in einer ständigen Vertragsbeziehung zu seinem Auftraggeber.

Für die Abgrenzung des Handelsmaklers zum **Handelsvertreter** ist das Gesamtbild des Vertragsverhältnisses zwischen Vermittler und Auftraggeber entscheidend. Der Makler ist nicht zu einer Tätigkeit verpflichtet. Anderes gilt nur beim Alleinauftrag, bei dem der Auftraggeber auf das Recht verzichtet, weitere Makler zum gleichen Zweck zu beauftragen und bei dem er den Auftrag nicht jederzeit frei widerrufen kann.

cc) Rechte und Pflichten

147   Wird der Makler tätig, ist er zur **Maklertreue** verpflichtet, da er unparteiischer Vermittler und objektiver Förderer des Geschäfts ist und dabei die Interessen beider Parteien wahrzunehmen hat. Er darf daher keine der Parteien über ihm bekannte und für den Entschluss maßgebliche Umstände im Unklaren lassen.[102] Er haftet bei schuldhafter Sorgfaltspflichtverletzung (§ 347 HGB) beiden Parteien nach Maßgabe des § 98 HGB.

148   Hat seine Vermittlung Erfolg, muss er nach Abschluss des Geschäfts beiden Parteien des Hauptvertrags eine von ihm unterzeichnete **Schlussnote** übersenden, § 94 Abs. 1 HGB, die Beweisfunktion hat. Eine vorbehaltlose Annahme der Schlussrechnung hat Zustimmungswirkung. Den Abschluss muss er in einem besonderen **Tagebuch** vermerken, §§ 100–103 HGB.

149   Der Makler hat Anspruch auf **Provision** auch ohne besondere Vereinbarung, § 354 HGB, gegen beide Parteien des vermittelten Vertrags je zur Hälfte, § 99 HGB, anderes kann sich aus der Vereinbarung oder den Handelsbräuchen ergeben. Der Anspruch entsteht mit Zustandekommen des Hauptvertrags infolge der Vermittlung des Maklers, so dass über § 652 Abs. 1 BGB eine Mitursächlichkeit vorliegen muss.

150   Ein Anspruch auf **Aufwendungsersatz** nach § 652 Abs. 2 BGB besteht nur nach besonderer Vereinbarung.

151   § 95 HGB erhöht die Erfolgschancen der Vermittlungsbemühungen des Handelsmaklers. Der Auftraggeber darf den Abschluss des Hauptvertrags nicht grundlos ablehnen, wenn der Handelsmakler einen zum Vertragsschluss bereiten Dritten gefunden hat. Im Gegenzug gewährt der Handelsmakler dem Auftraggeber eine Option, bei Fehlschlägen bzw. nicht rechtzeitigem Erfolg seiner Bemühungen (§ 95 Abs. 2 HGB), dass er selbst den Eintritt in den Hauptvertrag erklärt, § 95 Abs. 3 HGB, das sogenannte **Selbsteintrittsrecht** des Handelsmaklers.

§ 98 HGB erweitert die Haftung auf Dritte, so dass § 98 HGB einen gesetzlichen Fall eines **Handelsvertrags mit Schutzwirkung für Dritte** darstellt.

---

102 *BGH* Urteil vom 25.10.1967 (Az: VIII ZR 215/66), unter Tz. 12 = BGHZ 48, 344.

e)　Vertragshändler

> **Vertragshändler** ist, wer
> - ständig damit betraut ist,
> - Produkte eines anderen
> - im eigenen Namen und für eigene Rechnung abzusetzen oder deren Absatz in ähnlicher Weise wie ein Handelsvertreter oder Kommissionär zu fördern.

152

Der Vertragshändler ist gesetzlich nicht geregelt. Typisch ist ein **Dreipersonenverhältnis**, wobei zwischen dem Vertragshändler und dem Geschäftsherrn regelmäßig ein Rahmenvertrag besteht, und zwischen dem Vertragshändler und seinem Kunden ein weiteres, davon unabhängiges Vertragsverhältnis.

Da der Vertragshändler keine gesetzliche Regelung gefunden hat, kann die Vertragshändlerkonstellation analog § 89b HGB behandelt werden, wenn der Vertragshändler in die Absatzorganisation des Geschäftsherrn eingebunden ist und damit Aufgaben und Pflichten im Wesentlichen wie der Handelsvertreter hat. Außerdem bedarf es wie bei jedem Analogieschluss einer vergleichbaren Interessenlage, hier insbesondere, dass der Vertragshändler vertraglich verpflichtet ist, nach Beendigung des Vertragsverhältnisses dem Prinzipal den Kundenstamm zu überlassen und dass er ihm diesen auch tatsächlich überlässt.

f)　Franchisenehmer

Der Franchisenehmer ist im eigenen Namen und für eigene Rechnung tätig.　　**153**

Im **Franchisevertrag** ist ihm lediglich das Recht eingeräumt, bestimmte Waren und Dienstleistungen zu vertreiben. Im Regelfall gibt der Franchisegeber dem Franchisenehmer eine genau festgelegte Geschäftskonzeption vor, die der Franchisenehmer übernehmen muss. Dies ist der wesentliche Unterschied zum Vertragshändler.

Gegen eine so genannte **Franchisegebühr** darf er makeln und Namen, Symbole und Einrichtungen des Franchisegebers nutzen.

Zur Anwendung des § 89b HGB mangels gesetzlicher Regelung des Franchisevertrags gilt das Gleiche wie zum Vertragshändler ausgeführt.

g)　Kommissionär

aa)　Abgrenzungen

§ 383 HGB definiert den Kommissionär als Unternehmenstypus und gleichzeitig eine　**154** bestimmte Art der Geschäftstätigkeit als Geschäftstypus.

> **Kommissionär** ist,
> - wer es gewerbsmäßig übernimmt,
> - Waren oder Wertpapiere
> - für Rechnung eines anderen (des Kommittenten)
> - im eigene Namen zu kaufen oder zu verkaufen.

155 Der sachliche Zusammenhang besteht in der Weise, dass als Kommissionär gilt, wer die beschriebene Art von Geschäften gewerbsmäßig betreibt. Dieser Kommissionär ist Kaufmann. Die Grenzen sind indes fließend: Der Kommissionär kann für andere auch Geschäfte in anderer Form abschließen, ein Kaufmann anderer Art (ein Nicht-Kommissionär) kann Kommissionsgeschäfte tätigen, er ist dann so genannter Gelegenheitskommissionär.

Entgegen § 383 HGB ist das Kommissionsgeschäft zudem nicht auf den dort genannten Kauf beschränkt. § 406 Abs. 2 HGB stellt dem Kauf den Werklieferungsvertrag über nicht vertretbare Waren gleich; für denjenigen über vertretbare Waren gilt dasselbe schon gemäß BGB. § 406 Abs. 1 HGB erfasst darüber hinaus jedes andere Rechtsgeschäft „in Kommission".

Die gesetzliche Regelung der §§ 383 ff. HGB bezieht sich auf den Kommissionär als Anknüpfungspunkt, legt dem Kommissionsrecht aber nicht einen subjektiven Ansatz vergleichbar dem des Handelsrechts insgesamt zugrunde. Den Sinn erschließt § 406 HGB: Kommissionsrecht findet grundsätzlich auf alle Geschäfte Anwendung, die objektiv der besonderen Abschlussmodalität entsprechen, in subjektiver Hinsicht bleibt allein die allgemeine Voraussetzung jedes Handelsgeschäfts gültig (§ 343 HGB). Hier muss derjenige Kaufmann sein, der „in Kommission" abschließt.

Ausschlaggebendes objektives Kriterium ist daher nach §§ 383, 406 Abs. 1 S. 1 HGB der Abschluss von (Ausführungs-)Geschäften **im eigenen Namen, aber für Rechnung des Auftraggebers** (des Kommittenten). Der Kommissionär wird selbst Vertragspartei des Ausführungsgeschäfts, handelt aber im Interesse des Kommittenten, das wirtschaftliche Ergebnis des Geschäfts soll diesem zukommen. Kommission ist also ein Fall der so genannten „mittelbaren Stellvertretung".

156 Bekannt sind bereits folgende Verhältnisse:
- die direkte Stellvertretung: Hier handelt die Mittelsperson namens und mit Vollmacht eines der beiden Partner der Austauschbeziehung.
- das Eigengeschäft: Hier fungiert die Mittelsperson als Zwischenhändler (Eigenhändler) und schließt auf eigene Rechnung Austauschgeschäfte nach beiden Seiten ab.
- die Vermittlung durch Makler (Handelsmakler, §§ 93 ff. HGB). Dieser ist am Abschluss des Austauschgeschäfts nicht durch rechtsgeschäftliche Erklärungen beteiligt, sondern bringt lediglich die Parteien zusammen, die ihrerseits die Willenserklärungen abgeben.

157 Der Kommissionär steht zwischen der direkten Stellvertretung und dem Eigengeschäft, weil er wie der Eigenhändler im eigenen Namen auftritt, aber das wirtschaftliche Ergebnis wie bei der Stellvertretung seinen Hintermann treffen soll.

158 Der **Kommissionsagent** ist im Unterschied zum Kommissionär ständig damit betraut, für Rechnung eines anderen Unternehmers, aber im eigenen Namen, Waren oder Wertpapiere zu verkaufen. Der Kommissionsagent, der gesetzlich keine Regelung gefunden hat, ist damit eine Kombination von Handelsvertreter und Kommissionär, da er mit dem Handelsvertreter das ständige Betrautsein durch einen Unternehmer gemeinsam hat, mit dem Kommissionär das Handeln im eigenen Namen, aber auf fremde Rechnung. Auf den Kommissionsagenten können die §§ 384 ff. HGB nicht angewandt werden, im Einzelfall jedoch Handelsvertreterrecht.

159 Anders als der **Handelsvertreter** tritt der Kommissionär im eigenen Namen auf, der Handelsvertreter jedoch im Namen des Unternehmers.

Anders als der **Handelsmakler** schließt der Kommissionär das Geschäft selbst ab, der Handelsmakler vermittelt es nur.

Schließlich handelt der Kommissionär anders als der **Vertragshändler** auf fremde Rechnung, während der Vertragshändler auf eigene Rechnung tätig wird.

bb) Rechtsverhältnisse

Der Kommissionsvertrag ist ein Geschäftsbesorgungsvertrag i.S. von § 675 BGB. Der Kommissionär schließt gewerbsmäßig Geschäfte im eigenen Namen, aber für fremde Rechnung. Daher kommt das wirtschaftliche Ergebnis nicht ihm, sondern seinem Vertragspartner, dem sogenannten Kommittenten, zugute, §§ 383, 406 HGB. Charakteristisch für das Kommissionsgeschäft und zugleich die Grundlage der spezifisch kommissionsrechtlichen Probleme ist das Dreipersonenverhältnis, das unter den Beteiligten entsteht. Kommissionär und Kommittent sind die Parteien des Kommissionsvertrags; mit dem Dritten schließt der Kommissionär das Ausführungsgeschäft (den Kaufvertrag). Unmittelbare Vertragsbeziehungen zwischen dem Kommittenten und dem Dritten bestehen nicht; daher stellt sich die Frage nach der Weiterleitung der wirtschaftlichen Auswirkungen des Geschäfts auf den Kommittenten. Im Zuge dieser Abwicklung schließlich können dann auch direkte Rechtsbeziehungen Kommittent – Dritter in Frage stehen.

160

Daher sind **drei Rechtsverhältnisse** zu unterscheiden:
- Der Kommissionsvertrag zwischen Kommissionär und Kommittent.
- Das Ausführungsgeschäft, dies sind das schuldrechtliche Geschäft und die Erfüllungsgeschäfte zwischen dem Kommissionär und Dritten. Rechte und Pflichten aus dem Ausführungsgeschäft entstehen nur zwischen dem Kommissionär und dem Dritten.
- Das Abwicklungsgeschäft, das in der Abgabe des wirtschaftlichen Ergebnisses an den Kommittenten durch den Kommissionär liegt.

Der Kommissionär steht also zwischen dem Kommittenten und dem Dritten.

cc) Durchführung des Kommissionsgeschäftes

Dem Dritten ist aus dem Kaufvertrag zur Erbringung der Gegenleistung nur der Kommissionär verpflichtet. Allein wirtschaftlich soll die Leistung aus dem Vermögen des Kommittenten stammen, der regelmäßig nicht in Erscheinung treten will. Der Kommissionär führt daher in der Regel auch das Erfüllungsgeschäft im eigenen Namen aus.

161

Geldzahlungen bei der Einkaufskommission erbringt der Kommissionär normalerweise aus eigenem Vermögen und kann vom Kommittenten Erstattung nach § 670 BGB verlangen, vor Leistung auch Befreiung nach § 257 BGB.

Über Waren bei der Verkaufskommission verfügt der Kommissionär als Nichtberechtigter nach § 185 Abs. 1 BGB, eine Einwilligung des Kommittenten wird aber regelmäßig ausdrücklich oder konkludent im Kommissionsvertrag zu sehen sein.

Gläubiger des Erfüllungsanspruchs gegen den Dritten ist der Kommissionär, nicht der Kommittent. Der Kommittent muss ihn sich also vor Geltendmachung abtreten lassen (§ 392 Abs. 1 HGB). Erbringt der Dritte die geschuldete Leistung an den Kommissionär, erwirbt dieser das Eigentum an der Sache. Der Kommittent hat dann Anspruch auf Übereignung und Übergabe nach Maßgabe des § 384 Abs. 2 HGB gegen den Kommissionär. Beim Kommissionär ist die Sache unterdessen dem Zugriff von Gläubigern des Kommissionärs ausgesetzt. Solange dem Kommissionär lediglich Forderungen aus dem Geschäft gegen den Dritten zustehen, sichert § 392 Abs. 2 HGB den Kommittenten. Insbesondere kann er in der Insolvenz des Kommissionärs die Forderung aussondern.

dd) Haftung

162   Bei einer Vertragsverletzung des Dritten ist dieser dem Kommissionär schadensersatzpflichtig. Da der Kommissionär, der für Rechnung des Kommittenten handelt, jedoch keinen Schaden hat, der Kommittent den Schaden, aber keinen Anspruch gegen den Dritten mangels Vertragsverhältnis, gestattet die herrschende Meinung dem Kommissionär, den Schaden des Kommittenten im Wege der **Drittschadensliquidation** bei dem Dritten geltend zu machen.

163   Der Kommissionär haftet dem Kommittenten grundsätzlich nicht für die Ausführung des Geschäfts, sondern nur die pflichtgemäße Ausführung der Kommission, d.h. den Abschluss des Ausführungsgeschäfts bzw. die Mitwirkung bei dessen Abwicklung. Daher ist der Dritte nicht Erfüllungsgehilfe, wenn der Kommissionär nicht zusätzlich das Delkredererisiko gemäß § 394 HGB übernommen hat, außerdem wenn er dem Kommittenten den Dritten nicht nennen will, § 384 Abs. 3 HGB.

ee) Selbsteintrittsrecht

164   §§ 400 ff. HGB regeln das **Selbsteintrittsrecht** des Kommissionärs. Der Kommissionär kann die Ware selbst liefern bzw. abnehmen, anstatt das entsprechende Kaufgeschäft mit Dritten abzuschließen, wenn nicht der Kommittent den Selbsteintritt von vornherein ausgeschlossen hat. Umgekehrt kann der Kommissionär sich im Kommissionsvertrag das Selbsteintrittsrecht vorbehalten. Rechtsfolge des Selbsteintritts ist, dass durch einseitige Rechtsgestaltung des Kommissionärs per Anzeige (§ 405 Abs. 1 HGB) das Kommissionsverhältnis seine rechtliche Qualität verändert und Eigengeschäft des Kommissionärs wird. Den Kaufpreis hat der Kommissionär (bei der Verkaufskommission) nun nicht nach § 384 Abs. 2 HGB abzuführen, sondern schuldet ihn als Käufer. Provision und Kosten darf er aber weiterhin im kommissionsüblichen Maße berechnen (§§ 403, 404 HGB). §§ 402, 405 Abs. 2 HGB sind zwingendes Recht.

C. Handelsgeschäfte

I. Begriff des Handelsgeschäfts

Das Handelsrecht schafft besondere Regelungen für Rechtsgeschäfte des Handelsverkehrs. **165** Dabei knüpft es an das kaufmännische Unternehmen an, weil es auch hier eine subjektive Begriffsbestimmung verfolgt: Handelsgeschäfte sind die Geschäfte eines Kaufmannes. Das macht beim Einzelkaufmann die Unterscheidung zwischen Unternehmensgeschäften und Privatgeschäften erforderlich; nur die ersteren sind Handelsgeschäfte (§ 343 Abs. 1 HGB).

Handelsgesellschaften besitzen von vornherein keine Privatsphäre, für sie sind notwendigerweise alle Geschäfte Handelsgeschäfte. Bei den Personenhandelsgesellschaften sind Geschäfte der Gesellschaft immer Handelsgeschäfte, Geschäfte des einzelnen Gesellschafters für sich selbst immer Privatgeschäfte.

Zweiseitige Rechtsgeschäfte sind dann zweiseitige Handelsgeschäfte, wenn auf beiden Seiten ein kaufmännisches Unternehmen steht, und nur einseitige Handelsgeschäfte, wenn dies lediglich auf einer Seite der Fall ist.

Die allgemeinen Vorschriften für Handelsgeschäfte sind in den §§ 343 bis 372 HGB enthalten. Sie beinhalten eine Fülle von Spezialregelungen, die die Normen des BGB verdrängen, modifizieren oder ergänzen.

Nach § 343 Abs. 1 HGB setzt ein Handelsgeschäft voraus, dass   **166**
1. mindestens ein Kaufmann
2. ein Geschäft
3. mit Bezug zum Handelsgewerbe tätigt.

Das Gesetz stellt auf die Kaufmannseigenschaft der Vertragspartei (persönliche Komponente) und auf die Zugehörigkeit des jeweiligen Geschäfts zum Betrieb des Handelsgewerbes (sachliche Komponente) ab.

1. Kaufmannseigenschaft

Ob ein Handelsgeschäft im Sinne des § 343 HGB vorliegt, richtet sich zunächst nicht nach **167** dem Gegenstand des Vertrages, sondern nach den daran beteiligten Personen. Mindestens eine von ihnen muss Kaufmann sein. Grundsätzlich unterfallen auch einseitige Handelsgeschäfte der handelsrechtlichen Sonderregelung (§ 345 HGB). Auch der **Nichtkaufmann** kann also bei einem einseitigen Handelsgeschäft mit handelsrechtlichen Regeln konfrontiert sein. Um die Folgen zu mildern, machen die auf § 345 HGB folgenden Einzelregelungen den Grundsatz im Ergebnis zur Ausnahme, indem sie bei denjenigen Vorschriften, die die Beteiligten im Verhältnis zum allgemeinen Zivilrecht stärker belasten, die Anwendung auf die kaufmännische Vertragspartei beschränken. Andere Vorschriften setzen von vornherein ein zweiseitiges Handelsgeschäft voraus, gewähren also die mit der Belastung korrespondierende Vergünstigung nur dem Beteiligten, der ebenfalls Kaufmann ist.

Die Unterscheidung zwischen ein- und zweiseitigen Handelsgeschäften kann für die Anwendbarkeit einzelner Vorschriften von Bedeutung sein. Die §§ 377 ff. HGB setzen z.B. voraus, dass das Geschäft für beide Seiten ein Handelsgeschäft ist. Sofern das zweiseitige

Handelsgeschäft nicht ausdrücklich Tatbestandsvoraussetzung ist, gilt der Grundsatz des § 345 HGB, wonach es für die Anwendbarkeit der handelsrechtlichen Norm genügt, dass eine der Parteien Kaufmann ist.

2. Rechtsgeschäft des Handelsgewerbes

168 Für das Vorliegen eines Handelsgeschäfts ist weiter Voraussetzung, dass ein Rechtsgeschäft oder eine rechtsgeschäftsähnliche Handlung bzw. Unterlassung vorliegen. Für unerlaubte Handlungen und sonstige Realakte bestehen grundsätzlich keine handelsrechtlichen Sonderregeln.

Außerdem muss das Geschäft zum Betrieb des Handelsgewerbes gehören. Darunter fallen alle Geschäfte, die dem Interesse des Handelsgewerbes, der Erhaltung seiner Substanz und Erzielung von Gewinn dienen sollen. Es kommt nicht darauf an, dass das jeweilige Geschäft für die Branche des Kaufmanns typisch ist oder nicht. Bezug zum Handelsgewerbe haben daher auch die Hilfs- und Nebengeschäfte.

Beispiel   Im Maschinenbaubetrieb M erhalten die Kunden im Warteraum Kaffee und Gebäck. Dies hat mit dem eigentlichen Geschäft Maschinenbau nichts zu tun, steht aber im weiteren Sinne in Zusammenhang. Es handelt sich um ein so genanntes Nebengeschäft. ■

§ 344 Abs. 1 HGB enthält eine **widerlegliche gesetzliche Vermutung** für die Zugehörigkeit der Geschäfte des Kaufmanns zu seinem Handelsgewerbe. Diese Vermutung gilt auch für geschäftsähnliche Handlungen. Die Vermutung gilt nicht für Handelsgesellschaften, da diese ohnehin nicht „privat" tätig sind. Nach der zu § 164 Abs. 1 S. 2 BGB entwickelten Lehre vom unternehmensbezogenen Geschäft[103] geht bei Geschäften, die zum Betrieb des Unternehmens gehören, der Wille der Beteiligten im Zweifel dahin, dass der Betriebsinhaber, also die Gesellschaft im Gegensatz zu den Gesellschaftern, Vertragspartner werden soll. So wird für Gesellschaften die gleiche Wirkung erzielt, wie bei natürlichen Personen über § 344 Abs. 1 HGB.

Um die Vermutung zu entkräften, muss der Kaufmann die Zugehörigkeit des Geschäfts zur Privatsphäre beweisen. Eine Beschränkung des Gegenbeweises nach § 344 Abs. 1 HGB besteht in den Fällen des § 344 Abs. 2 HGB.

Darüber hinaus gewinnt hier der **Rechtsscheingedanke** Bedeutung: Spricht der äußere Anschein für eine Zugehörigkeit zum Unternehmensbereich und vertraute der Geschäftspartner in schutzwürdiger Weise darauf, so ist der Gegenbeweis nach § 344 Abs. 1 HGB verschlossen. Wie allgemein bei der Rechtsscheinhaftung auch im Fall von § 173 BGB und § 15 Abs. 3 HGB muss der Kaufmann auch hier die Bösgläubigkeit des Partners beweisen.

II. Handelsbräuche

169   **Handelsbrauch** sind gemäß § 346 HGB diejenigen Gewohnheiten und Gebräuche im Handelsverkehr, welche durch gleichmäßige, einheitliche und freiwillige Übung der beteiligten Kreise über einen längeren Zeitraum hinweg verpflichtenden Charakter erhalten haben.

---

103   Vgl. *Paulus* JuS 2017, 301.

Die Besonderheit der Handelsbräuche besteht vor allem darin, wie sie Geltung erlangen. Handelsbräuche gelten gemäß § 346 HGB als solche kraft Gesetzes, unabhängig vom Willen und Wissen der Beteiligten. Dennoch sind Handelsbräuche keine Rechtsnormen. Zwingendes Recht können sie daher nicht verdrängen, dispositivem Recht gehen sie dagegen in der Regel vor. Eine Irrtumsanfechtung wegen fehlender Kenntnis eines bestehenden Handelsbrauchs ist ausgeschlossen.

§ 346 HGB ersetzt den Maßstab der allgemeinen Verkehrssitte (§ 157 BGB) durch denjenigen der spezifischen Gewohnheiten und Gebräuche des Handelsverkehrs. Sie gilt dem Wortlaut nach nur für beiderseitige Handelsgeschäfte; der Nichtkaufmann braucht sich also nicht am Standard des § 346 HGB messen zu lassen.

Handelsbräuche gelten, sofern ihnen ihrem Inhalt nach rechtliche Verbindlichkeit zukommt, ganz allgemein als unter Kaufleuten geschaffenes und gewachsenes Recht. Ihre Geltung ist nicht auf Kaufleute beschränkt, ebenso wie sie sich umgekehrt nicht zwangsläufig auf alle Kaufleute erstrecken muss.

Beispiel 1 Die auf bäuerlichen Viehmärkten übliche Praxis des Handschlags; schlagen zwei Beteiligte ein, galt der Kaufvertrag als abgeschlossen. ■

Beispiel 2 Parketthandel in der Börse, wo durch Zeichensignale Geschäfte zustandekommen. ■

III. Das Kaufmännische Bestätigungsschreiben

1. Begriff

Der bedeutendste und bekannteste Handelsbrauch ist das kaufmännische Bestätigungsschreiben nach Vertragsverhandlungen, vor allem wenn diese mündlich stattfanden oder aus einem umfangreichen Schriftwechsel bestanden, wenn die eine Vertragspartei der anderen ein Bestätigungsschreiben übermittelt, welches den Vertragsinhalt zusammenfasst. **170**

Schweigen gilt im Rechtsverkehr grundsätzlich nicht als Willenserklärung.[104] Etwas anderes kann sich durch ein Schweigen auf ein kaufmännisches Bestätigungsschreiben ergeben. Dabei handelt es sich um ein Schreiben, in dem die Bedingungen eines bereits ausgehandelten Vertrages noch einmal schriftlich fixiert werden. Der Vertrag gilt mit dem Inhalt des Bestätigungsschreibens als abgeschlossen, wenn der Geschäftspartner, der ebenfalls Kaufmann sein muss, nicht unverzüglich widerspricht. Dies gilt auch dann, wenn das Bestätigungsschreiben einen anderen Inhalt hat als den, der objektiv vertraglich vereinbart wurde, es sei denn, es handelt sich um eine bewusste Fälschung. **171**

Abzugrenzen davon ist die **Auftragsbestätigung**, die die Annahme eines Angebotes enthält. Daher unterscheiden sich auch die Rechtsfolgen erheblich. Weicht die Auftragsbestätigung vom Angebot ab, so gilt die Auftragsbestätigung gem. § 150 Abs. 2 BGB als Ablehnung des Antrags und als neues Angebot, anders dagegen beim kaufmännischen Bestätigungsschreiben. **172**

---

104 Siehe dazu im Skript „BGB Allgemeiner Teil I" unter Rn. 204.

2.   Voraussetzungen und Rechtsfolge

173 **Voraussetzungen für Rechtsfolgen bei Schweigen auf KBS**

  I. Kaufmannseigenschaft oder Kaufmannsähnlichkeit von Absender und Empfänger

  II. Der Versendung unmittelbar vorausgegangene Vertragsverhandlungen

  III. Zugang des Schreibens beim Empfänger

  IV. Schweigen des Empfängers

  V. Genehmigungsfähigkeit des Inhalts

  VI. Redlichkeit des Absenders

Absender und Empfänger des Schreibens müssen **Kaufleute** sein oder ähnlich einem Kaufmann am Geschäftsleben teilnehmen.

Es müssen bereits **Verhandlungen** stattgefunden haben. Diese müssen – zumindest aus Sicht des Bestätigenden – bereits zu einem **vermeintlichen Vertragsschluss** geführt haben. Der Absender des kaufmännischen Bestätigungsschreibens will die geschlossene Vereinbarung nur noch schriftlich fixieren, um für den Fall einer späteren Auseinandersetzung ein geeignetes Beweismittel in Händen zu halten. Daher sind die Grundsätze über das kaufmännische Bestätigungsschreiben bei einem schriftlichen Vertragsschluss nicht anwendbar, da dann kein Klarstellungsbedürfnis besteht.

Außerdem muss in **zeitlicher Nähe** zu den Verhandlungen das Bestätigungsschreiben zugegangen sein. Es muss erkennbar dazu bestimmt sein, einen Vertragsabschluss und seinen Inhalt verbindlich festzulegen. Die Beweislast für den **Zugang** trägt der Absender.

Der Empfänger muss dem kaufmännischen Bestätigungsschreiben **unverzüglich** im Sinne des § 121 Abs. 1 S. 1 BGB **widersprechen**, wenn er dessen Wirkung verhindern will. Ab welchem Zeitpunkt schuldhaftes Zögern vorliegt, hängt von den konkreten Umständen des Einzelfalls, insbesondere vom Prüfungsaufwand ab. Jedenfalls muss der Widerspruch regelmäßig innerhalb einer Woche erfolgen.

Rechtsfolge des unwidersprochen gebliebenen kaufmännischen Bestätigungsschreibens ist, dass der Vertrag mit dem Inhalt des Schreibens zustande kommt. War im Rahmen der Verhandlungen entgegen der Annahme des Absenders des kaufmännischen Bestätigungsschreibens noch kein Vertrag zustandegekommen, so entsteht dieser durch das kaufmännische Bestätigungsschreiben. Das kaufmännische Bestätigungsschreiben wirkt mithin konstitutiv für den Vertragsschluss. War bereits ein Vertrag geschlossen worden, so ist die Wirkung hinsichtlich des Vertragsschlusses lediglich deklaratorisch. Allerdings werden auch in diesem Fall etwaige Abweichungen aus dem kaufmännischen Bestätigungsschreiben Bestandteil des bereits vorher geschlossenen Vertrags.

Die Wirkung des kaufmännischen Bestätigungsschreiben **tritt nicht ein**, wenn sich der Inhalt des kaufmännischen Bestätigungsschreibens so weit von dem Verhandlungsergebnis entfernt, dass der Bestätigende verständigerweise nicht **mit dem Einverständnis des anderen rechnen** konnte. Wann dies vorliegt, ist nach den Umständen des Einzelfalls zu beantworten.

Die Wirkungen eines kaufmännischen Bestätigungsschreibens treten außerdem nicht ein, wenn der Absender nicht **schutzwürdig** ist. Dies ist dann der Fall, wenn der Absender das Schreiben bewusst unrichtig formuliert, weil er hofft, die vorgenommene Änderung werde übersehen, also im Fall der **Arglist**.

3. Funktionen

Das kaufmännische Bestätigungsschreiben hat die folgenden Funktionen: **174**

a) Beweisfunktion

Zunächst soll das Bestätigungsschreiben den Vertragsinhalt beweiskräftig festhalten. Es dient   **175**
damit der Rechtssicherheit, indem es Irrtümer oder Missverständnisse ausräumt und Zweifel über den Vertragsinhalt beseitigt.

b) Modifikationsfunktion

Das Schreiben hat darüber hinaus eine konstitutive, rechtsgeschäftliche Wirkung, indem es   **176**
vorbehaltlich der Fälle von Arglist und wesentlicher Abweichungen zu Änderungen des Verhandlungsergebnisses führt.

Gerechtfertigt wird dies einerseits mit einem Handelsbrauch, dem zufolge Präzisierungen, Modifikationen, Ergänzungen nachträglich noch eingeführt werden dürfen, wenn die Empfängerpartei nicht unverzüglich widerspricht, andererseits mit dem Argument der Rechtssicherheit durch das Bestätigungsschreiben spätere Auseinandersetzungen und Beweiserhebungen über den tatsächlichen Inhalt der Absprachen zu vermeiden.

Lediglich zwei Einschränkungen gelten hier, nämlich
- dass der Absender des Bestätigungsschreibens nicht **arglistig** handeln darf und
- dass das Schreiben sich von dem vorher Abgesprochenen **inhaltlich** nicht so **weit entfernen** darf, dass der Absender selbst mit der Billigung der Abweichung durch den Empfänger vernünftigerweise nicht mehr rechnen kann.

Unterhalb der Grenzen der Arglist des Absenders und der groben inhaltlichen Abweichung wird noch in zweifacher Hinsicht weiter unterschieden:

Vertragsergänzungen, also Änderungen über den bisherigen Vertragsinhalt hinaus, sind nur ausnahmsweise zulässig. **Änderungen** sind nur ausnahmsweise wirksam, wenn sich dem Empfänger der Eindruck aufdrängen musste, dass der Bestätigende den Inhalt der vorher getroffenen Absprachen nicht verfälscht, sondern missverstanden hat.

Beispiel Der Käufer schreibt im Bestätigungsschreiben 5% Skonto, branchenüblich ist ein Skonto von 4%. Ist die Höhe des Skontos bei den Verhandlungen offen geblieben, kann der Käufer, wenn der Verkäufer dem Bestätigungsschreiben nicht widersprochen hat, 5% Skonto abziehen. Hatte hingegen der Verkäufer ausdrücklich jegliches Skonto abgelehnt, führt die widerspruchslose Hinnahme zu keiner Änderung. ■

Ist das Bestätigungsschreiben **lückenhaft**, erschöpft sich seine Reichweite im Inhalt, das Verhandelte im Übrigen bleibt unberührt.

c)   Abschlussfunktion

177   Sind die Vertragsverhandlungen nicht bis zu einem rechtsverbindlichen Abschluss gelangt, kann das Bestätigungsschreiben als Annahmeerklärung den Vertrag zustande bringen. Fehlt es an einer Übereinstimmung mit dem Angebot, ist die Bestätigung modifizierte Annahme im Sinne von § 150 Abs. 2 BGB und damit neues Angebot, das seinerseits der Annahme bedarf.

Für die Abschlussfunktion gilt, dass es systematisch sinnlos wäre, Auseinandersetzungen über den genauen Inhalt einer Vereinbarung abzuschneiden, solche über deren Zustandekommen bzw. über den genauen Inhalt eines Vertragsangebots aber uneingeschränkt zuzulassen. Daher gilt § 150 Abs. 2 BGB auch für die Abschlussfiktion so, dass wesentliche Abweichungen nicht Vertragsinhalt werden können, unwesentliche hingegen der Fiktion unterliegen.

d)   Anfechtbarkeit

178   Konsequenterweise kann ein Inhaltsirrtum nicht zur Anfechtung berechtigen. Denn beim Bestätigungsschreiben steht, anders als bei § 362 HGB, nicht der Abschluss, sondern der Inhalt im Vordergrund.

e)   Geltung im nichtkaufmännischen Verkehr

179   Auch ein Nichtkaufmann kann einen Kaufmann durch ein Bestätigungsschreiben binden, nicht aber ein Kaufmann einen Nichtkaufmann durch ein Bestätigungsschreiben. Es bleibt für den nichtkaufmännischen Verkehr beim Grundsatz, dass Schweigen keine Rechtswirkungen hat.

f)   Sich kreuzende Bestätigungsschreiben

180   Ein Sonderfall ist derjenige, in dem beide Seiten Bestätigungsschreiben unterschiedlichen Inhalts fertigen. Dann ist keines von beiden maßgeblich, und zwar gleichgültig, ob diese Schreiben sich im eigentlichen Sinne kreuzen oder ob das zweite in Erwiderung auf das erste abgesandt wird. Denn auch im letztgenannten Fall begründet die schweigende Hinnahme kein schutzwürdiges Vertrauen.

Maßgeblich ist also nicht das letzte Wort, denn nach seinem Sinn und Zweck will es einen Wettlauf der Schreiben gerade vermeiden. Es kann daher auch nicht auf den jeweiligen Zeitpunkt des Zugangs ankommen.

Vielmehr hebt sich die Wirkung der Schreiben gegenseitig auf. Ein jeweils gesonderter Widerspruch ist entbehrlich.

IV. Schweigen auf Anträge

1. Begriff

Grundsätzlich sind für einen Vertragsschluss zwei aufeinander bezogene, inhaltlich überein- **181**
stimmende Willenserklärungen erforderlich. Auch § 151 BGB verzichtet lediglich auf den
Zugang der Willenserklärung, nicht aber auf die Willenserklärung selbst. Einige wenige Ausnahmen sind im BGB statuiert, so im Schenkungs- und Erbrecht.

§ 362 HGB führt als Ausnahme und Durchbrechung dieses Grundsatzes einen wirksamen Vertragsschluss herbei. Es handelt sich neben dem gesetzlich nicht geregelten Fall des kaufmännischen Bestätigungsschreibens um den zweiten Fall, in dem im Handelsverkehr Schweigen
Rechtswirkung zukommt.

Die Tragweite des § 362 HGB zeigt ein Vergleich mit § 663 BGB: Während § 663 BGB lediglich
eine Pflicht zur Mitteilung statuiert, deren Verletzung zum Ersatz des Vertrauensschadens
(des negativen Interesses) verpflichtet, bringt die Untätigkeit im Falle des § 362 HGB den Vertrag zustande, begründet also eine Haftung auf das positive (Erfüllungs-)Interesse.

2. Voraussetzungen und Rechtsfolgen

Voraussetzungen des § 362 HGB **182**

I. **Kaufmann als Empfänger eines Angebots**

II. **Gegenstand des Handelsgewerbes sind Geschäftsbesorgungen
i.S.d. § 675 BGB**

III. **Gegenstand des Angebots: Geschäftsbesorgungen, die das Gewerbe
des Kaufmanns gewöhnlich mit sich bringt**

IV. **Bestehen einer Geschäftsverbindung (§ 362 Abs. 1 S. 1 HGB) oder
das Erbieten zum Besorgen von Geschäften (§ 362 Abs. 1 S. 2 HGB)**

PRÜFUNGSSCHEMA

Liegen die aus dem vorangestellten Prüfungsschema ersichtlichen Voraussetzungen vor, **183**
muss der Empfänger des Angebots unverzüglich (§ 121 BGB) antworten. Kommt der Empfänger dieser Pflicht nicht nach, so kommt ein Vertrag mit dem Inhalt des Angebots zustande.
Der Empfänger des Angebots ist daraus zur Ausführung der Geschäftsbesorgung verpflichtet,
während der Anbietende die Gegenleistung erbringen muss. Bei Pflichtverstößen gegen diesen Vertrag gelten die allgemeinen Regeln. Voraussetzung für einen solchen Vertragsschluss
bleiben aber die Geschäftsfähigkeit bzw. Vertretungsmacht dessen, dem der Antrag zugeht.
Mängel in diesem Bereich heilt § 362 HGB nicht. Der Empfänger des Angebots ist gem. § 362
Abs. 2 HGB weiter dazu verpflichtet, ggf. mitgesandte Waren vor Schaden zu bewahren. Diese
Pflicht gilt auch, wenn der Kaufmann rechtzeitig ablehnt.

Der Kaufmann hat unter den beschriebenen Voraussetzungen einen Vertrauenstatbestand
geschaffen, an dem er sich im Interesse der Verkehrssicherheit festhalten lassen muss. Der
Vertrauenstatbestand muss dem Kaufmann zurechenbar, er also beispielsweise geschäftsfähig

und ihm insbesondere der Antrag auch zugegangen sein. Alle diese subjektiven Elemente lassen sich bei der Beurteilung des Verschuldens berücksichtigen, zu der das Erfordernis „unverzüglicher" Antwort (= ohne schuldhaftes Zögern, § 121 Abs. 1 BGB) auffordert.

Die beschriebene **Rechtsfolge** besteht darin, dass ein gültiger Vertrag mit dem im Antrag der Gegenpartei umschriebenen Inhalt zustande kommt. Dieser Antrag muss sich gegenständlich im Rahmen der vom Kaufmann betriebenen oder angebotenen Geschäftsbesorgungstätigkeit halten. Diese Wirkung entfaltet sich dann über den konkreten Vertrauensschutz hinaus zugunsten beider Parteien; denn die Gegenseite hat ein bindendes Angebot gemacht und es besteht kein Anlass, sie nach § 362 HGB besser zu stellen, als wenn der Kaufmann das Angebot rechtsgeschäftlich angenommen hätte.

V. Der Handelskauf, §§ 373 ff. HGB

1. Allgemeines

<table>
<tr><td rowspan="5">PRÜFUNGS-SCHEMA</td><td>184 **Voraussetzungen eines Handelskaufs nach §§ 373 ff. HGB**</td></tr>
<tr><td>**I. Kaufvertrag gemäß §§ 433 ff. BGB**</td></tr>
<tr><td>**II. Vertragsschluss im Handelsgewerbebetrieb einer oder beider Vertragsparteien (§§ 343, 344 HGB)**</td></tr>
<tr><td>**III. Kaufgegenstand: Waren (§ 373 HGB) oder Wertpapiere (§ 381 Abs. 1 HGB)**</td></tr>
</table>

185   Die §§ 373 ff. HGB ergänzen das Kaufrecht des BGB um Sonderregeln für Kaufverträge, wenn diese zumindest einseitige Handelsgeschäfte sind (§§ 343, 345 HGB) und Waren oder Wertpapiere zum Gegenstand haben (§§ 373 Abs. 1, 383 Abs. 1 HGB). Die Vorschriften gelten nach § 381 Abs. 1 HGB für den Kauf von Wertpapieren, nach § 381 Abs. 2 HGB auch für den Werklieferungsvertrag über nicht vertretbare Sachen.

186   Der grenzüberschreitende Handelsverkehr kennt die so genannten „Incoterms" (international commercial terms), ein von der Internationalen Handelskammer in Paris entwickeltes internationales Regelwerk, das eine Vereinheitlichung handelsüblicher Vertragsformeln anstrebt und einzelne Klauseln definiert. Bei internationalen Handelskäufen kann vorrangig das Einheitliche UN-Kaufrecht (vorher: die Einheitlichen Kaufgesetze aus dem Haager Abkommen von 1964) anwendbar sein, dessen Vorschriften über den Vertragsschluss und die Rechte und Pflichten der beiden Parteien unter bestimmten weiteren Voraussetzungen im grenzüberschreitenden Kaufgeschäft dem Vertrags- und Kaufrecht des BGB und HGB vorgehen.

2. Sachmängelrecht

a) Untersuchung und Mängelrüge

Prüfungsschema zu § 377 HGB

187

I. Beiderseitiger Handelskauf (§ 343 HGB)

II. Lieferung der Kaufsache durch Verkäufer an Käufer

III. Mangel der Kaufsache gemäß §§ 434 ff. BGB

IV. Rüge inhaltlich unzureichend oder verspätet, § 377 Abs. 1 HGB

V. Keine Arglist des Verkäufers in Bezug auf Mangel, § 377 Abs. 5 HGB

Die Sonderregelung des HGB für Sachmängel (§§ 377 HGB) bestimmt zunächst nur eine **188** zusätzliche Anforderung an den Käufer, die **Ware zu untersuchen** und **Mängel zu rügen**, bei deren Nichtbeachtung die Ware als vertragsgemäß gilt. Die Regelung gilt nur für zweiseitige Handelsgeschäfte. Nur der kaufmännische Käufer soll mit diesem zusätzlichen Nachteil belastet werden und nur der kaufmännische Verkäufer ist auf die Beschleunigung angewiesen, um schon frühzeitig über die Vertragsgemäßheit seiner Leistung Rechtssicherheit zu haben.

Bei § 377 HGB handelt es sich um eine **Obliegenheit** zur unverzüglichen Anzeige des Mangels. Obliegenheit meint Pflicht (nur) „gegen sich selbst" und im eigenen Interesse.

Ob eine Rüge **unverzüglich** (§ 121 Abs. 1 BGB) ist, bemisst sich nach der Erkennbarkeit des Mangels. War der Mangel unmittelbar nach Übergabe der Sache bei der nach § 377 Abs. 1 HGB gebotenen Untersuchung erkennbar, muss die Rüge unverzüglich nach der Übergabe erfolgen. War der Mangel in diesem Zeitpunkt noch nicht durch eine solche Untersuchung feststellbar, ein sogenannter **versteckter Mangel**, kommt es auf den Zeitpunkt der Entdeckung an, § 377 Abs. 3 HGB.

aa) Die Untersuchung

Bei der Obliegenheit zur Untersuchung bestimmen sich Intensität und der genaue Zeitpunkt **189** danach, was von einem Kaufmann unter den gegebenen Umständen vernünftigerweise erwartet werden kann. Bei der Beurteilung dieser Frage sind die besondere kaufmännische Sorgfaltspflicht (§ 347 HGB) ebenso wie bestehende Handelsbräuche (§ 346 HGB) zu beachten[105].

Ähnliches gilt für die Obliegenheit zur Rüge, die unverzüglich auf die Entdeckung des Mangels erfolgen muss.

---

105 *BGH* Urteil vom 24.2.2016 (Az: VIII ZR 38/15), unter Tz. 20 ff. = NJW 2016, 2645 stellt klar, dass die Anforderungen an eine ordnungsgemäße Untersuchung ihre Grenzen haben, auch wenn die Vorschriften über die Mängelrüge vornehmlich dem Interesse des Verkäufers an einer raschen Abwicklung des Geschäfts dienen. Entscheidend sei eine Abwägung des Interesses des Verkäufers, sich nicht längere Zeit nach der Ablieferung der Sache dann nur schwer feststellbaren Gewährleistungsrechten ausgesetzt zu sehen, und des Interesses des Käufers mit der Maßgabe, dass die Anforderungen an eine ordnungsgemäße Untersuchung nicht überspannt werden dürfen.

Bei Massengütern sind Stichproben von bis zu 5 % der Lieferung erforderlich. Demgegenüber macht die Lieferung einer einzelnen Maschine im Regelfall einen Testlauf erforderlich.

Die Obliegenheiten zu Untersuchung und Rüge entfallen bei **Arglist des Verkäufers** (§ 377 Abs. 5 HGB), ferner können sie vertraglich abbedungen sein. Eine Milderung bringt auch § 377 Abs. 4 HGB, der dem Käufer das Risiko von Verzögerungen bei der Übermittlung der Mängelanzeige abnimmt.

bb) Die Rüge

190   Trotz § 377 Abs. 4 HGB bleibt die Mängelanzeige eine empfangsbedürftige Erklärung, das Zugangsrisiko trägt der Käufer. Inhaltlich muss die Rüge den Mangel bezeichnen. Sie darf einerseits nicht ganz unsubstantiiert sein, braucht aber andererseits den Mangel auch nicht präzise und fachkundig zu beschreiben. Im Regelfall genügt eine Angabe der Symptome.

b)   Die Rechtsfolge

191   Die Rechtsfolge nennt § 377 Abs. 2 HGB mit der „Genehmigung der Ware". Sie verkürzt die Käuferrechte, in erster Linie die Sachmängelrechte. Die Rechtsfolge erfasst nach dem Zweck der Vorschrift alle Rechte des Käufers aus dem Sachmangel, gleichgültig auf welcher Rechtsgrundlage sie beruhen.

3.   Hinterlegung bei Verzug

192   § 373 HGB erweitert im Sinne einer Beschleunigung und Erleichterung der Geschäfte für den Verkäufer dessen Rechte zur Hinterlegung und zum Selbsthilfeverkauf bei Annahmeverzug des Käufers. Das Recht des Annahmeverzugs des BGB bleibt im Übrigen unangetastet, insbesondere, dass der Käufer aus § 433 Abs. 2 BGB zur Annahme regelmäßig nur als Nebenpflicht verpflichtet ist, *§ 374 HGB*. Anderes kann indes nach allgemeinen Grundsätzen im Handelsverkehr gelten.

4.   Fixgeschäft

193   § 376 HGB erweitert den Bereich des absoluten Fixgeschäfts. Beim absoluten Fixgeschäft ist die Leistungszeit nach dem Vertragsinhalt so wesentlich für die Erbringung der Leistung, dass nach Überschreiten eines bestimmten Zeitpunkts die Erfüllung unmöglich wird.

Beispiel   Bestellung eines Taxis zum Flughafen, um bestimmtes Flugzeug zu erreichen. ■

Die Rechtsfolgen bestimmen sich folgerichtig nach dem Tatbestand der Unmöglichkeit, nicht des Schuldnerverzugs. § 376 HGB ordnet für den Handelskauf die Unmöglichkeitsfolgen immer schon dann an, wenn eine Leistungszeit „fix" vereinbart wurde, rückt damit also die Vereinbarung zwischen den Parteien in den Vordergrund.

5.   Spezifikationskauf

194   § 375 HGB regelt den Spezifikationskauf, bei dem der Käufer noch eine nähere Bestimmung über die Kaufsache zu treffen hat. Diese Spezifikation durch den Käufer, die nach BGB eine bloße Obliegenheit ist, wird so zu einer Hauptpflicht (§ 375 Abs. 2 HGB).

VI. Handelsrechtlicher Sorgfaltsmaßstab

Für Haftungszwecke bestimmt § 347 Abs. 1 HGB den Sorgfaltsstandard, der im Rahmen des § 276 Abs. 1 S. 2 BGB maßgeblich ist. Bezug genommen wird auf den ordentlichen Kaufmann. Berufsspezifische Differenzierungen spricht das HGB selbst in § 436 HGB für den Frachtführer an, für die bekanntesten Kapitalgesellschaften in §§ 93 AktG, 43 GmbHG mit der Sorgfalt eines ordentlichen und gewissenhaften Geschäftsleiters. **195**

Der Verantwortlichkeitsstandard gilt für alle Arten von Verschuldenshaftung, auch vorvertraglich und deliktisch, auch für Erfüllungsgehilfen (§ 278 BGB), sofern nicht eine Abschwächung nach § 347 Abs. 2 HGB zum Zuge kommt und sofern es um ein Handeln in der Unternehmenssphäre (§ 343 HGB) geht.

VII. Gutgläubiger Erwerb im Handelsrecht

Voraussetzungen des § 366 Abs. 1 HGB **196**

I. Veräußerung oder Verpfändung durch einen Kaufmann

II. Bewegliche Sache

III. Im Betrieb seines Handelsgewerbes

IV. Guter Glaube bzgl. der Verfügungsbefugnis des Kaufmanns

V. Kein Abhandenkommen der Sache, § 935 BGB

PRÜFUNGSSCHEMA

§ 366 HGB erstreckt den Gutglaubensschutz der §§ 932 ff. BGB auf den Fall, dass der Nichtberechtigte im eigenen Namen über fremde Sachen verfügt und der Erwerber von dem fehlenden Eigentumsrecht weiß und daher nach bürgerlichem Recht nicht mehr kraft guten Glaubens Rechte erwerben könnte, den Verfügenden aber gutgläubig nach Maßgabe des § 932 Abs. 2 BGB für verfügungsbefugt gemäß § 185 Abs. 1 BGB hält. **197**

Voraussetzung des § 366 HGB ist, dass der Verfügende Kaufmann ist, der Rechtsnachteil in Form des Eigentumsverlustes trifft den wahren Eigentümer ohne Rücksicht auf dessen Kaufmannseigenschaft.

VIII. Überblick über weitere Einzelregelungen

§§ 348, 350 HGB versagen Vergünstigungen des allgemeinen Zivilrechts bei **Vertragsstrafe** und **Bürgschaft**. Im Zusammenhang mit § 350 HGB ist zu beachten, dass ein **Schuldbeitritt** wie auch eine **Garantiezusage** formlos gültig sind. So kann einerseits eine als Bürgschaft formungültige Erklärung unter Umständen als Schuldbeitritt aufrechterhalten werden, andererseits muss man darauf achten, dass auf diesem Weg nicht der Schutz der Nichtkaufleute unterlaufen wird. **198**

§§ 352, 353 HGB erhöhen und erweitern den **Zinsanspruch**.

§ 354 HGB bestimmt Handelsgeschäfte mangels anderer ausdrücklicher Bestimmung als **entgeltlich**.

§ 360 HGB qualifiziert die **Gattungsschuld** als Handelsgut mittlerer Art und Güte.

§§ 363–365 HGB regeln **wertpapierrechtliche Besonderheiten** im Handelsverkehr. § 367 HGB verschärft die Anforderungen der Gutgläubigkeit in Bezug auf § 935 Abs. 2 BGB für das Inhaberpapier.

199 §§ 369–372 HGB erweitern das **Zurückbehaltungsrecht** und die Rechte aus diesem.

Online-Wissens-Check

Was sollte der Leistungsempfänger eines Handelsgeschäfts bei Lieferung einer mangelhaften Sache wann tun?

Überprüfen Sie jetzt online Ihr Wissen zu den in diesem Abschnitt erarbeiteten Themen. Unter **www.juracademy.de/skripte/login** steht Ihnen ein Online-Wissens-Check speziell zu diesem Skript zur Verfügung, den Sie kostenlos nutzen können. Den Zugangscode hierzu finden Sie auf der Codeseite.

2. Teil
Gesellschaftsrecht

A. Einführung

I. Das Gesellschaftsrecht in der Rechtsordnung

Gegenstand des Gesellschaftsrechts sind die **rechtsgeschäftlichen Personenzusammen-** **200**
schlüsse. Das Gesellschaftsrecht ist als Recht der privatrechtlichen Organisationen und
Kooperationsverhältnisse Teil des Privatrechts. Das Merkmal „privatrechtlich" grenzt Gesellschaften von den Körperschaften des öffentlichen Rechts ab. Durch das Merkmal des Zusammenschlusses von Personen sind Stiftungen vom Gesellschaftsbegriff ausgeschlossen. Die
Miterbengemeinschaft entsteht nicht rechtsgeschäftlich; sondern im Wege der gesetzlichen
Erbfolge.

Die Mitglieder dieser Personenzusammenschlüsse verfolgen gemeinsam einen ideellen oder
erwerbswirtschaftlichen **Zweck** und unterscheiden sich dadurch von der schlichten Rechtsgemeinschaft der §§ 741 ff. BGB. Bei dieser steht ein Recht, insbesondere das Eigentum
(§§ 1008 ff. BGB), mehreren gemeinschaftlich in der Weise zu, dass jeder einzelne über seinen
Bruchteil gesondert verfügen kann. Die Mitglieder verfolgen jedoch keinen gemeinsamen
Zweck. Charakteristikum der Rechtsgemeinschaft ist die gemeinschaftliche Berechtigung an
dem gemeinschaftlichen Gegenstand.

Das Gesellschaftsrecht entzieht sich einer eindeutigen Definition. Gemeinhin wird es als das
Recht der privaten Zweckverbände oder der privaten Organisationen oder auch als privat-
rechtliches Kooperationsrecht als das Recht zielgerichteten Zusammenwirkens aufgrund privatrechtlichen Vertrags bezeichnet. Kurz kann man die Gesellschaft im weiteren Sinne
anhand nachfolgender drei Merkmale definieren:

> Eine **Gesellschaft** ist ein
> 1. vertraglicher Zusammenschluss von mindestens zwei Personen
> 2. zu einem gemeinsamen Zweck,
> 3. den zu fördern die Gesellschafter sich verpflichtet haben.

Daher sind folgende Personenvereinigungen keine Gesellschaften: **201**
- Die **privatrechtliche Stiftung** (§§ 80–88 BGB) hat keine Mitglieder. Eine privatrechtliche
  Stiftung ist eine rechtsfähige Einrichtung, die ein bestimmtes Vermögen nach einem vom
  Stifter festgelegten Zweck dauernd fördert.
- Bei der **ehelichen Lebensgemeinschaft**, insbesondere der Gütergemeinschaft (§§ 1415–
  1518 BGB), steht die Verwirklichung der ehelichen Lebensgemeinschaft im Vordergrund.
  Andere Zwecke treten hinter diese familienrechtlichen Wertungen zurück. Ihr Vermögen
  bringen die Eheleute in die eheliche Lebensgemeinschaft ein, das später erworbene Ver-
  mögen wird gemeinschaftliches Vermögen der Eheleute, nicht Gesellschaftsvermögen.

> **Hinweis**
>
> Eine so genannte Ehegattengesellschaft liegt vor, wenn die Eheleute einen über den typischen Rahmen einer ehelichen Lebensgemeinschaft hinausgehenden Zweck fördern. Maßgebliches Abgrenzungskriterium ist der Zweck, der sich von der Verwirklichung der ehelichen Lebensgemeinschaft abheben muss. Die Rechtsprechung bejaht eine Ehegattengesellschaft etwa bei dem gemeinsamen Aufbau eines Unternehmens.[1] Für die Gewinnverteilung in einer solchen Ehegattengesellschaft kann, wenn andere Abreden zwischen den Eheleuten nicht feststellbar sind, auf den gesetzlichen Halbteilungsgrundsatz des § 722 Abs. 1 BGB zurückgegriffen werden.[2] Die Auseinandersetzung der Ehegattengesellschaft richtet sich nicht nach familienrechtlichen, sondern nach gesellschaftsrechtlichen Vorschriften.

202 In der **Bruchteilsgemeinschaft** (§§ 741 ff. BGB) sind mehrere Personen an einem Vermögensgegenstand gemeinsam berechtigt. Jedem Teilhaber steht ein rechnerischer Anteil zu, über den er frei verfügen kann. Die Bruchteilsgemeinschaft ist daher Interessengemeinschaft ohne gemeinsamen Zweck.

203 Die **Erbengemeinschaft** (§§ 2032–2057a BGB), in der mehrere Miterben gemeinschaftlich am Nachlass des Verstorbenen berechtigt sind und nur gemeinsam über Nachlassgegenstände verfügen können, entsteht unabhängig vom Willen der Miterben durch den Eintritt des Erbfalles und ist nicht auf Dauer angelegt, sondern auf Auflösung gerichtet.

II. Die Ordnung des Gesellschaftsrechts

1. Die Rechtsquellen des Gesellschaftsrechts

» Europarecht ist kein Studienfach neben anderen, sondern oftmals selbst Handels- oder Gesellschaftsrecht auf europäischer Ebene. Lernen Sie daher Europarecht gerade in seinen Bezügen zum Handels- oder Gesellschaftsrecht. **«**

204 Es existiert kein „Gesellschaftsgesetzbuch".[3] Die Vorschriften des Gesellschaftsrechts sind in verschiedenen Gesetzen niedergelegt. Das Bürgerliche Gesetzbuch behandelt in §§ 21–79 BGB den Verein, in §§ 705–740 BGB die Gesellschaft bürgerlichen Rechts. Das Handelsgesetzbuch enthält im zweiten Buch das Recht der Personenhandelsgesellschaften (§§ 105–177a HGB) und der stillen Gesellschaft (§§ 230–236 HGB), die Personengesellschaft, nicht aber Personenhandelsgesellschaft ist.[4] Weitere Regelungen sind in Einzelgesetzen für einzelne Gesellschaftsformen niedergelegt, so im GmbH-Gesetz (GmbHG), im Aktiengesetz (AktG), im Partnerschaftsgesellschaftsgesetz (PartGG), im Genossenschaftsgesetz (GenG) und schließlich in der EWIV-Verordnung und im EWIV-Ausführungsgesetz.

---

1 *BGH* Urteil vom 26.4.1995 (Az: XII ZR 132/93), unter Ziff. 1a = NJW 1995, 3383: „Die Begründung einer Ehegatteninnengesellschaft – durch schlüssiges Verhalten – [kommt] in Betracht [...], wenn Eheleute abredegemäß durch beiderseitige Leistungen einen über den typischen Rahmen der ehelichen Lebensgemeinschaft hinausgehenden Zweck verfolgen, indem sie etwa durch Einsatz von Vermögenswerten und Arbeitsleistungen gemeinsam ein Unternehmen aufbauen oder gemeinsam eine berufliche oder gewerbliche Tätigkeit ausüben."

2 *BGH* Urteil vom 3.2.2016 (Az: XII ZR 29/13), unter Tz. 26 = NZG 2016, 547, 549.

3 Anders als der in vielen französischsprachigen Rechtsordnungen bekannte „Code des Sociétés".

4 Vgl. die Benennung des zweiten Buches des HGB: „Handelsgesellschaften und stille Gesellschaft".

> **Hinweis**
>
> Unterscheiden Sie
> - europäische **Richtlinien**, die von den Mitgliedstaaten innerhalb einer bestimmten Frist in nationales Recht umgesetzt werden müssen. Die Richtlinie definiert nur das Ziel, Form und Mittel der Umsetzung bleiben den Mitgliedstaaten überlassen. Richtlinien fördern eine Harmonisierung der nationalen Regelungen.
> - europäische **Verordnungen** als in den Mitgliedstaaten unmittelbar geltendes Recht. Mit der EWIV-VO ist also unmittelbar in Deutschland eine neue Gesellschaftsform geschaffen worden.

2. Unterscheidung zwischen Gesamthand und juristischer Person

Da der Zweck einer Personenvereinigung ein für alle Mitglieder einheitlicher, identischer ist, ließe er sich nicht erreichen, wenn jedes der Mitglieder für sich über seinen gedachten Anteil an den einzelnen zum gemeinsamen Vermögen gehörenden Gegenständen unabhängig von jeder Zweckbindung bestimmen könnte. Das Gesellschaftsrecht erreicht diese Zweckbindung auf zwei Wegen: Entweder werden die Vermögensgegenstände gemeinschaftliches Eigentum der Mitglieder (§ 718 Abs. 1 BGB), über das sie nur gemeinsam verfügen können, die so genannte **Gesamthand**, oder das Vermögen wird Eigentum eines von den Mitgliedern abstrahierten Rechtssubjekts, der **juristischen Person**. **205**

Bei der Gesamthand steht das Gesellschaftsvermögen den Gesellschaftern zur gesamten Hand zu. Jeder Gesellschafter ist Rechtsinhaber am Ganzen, anders als bei der Bruchteilsgemeinschaft nicht nur an einem Bruchteil. Über das Gesamthandsvermögen und seine Einzelgegenstände können die Gesellschafter als Gesamthänder aber nur gemeinsam verfügen, § 719 Abs. 1 BGB. Seinen Anteil am Gesellschaftsvermögen kann der Gesellschafter nicht ohne die Gesellschafterstellung übertragen. **206**

Die juristische Person ist unabhängig von ihren Mitgliedern selbst Träger von Rechten und Pflichten und wie eine natürliche Person rechtsfähig. Rechtsfähigkeit erlangt sie regelmäßig durch Eintragung in ein staatliches Register. **207**

3. Unterscheidung zwischen Personengesellschaft und Körperschaft

Das Prinzip der Gesamthand liegt den Personengesellschaften, das Prinzip der juristischen Person den Körperschaften zugrunde. Bedeutung hat die Unterscheidung vor allem für die Anerkennung einer rechtlichen Selbstständigkeit, die Stellung der Gesellschafter, die Haftungsverhältnisse und die Besteuerung. **208**

Die Personengesellschaft, deren Grundform die Gesellschaft bürgerlichen Rechts ist, ist ein vertraglicher Zusammenschluss, der vom engen Zusammenhalt der Gesellschafter untereinander geprägt ist. Die Körperschaft in der Grundform des Vereins unterscheidet hingegen die Mitglieder von der Korporation, letztere ist insbesondere vom Bestand der Mitglieder unabhängig. **209**

Die Praxis setzt die Unterscheidung nicht konsequent um. Gesellschaftsvertragliche Regelungen gestalten die Personengesellschaften verkehrsfähiger, wo die Dispositivität der Vorschriften dies gestattet. Die Personenhandelsgesellschaften oHG und KG handeln unter ihrer Firma und sind dadurch einer juristischen Person angenähert. Die Publikumsgesellschaft hat, obwohl Personengesellschaft, eine für Körperschaften typische große Zahl Gesellschafter. Vor allem die Gesellschaft mit beschränkter Haftung als Körperschaft ist oftmals personalisiert, indem sie nur wenige Gesellschafter hat, die zugleich die Geschäfte führen, so bei Familiengesellschaften.

210 Die wesentlichen Unterschiede zwischen Personengesellschaften und Körperschaften zeigt das nachfolgende Schaubild im Überblick:

	Personengesellschaft	Körperschaft
Entstehung	durch Vertrag	Eintragung im Handels- oder Vereinsregister
Mitgliedschaft	Wenige Mitglieder	Viele Mitglieder
	Abhängig vom Personenbestand (Gesamthandsprinzip)	Unabhängig vom Personenbestand
	Mitgliedschaft grds. nicht übertragbar	Mitgliederschaft grds. übertragbar
Entscheidungs-findung	Einstimmigkeitsprinzip	Mehrheitsprinzip
	Organschaftliche Geschäfts-führung/Vertretung durch alle Gesellschafter	Geschäftsführung/Vertretung durch besondere Organe
	Selbstorganschaft	Fremdorganschaft
Haftung	Unmittelbare Außenhaftung der Gesellschafter mit ihrem Privatvermögen	Außenhaftung nur der Körperschaft

211 Die Personengesellschaften gehen zurück auf die römische societas, die ursprünglich die Hausgemeinschaft und später ein schuldrechtliches Rechtsverhältnis beschrieb, im Gemeinen Recht auf die sogenannte bäuerliche Gemeinderschaft, die ritterliche Erbverbrüderung und die ritterliche Ganerbschaft. Die Körperschaften beruhen auf der römischen universitas. Im gemeinen Recht knüpfen sie an die Genossenschaft im alten Sinne an. Die Unterscheidung hat sich in ihren Einzelheiten im Mittelalter herausgebildet und ist nicht Schöpfung des römischen Rechts, sondern bildet die Abwendung vom genossenschaftlichen Leben in Sippe und Dorfschaft hin zu den aufstrebenden organschaftlich organisierten Stadtgemeinden mit den Zünften der Handwerker und den Gilden der Kaufleute nach.

a) Die Personengesellschaften im Einzelnen

212 Grundform der Personengesellschaften ist die **Gesellschaft bürgerlichen Rechts** (GbR), bei der mehrere Personen einen beliebigen Zweck verfolgen, der nicht Handelsgewerbe ist, § 705 BGB, § 105 Abs. 1 HGB. Personengesellschaften sind neben der Gesellschaft bürgerlichen Rechts
- die **stille Gesellschaft**, bei der der „Stille" am Handelsgeschäft eines anderen durch Leistung einer Einlage beteiligt ist, die in dessen Vermögen übergeht,
- die **Partnerschaftsgesellschaft**, eine der oHG ähnliche Gesellschaft, in der sich Angehörige freier Berufe zusammenschließen können, und
- die **EWIV**, eine europäische Gesellschaftsform, die grenzüberschreitende Kooperationen innerhalb der Europäischen Union erleichtern soll.

Personenhandelsgesellschaften sind vor allem

- die **offene Handelsgesellschaft** (oHG), bei der mehrere Gesellschafter ein Handelsgewerbe unter gemeinschaftlicher Firma betreiben und unbeschränkt und persönlich haften, und
- die **Kommanditgesellschaft** (KG), die sich von der oHG durch die teils unbeschränkte (Komplementäre), teils auf ihre Einlage beschränkte (Kommanditisten) Gesellschafterhaftung unterscheidet.

Eine Annäherung an die Körperschaften stellen Personengesellschaften dar, in denen keine natürliche Person unbeschränkt haftet, § 264a HGB. Wichtigster Fall in der Praxis ist die **GmbH & Co. KG**.

b) Die Körperschaften im Einzelnen

Grundform der Körperschaften ist der **Verein**. Körperschaften und Kapitalgesellschaften sind die **Gesellschaft mit beschränkter Haftung** (GmbH), die zu jedem zulässigen Zweck errichtet werden kann und bei der die Gesellschafter nicht persönlich haften, die **Aktiengesellschaft** (AG), eine Gesellschaft mit einem in Aktien zerlegten Grundkapital, für deren Verbindlichkeiten nur das Gesellschaftsvermögen haftet und die **Kommanditgesellschaft auf Aktien** (KGaA), an der mindestens ein persönlich haftender Gesellschafter (Komplementär) beteiligt ist sowie andere, am in Aktien zerlegten Grundkapital beteiligte und nicht persönlich haftende Gesellschafter, die Kommanditaktionäre.

213

Die Gliederung veranschaulicht das folgende Schaubild:

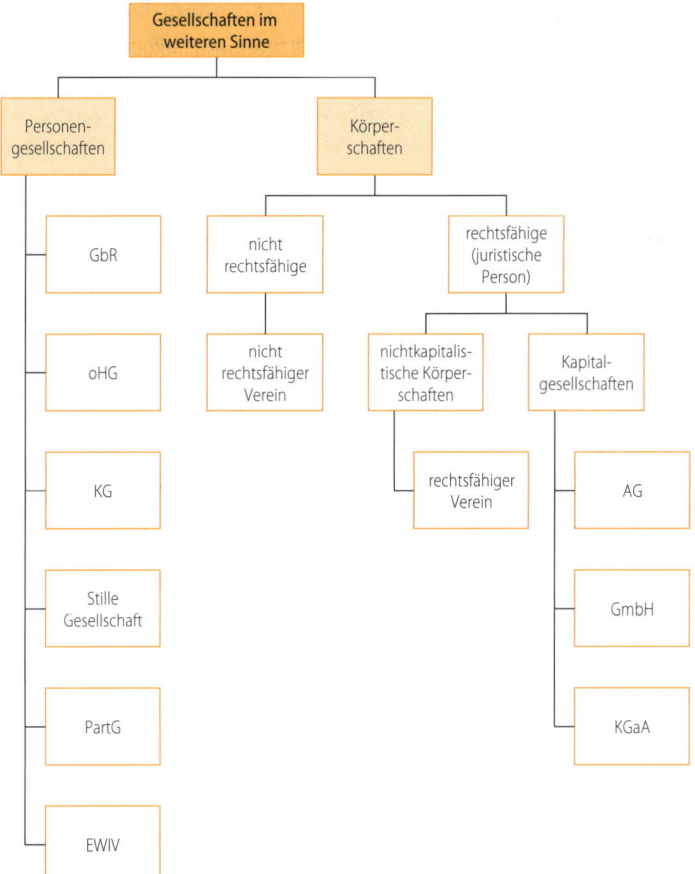

4. Die Typik und die Auswirkungen der Unterscheidung

214 Ausgangspunkt der Unterteilung zwischen Personengesellschaften und Körperschaften ist die Frage der **Rechtsfähigkeit** als die Fähigkeit, Träger von Rechten und Pflichten zu sein. Die Körperschaften ist juristische Person und damit selbst Inhaberin des Gesellschaftsvermögens und selbst Berechtigte und Verpflichtete (§ 13 Abs. 1 GmbHG, § 1 Abs. 1 S. 1 AktG, § 17 Abs. 1 GenG). Im Grundbuch wird die Gesellschaft als Eigentümerin oder Inhaberin sonstiger Grundstücksrechte eingetragen.

Bei den Personengesellschaften wurden früher die Gesellschafter und nicht die Gesellschaft als Träger von Rechten und Pflichten angesehen. Das Gesellschaftsvermögen steht dabei den Gesellschaftern zur gesamten Hand zu, ist also Sondervermögen der Gesellschafter, das von dem sonstigen Privatvermögen der Gesellschafter getrennt, aber im Gegensatz zu den Körperschaften nicht als juristische Person verselbstständigt ist. Die Handelsgesellschaften des HGB wurden allerdings auch schon bisher im Hinblick auf § 124 HGB als teilrechtsfähig angesehen. Der Bundesgerichtshof hat mit Urteilen in 1997 und ausdrücklich in 2001 seine Rechtsprechung zur Rechtsfähigkeit der Gesellschaft bürgerlichen Rechts geändert. Nun besitzt die Außen-GbR Rechtsfähigkeit, soweit sie durch Teilnahme am Rechtsverkehr eigene Rechte und Pflichten begründet. Die Unterschiede zwischen Körperschaften und Personengesellschaften werden zunehmend angeglichen. Die Rechtsfähigkeit ist nun nicht mehr das entscheidende Kriterium zur Unterscheidung von Körperschaften und Personengesellschaften.

215 Ein wesentlicher Unterschied zwischen beiden Arten von Gesellschaften besteht nach wie vor in der Frage der **Haftung für Gesellschaftsverbindlichkeiten**. Bei den Körperschaften ist die Haftung gegenüber Dritten auf das Gesellschaftsvermögen beschränkt (vgl. § 13 Abs. 2 GmbHG, § 1 Abs. 1 S. 2 AktG, § 2 GenG). Der Vertragspartner der juristischen Person kann für Verbindlichkeiten aus dem Vertrag nur die Gesellschaft und ihr Vermögen in Anspruch nehmen. Bei den Personengesellschaften haften die Gesellschafter hingegen persönlich mit ihrem Privatvermögen für die Gesellschaftsverbindlichkeiten und mit Ausnahme des Kommanditisten und des Stillen auch unbeschränkt. Schließt ein Dritter also einen Vertrag mit einer GbR, einer oHG oder KG, kann er zu seiner Befriedigung nicht nur auf das Gesellschaftsvermögen, sondern auch auf das Vermögen der persönlich haftenden Gesellschafter zurückgreifen.

216 Ein weiterer Unterschied zwischen Körperschaften und Personengesellschaften besteht in der Frage der **Geschäftsführung und Vertretung**. Während diese Aufgaben in der Personengesellschaft von den Gesellschaftern selbst wahrgenommen werden müssen (Selbstorganschaft), besteht bei den Körperschaften eine Trennung von den Mitgliedern. Geschäftsführung und Vertretung werden hier durch besondere Organe (insbesondere Vorstand, Aufsichtsrat, Geschäftsführer) wahrgenommen, die nicht selbst Mitglied der Körperschaft sein müssen (Fremdorganschaft).

III. Die Wahl der Rechtsform

217 Die verschiedenen Arten von Gesellschaften unterliegen einem **Numerus Clausus der Gesellschaftsformen**, indem das Gesetz die Arten von Gesellschaftstypen abschließend bestimmt. Jeder ist frei in der Entscheidung darüber, ob und mit wem er einen Gesellschaftsvertrag abschließen will und welche Gesellschaftsform gewählt werden soll (Vertragsfreiheit,

Privatautonomie), die Auswahl ist allerdings auf die gesetzlich geregelten Gesellschaftsformen beschränkt (**Typenzwang**). Jedoch besteht in unterschiedlichem Umfang die Möglichkeit, die gesetzlichen Formen durch vertragliche Gestaltung abzuändern; auch können die Grundtypen der Gesellschaftsformen miteinander vermischt werden, wie z.B. im Fall der GmbH & Co. KG.

In jüngster Zeit weicht der Typenzwang durch die Rechtsprechung des Europäischen Gerichtshofes (EuGH) auf. Aufgrund eines Urteils des EuGH müssen Gesellschaften, die ihren Verwaltungssitz aus dem EU-Ausland nach Deutschland verlegen, grundsätzlich als ausländische Gesellschaften nach dem Recht ihres Gründungsstaates anerkannt werden. Dies gilt auch für Gesellschaften, die in ihrem Gründungsstaat nie tätig waren, die also ausschließlich wegen der Vorteile der ausländischen Rechtsform (z.B. Limited) gegenüber einer deutschen (z.B. GmbH) dort gegründet wurden (Briefkasten- oder Scheinauslandsgesellschaften).

Die Wahl der Rechtsform für ein Unternehmen ist von mannigfaltigen Erwägungen geprägt, die in der Praxis neben gesellschaftsrechtlichen auch steuerliche und arbeitsrechtliche Aspekte einschließen müssen. Körperschaften unterliegen bei der Gründung, bei der Übertragung der Gesellschafterstellung und bei Kapitalaufbringung und -erhaltung typischerweise starreren Regelungen als Personengesellschaften. Gleiches gilt für handels- und steuerrechtliche Publizitätserfordernisse, die höhere Kosten des Gesellschaftsbetriebs verursachen. Demgegenüber ist die Leitung der Körperschaften flexibler als bei Personengesellschaften gestaltet. Anders als bei Personengesellschaften haften die Mitglieder nicht unmittelbar und persönlich. Körperschaften bieten schließlich weitere Umwandlungsmöglichkeit als Personengesellschaften.

Hinweis

Die unterschiedliche Ausgestaltung der Personengesellschaft als Gesamthandsgemeinschaft und der Kapitalgesellschaft als juristischer Person setzt sich insbesondere bei den **Personensteuern** (Einkommen- und Körperschaftsteuer) fort: Kapitalgesellschaften werden als eigenständige Steuersubjekte behandelt, indem zwischen der Ebene der Gesellschaft und der ihrer Gesellschafter getrennt wird (Trennungsprinzip). Personengesellschaften sind demgegenüber keine eigenständigen Steuersubjekte. Steuerlich wird unmittelbar auf die dahinterstehenden Gesellschafter durchgegriffen (Transparenzprinzip). Die auf der Ebene einer Personengesellschaft erzielten Gewinne werden durch eine einheitliche und gesonderte Gewinnfeststellung (§ 180 Abs. 1 Nr. 2a AO) auf die einzelnen Gesellschafter unabhängig von der tatsächlichen Gewinnverwendung verteilt. Den auf ihn entfallenden Anteil versteuert der Gesellschafter im Rahmen seiner Einkommen- oder Körperschaftsteuer, je nachdem, ob er natürliche oder juristische Person ist.

B. Allgemeines Gesellschaftsrecht

I.   Die Gründung der Gesellschaft

1.   Der Gesellschaftsvertrag

218
> Der **Gesellschaftsvertrag** ist ein
> - Vertrag zwischen zwei oder mehr Personen,
> - gerichtet auf Erreichung eines gemeinsamen Zwecks,
> - den zu fördern sich alle Vertragspartner verpflichten (Beitragspflicht).

a)   Die Parteien des Gesellschaftsvertrages

219 Parteien des Gesellschaftsvertrages sind die Gesellschafter.

Gesellschafter können sein

- natürliche und, außer bei der Partnerschaftsgesellschaft, juristische Personen sowie nicht-rechtsfähige Vereine;
- teilrechtsfähige Personenzusammenschlüsse wie die oHG und die KG und ausländische Gesellschaften, soweit es sich nicht um die Beteiligung an einer Partnerschaftsgesellschaft handelt;
- die Vor-GmbH.

Eine Erbengemeinschaft kann nicht Gesellschafter sein, da ihr als solcher keine Rechte zustehen können.

aa) Minderjährige

» Wiederholen Sie die Regelungen des Minderjährigen-rechts in §§ 105 ff. BGB. «

220 Ein Gesellschaftsvertrag ist ein gegenseitiger Vertrag zwischen zwei oder mehr Personen und daher in seiner Grundform für die GbR im Besonderen Schuldrecht geregelt (§§ 705 ff. BGB). Der Erwerb der Gesellschafterstellung ist daher nie rechtlich lediglich vorteilhaft i.S.d. § 107 BGB.

Der beschränkt geschäftsfähige Minderjährige kann eine Gesellschafterstellung nur über die Mitwirkung seines gesetzlichen Vertreters, in der Regel beide Elternteile (§§ 1626, 1629 BGB), und eine Genehmigung des Familiengerichts (§ 1822 Nr. 3 BGB) erlangen.

Eine Besonderheit besteht für die Fälle, in denen die Eltern selbst Gesellschafter sind, so dass dem Abschluss des Gesellschaftsvertrags bei der Vertretung des Minderjährigen im Regelfall das Verbot des Insichgeschäfts nach § 181 BGB entgegensteht. Dann ist ein Ergänzungspfleger zu bestellen (§§ 1909 Abs. 1, 1629 Abs. 2 S. 1, 1795 Abs. 2 BGB), der den Minderjährigen anstelle der Eltern vertritt. Mit Entstehung der Gesellschaft endet die Ergänzungspflegschaft (§ 1918 Abs. 3 BGB).

> #### Hinweis
>
> Beachten Sie die Wertungen des Minderjährigenrechts. Ein Ergänzungspfleger ist in den Fällen einer schenkweisen Übertragung eines voll eingezahlten Kommanditanteils an einer nicht gewerblich tätigen, rein vermögensverwaltenden KG von einem Elternteil auf ein minderjähriges Kind ausnahmsweise entbehrlich, da für den Minderjährigen insoweit kein Risiko einer Verschlechterung seiner finanziellen Situation besteht, der Erwerb für ihn also lediglich rechtlich vorteilhaft im Sinne des § 107 BGB ist.[5]

---

5 *OLG Bremen* Beschluss vom 16.6.2008 (Az: 2 W 38/08), unter Tz. 14 = NZG 2008, 750.

In einigen in § 1822 BGB bestimmten Fällen bedarf es außerdem der Genehmigung des Gesellschaftsvertrages durch das Familiengericht, so bei Abschluss eines Gesellschaftsvertrags zum Betrieb eines Erwerbsgeschäfts (§ 1822 Nr. 3 BGB) und bei Übernahme einer fremden Verbindlichkeit im Zuge der Gesellschaftsgründung (§ 1822 Nr. 10 BGB).

Auch nach Abschluss des Gesellschaftsvertrages ist eine Mitwirkung eines Ergänzungspflegers oder des Familiengerichts weiterhin erforderlich, so bei Gesellschafterbeschlüssen über eine Änderung des Gesellschaftsvertrages, bei denen die Eltern wegen § 181 BGB an der Vertretung des Minderjährigen gehindert sind. Eine familiengerichtliche Genehmigung ist erforderlich für grundlegende Änderungen des Gesellschaftsvertrages und das Ausscheiden des Minderjährigen aus der Gesellschaft, wie sich aus § 1643 BGB und § 1822 Nr. 3 BGB ergibt, die den „Gesellschaftsvertrag zum Betrieb eines Erwerbsgeschäfts" und den „Vertrag, der auf Veräußerung eines Erwerbsgeschäfts gerichtet ist" als genehmigungsbedürftig nennen.

bb) Sonderfall Einpersonengesellschaft

221 Eine Einpersonengründung ist bei Personengesellschaften anders als bei Kapitalgesellschaften grundsätzlich nicht möglich. In Sonderkonstellationen können nach der Gründung eintretende Umstände eine Anteilsvereinigung in einer Hand unter Fortbestand der Anteile zur Folge haben, wenn es trotz ihres Zusammentreffens in einer Hand bei der unterschiedlichen Zuordnung verbleibt.[6] Dies gilt immer dann, wenn der erworbene Anteil belastet ist, etwa mit einer Testamentsvollstreckung, der eine getrennte Verwaltung durch Testamentsvollstrecker und Anteilsinhaber zur Folge hat, oder mit einem Nießbrauch.[7] Im Grundsatz führt das Zusammentreffen aller Anteile in der Hand eines Gesellschafters zu einem automatischen Anwachsen bei diesem[8] und zu einem Erlöschen der Gesellschaft ohne Liquidation. Der verbleibende Gesellschafter wird Alleininhaber des Gesellschaftsvermögens, so dass sämtliche Rechte und Pflichten auf ihn übergehen.[9] Das Kapitalgesellschaftsrecht kennt diese Schwierigkeiten nicht. Es gestattet in den Fällen der AG (§ 2 AktG), der GmbH (§ 1 GmbHG) und der private limited company by shares (sec. 7 (1) Companies Act 2006) bereits die Gründung der Gesellschaft als Einpersonengesellschaft, die KGaA kann nach ihrer Gründung durch Übertragung aller Aktien auf eine Person Einpersonengesellschaft werden.

b) Die Form des Gesellschaftsvertrages

222 Die Regelungen der GbR in §§ 705 ff. BGB sind Teil des Besonderen Schuldrechts des BGB. Für sie ebenso wie für alle anderen Gesellschaftsformen gelten die Formvorschriften unmittelbar, beispielsweise bei gesellschaftsvertraglicher Vereinbarung einer Einlageleistung in Form eines Grundstücks.

>> Wiederholen Sie die allgemeinen Formvorschriften. <<

Gesellschaftsverträge können bei Personengesellschaften grundsätzlich formlos, also auch konkludent geschlossen werden. Werden durch sie jedoch Pflichten begründet, deren Begründung nach anderen Vorschriften formbedürftig ist, etwa die Pflicht zur Einbringung eines Grundstückes nach § 311b BGB, muss der gesamte Gesellschaftsvertrag dieser Form genügen. Das Kapitalgesellschaftsrecht fordert regelmäßig die notarielle Beurkundung, vor

6 *K. Schmidt* § 45 I 2 bb; *Baumann* NZG 2005, 919, 920.
7 *LG Hamburg* Beschluss vom 13.6.2005 (Az: 321 T 30/04), unter Tz. 13 = NZG 2005, 926.
8 Ohne Erfordernis einer Auflassung bei Immobilien, eine Grundbuchberichtigung genügt (*BGH* Urteil vom 22.9.1993 (Az: IV ZR 183/92), unter Tz. 9 = WM 1993, 2259).
9 *BGH* Beschluss vom 24.11.1978 (Az: V ZB 24/78), unter Tz. 6 = BB 1979, 397.

allem für den Gründungsakt (§ 2 Abs. 1 S. 1 GmbHG, § 23 Abs. 1 S. 1 AktG) und die Änderung des Gesellschaftsvertrages (§ 53 Abs. 2 S. 1 GmbHG, § 130 Abs. 1 S. 1 AktG).

Der Verstoß gegen Formvorschriften und andere Gültigkeitsvoraussetzungen führt allerdings in Abweichung von den allgemeinen Vorschriften nicht zwingend zur ex tunc-Nichtigkeit des Vertrages nach § 125 S. 1 BGB. Vielmehr kann der Vertrag nach den Regeln über die fehlerhafte Gesellschaft als wirksam behandelt werden.

c)   Die Anwendbarkeit allgemeiner Vorschriften

223 In den §§ 705 ff. BGB enthält das Besondere Schuldrecht des Bürgerlichen Gesetzbuches Spezialregeln für die Gesellschaftsgründung, die die Anwendung der Regelungen des Allgemeinen Schuldrechts weithin ausschließen. Den Regeln zum Rücktrittsrecht gehen die speziellen Kündigungsregeln des Gesellschaftsrechts vor (§§ 723, 726 BGB; § 132 HGB), die Beitragsleistung ist nicht Zug-um-Zug gestaltet, so dass Zurückbehaltungsrechte ausscheiden müssen. Allgemeines Schuldrecht kommt nur dort zur Anwendung, wo ein der Regellage dieser Vorschriften entsprechendes Gegenseitigkeitsverhältnis zwischen den Leistungen besteht, so zwischen der Beitragspflicht und der Gewinnausschüttung oder zwischen den Beitragspflichten zweier Gesellschafter, wenn außer ihnen keine anderen Gesellschafter vorhanden sind. Eine Ausnahme bildet insoweit die Gründung einer GmbH und einer AG, bei der der Gesellschaftsvertrag in dieser Form nicht erforderlich ist, da es auch eine Gründung der GmbH und AG durch nur einen Gesellschafter gibt (Einmann-GmbH bzw. Einpersonen-AG). Dort reicht eine so genannte Errichtungserklärung.

d)   Entstehung in anderer Weise

224 Eine Gründung per Gesellschaftsvertrag liegt auch vor im Falle des Eintritts in das Geschäft eines Einzelkaufmanns nach § 28 HGB. Anders als durch Gesellschaftsvertrag entsteht eine GbR, wenn das Gewerbe einer oHG kleingewerblich wird und die oHG daher aus dem Handelsregister ausgetragen wird, und qua Gesetz identitätswahrend durch Umwandlung außerhalb des UmwG.

2.   Der Gesellschaftszweck

225 Ein Vertrag zwischen mehreren Personen ist nur dann ein Gesellschaftsvertrag, wenn er auf die Erreichung bzw. Förderung eines gemeinsamen Zwecks gerichtet ist (§ 705 BGB).

Der verfolgte Zweck kann **ideell** oder **wirtschaftlich** sein.

Beispiel ARGE (Arbeitsgemeinschaft) im Bauwesen; Einkaufsgemeinschaften; Wett-, Lotto- und Tippgemeinschaften; Wohngemeinschaften; Sponsorengemeinschaften ◼

Die Ehe als solche ist jedoch keine Gesellschaft, da sie nicht auf Erreichung eines Zwecks, sondern auf die Verwirklichung der ehelichen Lebensgemeinschaft zielt. Ebenso fehlt nichtehelichen Lebensgemeinschaften ein gemeinsamer Zweck. Allerdings sind bei Auflösung der nichtehelichen Lebensgemeinschaft die Regeln über die Auflösung der Gesellschaft regelmäßig entsprechend anzuwenden.

Der Zweck muss für alle Gesellschafter identisch sein, sonst handelt es sich nicht um einen gemeinsamen Zweck als dem Zweck der Gesellschaft. Dieser Zweck muss von **allen gemein-**

sam verfolgt werden, eine individuelle Zweckverfolgung genügt also nicht. Dies ist der Fall bei einer so genannten Leistungsvereinigung, in der alle Gesellschafter vereint leisten.

Beispiel 1 Die Studenten A und B kaufen gemeinsam einen Schönfelder, den sie jeder für ihr Studium nutzen wollen. Hier ist Grund der Anschaffung eine Kostenersparnis durch die gemeinschaftliche Anschaffung und Nutzung, die Studenten verfolgen jedoch keinen gemeinsamen, sondern jeder verfolgt für sich allein gesehen einen Zweck. Mangels gemeinschaftlichen Zwecks besteht keine Gesellschaft. ◼

Beispiel 2 Die Studenten A und B kaufen ein Kanu, um nach den Prüfungen gemeinsam eine Abenteuerreise in Kanada zu unternehmen, das Kanu wollen sie vor Ort weiterveräußern. Hier verfolgen A und B einen gemeinsamen Zweck. ◼

Der Gesellschaftszweck dient außerdem der Unterscheidung zwischen **Innen- und Außen-** **226** **gesellschaft**:

Anders als die Außengesellschaft ist die Innengesellschaft nicht auf die Teilnahme am Rechtsverkehr gerichtet und begründet daher auch keine die Gesellschaft treffenden Verbindlichkeiten.[10] Im Gegensatz zur Außengesellschaft ist sie nicht rechtsfähig und nicht parteifähig.[11] Rechtsbeziehungen entstehen vielmehr nur im Innenverhältnis der Gesellschafter, dem wie bei der Außengesellschaft ein Gesellschaftsvertrag zugrunde liegt.

Die Innengesellschaft kennt viele Erscheinungsformen: Innengesellschaften sind stille Beteiligungen an einem nichtkaufmännischen Unternehmen, die stille Gesellschaft als Beteiligung am Handelsgewerbe eines anderen (§ 230 HGB), die Unterbeteiligung als stille Beteiligung an einem Gesellschaftsanteil, das Joint Venture als Zusammenschluss mehrerer Gesellschaften oder Privatpersonen zur gemeinschaftlichen Führung eines dritten Unternehmens und die nichteheliche Lebensgemeinschaft, die Gesellschaft ist, wenn die Partner durch beiderseitige Arbeit, finanzielle Aufwendungen oder sonstige Leistungen gemeinsam ein Unternehmen aufbauen, betreiben und als gemeinsamen Wert betrachten und behandeln.[12] Die Rechtsprechung hält allerdings eine rein faktische Willensübereinstimmung nicht mehr für ausreichend, sondern fordert auch hier einen zumindest schlüssig zustande gekommenen Vertrag. Indizien für den dafür erforderlichen Rechtsbindungswillen können sich aus Planung, Umfang und Dauer der Zusammenarbeit ergeben.[13]

> **Hinweis**
>
> Der BGH bejaht in neuerer Rechtsprechung neben gesellschaftsrechtlichen auch schuldrechtliche Ausgleichsansprüche nach Beendigung einer nichtehelichen Lebensgemeinschaft, wenn Vermögenswerte von erheblicher wirtschaftlicher Bedeutung gemeinsam geschaffen wurden, aber im Alleineigentum eines der Partner stehen.[14]

---

10 *Ulmer* ZIP 2003, 1114.

11 *Elsing* BB 2003, 913; kritisch *Beuthien* NZG 2011, 161, und *ders.* ZIP 2011, 1589, der in Abgrenzung zu der stillen Gesellschaft für eine Rechtsfähigkeit der Innengesellschaft plädiert.

12 *BGH* Urteil vom 12.7.1982 (Az: II ZR 263/81), unter Tz. 7 = BGHZ 84, 388.

13 *BGH* Urteil vom 28.9.2005 (Az: XII ZR 189/02), unter Tz. 27 = BGHZ 165, 1.

14 *BGH* Urteil vom 9.7.2008 (Az: XII ZR 179/05) unter Tz. 31 ff. = BGHZ 177, 193; ebenso *BGH* Urteil vom 8.5.2013 (Az. XII ZR 132/12) unter Tz. 15 = NJW 2013, 2187; dazu Wellenhofer JuS 2014, 76.

3. Die Beitragspflicht

227 Gesellschaften haben einen schuldrechtlichen Charakter. Eine beitragsfreie Gesellschafterstellung ist daher nicht denkbar. Die Pflicht zur Leistung des Gesellschaftsbeitrages (§ 706 ff. BGB) ist die Hauptpflicht der Gesellschafter. Sie ergibt sich unmittelbar aus der Pflicht, den Gesellschaftszweck (durch Leistung) zu fördern (§ 705 BGB). Beitrag kann jede Leistung, auch eine immaterielle und ideelle, sein, die zu fördern geeignet ist. Beitrag kann daher z.B. sein die dauerhafte Übertragung vermögenswerter Güter, die Überlassung von Gegenständen zum Gebrauch durch die Gesellschaft, der Einsatz von Arbeitskraft oder die Übertragung von Know-how oder Good will.

Die Beiträge der Gesellschafter werden Bestandteil des Gesellschaftsvermögen (§ 718 BGB).

Zu einer Erhöhung der Beiträge sind die Gesellschafter grundsätzlich nicht verpflichtet (§ 707 BGB, § 26 Abs. 1 GmbHG). Dies gilt auch dann, wenn die Gesellschaft Verluste erleidet. Wird die Gesellschaft insolvent, bleibt den Gläubigern nur noch die persönliche Haftung der Gesellschafter.

4. Die gesellschafterliche Treuepflicht

228 Aus dem Gesellschaftsvertrag erwächst den Gesellschaftern die Pflicht, den Gesellschaftszweck zu fördern und alle Maßnahmen zu unterlassen, die der Erreichung des Gesellschaftszweckes abträglich sind, § 705 BGB. Insbesondere gehen die Interessen der Gesellschaft den Eigeninteressen der Gesellschafter vor, soweit die Interessen der Gesellschaft berührt sind. Aufgrund der Treuepflicht kann es einem Gesellschafter beispielsweise verwehrt sein, einem Beschluss in der Gesellschafterversammlung seine Zustimmung zu verweigern; in einem solchen Fall verdichtet sich die Treuepflicht zu einer Zustimmungspflicht[15].

Rechtsfolge eines Verstoßes gegen die gesellschafterliche Treuepflicht ist die Unbeachtlichkeit der entsprechenden Handlung. Im Übrigen macht sich der Gesellschafter durch einen Verstoß gegen die Treuepflicht gegenüber der Gesellschaft aus dem Gesellschaftsvertrag schadensersatzpflichtig oder kann durch Gesellschafterbeschluss ausgeschlossen werden.

II. Die Grundsätze über die fehlerhafte Gesellschaft

PRÜFUNGS-SCHEMA

229 Voraussetzungen einer fehlerhaften Gesellschaft

I. Fehlerhafter Gesellschaftsvertrag

II. Invollzugsetzung des Gesellschaftsvertrags

III. Keine entgegenstehenden überwiegenden Interessen anderer oder der Allgemeinheit

---

15 *BGH* Urteil vom 25.9.1986 (Az: II ZR 262/85) = NJW 1987, 189, 190 f. für die GmbH; Urteil vom 29.9.1986 (Az: II ZR 285/85) = NJW-RR 1987, 285, 286 für die KG; Urteil vom 19.10.2009 (Az: II ZR 240/08) = NJW 2010, 65 für die Publikumspersonengesellschaft.

1. Der Zweck der Grundsätze über die fehlerhafte Gesellschaft

Die Grundsätze über die fehlerhafte Gesellschaft dienen der Abwicklung von Gesellschaften mit unwirksamer Vertragsgrundlage, da aus tatsächlichen Gründen regelmäßig eine Rückabwicklung aller Leistungen im Rahmen der Gesellschaft bei unwirksamer Vertragsgrundlage ausscheidet. Ähnliches gilt im Fall eines fehlerhaften Ausscheidens eines Gesellschafters. Zudem dienen die Grundsätze dem Schutz des Rechtsverkehrs in seinem Vertrauen auf die Wirksamkeit einer Gesellschaft.

230

Beispiel Die Gesellschafter einer Grundstücks-GbR haben die Formvorschrift des § 311b BGB übersehen mit der Folge des § 125 BGB. Es wurden jedoch bereits umfangreiche Arbeitsleistungen für die Gesellschaft erbracht. ■

Ähnlich dem Arbeitsrecht wird unter den nachstehend genannten Voraussetzungen das Recht der gewählten Gesellschaftsform ungeachtet der Unwirksamkeit des Gesellschaftsvertrages angewendet. Für die Zukunft erfolgt eine Auflösung der Gesellschaft so, als wäre die Gesellschaft wirksam gewesen. Die bloße Zukunftsbezogenheit erstreckt sich in diesen Fällen entgegen der sonst gültigen ex-tunc-Wirkung der Anfechtung nach § 142 BGB auch auf eine Anfechtung.

Bei den Personengesellschaften gelten die Grundsätze für die GbR,[16] die oHG und die KG,[17] die EWIV, die Partnerschaftsgesellschaft und die typische oder atypisch stille Gesellschaft.[18] Insbesondere die stille Gesellschaft und die KG haben die Rechtsprechung in den vergangenen Jahren in Fällen des Anlegerschutzes, so vor allem bei Prospektmängeln oder einer Verletzung der Aufklärungspflicht, beschäftigt. Danach sind die Grundsätze über die fehlerhafte Gesellschaft auch dann anwendbar, wenn ein Widerruf nach dem HaustürWG erfolgt ist.[19] Der stille Gesellschafter hat zunächst wie jeder andere Gesellschafter das Recht, sich jederzeit durch außerordentliche Kündigung von seiner Beteiligung für die Zukunft zu lösen mit der Folge eines Anspruchs auf Auszahlung seines Abfindungsguthabens. Eine fristlose Kündigung kommt gleichwohl nur in Betracht, wenn sie – zumindest auch – auf den Vertragsmangel gestützt wird.[20] Der stille Gesellschafter kann darüber hinaus, anders als Gesellschafter einer Personenhandelsgesellschaft, Rückgewähr seiner gesamten Einlage verlangen, wenn ihn der Inhaber des Handelsgewerbes im Wege des Schadensersatzes so zu stellen hat, als hätte er den Gesellschaftsvertrag nicht abgeschlossen und seine Einlage nicht geleistet.[21] Dies gilt auch für die mehrgliedrige stille Gesellschaft, wenn dadurch die gleichmäßige Befriedigung etwaiger Abfindungs- oder Auseinandersetzungsansprüche der übrigen stillen Gesellschafter nicht gefährdet ist.[22]

Bei den Kapitalgesellschaften ist zu unterscheiden, in welchem Gründungsstadium der Mangel auftritt. Nach Gesellschaftsvertragsschluss, aber vor Invollzugsetzung der Gesellschaft führt ein Mangel zur Nichtigkeit, da einer rückwirkenden Vernichtung nichts entgegensteht. Nach Invollzugsetzung vor Eintragung im Handelsregister gelten die Grundsätze über die

---

16 *BGH* Urteil vom 14.10.1991 (Az: II ZR 212/90), unter Tz. 13 = NJW 1992, 1501.

17 *BGH* Urteil vom 19.12.1974 (Az: II ZR 27/73), unter Tz. 21 = BGHZ 63, 338.

18 *BGH* Urteil vom 24.5.1993 (Az: II ZR 136/92), unter Tz. 18 = WM 1993, 1277.

19 *BGH* Urteil vom 29.11.2004 (Az: II ZR 6/03), unter Tz. 11 = DB 2005, 332.

20 *BGH* Urteil vom 23.7.2013 (Az: II ZR 143/12) unter Tz. 23 = ZIP 2013, 1761.

21 *BGH* Urteil vom 21.3.2005 (Az: II ZR 149/03), unter Tz. 20 = ZIP 2005, 763 – „Göttinger Gruppe".

22 *BGH* Urteil vom 19.11.2013 (Az: II ZR 383/12), unter Tz. 16 = DB 2013, 2792.

fehlerhafte Gesellschaft, so dass die Gesellschaft für die Vergangenheit als bestehend behandelt wird. Nach Eintragung im Handelsregister ist der Mangel regelmäßig unbeachtlich, weil die Eintragung als solche konstitutive Wirkung hat. Eine Vernichtung für die Zukunft kommt nur bei schwerwiegenden Mängeln, etwa das Kapital oder den Unternehmensgegenstand betreffend, in Betracht (§ 75 GmbHG, § 275 AktG).

2.   Die Voraussetzungen für die Anwendung

231   Die Voraussetzungen für die Anwendung der Grundsätze über die fehlerhafte Gesellschaft sind:
1. Vorliegen eines fehlerhaften Gesellschaftsvertrages
2. Invollzugsetzung der Gesellschaft
3. Keine entgegenstehenden überwiegenden Individual- oder Allgemeininteressen

a)   Vorliegen eines fehlerhaften Gesellschaftsvertrages

232   Voraussetzung für die Anwendung der Regeln über die fehlerhafte Gesellschaft ist das Vorliegen eines fehlerhaften Gesellschaftsvertrages. Ein solcher Fehler kann in der vollständigen Unwirksamkeit oder Anfechtbarkeit des Vertrages liegen.[23] Entscheidend ist, dass die Gesellschafter ihre Rechtsbeziehungen dem Gesellschaftsrecht unterstellen wollten und die auf den Abschluss eines Gesellschaftsvertrags gerichteten Willenserklärungen fehlerhaft waren.[24]

Handelt es sich um einen offenen Einigungsmangel, der den Vertragsparteien bei Gesellschaftsgründung also bewusst war, kommen die Grundsätze über die fehlerhafte Gesellschaft in Abweichung von § 154 BGB nur ausnahmsweise zur Anwendung, da davon auszugehen ist, dass alle Gesellschafter die Gesellschaft ungeachtet des Mangels in Vollzug setzen wollten. Dann ist die Gesellschaft, soweit nicht zwingend Nichtigkeit anzunehmen ist, wirksam gegründet.

Beispiel   Die Gesellschafter vertagen die Bewertung der in die Gesellschaft einzubringenden Gegenstände und schließen den Gesellschaftsvertrag ohne diese Bewertung.[25] ■

Der Regelfall für die Anwendung der Grundsätze über die fehlerhafte Gesellschaft ist der versteckte Einigungsmangel, so dass der Gesellschaftsvertrag schon nach dem Recht des Dissenses (§ 155 BGB) nichtig ist, wenn er nicht auch ohne Einigung über den offenen Punkt geschlossen worden wäre.[26]

Es ist nicht Voraussetzung, dass der Fehler bereits bei Gesellschaftsgründung vorliegt. Auch fehlerhafte Vertragsänderungen können zur Anwendung der Grundsätze über die fehlerhafte Gesellschaft führen. So sind die Grundsätze über die fehlerhafte Gesellschaft auf den **fehlerhaften Eintritt** eines neuen Gesellschafters anwendbar, sobald der Beitritt vollzogen worden ist, der Beitretende also etwa bereits Gesellschafterbeschlüsse mitgefasst hat.[27] Ein Fehler kann hier im fehlerhaften Beitritt selbst liegen.

---

23 Eine bloß teilweise Unwirksamkeit oder Anfechtbarkeit genügt nicht, *BGH* Beschluss vom 16.10.2006 (Az: II ZB 32/05), unter Tz. 13 = ZIP 2006, 2174.
24 *BGH* Urteil vom 14.10.1991 (Az: II ZR 212/90), unter Tz. 13 ff. = ZIP 1992, 247.
25 Ähnlich *BGH* Urteil vom 23.11.1959 (Az: II ZR 187/58) = NJW 1960, 430.
26 Siehe zum Dissens im Skript „BGB Allgemeiner Teil I" unter Rn. 301.
27 *BGH* Urteil vom 12.10.1987 (Az: II ZR 251/86), unter Tz. 13 = NJW 1988, 1321.

Beispiel   Anleger A ist der Publikumsgesellschaft nicht wirksam beigetreten, weil die Vollmacht, die A dem ihn bei dem Beitritt vertretenden Steuerberater S erteilt hat, wegen Verstoßes gegen das Rechtsdienstleistungsgesetz nichtig war.[28] ■

Fehlerhaft kann auch die **Übertragung der Gesellschafterstellung** gewesen sein, die durch Vereinbarung zwischen Ausscheidendem und Eintretendem unter Zustimmung der übrigen Gesellschafter nicht wirksam zustande gekommen ist.[29]

Fehlerhaft und nach den Grundsätzen über die fehlerhafte Gesellschaft als wirksam zu behandeln kann schließlich auch der **Austritt aus der Gesellschaft** sein, wenn der Austritt vollzogen worden ist und seiner Anerkennung keine gewichtigen Interessen der Allgemeinheit oder anderer schutzwürdiger Personen entgegenstehen.

Beispiel 1   Gesellschafter G erklärt die Anfechtung seines Ausscheidens aus der G oHG wegen arglistiger Täuschung im Zuge der Abfindungsverhandlungen.[30] ■

Beispiel 2   Beim Ausscheiden des Gesellschafters G aus der G oHG wirkt die Mehrheit der Gesellschafter nicht mit, so dass zwar kein fehlerhaft vollzogenes Ausscheiden vorliegt, der betroffene Gesellschafter und die für sein Ausscheiden Stimmenden das Ausscheiden jedoch für wirksam halten.[31] ■

Die rein faktische Betätigung der Gesellschaft bzw. des Beitritts reicht also ebensowenig aus wie ein Gesellschaftsvertrag, der nach § 117 BGB nur zum Schein geschlossen wurde.[32] Dann wollten die Gesellschafter nämlich ihre Beziehungen nicht dem Gesellschaftsrecht unterstellen. Die Regeln über die fehlerhafte Gesellschaft sind zudem nicht anwendbar, wenn der Gesellschaftsvertrag zwar wirksam ist, es aber an einer anderen Voraussetzung für das Wirksamwerden der Gesellschaft fehlt, etwa der Eintragung im Handelsregister bei der oHG.

Nicht anwendbar sind die Grundsätze der fehlerhaften Gesellschaft auf Änderungen der Nachfolgeregelungen in der Gesellschaft.[33]

b)   InvolIzugsetzung der Gesellschaft

Weiterhin muss die Gesellschaft in Vollzug gesetzt sein. Dazu genügt die Aufnahme der   **233** Geschäfte nach außen, worunter auch Vorbereitungsgeschäfte wie die Anmietung von Geschäftsräumen oder die Einrichtung eines Geschäftskontos gehören. Entscheidend ist, ob durch die Handlungen entweder die wirtschaftlichen Verflechtungen zwischen den Gesellschaftern oder das Vertrauen des Rechtsverkehrs in den Fortbestand der Gesellschaft bereits eine Intensität erreicht haben, die die Anwendung der Regeln über die fehlerhafte Gesellschaft notwendig macht.

Ist noch keine Tätigkeit nach außen entfaltet worden, liegt eine Involzugsetzung dennoch bereits vor, wenn die Gesellschafter ein Gesamthandsvermögen gebildet haben, vor allem

---

28 So unter Geltung des alten Rechtsberatungsgesetzes im Fall *BGH* Urteil vom 16.12.2002 (Az: II ZR 109/01), unter Tz. 21 ff. = BGHZ 153, 214.

29 *BGH* Urteil vom 18.1.1988 (Az: II ZR 140/87), unter Tz. 15 = WM 1988, 418.

30 *BGH* Urteil vom 14.4.1969 (Az: II ZR 142/67), unter Tz. 18 = NJW 1969, 1483.

31 *BGH* Versäumnisurteil vom 13.1.2003 (Az: II ZR 58/00), unter Tz. 12 = DB 2003, 443.

32 Dann kommen die Grundsätze über die Scheingesellschaft zur Anwendung.

33 *BGH* vom 7.10.1991 (Az: II ZR 194/90), unter Tz. 27 = DStR 1991, 1500.

bei Leistung ihrer Einlagen,[34] oder wenn sie das „Organisationsgefüge" der Gesellschaft in Gang gesetzt haben, insbesondere bei Beschlussfassung der Gesellschafter aufgrund des Gesellschaftsvertrages.[35]

Fehlt es insgesamt an einer Invollzugsetzung, bleibt es bei den allgemeinen Regelungen, insbesondere der Anfechtbarkeit mit der Folge der rückwirkenden Nichtigkeit nach § 142 BGB.

c) Keine entgegenstehenden überwiegenden Individual- oder Allgemeininteressen

234   Die Anwendung der Regeln über die fehlerhafte Gesellschaft ist ausgeschlossen, wenn gewichtige Interessen der Allgemeinheit oder einzelner Personen einer rechtlichen Anerkennung des tatsächlich geschaffenen Zustandes entgegenstehen. Typische Fallgruppen entgegenstehender Interessen sind die folgenden:

Bei **Sittenwidrigkeit** (§ 138 BGB) oder Gesetzeswidrigkeit (§ 134 BGB) des Gesellschaftszwecks sind die Grundsätze in der Regel unanwendbar. Allerdings ist bei Verstößen gegen gesetzliche Verbote genau zu prüfen, ob das gesetzliche Verbot nur der Wirksamkeit des Vertrages oder auch der Anwendung der Grundsätze über die fehlerhafte Gesellschaft im Wege steht. Dies ist eine Frage der Auslegung der jeweiligen Verbotsnorm. Zudem verstößt ein Gesellschaftszweck nicht schon alleine deswegen gegen die guten Sitten i.S.v. § 138 BGB, weil ein Gesellschafter sittenwidrig übervorteilt oder geknebelt wurde. Hier ist der Vertrag lediglich hinsichtlich des übervorteilten Gesellschafters teilnichtig, so dass sich die Gesamtnichtigkeit erst über § 139 BGB ergeben kann.

Der **Minderjährigenschutz** zugunsten eines minderjährigen Gesellschafters geht der Anwendung der Grundsätze über die fehlerhafte Gesellschaft vor.

Wurde ein Gesellschafter durch arglistige **Täuschung** zum Abschluss des Gesellschaftsvertrages bestimmt, so gilt für den Vertrag das gleiche wie bei teilweiser Sittenwidrigkeit, d.h. der Vertrag wird durch die Anfechtung teilnichtig, erst § 139 BGB ergibt, ob auch der Rest des Vertrages nichtig sein soll. Grundsätzlich bleiben die Regeln der fehlerhaften Gesellschaft daher anwendbar, da das Hindernis nur im Verhältnis zum Getäuschten besteht. Zudem kann er die Gesellschaft kündigen und muss dann die Einlage nur insoweit erbringen, als sie in der Zwischenzeit durch Verluste der Gesellschaft aufgezehrt worden wäre.

d) Rechtsfolgen

aa) Rechtsfolgen für die Vergangenheit

235   Über die Grundsätze der fehlerhaften Gesellschaft wird diese bis zur Geltendmachung des Fehlers im Außen- und im Innenverhältnis als wirksam behandelt. Ausnahmen bestehen bei einem Verstoß gegen Formvorschriften. So sind die Gesellschafter im oben genannten Beispiel wegen Missachtung von § 311b BGB nicht zur Übertragung des Grundeigentums auf die Gesellschaft verpflichtet.[36]

---

34 *BGH* Urteil vom 14.10.1991 (Az: II ZR 212/90), unter Tz. 20 = ZIP 1992, 247.
35 *BGH* Urteil vom 11.11.1991 (Az: II ZR 287/90), unter Tz. 6 = BGHZ 116, 37.
36 *BGH* Urteil vom 8.4.1976 (Az: II ZR 203/74), unter Tz. 24 = WM 1976, 1027.

Die Aufrechterhaltung des Gesellschaftsvertrages gilt zuvörderst für das Innenverhältnis zwischen den Gesellschaftern, in dem sich ihre Rechte und Pflichten grundsätzlich nach dem fehlerhaften Gesellschaftsvertrag richten.[37] Die Gesellschafter bleiben insbesondere zur gesellschafterlichen Treue verpflichtet. Im Außenverhältnis ist die fehlerhafte Gesellschaft als wirksam zu behandeln, nicht nur zu Gunsten, sondern auch zu Lasten von Gesellschaft, Gesellschaftern und Dritten.

bb) Rechtsfolgen für die Zukunft

236 Für die Zukunft ist die Gesellschaft durch Beschluss aller Gesellschafter vernichtbar, wie sich auch jeder einzelne Gesellschafter von seiner Beteiligung lösen kann. Er hat dabei mehrere Möglichkeiten:

237 Der Gesellschafter kann die Auflösung von oHG und KG im Wege der Auflösungsklage erzwingen.

238 Das Kapitalgesellschaftsrecht kennt die Nichtigkeitsklage (§ 75 GmbHG, § 275 AktG). Daneben steht die Möglichkeit der Löschung der Gesellschaft von Amts wegen.

239 Durch außerordentliche Kündigung kann der Gesellschafter aus der Gesellschaft ausscheiden, denn der fehlerhafte Vertragsschluss ist wichtiger Grund zur Kündigung.[38] Er hat in diesem Fall Anspruch auf ein Abfindungsguthaben, dessen Höhe sich nach dem Wert der Beteiligung im Kündigungszeitpunkt bemisst.[39]

240 Ist der Mangel des Vertrages nur von einzelnen Gesellschaftern zu vertreten, können diese zudem aus der Gesellschaft ausgeschlossen werden. Im Sonderfall einer Zweipersonengesellschaft kann der andere Gesellschafter bei besonders schwerwiegendem Fehlverhalten des Mitgesellschafters im Ausnahmefall berechtigt sein, das Geschäft unmittelbar ohne vorherige Liquidation zu übernehmen.[40]

241 Folge der Auflösung ist die Auseinandersetzung nach den Regelungen im fehlerhaften Gesellschaftsvertrag und den gesetzlichen Vorschriften. Hinsichtlich des Gesellschaftsvermögens ist die fehlerhafte Gesellschaft auch insolvenzfähig, sobald sie in Vollzug gesetzt worden ist.

III. Die Scheingesellschaft

Prüfungsschema zur Scheingesellschaft   242

I. **Rechtsschein einer Personenhandelsgesellschaft**

II. **Zurechenbarkeit des Rechtsscheins**

III. **Gutgläubigkeit des Dritten hinsichtlich Nichtbestehen der Gesellschaft**

IV. **Schutzwürdigkeit des Dritten**

PRÜFUNGS-SCHEMA

---

37 *BGH* Urteil vom 6.2.1958 (Az: II ZR 210/56), unter Tz. 15 f. = BGHZ 26, 330.
38 *BGH* Urteil vom 19.12.1974 (Az: II ZR 27/73), unter Tz. 26 = BGHZ 63, 338; *BGH* Urteil vom 9.2.1976 (Az: II ZR 65/75), unter Tz. 6 = NJW 1976, 894.
39 *BGH* Urteil vom 21.7.2003 (Az: II ZR 387/02), unter Tz. 20 = BGHZ 156, 46.
40 *BGH* Urteil vom 30.3.1967 (Az: II ZR 102/65), unter Tz. 29 = BGHZ 47, 293.

» Lesen Sie noch-
mals § 15 Abs. 3
HGB: Ist eine Nicht-
Gesellschaft im
Handelsregister ein-
getragen, kann sich
der gutgläubige
Dritte darauf beru-
fen. Scheingesell-
schafter haften
nach §§ 128 S. 1, 15
Abs. 3 HGB bzw.
§§ 171 Abs. 1 Hs. 1,
15 Abs. 3 HGB. **«**

243 Die Scheingesellschaft wird nach allgemeinen Rechtsscheingrundsätzen behandelt. Im Unterschied zur fehlerhaften Gesellschaft wollen die handelnden Personen bei der Scheingesellschaft keine wirksame Gesellschaft errichten. Eine Gesellschaft entsteht mangels Gesellschaftsvertrags auch in dem Fall nicht, in dem ein Mitgesellschafter eine ihm erteilte
Vollmacht überschreitet.[41] Denkbar ist die Scheingesellschaft daher in drei Fällen:

- Die Handelnden haben keinen Gesellschaftsvertrag geschlossen.
- Die Handelnden haben einen Gesellschaftsvertrag nur zum Schein geschlossen, obwohl
  in Wahrheit keine Gesellschaftsgründung beabsichtigt war.
- Die Handelnden betreiben eine andere Gesellschaft als diejenige, deren Bestehen sie
  behaupten.

Beispiel Der Gesellschafter-Geschäftsführer einer GmbH & Co. KG verwendet Briefpapier,
das allein die KG erkennen lässt, nicht aber die GmbH als einzig unbeschränkt haftenden
Komplementär. ■

Die Rechtsprechung hat eine Anwendung der Grundsätze über die fehlerhafte Gesellschaft
auf derartige Fallgestaltungen abgelehnt[42] und eine Judikatur zur Scheingesellschaft entwickelt, die folgende Voraussetzungen erkennen lässt:[43]

- Die Handelnden müssen den Rechtsschein einer Personenhandelsgesellschaft veranlasst
  haben, indem sie als Gesellschafter einer oHG oder KG im Rechtsverkehr aufgetreten
  sind.
- Der Dritte muss daher vom Bestehen einer oHG oder KG ausgegangen sein.
- Die Fehlvorstellung des Dritten muss den Handelnden zurechenbar sein.
- Der Dritte muss schutzwürdig sein; darf also insbesondere nicht Kenntnis oder grob fahrlässige Unkenntnis vom Rechtsscheintatbestand haben.

Unter diesen Voraussetzungen behandelt die Rechtsprechung die Scheingesellschaft nicht als
wirkliche Gesellschaft, hält die Handelnden gleichwohl zugunsten des gutgläubigen Dritten
an dem von ihnen erzeugten Rechtsschein fest. Sie haften als Scheingesellschafter einer
Schein-oHG oder Schein-KG für deren Verbindlichkeiten wie tatsächliche Gesellschafter.[44]

IV. Die Treuhand

1. Der Zweck der Treuhand

244 Die Treuhand ist kein Fall der Scheingesellschaft, obwohl der Hintermann im Regelfall uner-
kannt bleibt. Denn bei der Treuhand sind anders als bei der Scheingesellschaft die Gründung
und der Betrieb der Gesellschaft gewollt. Treuhandschaften werden vereinbart, um den Hintermann zu verdecken oder um gesetzliche Verbote und gesellschaftsvertragliche Genehmi-
gungserfordernisse zu umgehen, aber auch zur Bindung des Hintermannes oder aus Gründen einer erleichterten Handhabung, so bei einer Beteiligung einer Vielzahl von Personen an
Publikumsgesellschaften, beispielsweise bei Anlegergemeinschaften.

---

41 *BGH* Urteil vom 13.9.2011 (Az: VI ZR 229/09) unter Tz. 12 = ZIP 2011, 2005, 2007.
42 *BGH* Urteil vom 27.5.1953 (Az: II ZR 171/52) = NJW 1953, 1220; *BGH* Urteil vom 13.9.2011 (Az: VI ZR 229/
    09), unter Tz. 11 ff. = ZIP 2011, 2005, 2007.
43 *BGH* Urteil vom 26.11.1979 (Az: II ZR 256/78), unter Tz. 7 = DB 1980, 391.
44 Instruktiv *Markworth* JuS 2016, 587.

2. Die Ausgestaltung der Treuhand

Je nachdem, ob die Treuhand offengelegt wird, unterscheidet man die offene von der verdeckten Treuhand. Dient sie den Interessen des Treuhänders, handelt es sich um eine eigennützige Treuhand, dient sie den Interessen des Treugebers, ist es eine uneigennützige Treuhand. **245**

Die Treuhand kann als Sicherungstreuhand Ansprüche des Treuhänders gegen den Treugeber sichern oder als Verwaltungstreuhand bloße Verwaltungszwecke haben.

3. Treuhänder und Treugeber

Gesellschafter mit allen Rechten und Pflichten ist der nach außen auftretende Treuhänder. Im Innenverhältnis ist er gegenüber dem Treugeber aufgrund der Treuhandabrede bzw. des Treuhandvertrages gebunden. Die Voraussetzungen eines Scheingeschäfts gemäß § 117 Abs. 1 BGB sind regelmäßig nicht erfüllt, weil die Parteien die erklärte Rechtsfolge ernstlich wollen.[45] Der Abschluss des Treuhandvertrags kann formbedürftig sein, so wenn er die Verpflichtung zur Abtretung eines GmbH-Geschäftsanteils enthält.[46] **246**

Der Unterscheidung zwischen Innen- und Außenverhältnis kommt besondere Bedeutung zu: Wird die Stellung des Treugebers durch gesellschaftsrechtliche Bindungen überlagert, kommt ihm im Innenverhältnis diejenige eines unmittelbaren Gesellschafters gleich. Das Innenverhältnis der Gesellschaft unterliegt weitestgehend der Disposition der Gesellschafter. Sie können es daher so gestalten, als ob der Treugeber selbst Gesellschafter wäre. Eine solche insbesondere bei Publikumsgesellschaften häufige besonders enge gesellschaftsrechtliche Bindung ist immer dann anzunehmen, wenn die mittelbare Beteiligung zukünftiger Gesellschafter und damit eine Verzahnung von Gesellschaft und Treuhand im Gesellschaftsvertrag vorgesehen ist; insbesondere wenn der Gesellschaftsvertrag bereits bestimmte Rechte und Pflichten der zukünftigen Gesellschafter regelt. Ein solchermaßen einem Gesellschafter gleichzustellender Treugeber haftet der Gesellschaft daher wie ein unmittelbarer Gesellschafter. Bedeutung für das Außenverhältnis hat dies nicht, hier bleibt nur der Treuhänder Gesellschafter mit allen Rechten und Pflichten.[47] Im umgekehrten Fall, in dem sich die Treuhand auf eine Haftungsabschirmung gegenüber einem Grundpfandrechtsgläubiger beschränkt und der Treugeber selbst Gesellschafter wird, haftet der Treugeber für Gesellschaftsschulden, auch wenn er seine gesellschaftsrechtlichen Rechte gegenüber dem Grundbuchamt durch einen Treuhänder halten lässt.[48]

Je nachdem, auf welchem Weg der Treuhänder die Treuhänderstellung erlangt, werden unterschieden

- die **Erwerbstreuhand**, wenn der Treuhänder den Gesellschaftsanteil von einem Dritten im Auftrag des Treugebers erwirbt;
- die **Übertragungstreuhand**, wenn der Treugeber seinen Anteil auf den Treuhänder überträgt, diesen aber über den Treuhandvertrag an sich bindet;

---

45 *BGH* Urteil vom 22.9.2016 (Az: III ZR 427/15), unter Tz. 13 = NJW 2016, 3525, 3526.
46 *BGH* ebd. unter Tz. 14.
47 *BGH* Urteil vom 11.10.2011 (Az: II ZR 242/09), unter Tz. 16 = ZIP 2011, 2299, 2301 f.
48 *BGH* Urteil und Teilversäumnisurteil vom 19.7.2011 (Az: II ZR 300/08), unter Tz. 37 ff. = ZIP 2011, 1657, 1659 ff.

- die **Vereinbarungstreuhand**, die den umgekehrten Fall der Übertragungstreuhand beschreibt, da sie die Übertragung des Gesellschaftsanteils vermeidet, indem der Gesellschafter als zukünftiger Treuhänder verspricht, seinen Gesellschaftsanteil künftig treuhänderisch für den Treugeber zu halten.

Im Außenverhältnis ist allein der Treuhänder uneingeschränkt berechtigter und verpflichteter Gesellschafter. Der Treuhandvertrag bindet ihn nur im Innenverhältnis.

> **Hinweis**
>
> Wie im Recht der bürgerlich-rechtlichen Stellvertretung nach §§ 164 ff. BGB gibt es also auch hier ein Auseinanderfallen von rechtlichem „Können" im Außenverhältnis und rechtlichem „Dürfen" im Innenverhältnis.

Der Treugeber hat neben der Anordnung einer Schadensersatzverpflichtung des Treuhänders bei Verstößen gegen den Treuhandvertrag im Wesentlichen zwei Sicherungsmöglichkeiten:
- Bei der Beschlussfassung in der Gesellschaft übt der Treuhänder das Stimmrecht aus. Der Treugeber kann jedoch über eine Stimmrechtsvollmacht oder einen Stimmbindungsvertrag Einfluss auf die Beschlüsse der Gesellschafter nehmen.
- Im Ausnahmefall können dem Treugeber weitergehende unmittelbare gesellschaftsrechtliche Rechte und Ansprüche durch Vereinbarung mit allen Gesellschaftern eingeräumt werden.[49]

V. Die innere Organisation der Gesellschaft

1. Die Grundlagengeschäfte

247 Weder von der Geschäftsführungs- noch von der Vertretungsbefugnis umfasst sind bei allen Gesellschaftsformen die so genannten Grundlagengeschäfte, also Geschäfte, die den Gesellschaftsvertrag selbst und seine Änderungen betreffen. Diese Geschäfte betreffen die einzelnen Gesellschafter in ihrer persönlichen Mitgliedsstellung und sind daher deren Geschäfte und nicht solche der Gesellschaft.

Geschäftsführung und Vertretung sind daher in diesem Bereich nicht möglich. Für Grundlagengeschäfte ist stets ein Beschluss aller Gesellschafter erforderlich. In den Grenzen des Bestimmtheitsgebotes bzw. der gesellschafterlichen Treuepflicht ist es aber zulässig, durch Gesellschaftsvertrag zu bestimmen, dass auch Grundlagengeschäfte durch Mehrheitsbeschluss der Gesellschafter getätigt werden können.[50]

Beispiele Grundlagengeschäfte sind z.B.
- Änderungen des Gesellschaftsvertrages;
- die Aufnahme eines neuen Gesellschafters;
- eine Änderung der Beitragspflichten;
- eine Änderung der Firma;

---

49 *BGH* Urteil vom 23.6.2003 (Az: II ZR 46/02), unter Tz. 12 = DStR 2003, 1582.
50 *BGH* Urteil vom 15.1.2007 (Az: II ZR 245/05), unter Tz. 9 = BGHZ 170, 283 – Otto.

- die Entziehung oder Kündigung von Geschäftsführungs- oder Vertretungsbefugnis (§ 712 BGB);
- die Entscheidung über die Geltendmachung oder den Erlass von Sozialansprüchen der Gesellschaft gegen einzelne Gesellschafter und deren Umsetzung. ◼

2. Sozialansprüche und Sozialverbindlichkeiten

Als **Sozialansprüche** werden alle Ansprüche der Gesellschaft gegen einen Gesellschafter aus dem Gesellschaftsverhältnis, nicht aber solche aus anderen Rechtsbeziehungen mit einem Gesellschafter bezeichnet. Die wichtigsten Sozialansprüche sind der Anspruch der Gesellschaft auf Leistung des Beitrags, auf ordnungsgemäße Geschäftsführung, Ersatzansprüche und der Anspruch auf Unterlassung von Wettbewerb (für die oHG in §§ 112, 113 HGB geregelt).

248

Diese Sozialansprüche werden grundsätzlich von den geschäftsführungs- und vertretungsberechtigten Gesellschaftern geltend gemacht, nachdem die nicht beteiligten Gesellschafter über die Geltendmachung beschlossen haben. Ein derartiger Beschluss ist ein Grundlagengeschäft.

Ausnahmsweise kann jedoch auch einem nicht vertretungs- oder geschäftsführungsberechtigten Gesellschafter eine Prozessführungsbefugnis und zu diesem Zweck auch Geschäftsführungs- und Vertretungsbefugnis zustehen, um die Sozialansprüche durchzusetzen, die so genannte **actio pro socio**.

Als **Sozialverbindlichkeiten** werden alle Ansprüche der Gesellschafter gegen die Gesellschaft aus dem Gesellschaftsverhältnis bezeichnet. Die wichtigsten Sozialverbindlichkeiten sind die Aufwendungsersatzansprüche nach §§ 713, 670 S. 1 BGB bzw. § 110 HGB, die Gewinnbeteiligung nach § 722 BGB, das Informations- und Kontrollrecht nach § 716 BGB und der Anspruch auf das Auseinandersetzungsguthaben.

249

Für alle diese Sozialverbindlichkeiten haften die Gesellschafter nur mit dem Gesellschaftsvermögen, denn eine persönliche Haftung der Gesellschafter liefe im Ergebnis auf eine Erhöhung der Beiträge hinaus, da Mittel dauerhaft für die Gesellschaft gebunden würden. Zu einer Erhöhung sind die Gesellschafter aber nach § 707 BGB nicht verpflichtet. Dies gilt selbst dann, wenn die Gesellschaft nicht mehr liquide ist.

Die gesellschafterliche Treuepflicht kann es gebieten, Ansprüche gegen die Gesellschaft nicht geltend zu machen, wenn ihre Geltendmachung der Gesellschaft schaden könnte.

3. Die actio pro socio

Zulässigkeit der actio pro socio 250

I. Sozialanspruch der Gesellschaft

II. Geschäftsführende Gesellschafter verweigern Geltendmachung

III. Treuwidrigkeit der Verweigerung

PRÜFUNGS-SCHEMA

251   Insbesondere Sozialansprüche, also Ansprüche der Gesellschaft gegen Gesellschafter, müssen intern durchgesetzt werden. Dabei kann es erforderlich werden, dass die Ansprüche der Gesellschaft von anderen, nicht geschäftsführungsbefugten Gesellschaftern geltend gemacht werden.

Dies erfolgt im Wege der actio pro socio (lat. Anspruch zugunsten der Gesellschaft). Der klagende Gesellschafter macht hierbei einen fremden Anspruch – den der Gesellschaft – im eigenen Namen geltend, seine Klage muss auf Leistung an die Gesellschaft lauten.

Keine Anwendung findet die actio pro socio auf Ansprüche der Gesellschaft gegen Dritte. Diese können grundsätzlich nur von den geschäftsführungs- und vertretungsbefugten Gesellschaftern im Namen der Gesellschaft geltend gemacht werden, anders nur in Notfällen.

In der Publikumsgesellschaft sind Ansprüche der Gesellschaft gegen ihren organschaftlichen Vertreter angesichts der Vielzahl der Gesellschafter regelmäßig schwierig durchzusetzen. Daher können sie dort in entsprechender Anwendung von § 46 Nr. 8 Hs. 2 GmbHG, § 147 Abs. 2 S. 1 AktG auch durch einen besonderen Vertreter geltend gemacht werden, der von den übrigen Gesellschaftern zu bestellen ist. Regelmäßig ist der Beirat besonderer Vertreter.[51]

VI. Die Mitgliedschaft in der Gesellschaft

1. Eintritt neuer Gesellschafter

252   Die Aufnahme eines neuen Gesellschafters in Personengesellschaften erfolgt durch (gesonderten) Gesellschaftsvertrag zwischen allen bisherigen Gesellschaftern und dem neuen Gesellschafter. Dieser Vertrag wird nicht mit der Gesellschaft geschlossen, sondern mit allen Gesellschaftern, da auch dies ein Grundlagengeschäft ist, bei dem die organschaftliche Vertretungsmacht wirkungslos ist. Der Beitritt zu einer Kapitalgesellschaft kann auf dem Erwerb eines Geschäftsanteils von Todes wegen oder unter Lebenden beruhen (§ 15 GmbHG; §§ 68, 71, 71d, 327a AktG), auf dem Erwerb von Geschäftsanteilen im Zuge einer Kapitalerhöhung (§ 55 GmbHG, §§ 182 ff. AktG) oder auf Umwandlungsvorgängen nach dem UmwG. Der Beitritt ist hier regelmäßig formbedürftig.

Durch den Eintritt erwirbt der Gesellschafter die volle Mitgliedsstellung, d.h. es stehen ihm alle Rechte und Pflichten eines Gesellschafters zu, er erwirbt also automatisch einen Anteil am Gesamthandsvermögen und er haftet für Gesellschaftsschulden.

Ist der Aufnahmevertrag mangelhaft, so kann dennoch über die Grundsätze der fehlerhaften Gesellschaft die Wirkung eines wirksamen Aufnahmevertrages eintreten, wobei die Invollzugsetzung nicht die Gesellschaft als solche, sondern den Beitritt selbst betreffen muss.

2. Ausscheiden von Gesellschaftern

253   Nach der dispositiven gesetzlichen Regelung der Personengesellschaften bewirkt das Ausscheiden eines Gesellschafters aus der Gesellschaft grundsätzlich deren Auflösung. Häufig wird jedoch durch Gesellschaftsvertrag vereinbart, dass die Gesellschaft auch nach dem Aus-

---

51 *BGH* Beschluss vom 7.6.2010 (Az: II ZR 210/09), unter Tz. 13 ff. = ZIP 2010, 2345, 2346 f.

scheiden eines Gesellschafters fortbestehen soll. Die Körperschaft besteht unabhängig vom Mitgliederwechsel fort.

Die Rechtsfolgen des Ausscheidens richten sich bei allen Personengesellschaften grundsätzlich nach § 738 BGB: Danach wächst sein Anteil am Gesellschaftsvermögen den übrigen Gesellschaftern an. Dafür hat der Ausscheidende Anspruch auf Herausgabe der Gegenstände, die er der Gesellschaft zur Nutzung überlassen hat, außerdem einen Geldanspruch in Höhe dessen, was er bei Auseinandersetzung der Gesellschaft erhielte. Er kann also nicht etwa Herausgabe der der Gesellschaft dauerhaft übertragenen Gegenstände verlangen, sondern nur eine Auszahlung in Geld. Dies ist für die Gesellschaft häufig ruinös, so dass regelmäßig insbesondere bei der Übertragung eines Gesellschaftsanteils andere Gestaltungen gewählt werden. Diese sind weitestgehend möglich, bis hin zu einem beinahe vollständigen Ausschluss einer Abfindung.

3. Die Vererbung von Gesellschaftsanteilen

Die besondere persönliche Verbindung der Gesellschafter untereinander ist Grund für die Regelung in § 727 BGB, wonach Personengesellschaften durch den Tod eines Gesellschafters grundsätzlich aufgelöst werden.   **254**

Mit dem Handelsrechtsreformgesetz 1998 hat sich die Rechtslage in oHG und KG geändert: Der Tod eines persönlich haftenden Gesellschafters hat dort nach der gesetzlichen Regelung die Fortsetzung der Gesellschaft unter den verbliebenen Gesellschaftern zur Folge (§ 131 Abs. 3 Nr. 1 HGB).

Die Gesellschafter können jedoch auch im Gesellschaftsvertrag der GbR abweichende Regelungen treffen. Am häufigsten sind Fortsetzungs- und Nachfolgeklauseln.

> **Hinweis**
>
> Machen Sie sich den Sinn solcher Regelungen klar. Bei mehreren Erben würde die Erbengemeinschaft Rechtsnachfolger im Anteil. Diese ist jedoch nur eingeschränkt handlungsfähig (§ 2038 BGB) und haftet nur beschränkt auf den Nachlass (§ 2059 BGB), eine für Personengesellschaften untypische Situation.

a) Die Fortsetzungsklausel

Die Fortsetzungsklausel besagt, dass die Gesellschaft nach dem Tode eines Gesellschafters von den verbliebenen Gesellschaftern fortgeführt wird. Die Rechtsfolgen sind also die gleichen wie beim Ausscheiden eines Gesellschafters, nur dass der Abfindungsanspruch aus §§ 738 ff. BGB ohne weiteres auf die Erben übergeht.   **255**   » Lesen Sie hierzu außerdem § 736 BGB. «

b) Die einfache Nachfolgeklausel

Durch die einfache, auch: erbrechtliche, Nachfolgeklausel sollen der oder die Erben die Gesellschafterstellung als solche erhalten. Hierfür muss zunächst der Gesellschaftsvertrag mit Zustimmung aller Gesellschafter bestimmen, auf wen der Anteil beim Tode eines Gesellschafters übergehen soll. Zudem muss der Erblasser seinen Gesellschaftsanteil auch gerade diesen Personen vererben, d.h. Testament und Gesellschaftsvertrag sind aufeinander abzustimmen.   **256**

Durch diese Regelung entsteht kein Abfindungsanspruch nach den §§ 738 ff. BGB, da die Gesellschafterstellung als solche bestehen bleibt.

c) Die qualifizierte Nachfolgeklausel

» Lesen Sie §§ 328 Abs. 1, 331 Abs. 1 BGB: Die Eintrittsklausel ist ein Vertrag zugunsten Dritter auf den Todesfall. «

257 Bei der qualifizierten Nachfolgeklausel soll von mehreren Erben nur einer oder ein Dritter in die Gesellschafterstellung einrücken. Der Eintritt des Erben vollzieht sich in einer Sondererbfolge kraft Gesellschaftsrechts; die erbrechtlichen Regelungen, insbesondere diejenigen zur Erbengemeinschaft, sind insoweit verdrängt. Der so begünstigte Erbe ist den Miterben aber zum Ausgleich verpflichtet, soweit der Wert des Gesellschaftsanteils seinen Erbteil überschreitet.

Der Eintritt des dritten Nichterben erfolgt durch Vertrag zwischen den übrigen Gesellschaftern und dem Eintretenden; das Vertragsangebot der übrigen Gesellschafter kann bereits im Gesellschaftsvertrag enthalten sein. Allein durch Rechtsgeschäft unter den Gesellschaftern läge in der Übertragung allerdings ein im deutschen Recht unzulässiger Vertrag zu Lasten des Dritten, so dass dieser ein Wahlrecht hat, ob er eintritt (daher auch: „Eintrittsklausel").

Den Erben steht der Abfindungsanspruch nach den §§ 738 ff. BGB zu, da die erbrechtliche Lage durch diese Gestaltung des Gesellschaftsvertrages unberührt bleibt. Wenn allerdings ein Erbe Eintrittsberechtigter ist, steht ihm kraft Erbschaft der Abfindungsanspruch nach § 1922 BGB zu, so dass er bei entsprechender Gestaltung des Gesellschaftsvertrages seinen Beitrag durch Aufrechnung mit dem Abfindungsanspruch erbringen kann.

VII. Die Auflösung der Gesellschaft

258 Eine Personengesellschaft wird aufgelöst, wenn ein Auflösungsgrund nach §§ 723 ff. BGB, §§ 131 ff. HGB eintritt, eine Kapitalgesellschaft, wenn ein Auflösungsgrund nach § 60 GmbHG, § 262 Abs. 1 AktG, § 289 Abs. 1 AktG besteht. Damit erlischt aber das Gesellschaftsverhältnis nicht; vielmehr wandelt sich die Gesellschaft in eine Auseinandersetzungsgesellschaft um. Es ändert sich also lediglich der gemeinsame Zweck der Gesellschaft auf die Abwicklung der Gesellschaft nach den §§ 730 ff. BGB (Auseinandersetzung).

Die einzelnen Auflösungsgründe sind:
- **Beschluss** aller Gesellschafter bzw. der Mehrheit, wenn vom Gesellschaftsvertrag vorgesehen.
- **Zeitablauf**, wenn die Gesellschaft nur für eine bestimmte Zeit eingegangen wurde.
- **Zweckerreichung** bzw. **Unmöglichwerden** des Zwecks (§ 726 BGB). Bei Handelsgesellschaften ist dieser Auflösungsgrund nicht vorgesehen, da der Betrieb eines Handelsgeschäfts nicht erreicht werden kann.
- **Kündigung** durch einen **Gesellschafter** bei der GbR.
- **Kündigung** durch den **Pfändungspfandgläubiger** eines Gesellschaftsanteils.
- **Gerichtliche Entscheidung** in den Fällen der §§ 61 und 62 GmbHG.
- **Tod** eines Gesellschafters: Wird im Gesellschaftsvertrag nichts abweichendes vereinbart, so wird die GbR durch den Tod aufgelöst (§ 727 BGB); die Erben treten dann in die Auseinandersetzungsgesellschaft ein, wobei sie allerdings ihre Haftung für Gesellschaftsverbindlichkeiten nach § 1965 BGB auf das Erbe beschränken können. Für oHG und KG ist die Fortsetzungsklausel in § 131 Abs. 3 Nr. 1 HGB in Gesetz gegossen.

- **Insolvenz** eines Gesellschafters (§ 728 BGB): Wie die Auflösung bei Pfändung eines Gesellschaftsanteils soll auch hier den Gläubigern des Gesellschafters der Zugriff auf das in der Gesellschaft gebundene Vermögen des Gesellschafters ermöglicht werden. Ebenso wie bei § 725 BGB ist aber eine abweichende Abfindungsregelung im Gesellschaftsvertrag möglich.
- **Insolvenz** der Gesellschaft (§ 60 GmbHG, § 262 AktG).

Online-Wissens-Check

Welche Gemeinsamkeiten erkennen Sie bei einem Vergleich der Rechtscheingrundsätze zur Scheingesellschaft mit § 5 HGB?

Überprüfen Sie jetzt online Ihr Wissen zu den in diesem Abschnitt erarbeiteten Themen. Unter **www.juracademy.de/skripte/login** steht Ihnen ein Online-Wissens-Check speziell zu diesem Skript zur Verfügung, den Sie kostenlos nutzen können. Den Zugangscode hierzu finden Sie auf der Codeseite.

C. Besonderes Gesellschaftsrecht

I. Die Personengesellschaften

1. Die Gesellschaft bürgerlichen Rechts

a) Grundlagen und Erscheinungsformen

Die Gesellschaft bürgerlichen Rechts (GbR) ist als Gesamthandsgemeinschaft die Grundform **259** der Personengesellschaften. Sie ist im Bürgerlichen Gesetzbuch in §§ 705 BGB ff. geregelt und wird daher auch als BGB-Gesellschaft bezeichnet.

> Die **Gesellschaft bürgerlichen Rechts** ist ein
> 1. auf Gesellschaftsvertrag zwischen mindestens zwei Personen beruhender Zusammenschluss
> 2. zur Erreichung eines gemeinsamen Zwecks,
> 3. den zu fördern sich alle Gesellschafter verpflichtet haben.

Die Gesellschaft bürgerlichen Rechts ist eine Gesamthandsgemeinschaft. Dies bedeutet, dass das Gesellschaftsvermögen gemeinschaftliches Vermögen der Gesellschafter ist, § 718 BGB. Es dient der Verfolgung des Gesellschaftszweckes und ist deshalb vom Privatvermögen der Gesellschafter abzugrenzen. Weil es allen Gesellschaftern gemeinsam ("zur gesamten Hand") zusteht, heißt es Gesamthandsvermögen.

» Wiederholen Sie die grundlegende Unterscheidung zwischen Gesamthand und Körperschaft: Die GbR hat als Grundform der Gesamthandsgemeinschaften die gleichen Voraussetzungen wie die Gesellschaft im weiteren Sinne. Demgegenüber haben die Körperschaften per Definition eigene Rechtspersönlichkeit. **«**

260 § 705 BGB bildet die Definition der Gesellschaft im weiteren Sinne ab und nennt gleichzeitig die Voraussetzungen der GbR: Die GbR ist ein vertraglicher Zusammenschluss mehrerer Personen zur Förderung eines gemeinsamen Zwecks (§ 705 BGB). Zentral ist der Begriff des Gesellschaftszweckes, der wirtschaftlicher oder ideeller Art, auf Dauer angelegt oder zeitlich beschränkt sein kann. Der Gesellschaftszweck grenzt die GbR von anderen Personenzusammenschlüssen ab:

- Von der **Bruchteilsgemeinschaft**, in der anders als bei der GbR jeder Gesellschafter frei über seinen Anteil verfügen kann (§ 747 BGB) und die Bruchteilsberechtigten keinen über das gemeinsame Halten hinausgehenden Zweck vereinbaren.
- Von dem **partiarischen Darlehen**, mit dem kein gemeinsamer Zweck, sondern lediglich ein Leistungsaustausch im Wege der Darlehensgewährung verfolgt wird.

Hinweis

Bei einem typischen partiarischen Darlehen vereinbaren Darlehensgeber und -nehmer regelmäßig[52]

- eine bestimmte Kündigungsfrist (§ 489 BGB),
- das Recht, den Unternehmensgegenstand ohne Einwilligung des Darlehensgebers zu ändern,
- die freie Abtretbarkeit der Darlehensforderung

und schließen den Darlehensgeber in der Regel aus von

- einer Verlustbeteiligung,
- einer Verwendung im Handelsgeschäft,
- Kontroll-, Überwachungs- und Mitwirkungsrechten.

- Von der **Wohnungseigentümergemeinschaft**, da sie einen gemeinsamen Zweck allenfalls im Hinblick auf die gemeinschaftlich zu verwaltenden Eigentumsteile verfolgt, im Übrigen aber die individuelle Wohnnutzung im Vordergrund steht. Sie ist in der Mitgliederstruktur zudem körperschaftlich organisiert, da die einzelnen Mitglieder keinen Einfluss auf einen Miteigentümerwechsel haben.

Hinweis

Die Rechtsprechung hat in jüngerer Zeit die Ansicht einer Vergleichbarkeit von Wohnungseigentümergemeinschaft und Bruchteilsgemeinschaft aufgegeben und sieht die Wohnungseigentümergemeinschaft nun als teilrechtsfähig an. Diese folge aus dem im WEG verschiedentlich genannten Gemeinschaftsrecht, ihrer durch Satzung geregelten Struktur, ihrer Vertretung durch Organe, ihrer Unauflöslichkeit nach § 11 WEG und dem Haftungssystem,[53] das die Anwendung der §§ 128, 130 HGB und damit eine persönliche Haftung der Gesellschafter ausschließe.[54] Rechtfähigkeit kommt der Wohnungseigentümergemeinschaft jedenfalls nach § 10 Abs. 6 S. 1 WEG im Rahmen der gesamten Verwaltung des gemeinschaftlichen Eigentums zu. Auch die Grundbuchfähigkeit der WEG ist mittlerweile anerkannt.[55]

---

52 *OLG Schleswig* Urteil vom 18.2.2000 (Az: 1 U 97/99), unter Tz. 10 ff. = NZG 2000, 1176.
53 *BGH* Beschluss vom 2.6.2005 (Az: V ZB 32/05) unter III. = NJW 2005, 2061.
54 *BGH* Beschluss vom 2.6.2005 (Az: V ZB 32/05) unter III.9.a) = NJW 2005, 2061.
55 *OLG Celle* Beschluss vom 26.2.2008 (Az: 4 W 213/07) unter II. = NJW 2008, 1537.

Die **Praxis** kennt die Gesellschaft bürgerlichen Rechts als Arbeitsgemeinschaft (ARGE), die nur **261** auf begrenzte Zeit besteht. Vor allem im Bauwesen, aber auch im Bereich der Forschung und der Film- und Medienwirtschaft schließen sich oft mehrere Unternehmen zusammen, um gemeinsam im Rahmen einer Bietergemeinschaft ein Angebot für ein bestimmtes sachlich und zeitlich begrenztes Projekt abzugeben und dieses als Arbeitsgemeinschaft abzuwickeln.

Dabei wird die Arbeitsgemeinschaft als zentrale Organisationseinheit tätig, als Dach-ARGE, die die Einzelleistungen im Rahmen des Gesamtvorhabens bestimmt und an einzelne oder mehrere Beteiligte, die Los-ARGE, vergibt.

Vor allem aus steuerlichen Gründen sind in den 1990er Jahren eine Vielzahl von geschlosse- **262** nen Immobilienfonds entstanden, die oftmals als GbR mit festem Gesellschafterkreis (daher „geschlossen") organisiert sind. Da die Gesellschaft die Immobilien lediglich verwaltet, bedarf der Gesellschaftsvertrag regelmäßig nicht der Form des § 311b BGB.[56]

Freiberufler organisieren sich traditionell in Sozietäten als Berufsausübungsgesellschaften, die **263** GbR sind. Sie setzen ein gemeinsames Auftreten gegenüber Patienten bzw. Mandanten voraus. Die bloß gemeinsame Nutzung von Personal und Büroeinrichtung genügt indes nicht.[57] Insbesondere die Anwaltssozietät ist im Zweifel GbR, wenn keine andere Rechtsform bestimmt ist.[58]

GbR ist außerdem die Vorgründungsgesellschaft der GmbH und der AG. **264**

b) Rechtsfähigkeit

aa) Die Unterscheidung zwischen Innen- und Außengesellschaft

Abhängig davon, ob die Gesellschaft nach ihrem Zweck auf die Teilnahme am Rechtsverkehr **265** gerichtet ist oder nicht, kann eine GbR Außen- oder Innengesellschaft sein. Die Abgrenzung zwischen beiden Erscheinungsformen ist für die Praxis sehr wichtig, weil sich die Rechtspre- chung des BGH zur Rechts- und Parteifähigkeit der GbR nur auf die Außengesellschaft bezieht. Die Rechtsnatur der GbR knüpft demnach an der Unterscheidung zwischen Innen- und Außengesellschaft an.[59]

Die **BGB-Innengesellschaft** bleibt auf die interne Vereinbarung beschränkt, nimmt als Gesell- schaft nicht am Rechtsverkehr teil und kann daher auch keine die Gesellschaft treffenden Verbindlichkeiten begründen. Sie ist im Gegensatz zur Außengesellschaft weder rechts- noch parteifähig; Rechtsbeziehungen entstehen vielmehr nur im Innenverhältnis der Gesellschafter. Ein Gesamthandsvermögen bildet sie nicht.

Die Frage nach der Rechtsnatur der GbR war seit Inkrafttreten des Bürgerlichen Gesetzbuches **266** umstritten, weil der Gesetzgeber diese Frage offengelassen hatte. Erst in den letzten Jahren hat die Rechtsprechung die Konturen der Außen-GbR klar herausgearbeitet und sie sehr weitgehend der oHG angenähert, im Besonderen durch Grundsatzurteile des Bundesge- richtshofes in 1997 und 2001. Danach besitzt die **Außengesellschaft bürgerlichen Rechts** Rechtsfähigkeit, soweit sie durch Teilnahme am Rechtsverkehr eigene Rechte und Pflichten

---

56 *BGH* Urteil vom 13.2.1996 (Az: XI ZR 239/94), unter Tz. 16 = ZIP 1996, 547.

57 Es handelt sich dann um eine bloße Bürogemeinschaft, diese ist nicht GbR.

58 *BGH* Urteil vom 3.5.2007 (Az: IX ZR 218/05), unter Tz. 11 = BGHZ 172, 169.

59 Vgl. zu den Grundsätzen der Unterscheidung oben Rn. 226.

begründet.[60] Das bedeutet, dass sie in der jeweiligen Zusammensetzung der Gesellschafter Vertragspartner wird und dass ihre Stellung als Vertragspartner durch einen Gesellschafterwechsel nicht berührt wird. Die GbR ist damit in weiten Teilen der oHG angenähert.[61] Teilrechtsfähigkeit bedeutet, dass die GbR als Außengesellschaft rechtsfähig ist, soweit sie durch Teilnahme am Rechtsverkehr eigene Rechte und Pflichten begründet, vgl. § 14 Abs. 2 BGB. Vertragspartei wird mithin die GbR in der jeweiligen Zusammensetzung der Gesellschafter, so dass ein Gesellschafterwechsel nach Vertragsschluss ihre Stellung als Vertragspartei unberührt lässt.[62] Dies beruht auf der Annahme, dass die Gesamthand als solche Rechtssubjekt ist, nicht allein die einzelnen Gesamthänder in ihrer gesamthänderischen Verbundenheit.[63]

Die Gesamthand und konsequenterweise die GbR ist indes nicht juristische Person als von den einzelnen Gesellschaftern abstrahierter Körper. Die GbR erscheint vielmehr als Gruppe der Gesellschafter. Daher haften die Gesellschafter für Gesellschaftsverbindlichkeiten gesamtschuldnerisch, d.h. jeder Gesellschafter nach Wahl des Gläubigers auf die ganze Schuld.

Demgegenüber geht eine individualistische Theorie[64] davon aus, dass Rechtssubjekt nur die natürliche oder die juristische Person sein könne, eine Gesamthand sei kein Rechtssubjekt, sondern Sonderregelung für das Gesellschaftervermögen. Sie nimmt Bezug auf die Formulierung in § 714 BGB, der von einer Vertretungsmacht für die Gesellschafter, nicht aber für die „Gesellschaft" spricht. Die Vorschrift ist im Kern allerdings unverändert aus § 640 Abs. 1 des ersten Entwurfs der Redaktoren des BGB in das Gesetz übernommen worden, der das Gesamthandsprinzip noch nicht kannte.

Die individualistische Theorie führt zu unüberwindbaren Schwierigkeiten in Fällen des Wechsels auf Gesellschafterebene oder auf Ebene des Gesellschaftsgegenstands. Ein Wechsel eines oder mehrerer Gesellschafter bedeutete konsequenterweise ein Untergehen der bisherigen und das Entstehen einer neuen Gesamthand, die sich aus (teilweise) anderen natürlichen Personen zusammensetzt. Deshalb wäre konsequenterweise ein gesonderter Übertragungsakt von der bisherigen auf die neue Gesamthand erforderlich, den die Rechtspraxis jedoch nicht kennt.[65]

Einem Untergang der alten Gesellschaft widersprechen auch die Haftung des neu eintretenden Gesellschafters für Altverbindlichkeiten der Gesellschaft und der Umstand, dass eine Nachhaftung der bisherigen Gesellschafter mangels Gesellschaftswechsels unbekannt ist.

Ändert sich der Gesellschaftsgegenstand in einen solchen, der ein Handelsgewerbe im Sinne des § 105 BGB darstellt, wird die GbR zudem automatisch zur oHG, auch hier fehlt es an einem, nach der individualistischen Theorie an sich erforderlichen Übertragungsakt.

60 Zur Rechtsfähigkeit der GbR ausführlich *Westermann* WM 2013, 441.
61 *BGH* Urteil vom 29.1.2001 (Az: II ZR 331/00), unter Tz. 7 ff. = BGHZ 146, 341.
62 *BGH* Urteil vom 15.1.2003 (Az: XII ZR 300/99), unter Tz. 15 = NJW 2003, 1043.
63 Im Einzelnen *Habersack* JuS 1990, 179 ff. Kritisch hierzu *Beuthien* NZG 2011, 481.
64 *Hueck* § 3 II.
65 *BGH* Urteil vom 3.11.2015 (Az: II ZR 446/13), unter Tz. 27 = NZG 2016, 221, 222.

Schließlich hat der Gesetzgeber mittlerweile in einer Vielzahl von Rechtsvorschriften die Gesamthand selbst als Träger von Rechten und Pflichten benannt, so in in *§ 899a BGB*, § 191 Abs. 2 Nr. 1 UmwG, in § 11 Abs. 2 Nr. 1 InsO und in § 1 Abs. 1 GesO (Gesamtvollstreckungsordnung).

> **Hinweis**
>
> Beachten Sie die rechtsformübergreifende Systematik: Die Unterscheidung zwischen Innen- und Außenverhältnis ist Grundlage der Trennung in Geschäftsführung und Vertretung. Beide werden heute zusammenfassend oft als Geschäftsleitung bezeichnet.

bb) Scheck- und Wechselfähigkeit

Scheck- und Wechselfähigkeit der Außen-GbR sind bereits seit längerer Zeit anerkannt.[66] Die **267** GbR ist also Subjekt des Wertpapierrechts.

cc) Insolvenzfähigkeit

Die Insolvenzfähigkeit der Außen-GbR folgt unmittelbar aus § 11 Abs. 2 Nr. 1 InsO. **268**

dd) Erbfähigkeit

Sie ist darüber hinaus auch erbfähig. Damit entfällt die bisherige mühselige Umdeutung **269** einer auf eine GbR gerichteten Verfügung von Todes wegen in eine solche, die die einzelnen Gesellschafter mit der Auflage, das Zugewandte in die GbR einzubringen, bedenkt.[67]

ee) Markenfähigkeit

Die Außen-GbR ist markenfähig.[68] Wurde eine Marke für eine Gesellschaft bürgerlichen **270** Rechts angemeldet, ist letztere von Anfang an auch dann alleinige Markeninhaberin, wenn statt ihrer im Markenregister entsprechend der früher vertretenen Rechtsmeinung, derzufolge Gesellschaften bürgerlichen Rechts, auch wenn sie Außengesellschaften sind, nicht Zeicheninhaber sein konnten, ihre Gesellschafter eingetragen sind.[69]

ff) Grundbuchfähigkeit

Mittlerweile ist außerdem die Grundbuchfähigkeit der GbR anerkannt. Dies geht von der **271** Überlegung aus, dass die Rechtsfähigkeit der GbR die Fähigkeit umfasst, Eigentümerin von Grundstücken zu sein. Die Eintragung im Grundbuch richtet sich nach § 899a BGB, der an § 47 Abs. 2 S. 1 GBO anknüpft, wonach bei der Eintragung eines Rechts für eine GbR im Grundbuch zwingend auch deren Gesellschafter einzutragen sind. Dies soll die Verkehrsfähig-

---

66 *BGH* Urteil vom 15.7.1997 (Az: XI ZR 154/96), unter Tz. 15 = BGHZ 136, 254.
67 *Elsing* BB 2003, 914; *Scherer/Feick* ZEV 2003, 341; anders noch *BayObLG* Beschluss vom 31.3.1998 (Az: 1Z BR 174/97), unter Tz. 19 = FamRZ 99, 170.
68 *K. Schmidt* NJW 2001, 993; a.A. noch *BGH* Urteil vom 24.2.2000 (Az: I ZR 168/97), unter Tz. 410 = DB 2000, 2117 – Ballermann.
69 *BPatG* Beschluss vom 20.8.2004 (Az: 25 W (pat) 232/03), unter Tz. 22 = GRUR 2004, 1030 – Markenregisterfähigkeit einer GbR; *BPatG* Beschluss vom 12.6.2007 (Az: 27 W (pat) 40/05), unter Tz. 21 ff. = GRUR 2008, 448 – Pit Bull.

keit von im Grundbuch für eine GbR eingetragenen Rechten sichern. Gemäß § 899a S. 1 Hs. 1 BGB wird vermutet, dass die im Grundbuch als Rechtsinhaber eingetragene GbR existiert und die nach § 47 Abs. 2 S. 1 GBO eingetragenen Gesellschafter auch Gesellschafter der eingetragenen GbR sind, nach Hs. 2 wird negativ vermutet, dass keine weiteren Gesellschafter vorhanden sind.[70]

Sind im Grundbuch noch alle Gesellschafter der GbR mit dem Zusatz „als GbR" eingetragen, so ist Eigentümerin der Immobilie die GbR.[71]

Gegenüber den vom OLG Schleswig geäußerten Bedenken,[72] dass mangels Eintragung der GbR in ein öffentliches Register der Nachweis ihres Bestehens und der vertretungsberechtigten Personen nur schwer geführt werden könne, behalf sich die Praxis bisher mit der Einsetzung eines Grundbuchtreuhänders.

gg) Die GbR als Verwalterin nach dem Wohnungseigentumsgesetz

272   Anders als oHG, KG oder GmbH kann die GbR jedoch auch weiterhin **nicht Verwalterin nach dem Wohnungseigentumsgesetz** sein.[73] Der Grund dafür ist nicht mehr in der Frage der Rechtsfähigkeit zu suchen, der GbR mangelt es vielmehr an einer Registerpublizität, da sie anders als die Personenhandelsgesellschaften nicht im Handelsregister eingetragen wird. Daher sieht der BGH die Handlungsfähigkeit der Wohnungseigentümer gefährdet. Überzeugen kann eine solch individuelle Wertung nicht. Die fehlende Registerpublizität der GbR führt nicht nur für den Rechtsverkehr im Rahmen des Wohnungseigentumsgesetzes, sondern allgemein zu Rechtsunsicherheiten.[74]

Mit dem Wohnungseigentum in weiterem Zusammenhang steht die Rechtsprechung des Bundesgerichtshofes zu der Zulässigkeit einer Kündigung eines Mietverhältnisses durch eine GbR wegen Eigenbedarfs nach § 573 Abs. 2 Nr. 2 BGB, die wirksam ist, wenn entweder die Gesellschaft selbst oder einer ihrer Gesellschafter Eigenbedarf geltend machen kann. In seinem Urteil zum Eigenbedarf geht der BGH von der Erwägung aus, dass es unerheblich sei, ob die Vermietung durch eine Gesamthand oder eine Personenmehrheit – etwa ein Ehepaar – erfolge.[75]

hh) Umwandlungsfähigkeit

273   Die GbR kann Ziel einer formwechselnden Umwandlung sein.

---

70 Das Verhältnis von § 899a BGB zum Bereicherungsrecht beleuchtet *Weiss* JuS 2016, 494.
71 *BGH* Beschluss vom 4.12.2008 (Az: V ZB 74/08), unter Tz. 20 = BGHZ 179, 102, und *BGH* Beschluss vom 28.4.2011 (Az: V ZB 194/10), unter Tz. 10 ff. = NZG 2011, 698, 698 ff. Grundlegend zur Grundbuchfähigkeit *Wilhelm* NZG 2011, 801; s. auch *Altmeppen* ZIP 2011, 1937, *Ulmer* ZIP 2011, 1689 und *Westermann* WM 2013, 441, 446.
72 *OLG Schleswig* Beschluss vom 29.10.2007 (Az: 2 W 212/07), unter Tz. 2 = NJW 2008, 306.
73 *BGH* Beschluss vom 26.1.2006 (Az: V ZB 132/05), unter Tz. 13 = ZIP 2006, 560.
74 Kritisch gegenüber dem BGH insoweit *Schäfer* NJW 2006, 2160.
75 *BGH* Urteil vom 27.6.2007 (Az: VIII ZR 271/06), unter Tz. 12 = NJW 2007, 2845; Urteil vom 14.12.2016 (Az: VIII ZR 232/15), unter Tz. 15 ff. = NJW 2017, 547, 549.

ii) Fähigkeit zur Gesellschafterstellung

Die GbR kann Gesellschafter an jeder Gesellschaftsform mit Ausnahme der Partnerschaftsgesellschaft sein, auch kann sie sich an einer anderen GbR beteiligen. In diesem Fall werden ihre Gesellschafter zur Eintragung im Handelsregister angemeldet, gleiches gilt für spätere Änderungen im Gesellschafterbestand (§ 162 Abs. 1 S. 2 HGB). **274**

jj) Die GbR im Verfassungs- und Verwaltungsrecht

Die GbR ist Trägerin von Grundrechten.[76] Sie ist Adressatin ordnungsbehördlicher Verfügungen als Bauherrin, die eine Baugenehmigung begehrt.[77] **275**

kk) Beteiligten- und Parteifähigkeit

Die Außengesellschaft ist im Verwaltungsprozess beteiligungsfähig (§ 61 Nr. 2 VwGO). Ihre Parteistellung im finanzgerichtlichen Verfahren ist anerkannt (§ 57 FGO) für die Fälle, in denen sie selbst Steuerrechtssubjekt ist, vor allem im Rahmen der einheitlichen und gesonderten Feststellung von Einkünften.[78] **276**

Im Zivilprozess bestand nach überkommener Ansicht bisher allein eine notwendige Streitgenossenschaft zwischen den Gesellschaftern. Nunmehr ist anerkannt, dass die Außengesellschaft aktiv und passiv parteifähig ist, also Klägerin ebenso wie Beklagte sein kann.[79] Die Gesellschafter können daher nur einheitliche Anträge stellen.[80] Ein Wechsel der Gesellschafter ist kein Parteiwechsel, sondern im Wege einer Rubrumsberichtigung zu berücksichtigen, wenn die Gesellschafter im Einzelnen genannt sind, gleiches gilt für ältere Rechtsstreitigkeiten, in denen die Gesellschafter noch als notwendige Streitgenossen auftraten.[81] Die Eröffnung des Insolvenzverfahrens über das Vermögen eines einzelnen Gesellschafters der GbR führt mithin nicht mehr zu einer Unterbrechung des Verfahrens nach § 240 ZPO.[82] Vertreter der GbR im Rechtsstreit ebenso wie in öffentlich-rechtlichen Verfahren sind die Gesellschafter, soweit nicht ein einzelner mit der Vertretung betraut ist.[83]

ll) Verbrauchereigenschaft

Die GbR als Außengesellschaft kann nur dann Verbraucher gemäß § 13 BGB sein, wenn an ihr ausschließlich natürliche Personen beteiligt sind[84]. So wie juristischen Personen nie Verbrauchereigenschaft zukommt, da ihnen privates Handeln fremd ist, kann auch eine GbR nicht Verbraucher sein, wenn an ihr mindestens eine juristische Person als Gesellschafter beteiligt ist. **277**

---

76 *BVerfG* Nichtannahmebeschluss vom 2.9.2002 (Az: 1 BvR 1103/02), unter Tz. 6 = ZIP 2002, 2214.

77 *OVG Bautzen* Beschluss vom 16.7.2001 (Az: 1 B 113/01), unter Tz. 2 = NJW 2002, 1361.

78 *BFH* Urteil vom 18.5.2004 (Az: IX R 83/00), unter Tz. 12 = DStR 2004, 1331.

79 Ausführlich hierzu *Lutz* GWR 2012, 30.

80 *BGH* Urteil vom 23.10.2003 (Az: IX ZR 324/01), unter Tz. 15 = DStR 2004, 191.

81 *BGH* Urteil vom 15.1.2003 (Az: XII ZR 300/99), unter Tz. 15 = ZIP 2003, 667.

82 *OLG Dresden* Beschluss vom 8.6.2006 (Az: 13 W 0653/06), unter Tz. 11 = ZIP 2006, 2287.

83 *BGH* Beschluss vom 7.12.2006 (Az: V ZB 166/05), unter Tz. 13 = ZIP 2007, 248.

84 *BGH* Urteil vom 30.3.2017 (Az: VII ZR 269/15), unter Tz. 23 ff. = NZG 2017, 696, 697.

c) Entstehung

278 Die GbR entsteht durch **Abschluss eines Gesellschaftsvertrags**, der mindestens den Voraussetzungen des § 705 BGB genügen muss, also einen Zusammenschluss zwischen Gesellschaftern zur Förderung eines gemeinsamen Zwecks per Leistung der vereinbarten Beiträge beinhaltet.

Die Regelungen der §§ 705 ff. BGB sind weithin dispositiv, soweit nicht Gesellschafterrechte eingeschränkt werden. Der Vertrag ist regelmäßig nicht formbedürftig, er kommt oft durch konkludentes oder schlüssiges Verhalten zustande. Im Einzelfall dürfte den Gesellschaftern die gesellschaftsrechtliche Prägung ihrer Zusammenarbeit nicht einmal bewusst sein. Dies gilt umso mehr, als die GbR mangels Publizitätserfordernis nicht im Handelsregister eingetragen wird. Da für die GbR keine besonderen Verkehrsschutzvorschriften bestehen, muss auch die Wirksamkeit nach außen nicht von weiteren Voraussetzungen abhängen, so dass mit dem Abschluss des Gesellschaftsvertrages bereits Verbindlichkeiten im Namen der Gesellschafter eingegangen werden können.

Die gesetzlichen Regelungen zur GbR stehen überwiegend zur Disposition der Gesellschafter, können also im Gesellschaftsvertrag entsprechend den jeweiligen Bedürfnissen modifiziert werden;[85] nur soweit der Gesellschaftsvertrag zu einem bestimmten Punkt schweigt, kommt die gesetzliche Regelung zur Anwendung (Auffangfunktion).

d) Name der GbR

279 Wie gesehen, ist die GbR nicht firmenfähig, sondern tritt unter einer Geschäftsbezeichnung auf. Diese kann ähnlich einer Personenfirma aus den Namen aller oder mehrerer Gesellschafter bestehen. Wie bei der Sachfirma bzw. Mischfirma ist auch eine Anknüpfung an den Geschäftsgegenstand zulässig. Allerdings darf keine Verwechslungsgefahr mit dem Rechtsformzusatz bestehen. So sind Namensbildungen wie „GbR mbH" oder „und Partner" wegen der Verwechslungsgefahr mit der GmbH und der Partnerschaftsgesellschaft nicht erlaubt.[86]

Die Geschäftsbezeichnung genießt Namens- (§ 12 BGB) und Markenschutz (§§ 5 Abs. 2, 15 MarkenG).

e) Geschäftsführung und Vertretung

aa) Prinzip der Einstimmigkeit

280 Das Recht zur Geschäftsführung und Vertretung ist zentrales organschaftliches Gesellschafterrecht. Es ist daher höchstpersönlich und unübertragbar (§§ 717, 664, 713 BGB). Dies schließt die Fremdgeschäftsführung aus.

Entsprechend dem gesetzlichen Leitbild eines engen Zusammenhaltes der Gesellschafter sieht § 709 BGB für jedes Geschäft die Zustimmung aller Gesellschafter vor. Die Gesellschafter einer GbR sind also nur gemeinschaftlich geschäftsführungsbefugt, wobei alle Beschlüsse einstimmig zu fassen sind. Im Rahmen der Geschäftsführung haften die Gesellschafter nach § 708 BGB nur für diejenige Sorgfalt, die sie in eigenen Angelegenheiten anzuwenden pfle-

» Denken Sie in Zusammenhängen: Die GbR kann jeden erlaubten Zweck haben, nur kein Handelsgewerbe betreiben. Dann wäre Sie oHG oder im Falle einer Haftungsbegrenzung einzelner Gesellschafter KG. **«**

» Lesen Sie §§ 19 Abs. 2, 125a, 130a HGB: Hier erkennt der Gesetzgeber an, dass eine juristische Person Gesellschafter einer GbR wie jeder anderen Personengesellschaft sein kann. **«**

» Lesen Sie § 714 BGB: Die Vertretung ist eine organschaftliche, keine rechtsgeschäftliche. Entgegen dem Wortlaut vertreten die Gesellschafter nicht sich, sondern die Gesamthand als solche. Bei Schaffung von § 714 BGB war die Idee einer Rechtspersönlichkeit der Gesamthand noch unbekannt. **«**

---

85 Zur Änderung von qualifizierten Mehrheitsklauseln im Gesellschaftsvertrag vgl. *BGH* Urteil vom 16.10.2012 (Az: II ZR 239/11), unter Tz. 11 ff. = NZG 2013, 63, kritische Anm. *Wackerbarth* EWiR § 709 BGB 1/13, 107.
86 *OLG Karlsruhe* vom 10.4.1985 (Az: 6 U 188/84) = BB 1985, 2196.

gen. Mangels anderweitiger Vereinbarungen entfällt damit regelmäßig eine Haftung für einfache Fahrlässigkeit.

§ 714 BGB ordnet durch Bezugnahme auf § 709 BGB Gleiches für die Vertretung an. Sofern also die gesetzliche Geschäftsführungsregelung des § 709 BGB gilt (Gesamtgeschäftsführung), sind die Gesellschafter im Zweifel auch nur gemeinschaftlich zur Vertretung berechtigt (Gesamtvertretung). Auch bei gesellschaftsvertraglicher Änderung der Geschäftsführungsbefugnis folgt im Zweifel die Vertretungsmacht der Geschäftsführungsbefugnis.

Aus der gesellschafterlichen Treuepflicht können sich aber Stimmpflichten der einzelnen Gesellschafter ergeben, wenn Maßnahmen zur Entscheidung stehen, die zur Erreichung des Gesellschaftszweckes zwingend notwendig sind.

Zudem besteht bei der GbR ein Recht zur Notgeschäftsführung durch einen Gesellschafter analog § 744 Abs. 2 BGB, soweit es um dringend notwendige Maßnahmen zur Erhaltung des Gesellschaftsvermögens geht. Eine gerichtliche Bestellung eines Notgeschäftsführers analog den Regeln des Vereinsrechts (*§ 29 BGB*) scheidet aber aus.[87]

Da § 709 BGB und § 714 BGB dispositiv sind, werden aus Gründen der Praktikabilität in der Praxis häufig gesellschaftsvertraglich die Geschäftsführung und die Vertretung auf einen oder mehrere Gesellschafter unter Ausschluss der anderen übertragen, wobei die geschäftsführenden Gesellschafter regelmäßig einzelgeschäftsführungsbefugt und -vertretungsberechtigt sind. Grenze ist der Grundsatz der Selbstorganschaft, d.h. die Gesellschaft muss durch ihre Gesellschafter alleine handlungsfähig bleiben.

Dabei sollte nicht übersehen werden, dass in Fällen der Formbedürftigkeit grundsätzlich alle Gesellschafter dem Formerfordernis genügen müssen, vertritt ein einzelner, muss dessen Erklärung die Vertretung erkennen lassen.

Beispiel Die Wohnung-GbR W kündigt der Mieterin M mit von einem einzelnen Gesellschafter mit „i.V." unterzeichneten Schreiben. ◾

bb) Widerspruchsrecht

Da zentrales Mitwirkungsrecht, kann der einzelne zur Geschäftsführung und Vertretung berufene Gesellschafter der Vornahme eines Geschäfts widersprechen, der handelnde Gesellschafter muss die Maßnahme in diesem Fall unterlassen (§ 711 BGB). Von Geschäftsführung und Vertretung ausgeschlossene Gesellschafter haben kein Widerspruchsrecht.

281

Hier wird die Unterscheidung zwischen Innen- und Außenverhältnis bedeutsam: Im Außenverhältnis bleibt das Rechtsgeschäft der Gesellschaft gegenüber ungeachtet eines Widerspruchs wirksam, selbst dann, wenn der Widersprechende die Erklärungen des anderen durch die Vornahme eines gegenläufigen Rechtsgeschäfts unverzüglich unwirksam machen könnte.[88]

---

87 *BGH* Beschluss vom 23.9.2014 (Az: II ZB 4/14), unter Tz. 12 = NJW 2014, 3779, 3780, offengelassen für die Publikumsgesellschaft.
88 *BGH* Urteil vom 19.6.2008 (Az: III ZR 46/06), unter Tz. 47 = DB 2008, 1620.

f) Rechte und Pflichten der Gesellschafter

aa) Pflicht zur Beitragsleistung

>> Lesen Sie § 705 BGB a.E.: Das Fördern des Gesellschaftszweckes ist die wesentliche Pflicht der Gesellschafter. Ein bloßes Halten von Gegenständen ist keine Beitragsleistung, wenn die Gesellschaft nicht ausdrücklich zu diesem Zweck gegründet wird. <<

282 § 706 Abs. 1 BGB präzisiert die Pflicht zur Beitragsleistung. Mangels anderweitiger Vereinbarung ist jeder Gesellschafter verpflichtet, nach Art und Umfang gleiche Beiträge an die Gesellschaft zu leisten.

> **Hinweis**
>
> Das Gesetz ordnet keine Einlageleistung der Gesellschafter an. Die GbR kann daher auch ohne Einlagen geführt werden.

Erbringen die Gesellschafter ihre Leistungen durch Einlagen, werden diese ebenso wie die im Rahmen des Geschäftsbetriebs erworbenen Vermögenswerte gesamthänderisches Gesellschaftsvermögen (§ 718 BGB). Der einzelne Gesellschafter kann über seinen nur rechnerischen Anteil am Gesellschaftsvermögen wegen der gesamthänderischen Bindung nicht gesondert verfügen (§ 719 Abs. 1 BGB).

Die Beiträge sind nach Art und Umfang frei bestimmbar. Insbesondere müssen diese nicht gleichwertig sein oder einen Marktwert haben, eine Quantifizierung bleibt den Gesellschaftern überlassen.

283 Eine Nachschusspflicht besteht bei der GbR nicht (§ 707 BGB), da die Gesellschafter nicht verpflichtet sind, Einlagen zu erbringen, die über die vereinbarten Beträge hinausgehen. Es besteht auch keine Verpflichtung, durch Verlust verminderte Einlagen zu ergänzen. Ausnahmen gelten in der Liquidation.

bb) Die Gewinn- und Verlustbeteiligung und die Entnahmerechte

284 Nach § 721 Abs. 1 BGB soll der Gesellschafter eine **Verteilung des Gewinns und Verlustes** erst nach Auflösung der Gesellschaft verlangen können. § 721 BGB ist jedoch dispositiv und besonders häufig auf eine jährliche Verteilung hin geändert. Der einzelne Gesellschafter ist im Zweifel an Gewinn und Verlust nach Kopfteil beteiligt, nicht nach dem Verhältnis der Einlagen, § 722 BGB. Dieses kann jedoch gesellschaftsvertraglich zum maßgeblichen Verteilungsschlüssel bestimmt werden. Die Gewinn- und Verlustermittlung richtet sich nach der Dauer der Gesellschaft. Bei Gesellschaften kurzer Dauer kann ein Gesellschafter erst nach Auflösung der Gesellschaft Rechnungsabschluss nach Maßgabe des § 259 BGB und Verteilung von Gewinn und Verlust fordern (§ 721 Abs. 1 BGB). Bei Gesellschaften von längerer Dauer, das sind diejenigen, die länger als ein Jahr bestehen sollen, erfolgen Rechnungsabschluss und Gewinnverteilung, nicht jedoch die Verlustverteilung, im Zweifel am Ende eines jeden Geschäftsjahrs (§ 721 Abs. 2 BGB).

285 **Entnahmerechte** der Gesellschafter sind nicht gesetzlich geregelt, also der Regelung im Gesellschaftsvertrag überlassen. Üblich ist eine Anknüpfung an § 122 HGB, wonach jeder Gesellschafter im Laufe des Geschäftsjahres einen Betrag in Höhe von 4% seines letztjährigen Kapitalanteils zur eigenen Verwendung entnehmen darf.

cc) Aufwendungsersatzanspruch

§ 713 BGB gibt dem Gesellschafter einen Anspruch auf Aufwendungsersatz nach den Regeln des Auftrags (§ 683 BGB). Aufwendungen sind alle im Gesellschaftsinteresse erbrachten Leistungen. **286**

Beispiel Gesellschafter G zahlt Taxikosten auf einer Geschäftsreise für die G GbR zunächst aus eigenen Mitteln und lässt sie sich anschließend von der Gesellschaft erstatten. ■

dd) Treuepflicht

Die Pflicht der Gesellschafter, die Interessen der Gesellschaft wahrzunehmen und alles zu unterlassen, was diese schädigt, ist bei der GbR in besonderem Maße betont, weil hier die persönlichen Beziehungen der Gesellschafter untereinander oft eine große Bedeutung haben. Im GbR-Recht fehlt jedoch eine dem § 112 HGB vergleichbare Bestimmung zu einem Wettbewerbsverbot. Im Hinblick auf die gesellschafterliche Treuepflicht ist es jedoch unstrittig, dass diese gesetzliche Regelung auf die Gesellschafter einer GbR entsprechend anzuwenden ist. Daher darf ein GbR-Gesellschafter ohne Zustimmung seiner Mitgesellschafter weder Geschäfte abschließen, mit denen er der Gesellschaft wirtschaftlich Konkurrenz macht, noch sich an einer anderen gleichartigen Gesellschaft als persönlich haftender Gesellschafter beteiligen. Bei Verletzung des Wettbewerbsverbotes haftet er der GbR auf Schadensersatz. Anders als bei den Personenhandelsgesellschaften kann die GbR das wettbewerbswidrige Geschäft allerdings nicht an sich ziehen. **287**

Eine besondere Ausprägung des Wettbewerbsverbotes ist die **Geschäftschancenlehre**, nach welcher ein geschäftsführender Gesellschafter sich bietende Geschäftschancen nur für das Unternehmen zu nutzen hat, nicht aber persönliche Interessen verfolgen darf, etwa indem er die Geschäftschance für sich persönlich fruchtbar macht.[89] **288**

ee) Einsichts- und Auskunftsrecht

Jeder Gesellschafter hat unabhängig von einer Geschäftsführungsbefugnis ein umfassendes Einsichts- und Auskunftsrecht gegenüber der Gesellschaft (§§ 716 BGB; 713 i.V.m. 666 BGB). Letztlich zum Schutz der Gesellschaft kann der Gesellschafter, wenn er Grund zu der Annahme unredlicher Ausübung der Geschäftsführung hat, Einsicht auch dann verlangen, wenn das Einsichtsrecht im Gesellschaftsvertrag ausgeschlossen ist (§ 716 Abs. 2 BGB). **289**

>> Wiederholen Sie das Auftragsrecht. Im Gesellschaftsrecht richten sich viele interne Ansprüche der Gesellschafter gegen die Gesellschaft nach den Regelungen des Aufwendungsersatzes. «

---

89 *BGH* Urteil vom 4.12.2012 (Az: II ZR 159/10), unter Tz. 20 f. = NZG 2013, 216.

g)   Die Haftung der Gesellschaft

aa) Haftung nach gesellschaftsrechtlichen Grundsätzen

**290 Voraussetzungen der Gesellschaftshaftung analog
§ 124 Abs. 1 HGB**

I. Bestehen der GbR

II. Bestehen einer wirksamen GbR-Verbindlichkeit
  1. (Teil-)Rechtsfähigkeit der GbR
  2. Wirksame Verbindlichkeit der GbR
     a) Anspruch entstanden (insb. Stellvertretung; Zurechnung)
     b) Kein Erlöschen
     c) Durchsetzbarkeit

Im Außenverhältnis haftet die rechtsfähige Außen-GbR für Gesellschaftsschulden mit ihrem Gesellschaftsvermögen analog § 124 Abs. 1 HGB.

bb) Haftung nach § 31 BGB

291 Daneben haftet sie analog § 31 BGB. § 31 BGB ist eine Zurechnungsnorm, die Handlungen, die ein Organ oder sonstiger Repräsentant eines Vereins oder einer Gesellschaft im Rahmen der ihm übertragenen Aufgabe wahrnimmt, dem Verein bzw. der Gesellschaft selbst zurechnet. Die Zurechnung geschieht dabei in der Weise, dass der Verein bzw. die Gesellschaft das Verschulden des Organs wie eigenes Verschulden zu vertreten hat. Die Haftung des Organs selbst bleibt daneben aber unberührt.[90]

h)   Die Haftung der Gesellschafter für Verbindlichkeiten der GbR

**292 Voraussetzungen der Gesellschafterhaftung analog
§ 128 S. 1 HGB**

I. Bestehen einer nach außen wirksamen GbR

II. Bestehen einer wirksamen GbR-Verbindlichkeit

III. Haftung des Gesellschafters analog § 128 S. 1 HGB
  1. Gesellschafterstellung bei Begründung der Verbindlichkeit
  2. Haftung des Ein- bzw. Austretenden analog §§ 130, 160 HGB
  3. Keine Sozialverbindlichkeit
  4. Kein Haftungsausschluss
  5. Keine Einreden analog § 129 HGB
  6. bei Nachhaftung des Gesellschafters kein Erlöschen des Anspruches analog
     § 160 Abs. 1 HGB

---

90 Siehe dazu näher im Skript „Schuldrecht AT II" unter Rn. 45 ff.

Im Außenverhältnis haftet neben der GbR der Gesellschafter für Gesellschaftsschulden selbst, **293** unmittelbar und mit seinem Privatvermögen. Lange Zeit ungeklärt war der Rechtsgrund dieser Haftung.

aa) Die Haftungstheorien

Inwieweit und warum die BGB-Gesellschafter für Schulden der Gesellschaft persönlich haften, **294** ist lange umstritten gewesen. Es stehen sich im wesentlichen zwei Auffassungen gegenüber, die Doppelverpflichtungstheorie und die Akzessorietätstheorie. Die Unterscheidung hängt mit der Frage der Rechtsfähigkeit der Außen-GbR zusammen.

(1) Die Doppelverpflichtungstheorie

In Anlehnung an die individualistische Theorie betrachtet die Doppelverpflichtungstheorie **295** die GbR als nicht fähig, Trägerin von Rechten oder Pflichten zu sein. Die Rechte der Gesellschaft sind vielmehr den Gesellschaftern zur gesamten Hand zugeordnet. Die Pflichten sind der Gesamthandsgemeinschaft nach §§ 718, 719 BGB in der Weise zugeordnet, dass Schuldner zwar die Gesellschafter persönlich sind, diese aber zunächst nicht mit ihrem Privatvermögen haften, sondern mit dem davon getrennten Gesellschaftsvermögen, das ihnen zur gesamten Hand zusteht. Es besteht also eine gesonderte Haftungsmasse für die Gesellschaftsschulden.

Die Gesellschafter haften jedoch daneben persönlich als Gesamtschuldner nach §§ 427, 705 BGB, soweit es sich um Schulden aus Rechtsgeschäften handelt. Hierbei wird angenommen, dass die Gesellschafter einander durch den Gesellschaftsvertrag bzw. durch die Erteilung von Vertretungsmacht für die Gesellschaft nach § 714 BGB die Befugnis erteilt haben, neben der Gesamthand auch jeden einzelnen Gesellschafter persönlich zu vertreten. So kommen Verträge nicht nur mit der Gesamthandsgemeinschaft als solcher zustande, sondern zugleich mit allen Gesellschaftern. Es handelt sich demnach um eine doppelte Verpflichtung.

Die Vertretungsmacht kann nur durch individualvertragliche Abrede mit dem Vertragspartner eingeschränkt werden, eine bloße Firmierung als „GbRmbH" in Anlehnung an die GmbH genügt nicht und ist firmenrechtlich unzulässig und wettbewerbswidrig.

(2) Die Akzessorietätstheorie

Nach der moderneren Akzessorietätstheorie ist die GbR als solche teilrechtsfähig, d.h. die **296** Gesamthandsgemeinschaft selbst ist als solche Subjekt der Rechte und Pflichten. Danach verpflichtet der jeweils rechtsgeschäftlich handelnde vertretungsbefugte Gesellschafter unmittelbar das Gesamthandsvermögen als solches.

Problematisch ist nach dieser Ansicht, warum die Gesellschafter persönlich auch für die Schuld der Gesellschaft haften. Nach dem Akzessorietätsgedanken soll § 128 HGB analog herangezogen werden, um jeden Gesellschafter automatisch für alle Schulden der Gesellschaft haften zu lassen.

bb) Umfang der Haftung

Die persönliche Haftung erstreckt sich nicht nur auf rechtsgeschäftlich begründete, sondern **297** auch auf **gesetzliche Verbindlichkeiten** der Gesellschaft.[91]

---

91 *BGH* Urteil vom 24.2.2003 (Az: II ZR 385/99), unter Tz. 16 = BGHZ 154, 88.

298 **Ausgeschiedene Gesellschafter** haften entsprechend den Bestimmungen zu den Personen-handelsgesellschaften (§ 736 Abs. 2 BGB i.V.m. § 160 HGB). Für den Beginn der fünfjährigen Enthaftungsfrist kann mangels Eintragung des Ausscheidens eines GbR-Gesellschafters in ein Register nur auf den Zeitpunkt abgestellt werden, in dem ein Gläubiger von dem Ausschei-den des Gesellschafters Kenntnis erlangt.[92]

299 Für **Sozialverbindlichkeiten**, also Ansprüche eines Gesellschafters gegen die GbR aus dem Gesellschaftsverhältnis, gilt die persönliche Haftung der Mitgesellschafter nicht, hier haftet nur das Gesellschaftsvermögen.

300 Im Rahmen des **Schadensersatzes** gilt folgendes: Zunächst haftet die Gesellschaft für einen Schaden, den ein „verfassungsmäßig berufener Vertreter" der Gesellschaft durch eine in Aus-führung der ihm zustehenden Verrichtungen begangene, zum Schadensersatz verpflichtende Handlung einem Dritten zufügt, **analog § 31 BGB**.[93] Der Gesellschafter haftet auch im Bereich des § 31 BGB den Gläubigern der Gesellschaft persönlich, mehrere Gesellschafter haften als Gesamtschuldner **analog § 128 HGB**.[94]

301 Für die Verbindlichkeiten der Gesellschaft haften grundsätzlich alle Gesellschafter persönlich als **Gesamtschuldner** analog § 128 HGB.[95] Der Gläubiger kann deshalb seine gesamte Forde-rung wahlweise gegen einen, mehrere oder alle Gesellschafter geltend machen (§ 421 BGB) und in deren gesamtes Privatvermögen vollstrecken. Da die Haftung **akzessorisch** ist, haftet der Gesellschafter bei Inanspruchnahme durch Gläubiger der Gesellschaft nach dem jeweili-gen Bestand der Gesellschaftsschuld.[96] Gleichwohl haften die Gesellschafter nicht persönlich für eine Unterlassungsverpflichtung der GbR, sondern regelmäßig allein auf das Interesse des Gläubigers, falls die Gesellschaft das Unterlassungsgebot verletzt.[97]

302 Ansprüche gegen einen Gesellschafter aus Verbindlichkeiten der Gesellschaft **verjähren** in maximal fünf Jahren nach Auflösung der Gesellschaft (§ 736 Abs. 2 BGB, § 159 HGB). Der Ver-jährungslauf beginnt mit Kenntnis des Gläubigers von der Auflösung der GbR.[98]

cc) Haftung für Vorverbindlichkeiten

PRÜFUNGSSCHEMA

303 **Voraussetzungen der Gesellschafterhaftung analog § 130 HGB**

I. Bestehen einer Verbindlichkeit der Gesellschaft

II. Späterer Eintritt des Gesellschafters in die Gesellschaft

III. Keine Einwendungen und Einreden des Gesellschafters
  1. Keine Einwendungen und Einreden aus der Person des Gesellschafters
  2. Keine Einwendungen und Einreden der Gesellschaft analog § 129 HGB
  3. Keine vorherige Inanspruchnahme der Gesellschaft erforderlich

---

92 *KG* Urteil vom 24.5.2004 (Az: 8 U 96/03), unter Tz. 21 = KGR Berlin 2004, 490.
93 *BGH* Urteil vom 24.2.2003 (Az: II ZR 385/99), unter Tz. 20 = BB 2003, 862.
94 *BGH* Urteil vom 3.5.2007 (Az: IX ZR 218/05), unter Tz. 23 = BGHZ 172, 169.
95 *BGH* Urteil vom 15.10.2007 (Az: II ZR 136/06), unter Tz. 14 = DB 2007, 2701.
96 *BGH* Urteil vom 29.1.2001 (Az: II ZR 331/00), unter Tz. 39 = BGHZ 146, 341.
97 *BGH* Urteil vom 20.6.2013 (Az: I ZR 201/11), unter Tz. 11 = ZIP 2013, 1856.
98 *BGH* Urteil vom 10.2.1992 (Az: II ZR 54/91), unter Tz. 26 = BGHZ 117, 168.

Der **neu eintretende Gesellschafter** haftet auch für die vor seinem Beitritt begründeten Verbindlichkeiten der Gesellschaft persönlich gemeinsam mit den Altgesellschaftern als Gesamtschuldner **analog § 130 BGB**.[99] Bis zur Verkündung dieses Urteils am 7.4.2003 erfolgte Beitritte genießen aber Vertrauensschutz, wenn der Neugesellschafter die Altverbindlichkeit, für die er in Anspruch genommen wird, bei seinem Eintritt nicht kannte und nicht kennen konnte.[100]

Der neu eintretende Gesellschafter kann eine Haftungsbeschränkung hinsichtlich der Altverbindlichkeiten erreichen, indem er entweder im Außenverhältnis eine vertragliche Vereinbarung zur Haftungsbeschränkung mit dem Gläubiger der GbR schließt, oder im Innenverhältnis durch Ausschluss der Haftung im Verhältnis zu den Mitgesellschaftern wenigstens eine Freistellung erreicht. Seit der BGH-Grundsatzentscheidung vom 27.9.1999[101] ist eine Beschränkung der Haftung der GbR-Gesellschafter auf das Gesellschaftsvermögen nur noch durch individuelle Vereinbarung mit dem jeweiligen Vertragspartner möglich. Vorher übliche Mittel der Haftungsbeschränkung wie eine Beschränkung der Gesellschafterhaftung in Allgemeinen Geschäftsbedingungen oder eine Beschränkung der Vertretungsmacht des Geschäftsführers auf das Gesellschaftsvermögen im Gesellschaftsvertrag sind seitdem nicht mehr wirksam.

304

dd) Der Binnenregress

Voraussetzungen für Anspruch aus § 110 HGB — **305**

I. Aufwendung des Gesellschafters

II. In Gesellschaftsangelegenheiten

III. Anschein der Erforderlichkeit den Umständen nach

PRÜFUNGS-SCHEMA

Ein **Aufwendungsersatzanspruch** besteht zunächst analog § 110 HGB gegen die Gesellschaft. Ist die Gesellschaft nicht in der Lage, den gegen sie bestehenden Aufwendungsersatzanspruch zu erfüllen, so besteht ein **subsidiärer Ausgleichsanspruch** gegen die Mitgesellschafter; diese sind insoweit Gesamtschuldner (§§ 421, 426 BGB).

306

Greift ein Gläubiger nur auf einen der persönlich haftenden Gesellschafter in voller Höhe zu, gilt bereits allgemein, dass dieser nach § 426 Abs. 1 BGB von den übrigen Gesamtschuldnern einen Ausgleich verlangen kann (Binnenregress). Zunächst ist also § 426 Abs. 1 BGB gesetzliche Anspruchsgrundlage für Ausgleichsansprüche. Besteht zwischen den einzelnen Gesamtschuldnern ein eigenes Rechtsverhältnis, so ergibt sich ein Regressanspruch in der Regel daneben auch aus diesem Rechtsverhältnis. Zusätzlich bestimmt § 426 Abs. 2 BGB, dass die ursprünglichen Ansprüche gegen die anderen Gesamtschuldner kraft Gesetzes auf den zunächst zahlenden Schuldner übergehen.

Der **Freistellungsanspruch** entsteht mit dem Gesamtschuldverhältnis, so dass der in Anspruch genommene Gesellschafter von seinen Mitgesellschaftern verlangen kann, dass diese an der Befriedigung des Gläubigers ihren Anteilen entsprechend mitwirken und ihn

307

» Lesen Sie § 426 BGB: Der regressierende Gesellschafter hat sich den auf seinen Anteil entfallenden Haftungsanteil anrechnen zu lassen. Dies ist Ausprägung des allgemeinen Grundsatzes „dolo agit qui petit quod statim redditurus est". «

---

99 *BGH* Versäumnisurteil vom 7.4.2003 (Az: II ZR 56/02), unter Tz. 7 = BGHZ 154, 370.
100 *BGH* Urteil vom 12.12.2005 (Az: II ZR 283/03), unter Tz. 15 = ZIP 2006, 82.
101 *BGH* Urteil vom 27.9.1999 (Az: II ZR 371/98), unter Tz. 14 = BGHZ 142, 315.

von einer Inanspruchnahme durch den Gläubiger insoweit freistellen. Die übrigen Gesamtschuldner haften dem zahlenden Gesellschafter jedoch nicht mehr als Gesamt-, sondern als Teilschuldner, d.h. er kann grundsätzlich von jedem Gesamtschuldner nur den Anteil verlangen, den dieser im Innenverhältnis zu tragen hat. Die Teilschuldanordnung wird durch § 426 Abs. 1 S. 2 BGB insoweit modifiziert, als der Ausfall eines Gesamtschuldners von allen Schuldnern zu tragen ist und nicht wie bei der normalen Teilschuld vom Gläubiger allein.

308   Hat einer von mehreren Gesellschaftern der GbR schuldhaft einen Schadensersatzanspruch gegen die Gesellschaft veranlasst, kann dies im Rahmen des Gesamtschuldner-Innenausgleichs zu einer Alleinhaftung des schuldhaft handelnden Gesellschafters im Verhältnis zu seinen Mitgesellschaftern führen. Letztlich handelt es sich um die Wertung des § 254 BGB.[102]

i)   Gesellschafterwechsel und Gesellschafterkündigung

309   Fälle des **Beitritts** neuer oder das **Ausscheiden** von Altgesellschaftern sind bereits im Rahmen der Haftung betrachtet worden. Ein Gesellschafter scheidet aus der Gesellschaft regelmäßig aus durch Übertragung des Gesellschaftsanteils im Sinne einer Aufgabe der Gesellschafterstellung, durch Ausschließung insbesondere bei Fehlverhalten, im Falle der Gesellschafterkündigung, Gesellschafterinsolvenz, Privatgläubigerkündigung und im Falle seines Todes, schließlich durch jeden die Gesellschafterstellung sonst aufhebenden gegenseitigen Vertrag.

310   Die **Ausschließung** eines Gesellschafters ist der Ausnahmefall. Sie setzt einen wichtigen Grund voraus. Zudem muss der Gesellschaftsvertrag eine Fortsetzungsklausel enthalten (§ 737 BGB). Das Recht der GbR kennt keine Ausschließungsklage, die Ausschließung wird vielmehr mit Zugang der einstimmig gefassten Ausschlusserklärung wirksam.

311   Die **Gesellschafterkündigung** erfolgt durch einseitige Erklärung gegenüber allen anderen Gesellschaftern und bedarf keiner bestimmten Form. Bei Publikumsgesellschaften ist Erklärungsempfänger die Gesellschaft selbst.[103] Der Gesellschaftsvertrag kann Einzelheiten zur Kündigung regeln.

Eine Kündigung zur Unzeit begründet eine Schadensersatzverpflichtung (§ 723 Abs. 2 BGB). Eine Kündigung erfolgt zur Unzeit, wenn der Gesellschafter zu einem Zeitpunkt kündigt, dessen Wahl die gemeinschaftlichen Interessen der Mitgesellschafter verletzt, soweit für die Wahl nicht wiederum ein zu berücksichtigender Umstand in der Person des Gesellschafters maßgeblich war, der einem wichtigen Grund nahekommt.

Die Zulässigkeit einer **ordentliche Kündigung** richtet sich danach, auf welche Zeitdauer die Gesellschaft angelegt ist: Zulässig ist die ordentliche Kündigung jederzeit
- bei einer auf unbestimmte Zeit eingegangenen Gesellschaft (§ 723 Abs. 1 S. 1 BGB),
- bei einer Gesellschaft auf Lebenszeit (§ 724 S. 1 BGB) und
- bei einer Gesellschaft, die nach dem Ablauf der bestimmten Zeit stillschweigend fortgesetzt wird (§ 724 S. 2 BGB).

Bei der auf bestimmte Dauer eingegangenen Gesellschaft ist die ordentliche Kündigung ausgeschlossen. Eine Kündigung ist hier nur aus wichtigem Grund als **außerordentliche Kündigung** zulässig (§ 723 Abs. 1 S. 2 BGB). Ein wichtiger Grund liegt insbesondere dann vor, wenn

---

102 *BGH* Beschluss vom 9.6.2008 (Az: II ZR 268/07), unter Tz. 2 = ZIP 2008, 1915.
103 *BGH* Urteil vom 27.6.2000 (Az: XI ZR 174/99), unter Tz. 15 ff. = ZIP 2000, 1430.

- ein anderer Gesellschafter eine ihm nach dem Gesellschaftsvertrag obliegende wesentliche Verpflichtung vorsätzlich oder grob fahrlässig verletzt,
- die Erfüllung einer solchen Verpflichtung unmöglich wird, oder
- ein bisher minderjähriger Gesellschafter volljährig wird (§ 723 Abs. 1 S. 3 BGB).

Besonderheiten gelten bei einer **zweigliedrigen GbR**, die also nur zwei Gesellschafter hat. Hier liegt ein wichtiger Grund vor, wenn dem kündigenden Gesellschafter nach der Gesamtwürdigung aller Umstände eine Fortsetzung des Gesellschaftsverhältnisses insgesamt nicht zumutbar ist. Denn bei einer zweigliedrigen GbR führt die Kündigung zur Auflösung der Gesellschaft.

Das Kündigungsrecht kann im Gesellschaftsvertrag oder durch sonstige Vereinbarung weder ausgeschlossen noch beschränkt werden (§ 723 Abs. 3 BGB). Eine Beschränkung kann in einer überlangen Befristung von Gesellschaftsverträgen liegen, wenn dadurch die Bindung des Gesellschafters an die Gesellschaft zeitlich unüberschaubar ist und infolgedessen seine persönliche und wirtschaftliche Betätigungsfreiheit unvertretbar eingeengt wird.[104] Die Frage, wo die Grenze zulässiger Zeitbestimmung liegt, lässt sich nur im Einzelfall anhand einer Abwägung einerseits der schutzwürdigen Interessen des einzelnen Gesellschafters an einer absehbaren Lösungsmöglichkeit, andererseits der Struktur der Gesellschaft und ihrem Interesse an einem möglichst langfristigen Bestand entscheiden.

Ein Sonderfall ist die **Kündigung durch einen Privatgläubiger** eines Gesellschafters, um dessen Anteil am Auseinandersetzungsvermögen zu sichern (§ 725 Abs. 1 BGB). Einzige Voraussetzung für die ihrer Gestalt nach außerordentliche Kündigung ist ein wirksamer Schuldtitel gegen den Gesellschafter, der nicht nur vorläufig vollstreckbar ist. Zur Abwehr der Kündigung können die übrigen Gesellschafter den Privatgläubiger befriedigen mit der Folge eines Regressanspruchs gegen den Gesellschafter (§ 268 BGB).

Die Gesellschaft wird aufgelöst, wenn über das Vermögen eines Gesellschafters das **Insolvenzverfahren** eröffnet wird (§ 728 Abs. 2 BGB). Nur für die von den übrigen Gesellschaftern fortzuführenden Geschäfte gilt die Gesellschaft als fortbestehend (§§ 728 Abs. 2 S. 2 i.V.m. 727 Abs. 2 S. 2, 3 BGB). An die Stelle des insolventen Gesellschafters tritt in diesem Rahmen der Insolvenzverwalter (§ 730 Abs. 2 S. 2 BGB). Das Auseinandersetzungsguthaben des insolventen Gesellschafters fällt in die Insolvenzmasse; andere Ansprüche des Gesellschafters kann der Insolvenzverwalter nicht zur Masse ziehen.[105] Die Auflösung können die Gesellschafter durch Vereinbarung einer Fortsetzungsklausel vermeiden.

312

Der **Tod eines Gesellschafters** führt zur Auflösung der Gesellschaft, wenn die Gesellschafter nichts anderes vereinbart haben (§ 727 BGB). Bis zur Abwicklung aller unaufschiebbaren Geschäfte gilt die GbR als fortbestehend (§ 727 Abs. 2 BGB). Vor dem Tod des Gesellschafters begründete Altverbindlichkeiten sind bei Auflösung der Gesellschaft Nachlassverbindlichkeiten, hinsichtlich derer die Erben die Haftung nach erbrechtlichen Vorschriften auf den Nachlass beschränken können, §§ 1975 ff. BGB.

313

Die Folge des § 727 BGB vermeiden gesellschaftsvertragliche Regeln zur Aufrechterhaltung der Gesellschaft. Im Falle einer Fortsetzungsklausel treten die Erben in die Rechte und Pflichten und in die Haftungssituation des ausscheidenden Gesellschafters ein. Bei einer Nachfol-

---

104 *BGH* Urteil vom 22.5.2012 (Az: II ZR 205/10), unter Tz. 16 ff. = DB 2012, 1860.
105 *BGH* Urteil vom 14.12.2006 (Az: IX ZR 194/05), unter Tz. 11, 21 f. = BGHZ 170, 206.

geklausel können die Erben außerdem in die Gesellschafterposition nachrücken. Eine Haftungsbeschränkung nach Maßgabe des § 139 HGB können sie nicht erreichen.

314   Der Gesellschaftsanteil kann nicht frei gehandelt werden im Sinne eines Übergehens der Mitgesellschafter. Dies würde dem engen Zusammenhalt in der GbR widersprechen. Er kann daher nur dann auf einen Dritten, unter erleichterten Voraussetzungen auch auf einen Mitgesellschafter durch **Abtretungsvertrag** übertragen werden, wenn dies im Gesellschaftsvertrag vorgesehen ist oder aber die übrigen Gesellschafter zustimmen.

Der Erwerber tritt in die Rechtsstellung seines Vorgängers mit allen Rechten und Pflichten ein. Verfügungen hinsichtlich eines bestimmen Anspruchs oder Rechts durch den Veräußerer vor Anteilsübertragung sind dem Erwerber gegenüber wirksam,[106] da sie den Anteil unmittelbar belasten.

315   Scheidet ein Gesellschafter ohne Übertragung des Gesellschaftsanteils zu Lebzeiten aus der Gesellschaft aus, so wächst sein Anteil am Gesellschaftsvermögen den übrigen Gesellschaftern an (§ 738 Abs. 1 S. 1 BGB – **Anwachsung**). Im Gegenzug sind diese verpflichtet, die Gegenstände zurückzugeben, die er der Gesellschaft zur Benutzung überlassen hat (§ 732 BGB), ihn von den gemeinschaftlichen Schulden zu befreien und eine **Abfindung** zu zahlen, die dem entspricht, was er erhalten würde, wenn die Gesellschaft zur Zeit seines Ausscheidens aufgelöst worden wäre (§ 738 Abs. 1 S. 2 BGB). Der Abfindungsanspruch richtet sich ausschließlich gegen die Gesellschaft, für einen davon getrennten Ausgleichsanspruch gegen die in der Gesellschaft verbliebenen Gesellschafter ist während des Fortbestands der Gesellschaft kein Raum.[107]

>> Machen Sie sich die Bedeutung von § 738 Abs. 1 S. 2 BGB klar. <<

JURIQ-Klausurtipp

Machen Sie sich die Bedeutung von § 738 Abs. 1 S. 2 BGB klar: Voraussetzung des dort geregelten Abfindungsanspruchs ist das ersatzlose Ausscheiden eines Gesellschafters nach Maßgabe von §§ 736 Abs. 1, 737 BGB aus der unter den verbleibenden Gesellschaftern fortbestehenden Gesellschaft oder die Vollbeendigung der Gesellschaft. Zwar hat die Gesellschaft dem Ausscheidenden dasjenige zu zahlen, was er bei der Auseinandersetzung erhielte, wenn die Gesellschaft zur Zeit seines Ausscheidens aufgelöst worden wäre. Diese Regelung verlangt aber nicht, dass auch für die Abfindung des Ausscheidenden zwischen der Abwicklung des Gesellschaftsvermögens (vgl. § 730 Abs. 1 BGB) und dem internen Ausgleich unter den Gesellschaftern zu trennen wäre.

Zur Berechnung der Abfindung sieht das Gesetz eine Schätzung des Gesellschaftsvermögens vor (§ 738 Abs. 2 BGB), in der Praxis üblich ist jedenfalls bei wirtschaftlich wertvollen Gesellschaften aber die Anwendung einer Methode der Unternehmensbewertung. An schwebenden Geschäften der GbR hat der Ausscheidende dabei über eine Abschichtungsbilanz auf den Tag des Ausscheidens Anteil.[108]

---

106 *BGH* Urteil vom 2.12.2002 (Az: II ZR 194/00), unter Tz. 16 = WM 2003, 442.

107 *BGH* Urteil vom 12.7.2016 (Az: II ZR 74/14), unter Tz. 10 f. = NZG 2016, 1025.

108 *BGH* Urteil vom 25.9.1980 (Az: II ZR 255/79) = WM 1980, 1362. Der Abfindungsanspruch richtet sich ausschließlich gegen die GbR, nicht gegen die verbliebenen Gesellschafter, vgl. *BGH* Urteil vom 12.7.2016 (Az: II ZR 74/14) unter Tz. 10 = NJW 2016, 3597.

j)   Beendigung der Gesellschaft

Der Weg der Beendigung einer Gesellschaft ist in seinen Grundzügen im allgemeinen Teil **316**
des Gesellschaftsrechts dargestellt. Auch die Beendigung einer GbR vollzieht sich in zwei
Stufen: Durch Auflösung und die darauf folgende Liquidation (Abwicklung, Auseinandersetzung). Folge der Auflösung der Gesellschaft ist mithin die Auseinandersetzung, § 730 BGB,
auch Liquidation genannt. Gemäß § 730 Abs. 2 S. 1 BGB gilt die Gesellschaft bis zum Schluss
der Liquidation als fortbestehend, lediglich der Gesellschaftszweck ändert sich, erst ist auf
Auseinandersetzung gerichtet. Daher ist eine Immobiliarzwangsvollstreckung aus einem
alten Vollstreckungstitel, der noch alte, bereits ausgeschiedene Gesellschafter nennt, entsprechend §§ 1148 S. 1, 1192 Abs. 1 BGB in das Grundstück einer GbR möglich, selbst wenn diese
bereits aufgelöst ist.[109]

Art und Weise der Auseinandersetzung richten sich nach dem Gesellschaftsvertrag (§ 731
BGB) und ergänzend nach den §§ 732 ff. BGB. In der Liquidation leiten alle Gesellschafter
gemeinschaftlich, auch wenn der Gesellschaftsvertrag für den Betrieb der Gesellschaft anderes vorsah (§ 730 Abs. 2 S. 2 BGB). Die Bestellung einzelner Liquidatoren ist indes möglich,
aber auch gesondert erforderlich.

Mit Abschluss der Liquidation ist die GbR (voll-)beendet.

2.   Die offene Handelsgesellschaft

Die offene Handelsgesellschaft tritt in vergleichbarer Form erstmals vor dem 13. Jahrhundert   **317**
in Italien auf und existiert in Deutschland, wahrscheinlich eingeführt durch die Augsburger
Kaufmannfamilie Fugger, seit dem 15. Jahrhundert.

a)   Grundlagen und Erscheinungsformen

> Eine **offene Handelsgesellschaft** ist nach § 105 Abs. 1 HGB eine Gesellschaft, deren Zweck   **318**
> auf den Betrieb eines Handelsgewerbes unter einer gemeinschaftlichen Firma gerichtet ist.

Anders als die GbR ist die oHG auf den Betrieb eines Handelsgewerbes im Sinne des § 1   **319**
Abs. 2 HGB gerichtet. Der Gesetzgeber bringt dies durch einen Gleichlauf der Vorschriften der
§§ 1, 105 HGB zum Ausdruck. § 105 Abs. 2 HGB nimmt ausdrücklich auf den Handelsgewer-
bebegriff des § 1 Abs. 2 HGB Bezug und knüpft in § 105 Abs. 2 S. 2 HGB an die Regeln zum
Kannkaufmann an.

> **Hinweis**
>
> Beachten Sie die Zusammenhänge: Die oHG und die KG sind immer Außengesellschaft, da
> sie als Personenhandelsgesellschaft auf den Betrieb eines Handelsgeschäfts unter gemein-
> schaftlicher Firma gerichtet sind. Dies ist der Hintergrund ihrer Anerkennung als Personenzu-
> sammenschlüsse mit Teilrechtsfähigkeit.

---

109 *BGH* Urteil vom 19.11.2015 (Az: V ZB 201/14), unter Tz. 10 f. = NZG 2016, 107.

320   Dem Recht der Kommanditgesellschaft lässt sich ein zweites Wesensmerkmal der oHG ent-
       nehmen: Die Haftung der Gesellschafter darf nicht beschränkt sein. Ist sie dies, so handelt es
       sich um eine Kommanditgesellschaft.

> **Hinweis**
>
> Die oHG unterscheidet sich
> - von der GbR dadurch, dass sie Personenhandelsgesellschaft ist, indem ihr Gesellschafts-
>   zweck im Betrieb eines Handelsgewerbes besteht;
> - von der KG dadurch, dass alle Gesellschafter unbeschränkt persönlich haften, es also
>   keine beschränkt haftenden Kommanditisten gibt.

321   Da die oHG eine Sonderform der GbR ist, kann subsidiär auf die Regelungen der GbR zurück-
       gegriffen werden, wenn in den §§ 105–160 HGB nichts Abweichendes bestimmt ist
       (§ 105 Abs. 3 HGB). Anwendbar sind aus dem Recht der GbR über § 105 Abs. 3 HGB insbeson-
       dere die folgenden Vorschriften:
       - § 705 BGB insbesondere betreffend die gesellschafterliche Treuepflicht;
       - §§ 706 f. BGB zur Beitragspflicht;
       - § 708 BGB als Haftungsmaßstab gegen die Mitgesellschafter;
       - § 713 i.V.m. §§ 664–670 BGB für die Rechte und Pflichten der Geschäftsführer;
       - §§ 717–720 BGB zu der Nichtübertragbarkeit der Gesellschafterrechte und zu der Unter-
         scheidung zwischen Gesellschafts- und Privatvermögen;
       - §§ 732, 735, 738–740 als allgemeine Vorschriften über die Abwicklung der oHG; im Übri-
         gen ist die Abwicklung in §§ 145 ff. HGB speziell geregelt.

       Die folgende Darstellung beschränkt sich daher auf die Besonderheiten.

b)   Entstehung

aa)   Der Gesellschaftsvertrag

322   Der Gesellschaftsvertrag der oHG hat ähnliche Voraussetzungen wie derjenige der GbR.
       Anders als diese ist der Gesellschaftszweck der oHG jedoch auf den **Betrieb eines Handels-
       gewerbes unter gemeinschaftlicher Firma** gerichtet (§ 105 Abs. 1 HGB). Gesellschafter einer
       oHG können sowohl natürliche als auch juristische Personen sein. Zur Gründung sind min-
       destens zwei Personen erforderlich; Einpersonen-Gründungen sind anders als bei Kapitalge-
       sellschaften nicht möglich.

323   Im Innenverhältnis zwischen den Gesellschaftern entsteht die oHG durch den Abschluss
       eines Gesellschaftsvertrages zwischen den Gesellschaftern, der die Merkmale des
       § 105 Abs. 1 HGB erfüllt. Leidet der Gesellschaftsvertrag an einem Mangel, d.h. ist er unwirk-
       sam oder anfechtbar, kommt eine **fehlerhafte Gesellschaft** in Betracht. Sobald der Gesell-
       schaftsvertrag geschlossen ist, handelt es sich um eine GbR, auch wenn die oHG im Innen-
       verhältnis erst später entstehen sollte.

324   Eine oHG kann auch entstehen, wenn eine GbR beginnt, ein **Kleingewerbe** in kaufmänni-
       scher Weise fortzuführen (§ 1 Abs. 2 HGB). Dazu ist kein neuer Gesellschaftsvertrag erforder-
       lich, der Wechsel tritt vielmehr sogar gegen den Willen der Gesellschafter, oft jedenfalls aber
       von diesen unbemerkt ein.

Ein Gesellschaftsvertrag, der eine Verpflichtung zum Erwerb oder zur Veräußerung eines Grundstücks beinhaltet, ist beurkundungspflichtig (§ 311b Abs. 1 BGB). Für die vermögensverwaltende oHG, die den Gesellschaftszweck der „Verwaltung und Verwertung von Grundstücken" verfolgt, bedarf es keiner notariellen Beurkundung, wenn es sich lediglich um eine Angabe handelt[110] bzw. wenn die Gesellschaft nur ganz generell den Erwerb von Grundstücken zum Gegenstand hat.[111]

bb) Eintragung im Handelsregister

Die oHG muss durch alle Gesellschafter beim Registergericht des Sitzes der Gesellschaft zur Eintragung im Handelsregister angemeldet werden (§§ 106 Abs. 1, 108 HGB). Die Anmeldung muss enthalten (§ 106 Abs. 2 HGB):

- Name, Vorname, Geburtsdatum und Wohnort jedes Gesellschafters;
- Firma der Gesellschaft,
- den Ort, an dem sie ihren Sitz hat,
- die inländische Geschäftsanschrift;[112]
- Vertretungsmacht der Gesellschafter, auch wenn diese der gesetzlichen Regelung einer Einzelvertretungsmacht aller entspricht (§ 125 Abs. 1 HGB).

Seit 2007 sind alle Anmeldungen elektronisch in öffentlich beglaubigter Form einzureichen (§ 12 HGB i.d.F. des Gesetzes über elektronische Handelsregister – EHUG –). Eine Pflicht zur Zeichnung der Namensunterschrift besteht nicht mehr. Auch die Bekanntmachung der Eintragungen erfolgt elektronisch.

cc) Entstehung vor Eintragung

Nach außen im Verhältnis zu Dritten wird die oHG im Regelfall erst mit Eintragung im Handelsregister wirksam (§ 123 Abs. 1 HGB).

Vor Handelsregistereintragung entsteht die oHG mit Aufnahme ihres Handelsgeschäfts (§ 123 Abs. 2 HGB), mindestens muss der Betrieb eines Handelsgeschäfts angestrebt werden.[113] Aufnahme meint, dass im Einverständnis aller Gesellschafter – da § 125 HGB mit der Anordnung der Einzelvertretung regelmäßig noch nicht anwendbar ist – bereits Geschäfte nach außen im Namen der Gesellschaft getätigt werden, vorbereitende Handlungen genügen. Die Handelsregistereintragung ist in diesem Fall **deklaratorisch**.

Beispiel Eröffnung eines Bankkontos; Verhandlungen über den Kauf von Betriebsinventar ■

Steht die Handelsregistereintragung am Anfang, hat die oHG ihre Geschäfte also nicht bereits aufgenommen, ist die Handelsregistereintragung **konstitutiv**.

325

326

327

328

>> Lesen Sie § 123 Abs. 1 und Abs. 2 HGB: Die Personenhandelsgesellschaften können im Innen- und Außenverhältnis zu unterschiedlichen Zeitpunkten entstehen. <<

110 *BGH* Urteil vom 13.2.1996 (Az: XI ZR 239/94), unter Tz. 16 = WM 1996, 537.
111 *BGH* Urteil vom 10.4.1978 (Az: II ZR 61/77), unter Tz. 14 = DB 1978, 1218.
112 Eingeführt mit Gesetz zur Modernisierung des GmbH-Rechts und zur Bekämpfung von Missbräuchen (MoMiG) mit dem Ziel, die Zustellung für Gläubiger der Gesellschaft zu erleichtern. Die Verpflichtung zur Angabe einer inländischen Geschäftsanschrift betrifft auch Zweigniederlassungen von inländischen und von ausländischen Unternehmen (§§ 13, 13d, 13e HGB) und Änderungen der Anschrift (§§ 13, 31, 107 HGB).
113 *BGH* Urteil vom 26.4.2004 (Az: II ZR 120/02), unter Tz. 10 = ZIP 2004, 1208.

Konstitutiv ist die Handelsregistereintragung auch für den Fall, in dem der Geschäftsbetrieb nicht auf den Betrieb eines Handelsgewerbes gerichtet ist oder die Gesellschaft nur eigenes Vermögen verwaltet, §§ 105 Abs. 2, 123 Abs. 1 HGB.

dd) Sonderfälle

329   Eine Besonderheit bei den Entstehungsgründen ergibt sich durch **Sonderfälle** und die **Umwandlungsfähigkeit** der oHG. Anders als durch eine Neugründung entsteht eine oHG auch,

- wenn alle Kommanditisten aus einer KG ausscheiden und mindestens zwei persönlich haftende Gesellschafter verbleiben,
- wenn durch Änderung des Gesellschaftsvertrags alle Kommanditisten einer KG zu Komplementären werden,
- wenn die Gesellschafter eine gewerblich tätige GbR zur Eintragung im Handelsregister anmelden,
- wenn der Geschäftsbetrieb einer gewerblich tätigen GbR den für ein Handelsgewerbe erforderlichen Umfang erreicht,
- im Falle einer Umwandlung anderer Gesellschaften nach Maßgabe des Umwandlungsgesetzes.

c)   Rechtsfähigkeit

330   Hinsichtlich der Rechtsfähigkeit kann auf die Ausführungen zur GbR Bezug genommen werden, da die oHG als Gesamthand zur selbstständigen Rechtsträgerschaft befähigt ist, vgl. § 14 Abs. 2 BGB. § 124 HGB beschreibt Einzelfälle dieser Rechtsträgerschaft.

d)   Geschäftsführung

aa)   Alleingeschäftsführungsbefugnis

331   Nach §§ 114 Abs. 1, 115 Abs. 1 Hs. 1 HGB steht grundsätzlich jedem Gesellschafter **Alleingeschäftsführungsbefugnis** zu (Selbstorganschaft). Dies ist ein Unterschied zu der GbR, in der nach § 709 Abs. 1 BGB im Zweifel Gesamtgeschäftsführung besteht. Wird durch den Gesellschaftsvertrag nur bestimmten Gesellschaftern Geschäftsführungsbefugnis eingeräumt, so sind dadurch gemäß § 114 Abs. 2 HGB die übrigen Gesellschafter ausgeschlossen; zudem sind die bestimmten Geschäftsführer nach § 115 Abs. 1 Hs. 1 HGB im Zweifel allein zur Geschäftsführung befugt.

» Lesen Sie § 116 HGB: Nach Abs. 1 umfasst die Geschäftsführungsbefugnis nur solche Handlungen, die der gewöhnliche Betrieb des Handelsgewerbes mit sich bringt. **«**

Besonders risikoreiche Geschäfte, die den normalen Rahmen der bisherigen Tätigkeit der Gesellschaft überschreiten, dürfen nur mit Zustimmung aller Gesellschafter vorgenommen werden (§ 116 Abs. 2 HGB). Nimmt der Geschäftsführer ein solches Geschäft ohne Beschluss vor und entsteht der Gesellschaft hierdurch ein Schaden, so ist er wegen Verletzung seiner Geschäftsführerpflichten seinen Mitgesellschaftern gegenüber schadensersatzpflichtig.

Beispiel   Geschäftsführer G lädt zu einer Gesellschafterversammlung, um Beschluss über die Betriebseinstellung fassen zu lassen. ■

Im Einzelfall kann der Gesellschaftsvertrag auch hinsichtlich dieser Geschäfte eine Mehrheitsentscheidung zulassen, weil es den Gesellschaftern grundsätzlich freisteht, sich im Gesellschaftsvertrag dahin zu einigen, das starre Einstimmigkeitsprinzip durch das Mehrheitsprinzip zu ersetzen. Eine die Abweichung vom personengesellschaftsrechtlichen Einstimmigkeitsprinzip legitimierende Mehrheitsklausel musste aber lange dem Bestimmtheitsgrundsatz entsprechen, der zwar nicht eine Auflistung der betroffenen Beschlussgegenstände verlangte, Grund und Tragweite der Legitimation für Mehrheitsentscheidungen mussten sich aber durch Auslegung des Gesellschaftsvertrages ermitteln lassen.[114] Nach Kritik aus dem Schrifttum[115] misst nun auch die Rechtsprechung dem Bestimmtheitsgrundsatz keine Bedeutung mehr bei und legt Mehrheitsklauseln in Gesellschaftsverträgen nicht mehr regelmäßig restriktiv aus, sondern orientiert sich am konkreten Gesellschaftsvertrag und der Schwere des Eingriffs in die Rechte des betroffenen Gesellschafters.[116]

Im Rahmen der Geschäftsführung **haftet** der Geschäftsführer nach §§ 105 Abs. 3 HGB, 708 BGB nur für die eigenübliche Sorgfalt als die in eigenen Angelegenheiten beachtete, die diligentia quam in suis.

Eine Haftung besteht zudem, wenn er sich bei seinem geschäftsführenden Handeln über die interne Kompetenzordnung in der Gesellschaft hinwegsetzt, für Schäden, die durch die Missachtung dieser internen Bindungen entstehen.[117]

bb) Widerspruchsrecht

Der Inhalt der Geschäftsführungsbefugnis kann durch den Gesellschaftsvertrag beschränkt werden (§ 109 HGB, der §§ 110–122 HGB insgesamt dispositiv stellt). Darüber hinaus haben die anderen geschäftsführenden Gesellschafter ein **Widerspruchsrecht** aus § 115 Abs. 1 Hs. 2 HGB gegen einzelne Maßnahmen. Der Widerspruch muss gegenüber dem Handelnden erklärt werden.

332

Durch den Widerspruch wird wie bei § 711 S. 2 BGB die Geschäftsführungsbefugnis für dieses eine Geschäft aufgehoben. Die Handlung, der widersprochen wurde, muss unterbleiben (§ 115 Abs. 1 Hs. 2 HGB). Wird das Geschäft dennoch abgeschlossen, liegt darin eine Verletzung des Gesellschaftsvertrages, die den Geschäftsführer zum Schadensersatz verpflichtet.

cc) Entzug der Geschäftsführungsbefugnis

§ 117 HGB gestattet den **Entzug** der Geschäftsführungsbefugnis auf Dauer durch rechtsgestaltende gerichtliche Entscheidung auf Antrag der übrigen Gesellschafter, der Beschluss ist selbst Grundlagengeschäft. Zum Vergleich: Bei der GbR ist nach § 712 Abs. 1 BGB bereits ein einstimmiger Beschluss der Gesellschafter ausreichend. Voraussetzung hierfür ist das Vorliegen eines wichtigen Grundes, insbesondere eine grobe Pflichtverletzung durch den Geschäftsführer. Ein einmaliges Hinwegsetzen über einen Gesellschafterbeschluss reicht in der Regel hierfür nicht aus.

333

》 Lesen Sie nochmals § 712 BGB und verdeutlichen Sie sich den Unterschied zu § 117 HGB. **《**

§ 117 HGB kann gesellschaftsvertraglich abbedungen werden (§ 109 HGB; für die GbR vgl. § 712 Abs. 1 BGB), zum einen erleichternd, dass bereits ein Gesellschafterbeschluss ausreicht, um die Geschäftsführungsbefugnis zu entziehen, oder dass nicht einmal ein wichtiger Grund

---

114 *BGH* Urteil vom 15.1.2007 (Az: II ZR 245/05), unter Tz. 9 = BGHZ 170, 283 – Otto. Dispositives Gesetzesrecht ist gegenüber der ergänzenden Vertragsauslegung nachrangig, vgl. *BGH* Urteil vom 5.7.2011 (Az: II ZR 199/10) unter Tz. 16 = ZIP 2011, 1865, 1867.

115 *Schäfer* NZG 2014, 1401; *Ulrich/Schlichting* GmbHR 2014, 1312; *Wertenbruch* DB 2014, 2875.

116 *BGH* Urteil vom 21.10.2014 (Az: II ZR 84/13), unter Tz. 14 = NJW 2015, 859, 861.

117 *BGH* Beschluss vom 2.6.2008 (Az: II ZR 67/07), unter Tz. 8 = DStR 2008, 1599, 1600.

vorliegen muss, zum anderen auch erschwerend, indem besondere Gründe festgelegt werden oder das Verfahren unter zusätzliche Voraussetzungen gestellt wird. Schließlich kann der Gesellschaftsvertrag sogar die Entziehung ganz ausschließen, so dass nur noch die Auflösung der Gesellschaft in Betracht kommt.

e) Die Vertretung

aa) Prinzip der Einzelvertretung

» Lesen Sie alle Absätze von § 125 HGB und verdeutlichen Sie sich die unterschiedlichen Vertretungsgestaltungen. «

334 Nach § 125 Abs. 1 HGB ist grundsätzlich jeder Gesellschafter – anders als bei der GbR unabhängig von seiner Geschäftsführungsbefugnis – allein zur Vertretung der oHG ermächtigt (**Einzelvertretungsmacht**). Abweichende Regelungen können nach § 125 Abs. 1–3 HGB getroffen werden, im Einzelnen
- der Ausschluss eines Gesellschafters von der Vertretung (§ 125 Abs. 1 HGB);
- echte Gesamtvertretung (§ 125 Abs. 2 HGB);
- unechte Gesamtvertretung (§ 125 Abs. 3 HGB).

» Lesen Sie § 126 HGB. Viele der Regeln zum Außenverhältnis der Gesellschaft sind aus Gründen des Verkehrsschutzes unabdingbar. Anders ist es im Innenverhältnis. Treten der Gesellschaft die Gesellschafter wie Dritte gegenüber, sind sie regelmäßig weniger schutzbedürftig. «

Die Vertretungsmacht ist in ihrem Umfang Dritten gegenüber nicht beschränkbar (§ 126 Abs. 2 HGB). Für Geschäfte der Gesellschaft mit Gesellschaftern bewirken Mängel der Geschäftsführungsbefugnis nach den Regeln über den Missbrauch der Vertretungsmacht grundsätzlich auch eine Einschränkung der Vertretungsmacht.

Zwei Ausnahmen bestehen:
- Betreibt die oHG mehrere Niederlassungen unter verschiedenen Firmen, kann die Vertretungsmacht der Gesellschafter mit Wirkung gegen Dritte auf Handlungen im Betrieb einer dieser Niederlassungen beschränkt werden (§ 126 Abs. 3 HGB) – so genannte **Filialvertretung**.
- Der Grundsatz der Unbeschränkbarkeit des Umfangs der Vertretungsmacht gegenüber Geschäftspartnern gilt nicht, wenn ein Gesellschafter als Dritter mit der Gesellschaft einen Vertrag schließt.

Die oHG kann neben der organschaftlichen Vertretungsmacht der §§ 125, 126 HGB auch rechtsgeschäftliche Vollmachten nach §§ 164 ff. BGB sowie Prokura nach §§ 48 ff. HGB erteilen.

bb) Ausschluss eines Gesellschafters von der Vertretung (§ 125 Abs. 1 HGB)

335 Nach § 125 Abs. 1 HGB kann ein Gesellschafter durch den Gesellschaftsvertrag von der Vertretung der oHG ausgeschlossen werden. Dies ist nur möglich, wenn noch mindestens ein anderer Gesellschafter vertretungsberechtigt bleibt (**Grundsatz der Selbstorganschaft**).

cc) Echte Gesamtvertretung (§ 125 Abs. 2 HGB)

336 Im Gesellschaftsvertrag kann gemäß § 125 Abs. 2 HGB vereinbart werden, dass **mehrere Gesellschafter nur gemeinsam** berechtigt sein sollen, die oHG zu vertreten (echte Gesamtvertretung). Hierbei müssen die genannten Gesellschafter zwar gemeinsam, aber nicht unbedingt gleichzeitig handeln, d.h. es genügt, wenn der zweite Gesellschafter das Geschäft nachträglich genehmigt.

Zudem besteht die Möglichkeit, dass beide gesamtvertretungsberechtigten Gesellschafter gemeinsam einen von ihnen nach § 125 Abs. 2 S. 2 HGB ermächtigen, die oHG bei einem bestimmten Geschäft oder einer bestimmten Art von Geschäften alleine zu vertreten. Eine

Generalermächtigung ist allerdings unzulässig, da sie der Regelung im Gesellschaftsvertrag widersprechen würde. Durch diese Ermächtigung wird dem ermächtigten Gesellschafter keine Untervollmacht erteilt; vielmehr wird nur eine Beschränkung seiner ursprünglich unbeschränkten organschaftlichen Vertretungsmacht aufgehoben.

dd) Unechte Gesamtvertretung (§ 125 Abs. 3 HGB)

Nach § 125 Abs. 3 HGB kann schließlich vereinbart werden, dass ein Gesellschafter die oHG **337** nur im Zusammenwirken mit einem Prokuristen vertreten kann (unechte Gesamtvertretung). Diese Gestaltung findet ihre Grenze aber im **Grundsatz der Selbstorganschaft**, wonach die Gesellschaft stets ohne die Mitwirkung Dritter handlungsfähig bleiben muss. Neben unechter Gesamtvertretung muss also stets noch ein weiterer Gesellschafter entweder alleinvertretungsberechtigt sein, oder es muss zusätzlich echte Gesamtvertretung der Gesellschafter vereinbart sein.

ee) Entzug der Vertretungsmacht

Bei der oHG kann die Vertretungsmacht nur durch **gerichtliches Gestaltungsurteil** nach **338** § 127 HGB entzogen werden. Der für den Entzug erforderliche wichtige Grund liegt insbesondere bei grober Pflichtverletzung oder bei Unfähigkeit zur ordnungsgemäßen Geschäftsführung (§ 117 HGB) oder Vertretung (§ 127 HGB) vor.

Die Regelung des § 127 HGB ist nicht dispositiv, da sie das Außenverhältnis der Gesellschaft betrifft. Möglich ist eine Präzisierung ebenso wie eine Erleichterung und Erschwerung der rechtfertigenden Gründe im Gesellschaftsvertrag, der aber den Rückgriff auf andere Gründe nicht ausschließen darf.

f) Rechte und Pflichten der Gesellschafter

aa) Recht zur Beschlussfassung

Dass alle Gesellschafter zur Stimmabgabe berechtigt und verpflichtet sind, scheint selbstver- **339** ständlich. Das Gesetz betont, dass Gesellschafterbeschlüsse von allen mitwirkungsberechtigten Gesellschaftern einstimmig gefasst werden müssen, wenn im Gesellschaftsvertrag hinsichtlich dieser Frage keine Regelung getroffen wurde (§ 119 Abs. 1 HGB). Die Stimmenmehrheit berechnet sich mangels abweichender Regelung nach der Zahl der Gesellschafter, also nach Köpfen (§ 119 Abs. 2 HGB); das bedeutet, dass sich eine Enthaltung wie eine Gegenstimme auswirkt.

Derjenige Gesellschafter darf jedoch nicht mitstimmen, der einem Interessenkonflikt zwischen seinem persönlichen und dem Interesse der Gesellschaft unterliegt. Dieses Stimmverbot gilt nicht für grundlegende Beschlüsse über die innere Ordnung der Gesellschaft.

Stimmverbote wegen Interessenkonflikts bestehen außer in den allgemeinen Fällen in den spezialgesetzlich angeordneten Fällen einer Beschlussfassung über:
- die Entziehung der Geschäftsführungsbefugnis und Vertretungsmacht des Gesellschafters (§§ 117, 127 HGB);
- den Ausschluss des Gesellschafters (§ 140 HGB);
- die Geltendmachung von Ansprüchen aus unzulässigem Wettbewerb gegen den Gesellschafter (§ 113 Abs. 2 HGB);

● den Beschluss über die Geltendmachung eines Gesellschaftsanspruchs gegen den Gesell-schafter.

bb) Die Gewinn- und Verlustbeteiligung und die Entnahmerechte

340 Die Gesellschafter sind am Gewinn und Verlust der oHG beteiligt, der sich nach einem am Ende eines jeden Geschäftsjahres zu erstellenden Jahresabschlusses anhand der Kapitalanteile der Gesellschafter errechnet. Kapitalanteile stellen eine Rechnungsziffer dar, die das Verhältnis der Beteiligungen der Gesellschafter wiedergibt. Voraussetzung ist immer ein positiver Kapitalanteil, ein negativer bleibt unberührt, wird also nicht etwa entsprechend belastet.

Nach der gesetzlichen Regelung wird der Gewinn wie folgt verteilt:
● Von dem nach der Bilanz ermittelten Jahresgewinn steht jedem Gesellschafter zunächst eine Vorzugsdividende in Höhe von vier Prozent seines Kapitalanteils bei Geschäftsjahresanfang zu (§ 121 Abs. 1 S. 1 HGB). Angeknüpft wird also an das Vorjahr. Reicht der Jahresgewinn hierzu nicht aus, vermindern sich die Anteile entsprechend.
● Bei verbleibendem Gewinn erhält der Gesellschafter weitere vier Prozent auf seine Einlagen im Geschäftsjahr, abzüglich vier Prozent auf im Geschäftsjahr vorgenommene Entnahmen, beides aber nur anteilig entsprechend dem Teil des Jahres, der nach der Einlage bzw. vor der Entnahme verstrichen war. Reicht der Gewinn hierfür nicht aus, vermindern sich die Anteile entsprechend, der Gesellschafter erhält also einen unter vier Prozent liegenden Prozentsatz. Fehlt ein Gewinn, so erhalten die Gesellschafter nichts (§ 121 Abs. 1, 2 HGB).
● Der übersteigende Teil des Jahresgewinns, der über die nach den gesetzlichen Regelungen zu berechnenden Gewinnanteile hinausgeht, wird unter die Gesellschafter nach Köpfen verteilt (§ 121 Abs. 3 HGB).

Die Verlustverteilung erfolgt stets nach Köpfen. Auch hier können vertraglich abweichende Regelungen getroffen werden (§ 121 Abs. 3 HGB).

Da die Bestimmungen über die Gewinn- und Verlustverteilung (§§ 120–122 HGB) dispositiv sind, können die Gesellschafter stattdessen im Gesellschaftsvertrag auch feste Kapitalanteile oder bloße Gewinnbeteiligungsquoten festlegen.

cc) Aufwendungsersatzanspruch

341 Der Gesellschafter, der in Angelegenheiten der Gesellschaft Aufwendungen trägt, die er den Umständen nach für erforderlich halten darf, hat Anspruch auf Ersatz gegen die Gesellschaft (§ 110 Abs. 1 HGB). Der Anspruch ist verzinslich, im Zweifel nach dem Handelszinssatz von fünf Prozent (§§ 110 Abs. 2, 352 Abs. 2 HGB).

dd) Treuepflicht

342 Tritt ein Gesellschafter der oHG als Geschäftspartner wie ein fremder Dritter gegenüber und erwirbt er daraus eine Forderung gegen die oHG, kann er wie jeder Drittgläubiger seine Mitgesellschafter nach §§ 124, 128 HGB in Anspruch nehmen. Aus Gründen der Treuepflicht muss er sich jedoch gegenüber den Mitgesellschaftern zuerst an die Gesellschaft halten. Macht er eine eigene Geldforderung gegen die Mitgesellschafter geltend, so kann er konsequenterweise nicht den vollen Betrag verlangen, sondern muss den Anteil seiner eigenen Verlustbeteiligung in Abzug bringen.

Das oHG-Recht hat das Wettbewerbsverbot als besondere Ausprägung der Treuepflicht normiert: Alle persönlich haftenden Gesellschafter, ob geschäftsführend oder nicht, dürfen ohne Einwilligung der anderen Gesellschafter weder in dem Handelszweig der Gesellschaft Geschäfte machen noch an einer anderen gleichartigen Handelsgesellschaft als persönlich haftende Gesellschafter teilnehmen (§ 112 Abs. 1 HGB). Der verletzende Gesellschafter ist der Gesellschaft schadensersatzpflichtig, alternativ kann sie die Ergebnisse des gegen das Wettbewerbsverbot verstoßenden Geschäfts an sich ziehen (§ 113 Abs. 1 HGB). Bei einer aus nur zwei Personen bestehenden Gesellschaft entscheidet über eine Geltendmachung allein der andere Gesellschafter (§ 113 Abs. 2 HGB).

ee) Einsichts- und Auskunftsrecht

Jeder Gesellschafter kann umfassende Informations- und Einsichtsrechte (§ 118 HGB) und **343** nach allgemeinen Regeln ein Auskunftsrecht (§§ 713, 666 BGB) gegenüber der Gesellschaft geltend machen. Das Informations- und Einsichtsrecht kann auch bei Einschränkung oder Verzicht immer dann ausgeübt werden, wenn Grund zur Annahme unredlicher Geschäftsführung besteht (§ 118 Abs. 2 HGB).

g) Die Haftung

aa) Haftung der Gesellschaft

Voraussetzungen der Gesellschaftshaftung aus Verpflichtung **344**
i.V.m. § 124 Abs. 1 HGB

I. Bestehen der oHG

II. Bestehen einer wirksamen oHG-Verbindlichkeit
1. Anspruch entstanden (insb. Stellvertretung; Zurechnung)
2. Kein Erlöschen
3. Durchsetzbarkeit

Gemäß § 124 Abs. 1 HGB kann die oHG als solche Trägerin eigener Rechte und Pflichten sein. **345** Sie ist damit auch nach § 50 Abs. 1 ZPO prozessfähig, kann also selbst im eigenen Namen klagen und verklagt werden. Damit ist die oHG weitgehend rechtlich verselbstständigt und einer juristischen Person angenähert.

Zur Zwangsvollstreckung gegen die oHG ist daher nach § 124 Abs. 2 HGB ein Titel gegen die **346** Gesellschaft erforderlich. Ein Titel gegen alle Gesellschafter wie bei der GbR nach § 736 ZPO genügt also nicht, da eben die oHG ein eigenes Haftungssubjekt ist. Zwar haften neben der oHG auch alle Gesellschafter persönlich, jedoch sind dies nach der heute herrschenden Ansicht separate Ansprüche, die neben dem Anspruch gegen die oHG bestehen.

Jedoch kann die oHG nicht selbst nach außen handeln; daher handeln für sie im rechtsge **347** schäftlichen Bereich ihre vertretungsberechtigten Gesellschafter. Hierbei wird der oHG nach § 166 BGB das Wissen der jeweils handelnden Vertreter zugerechnet.

Daneben haftet auch die oHG für das Handeln ihrer Organe analog § 31 BGB.

bb) **Haftung der Gesellschafter**

348 **Voraussetzungen der Gesellschafterhaftung aus Verpflichtung i.V.m. § 128 S. 1 HGB**

   I. Bestehen einer nach außen wirksamen oHG

   II. Bestehen einer wirksamen oHG-Verbindlichkeit

   III. Haftung des Gesellschafters nach § 128 S. 1 HGB
   1. Gesellschafterstellung bei Begründung der Verbindlichkeit
   2. Haftung des Ein- bzw. Austretenden nach §§ 130, 160 HGB
   3. Keine Sozialverbindlichkeit
   4. Kein Haftungsausschluss
   5. Keine Einreden nach § 129 HGB
   6. Bei Nachhaftung des Gesellschafters kein Erlöschen des Anspruches nach § 160 Abs. 1 HGB

349 Nach §§ 128, 129 HGB haften alle oHG-Gesellschafter für die Schulden der Gesellschaft selbst, unmittelbar und akzessorisch. In der Praxis wird der Gläubiger seine Forderung sowohl gegen die oHG, als auch gegen die Gesellschafter gerichtlich durchsetzen, da er aus einem allein gegen die Gesellschaft gerichteten Titel – regelmäßig ein Gerichtsurteil – nicht gegen einen Gesellschafter (§ 129 Abs. 4 HGB) und umgekehrt aus einem allein gegen die Gesellschafter gerichteten Titel nicht gegen die Gesellschaft vollstrecken kann (§ 124 Abs. 2 HGB).

Diese persönliche Haftung der Gesellschafter ist an folgende Voraussetzungen geknüpft:
- Bestehen einer nach außen wirksamen oHG
- Gegenwärtige Mitgliedschaft, Nachhaftung des ausgeschiedenen oder rückwirkende Haftung des eingetretenen Gesellschafters
- Bestehen einer Verbindlichkeit der oHG
- Keine Sozialverbindlichkeit
- Keine Einwendungen des Gesellschafters (§ 129 HGB)
- Bei Nachhaftung des Gesellschafters: Kein Erlöschen des Anspruches nach § 160 Abs. 1 HGB

Rechtsfolge der Haftung ist die Verpflichtung des Gesellschafters zur vollen Erfüllung der Verbindlichkeit ebenso wie die oHG. In den Grenzen des § 128 S. 2 HGB können abweichende Vereinbarungen getroffen werden.[118] Erfüllt ein Gesellschafter die Forderung eines Gläubigers, kann er Ersatz von der Gesellschaft in voller Höhe fordern (§ 110 Abs. 1 HGB). Die Gläubigerforderung geht allerdings nicht auf ihn über.

---

118 Vgl. *BGH* Urteil vom 27.11.2012 (Az: XI ZR 144/11), unter Tz. 19 = ZIP 2013, 266 zu quotalen Haftungsvereinbarungen mit dem Gläubiger einer Darlehensverbindlichkeit der Gesellschaft, Anm. *Schäfer* EWiR § 705 BGB 1/13, 141.

(1) Nachhaftung des ausgeschiedenen Gesellschafters

Nach § 128 S. 1 HGB haften die oHG-Gesellschafter persönlich für alle Verbindlichkeiten der Gesellschaft, die während ihrer Mitgliedschaft oder davor (§ 130 HGB) begründet wurden. Ob sie zum Zeitpunkt der Inanspruchnahme noch Gesellschafter sind, ist grundsätzlich unerheblich.

350

Eine Forderung ist begründet gem. § 128 S. 1 HGB, wenn das zugrundeliegende Rechtsverhältnis bereits während der Mitgliedschaft des Gesellschafters entstanden ist. Auf die Fälligkeit während dieses Zeitraumes kommt es nicht an. Er haftet damit wie jeder verbliebene Gesellschafter für diejenigen Altverbindlichkeiten, die
- bis zu seinem Ausscheiden begründet wurden,
- vor Ablauf von fünf Jahren nach seinem Ausscheiden fällig werden und
- tituliert sind bzw. die der Ausgeschiedene schriftlich anerkannt hat (§ 160 HGB i.V.m. § 197 Abs. 1 Nr. 3 bis 5 BGB).

Die Nachhaftung des ausscheidenden Gesellschafters ist aber durch § 160 Abs. 1 HGB auf fünf Jahre nach der Eintragung des Ausscheidens im Handelsregister begrenzt. Unterbleibt eine Eintragung, beginnt die Frist mit der positiven Kenntnis des Gesellschaftsgläubigers vom Ausscheiden des Gesellschafters.[119]

>> Lesen Sie § 160 HGB als zentrale Norm des Ausscheidens eines Gesellschafters aus einer Personengesellschaft. «

(2) Haftung bei Auflösung der Gesellschaft

Fällige Ansprüche gegen Gesellschafter aus Verbindlichkeiten der Gesellschaft verjähren bei Auflösung der Gesellschaft spätestens fünf Jahre nach der Eintragung der Auflösung in das Handelsregister; wird die Forderung erst nach der Eintragung fällig, so läuft die Fünf-Jahres-Frist ab diesem Zeitpunkt (§ 159 HGB).

351

(3) Haftung des Eintretenden für Altschulden

Der neu aufgenommene Gesellschafter einer oHG und nach § 173 HGB auch ein Kommanditist haften nach § 130 Abs. 1 HGB auch für die Altschulden der Gesellschaft, die vor seinem Beitritt begründet wurden. Diese Haftung kann Dritten gegenüber nicht ausgeschlossen werden (§ 130 Abs. 2 HGB). Allerdings wird über den Wortlaut des § 130 Abs. 1 HGB hinaus verlangt, dass der Beitritt des neuen Gesellschafters analog § 123 HGB nach außen wirksam geworden ist.

352

(4) Einwendungen des Gesellschafters, § 129 HGB

§ 129 HGB realisiert die Akzessorietät der Haftung der oHG-Gesellschafter für Gesellschaftsforderungen nach § 128 HGB. Hiernach kann der Gesellschafter folgende Einwendungen geltend machen:

353

Eigene Einwendungen aus einem Rechtsverhältnis zwischen ihm und dem Gläubiger der Gesellschaftsforderung, etwa einen ihm gegenüber erfolgten Erlass oder eine Stundung. Diese Einwendungen kann er stets unbeschränkt geltend machen, wie ein Gegenschluss aus § 129 Abs. 1 HGB ergibt.

Einwendungen der Gesellschaft gegen die Forderung kann er geltend machen, soweit sie der Gesellschaft noch zustehen (§ 129 Abs. 1 HGB).

---

119 *BGH* Urteil vom 24.9.2007 (Az: II ZR 284/05), unter Tz. 15 ff. = BGHZ 174, 7.

Schließlich hat der Gesellschafter eigene Einwendungen aus § 129 Abs. 2, Abs. 3 HGB: Diese Vorschriften kompensieren die Unfähigkeit des Gesellschafters, derartige Gestaltungsrechte im Namen der Gesellschaft geltend zu machen, etwa wenn ihm die Vertretungsmacht fehlt.

h) Änderungen im Gesellschafterbestand

aa) Aufnahme von Gesellschaftern

354 Die Aufnahme neuer Gesellschafter richtet sich nach den allgemeinen Regeln. Der neue Gesellschafter erhält automatisch seinen Gesellschaftsanteil, ohne dass es einer Einzelübertragung der im Gesellschaftsvermögen befindlichen Gegenstände bedarf (**Anwachsung**). Die Anteile der bisherigen Gesellschafter vermindern sich automatisch entsprechend den mit dem Eintritt getroffenen Vereinbarungen (**Abwachsung**). Die Änderungen im Gesellschafterbestand müssen zur Eintragung im Handelsregister angemeldet werden (§ 107 HGB). Scheidet ein Namensgeber aus der Gesellschaft aus und verweigert die Zustimmung zu der Fortführung der Firma, muss diese geändert werden (§ 24 Abs. 2 HGB).

bb) Ausscheiden von Gesellschaftern

(1) Kündigung

355 Ein Gesellschafter kann zunächst freiwillig durch Kündigung oder aufgrund gesonderter Austrittsvereinbarung ausscheiden. Das Ausscheiden muss zur Eintragung im Handelsregister angemeldet werden (§ 143 HGB). Eine **ordentliche Kündigung** muss binnen einer Kündigungsfrist von sechs Monaten zum Ende des Geschäftsjahres erfolgen (§ 132 HGB), d.h. wenn das Geschäftsjahr gleich dem Kalenderjahr ist, so muss die Erklärung der Kündigung zum 31.12. spätestens am 30.6. zugehen. Eine verspätete Kündigung gilt in der Regel als Kündigung zum nächsten Geschäftsjahresende. Adressat der Kündigungserklärung ist nicht die Gesellschaft, sondern alle übrigen Gesellschafter.

Eine **außerordentliche Kündigung** aus wichtigem Grund ohne Einhaltung einer Kündigungsfrist sieht das oHG-Recht nicht vor. Der Gesellschafter kann daher lediglich die Auflösung der oHG aus wichtigem Grund durch Erhebung einer Klage verlangen, wenn nicht der Gesellschaftsvertrag ein außerordentliches Kündigungsrecht aus wichtigem Grund zulässt.[120]

(2) Austrittsvereinbarung

356 Die **Austrittsvereinbarung** als Ausscheiden durch Gesellschafterbeschluss sieht das Gesetz vor (§ 131 Abs. 3 Nr. 6 HGB). Der Beschluss ist mangels anderer Vereinbarung formfrei und muss einstimmig erfolgen (§ 119 Abs. 1 HGB), so dass der Gesellschafter nicht zum Austritt gedrängt werden kann.

(3) Ausschließung

357 Die **Ausschließung** eines Gesellschafters durch Klage aller übrigen Gesellschafter und Urteil ist möglich, wenn ein wichtiger Grund vorliegt (§§ 140, 133 HGB). Zweck der Vorschrift ist, Schaden von der Gesellschaft abzuwenden und eine Fortsetzung der Gesellschaft ohne den

---

120 Differenzierend nun *Stodolkowitz* NZG 2011, 1327.

störenden Gesellschafter zu ermöglichen. Ein wichtiger Grund liegt vor, wenn den übrigen Gesellschaftern die Fortsetzung der Gesellschaft mit dem auszuschließenden Gesellschafter aus in seiner Person liegenden Gründen nicht mehr zuzumuten ist, insbesondere, wenn das gegenseitige Vertrauensverhältnis zwischen den Gesellschaftern so nachhaltig zerrüttet ist, dass eine weitere gedeihliche Zusammenarbeit im gemeinsamen Interesse nicht mehr zu erwarten ist.[121]

Während des Rechtsstreits bleibt der Beklagte noch Gesellschafter mit allen Rechten und Pflichten außer der Gewinn- und Verlustbeteiligung (§ 140 Abs. 2 HGB). Mit Rechtskraft des Ausschließungsurteils scheidet der beklagte Gesellschafter aus der Gesellschaft aus. Eine derartige Klage ist Grundlagengeschäft, bedarf also der Mitwirkung aller Gesellschafter. Die Ausschließung eines Gesellschafters darf nur ultima ratio sein, wenn etwa die bloße Entziehung der Geschäftsführung oder Vertretungsmacht den wichtigen Grund nicht beseitigen kann.

§ 140 HGB ist dispositiv und kann sowohl in formeller (Ausschluss durch einfachen Gesellschafterbeschluss statt durch Klage) als auch in materieller Hinsicht (andere Ausschlussgründe) erleichtert und erschwert werden. Als Fall der Erleichterung kann eine so genannte Hinauskündigungsklausel sittenwidrig sein, wenn sie den Ausschluss in das freie Ermessen eines einzelnen Gesellschafters stellt.

(4) Gläubigerzugriff

Wird über das Vermögen eines Gesellschafters das **Insolvenzverfahren** eröffnet, führt dies mangels abweichender vertraglicher Bestimmungen zum Ausscheiden des Gesellschafters (§ 131 Abs. 3 S. 1 Nr. 2 HGB), nicht wie bei der GbR zur Auflösung der Gesellschaft. Ähnliches gilt für die **Privatgläubigerkündigung**, die an drei Voraussetzungen sowie eine Kündigungsfrist gebunden ist (§ 135 HGB).

358

(5) Ableben

Der **Tod** eines oHG-Gesellschafters führt nach der gesetzlichen Regelung zu dessen Ausscheiden und zur Fortsetzung der Gesellschaft unter den verbliebenen Gesellschaftern (§ 131 Abs. 3 Nr. 1 HGB); gesellschaftsvertraglich bestehen jedoch verschiedene Gestaltungsmöglichkeiten.

359

Der Erbe wird zunächst persönlich haftender Gesellschafter an Stelle des ausgeschiedenen, hat aber ein gesetzlich zwingend festgelegtes Wahlrecht. Er kann innerhalb einer Frist von drei Monaten ab Kenntnis vom Erbfall die **Einräumung der Stellung eines Kommanditisten beantragen** und im Fall der Ablehnung seines Antrags durch die Mitgesellschafter aus der Gesellschaft ausscheiden. Das Verlangen beinhaltet, dass der auf ihn entfallende Teil der Einlage des Erblassers als seine Kommanditeinlage anzuerkennen ist (§ 139 HGB). Ohne entsprechendes Verlangen bleibt er persönlich haftender Gesellschafter wie der Erblasser.

Sind mehrere Erben vorhanden, so hat jeder ein gesondertes Wahlrecht, sodass die Erben sich unterschiedlich entscheiden können.

Das Wahlrecht ist gesetzlich zwingend und kann deshalb durch den Gesellschaftsvertrag weder ausgeschlossen noch – mit Ausnahme des Gewinnanteils – zum Nachteil des Erben

---

121 *BGH* Urteil vom 2.7.1990 (Az: II ZR 243/89), unter Tz. 19 = BGHZ 112, 40.

abgeändert werden (§ 139 Abs. 5 HGB). Es entfällt nur dann, wenn der Erbe bereits vor dem Erbfall Gesellschafter war, da er nicht teils persönlich haftender Gesellschafter bleiben und teils Kommanditist werden kann.

In der Zeit vor der Entscheidung über den Antrag ist der Erbe persönlich haftender Gesellschafter, kann aber die Haftung auf den Nachlass durch Anordnung von Nachlassverwaltung oder Eröffnung des Nachlassinsolvenzverfahrens beschränken; § 139 Abs. 4 HGB verweist insoweit auf die ohnehin nach bürgerlichem Recht bestehenden Möglichkeiten der Haftungsbegrenzung (§§ 1975 ff. BGB).

i)   Die Beendigung

360 Die Beendigung und Auflösung der oHG richtet sich nach allgemeinen Grundsätzen.

Die allgemeinen Auflösungsgründe zählt § 131 HGB auf. Anders als bei der GbR sind eine Zweckerreichung, ein Unmöglichwerden des Gesellschaftszwecks oder die bloße Aufgabe des Geschäftsbetriebes keine Auflösungsgründe. Die Auflösung der Gesellschaft muss in das Handelsregister eingetragen werden (§ 143 Abs. 1 HGB).

Im Rahmen der Auflösung entfallen das Wettbewerbsverbot aus § 112 HGB und das Entnahmerecht aus § 122 HGB gegenüber der Gesellschaft (§ 155 Abs. 2 S. 3 HGB). Auszahlungen sind nur noch zulässig, soweit die entsprechenden Beträge nicht zur Deckung von Verbindlichkeiten erforderlich sind (§ 155 Abs. 2 HGB).

Für die Liquidation bestimmt das Gesetz sämtliche Gesellschafter zu Liquidatoren (§ 146 Abs. 1 HGB). Bei Vorliegen eines wichtigen Grundes kann jeder Gesellschafter und jeder Privatgläubiger eines Gesellschafters beim zuständigen Amtsgericht die gerichtliche Bestellung von Liquidatoren beantragen (§ 146 Abs. 2 HGB). Die Liquidatoren und deren Vertretungsmacht sind zur Eintragung im Handelsregister anzumelden, ebenso jegliche Änderung in den Personen der Liquidatoren oder in deren Vertretungsmacht (§ 148 Abs. 1 HGB), anders im Fall der gerichtlichen Bestellung oder Abberufung von Liquidatoren (§ 148 Abs. 2 HGB).

Die Liquidatoren vertreten die Gesellschaft im Rahmen des Liquidationszwecks wie Gesellschafter gerichtlich und außergerichtlich (§ 149 S. 2 HGB). Sie zeichnen dabei im Außenverhältnis mit dem so genannten „Liquidationszusatz" i.L. (§ 153 HGB). Ihre Aufgaben sind im Einzelnen in §§ 149 ff. HGB beschrieben.

Mehrere Liquidatoren dürfen nur gemeinsam handeln (§ 150 HGB), wenn nicht durch Gesellschaftsvertrag, Gerichts- oder Gesellschafterbeschluss etwas anderes bestimmt ist. Zur wirksamen Entgegennahme von Willenserklärungen Dritter gegenüber der Gesellschaft (so genannte Passivvertretung) ist jedoch jeder einzelne Liquidator berechtigt und verpflichtet (§ 150 Abs. 2 S. 2 HGB). Die Gesellschafter und jeder Privatgläubiger eines Gesellschafters können einstimmig jedem Liquidator Weisungen erteilen (§ 152 HGB).

3.   Die Kommanditgesellschaft

361 Die Kommanditgesellschaft hat sich aus einer römisch-rechtlichen schuldrechtlichen Beziehung zwischen dem tractator und dem commendator entwickelt. Seit dem 13. Jahrhundert bestand im Gemeinen Recht eine collegantia.

a)   Grundlagen und Erscheinungsformen

Die **Kommanditgesellschaft** ist wie die oHG Personenhandelsgesellschaft, deren Zweck auf den Betrieb eines Handelsgewerbes unter gemeinschaftlicher Firma gerichtet ist, mit der Besonderheit, dass mindestens einer ihrer Gesellschafter wie bei der oHG für die Verbindlichkeiten der Gesellschaft persönlich und unbeschränkt haftet **(Komplementär),** wohingegen die Haftung eines oder mehrerer Gesellschafter **(Kommanditisten)** auf eine bestimmte Haftsumme beschränkt ist (§ 161 Abs. 1 HGB).

362

Die Stellung der persönlich unbeschränkt haftenden Gesellschafter (Komplementäre) bestimmt sich nach dem Recht der oHG, insbesondere §§ 128 ff. HGB (vgl. § 161 Abs. 2 HGB).

Das Gesetz enthält folgende Verweisungstechnik:

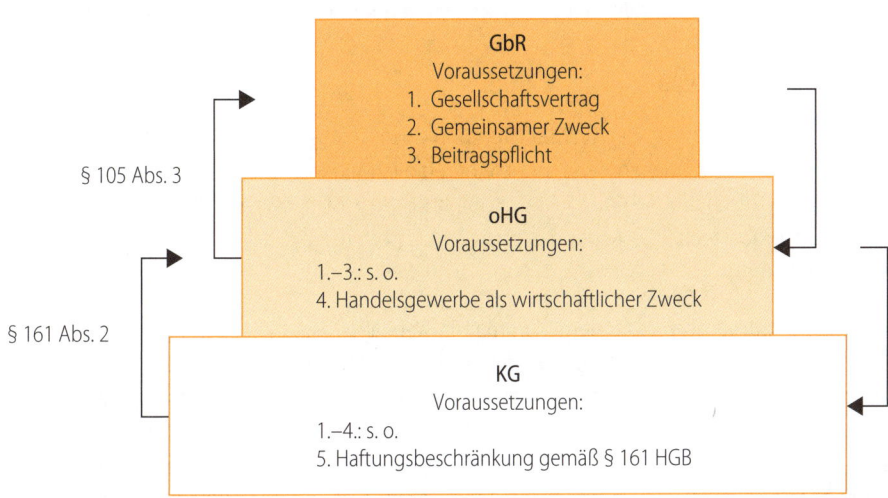

>> Erinnern Sie sich: Voraussetzung des Kaufmannsbegriffs war der Betrieb eines Handelsgewerbes. Jedenfalls der Komplementär als persönlich haftender Gesellschafter betreibt die KG und ist daher Kaufmann im Sinne der §§ 1 ff. HGB. <<

b)   Entstehung

aa)   Der Gesellschaftsvertrag

Gesellschafter kann jede natürliche als auch juristische Person oder Personenvereinigung sein mit Ausnahme der Erbengemeinschaft unabhängig davon, ob sie die Stellung eines Komplementärs oder eines Kommanditisten erlangt. Der einzelne Gesellschafter kann mit seinem Anteil entweder Komplementär oder Kommanditist sein, nicht beides. Der **Grundsatz der Einheitlichkeit des Gesellschaftsanteils** verbietet eine Aufspaltung oder eine verschiedene rechtliche Gestaltung des von einem Gesellschafter gehaltenen Gesellschaftsanteils.[122]

363

---

122 *OLG Jena* Beschluss vom 31.8.2011 (Az: 6 W 188/11), unter Tz. 8 = ZIP 2011, 2256, 2257. Demgegenüber besagt der Grundsatz der Unteilbarkeit der Mitgliedschaft, dass ein und dieselbe Mitgliedschaft weder mehreren Gesellschaftern zu Bruchteilen gehören, noch umgekehrt ein Gesellschafter mehrere Mitgliedschaften halten kann.

bb) Eintragung und Bekanntmachung

364   Die Anmeldung zum Handelsregister muss die Kommanditisten besonders berücksichtigen (§ 162 Abs. 1 HGB; § 106 Abs. 2 HGB). Zur **Eintragung** anzumelden sind:

- Name, Vorname, Geburtsdatum und Wohnort jedes Komplementärs und Kommanditisten, wird ein Einzelkaufmann unter seiner Firma Kommanditist, kann er unter seiner Firma als Kommanditist eingetragen werden, wenn die Firma von seinem bürgerlichen Namen nicht abweicht;
- Firma der Gesellschaft, den Ort, an dem sie ihren Sitz hat und die inländische Geschäftsanschrift;
- die Kommanditisten mit dem jeweiligen Betrag ihrer Hafteinlage;
- die Vertretungsmacht der Gesellschafter.

Anmeldepflichtig sind alle Gesellschafter, also auch die Kommanditisten (§ 108 HGB).

Die **Bekanntmachung** enthält keine Angaben zu den Kommanditisten (§ 162 Abs. 2 HGB).

c) Geschäftsführung

365   Der Kommanditist ist von der Geschäftsführung ausgeschlossen (§ 164 S. 1 Hs. 1 HGB). Nach der dispositiven gesetzlichen Regelung bleibt lediglich ein Recht auf Zustimmung für außergewöhnliche Geschäfte (§ 164 S. 1 Hs. 2 HGB). Im Gesetz ist missverständlich von einem bloßen Widerspruchsrecht die Rede; das Zustimmungserfordernis des § 116 Abs. 2 HGB bleibt jedoch unberührt.

Im Gesellschaftsvertrag kann dem Kommanditisten aber Geschäftsführungsbefugnis erteilt (oder auch noch weiter entzogen) werden. Dies widerspricht selbst dann nicht dem Grundsatz der Selbstorganschaft, wenn der Komplementär von der Geschäftsführung ausgeschlossen wird. Im Einzelfall kann der Komplementär gegenüber dem Kommanditisten auch in allen Entscheidungen an dessen Zustimmung gebunden werden, so dass dem persönlich haftenden Gesellschafter kein mitwirkungsfreier Bereich der Geschäftsführung verbleibt. Die dem Kommanditisten eingeräumte Geschäftsführungsbefugnis wird nicht im Handelsregister eingetragen.

d) Vertretung

>> Vergleichen Sie §§ 164, 170 HGB mit §§ 709, 714 BGB und machen Sie sich die Unterschiede klar. <<

366   Der Kommanditist ist auch von der organschaftlichen Vertretung der KG ausgeschlossen (§ 170 HGB). Diese Vorschrift ist nicht dispositiv, d.h. der Kommanditist ist sogar Dritter im Sinne des Grundsatzes der Selbstorganschaft.

Jedoch kann dem Kommanditisten rechtsgeschäftliche Vertretungsmacht erteilt werden, insbesondere auch Prokura. Geschieht dies im Rahmen des Gesellschaftsvertrages, so ist der Kommanditist nicht Organ, aber verfassungsmäßig berufener Vertreter gem. § 31 BGB, d.h. die KG muss sich sein Verschulden zurechnen lassen.

Die Prokura des Kommanditisten kann aber nicht nach § 52 HGB von den Komplementären widerrufen werden, da sie stark einer organschaftlichen Vertretungsmacht angenähert ist. Sie muss daher – wie die organschaftliche Vertretungsmacht der Gesellschafter – nach § 127 HGB durch Gestaltungsklage entzogen werden.

e) Rechte und Pflichten des Kommanditisten

Für den Kommanditisten gelten im Vergleich zur Rechtsstellung des Komplementärs folgende Unterschiede:

367

aa) Kein Recht zur Beschlussfassung

Da nach der gesetzlichen Regelung Kommanditisten von der Geschäftsführung ausgeschlossen sind, haben sie weder ein Stimm-, noch im gewöhnlichen Geschäftsbetrieb ein Widerspruchs- oder Weisungsrecht (§ 164 HGB). Überträgt ihnen der Gesellschaftsvertrag die Geschäftsführung, lebt das Stimmrecht mit allen Folgerechten auf. Grundlagengeschäfte bedürfen hingegen eines Beschlusses auch der Kommanditisten (§ 116 Abs. 2 HGB).

368

bb) Gewinn- und Verlustbeteiligung

Die Regeln des oHG-Rechts zu der Berechnung des Gewinns und Verlusts gelten in der KG mit einigen Sonderregeln auch für den Kommanditisten. Seine Verlustbeteiligung ist jedoch beschränkt.

369

Von dem nach der Bilanz ermittelten Jahresgewinn steht auch dem Kommanditisten nach der gesetzlichen Regelung zunächst eine Vorzugsdividende in Höhe von vier Prozent seines Kapitalanteils zu (§ 168 Abs. 1 HGB). Der über vier Prozent hinausgehende Gewinn wird nicht wie bei der oHG nach Köpfen verteilt, sondern nach „einem den Umständen angemessenen Verhältnis" (§ 168 Abs. 2 HGB). In der Praxis wird dieser jedoch oftmals als Ausgleich für die unbeschränkte Haftung der Komplementäre nur diesen und den geschäftsführenden Kommanditisten gewährt.

Der einem Kommanditisten zustehende Gewinn wird seinem Kapitalkonto allerdings nur so lange zugeschrieben, bis dies die vereinbarte Pflichteinlage erreicht (§ 167 Abs. 2 HGB). Der Kapitalanteil des Kommanditisten ist daher nie höher als seine Pflichteinlage.

Der Verlust wird in der KG ebenfalls nach „einem den Umständen angemessenen Verhältnis" verteilt (§ 168 Abs. 2 HGB). Am Verlust der KG nimmt der Kommanditist nur bis zum Betrag seines Kapitalanteils und gegebenenfalls seiner noch rückständigen Einlage teil (§ 167 Abs. 3 HGB).

Der Kommanditist behält seine Gesellschafterstellung auch dann, wenn sein Kapitalkonto durch Verluste aufgezehrt ist. Er hat daher auch nach diesem Zeitpunkt noch an den Verlusten der KG Anteil, so dass ein negatives Kapitalkonto entstehen kann. Zukünftige Gewinne werden dann zunächst zum Ausgleich des negativen Kapitalkontos verwandt, so dass Gewinnanteile erst wieder anfallen, wenn das Kapitalkonto durch Zuschreibung von Gewinnen ausgeglichen ist. Werden zuerst Gewinne und erst später Verluste erwirtschaftet, muss der Kommanditist ausbezahlte Gewinne allerdings nicht zurückzahlen (§ 169 Abs. 2 HGB).

>> Lesen Sie nochmals § 127 HGB und verdeutlichen Sie sich den Zusammenhang mit § 170 HGB: Ein Entzug der Vertretungsmacht des einzigen Komplementärs ist nicht möglich, da die KG dann nach außen handlungsunfähig wäre. <<

cc) Kein Entnahmerecht

370   Der Kommanditist hat kein Entnahmerecht aus dem Gesellschaftsvermögen (§ 169 Abs. 1 S. 1 HGB). Ihm steht nach § 169 Abs. 1 S. 2 Hs. 1 HGB lediglich ein Recht auf Auszahlung des Gewinnanteils zu, allerdings auch dieses nur, wenn sein Kapitalanteil nicht durch vorhergehende Verlustzuweisungen nach § 167 Abs. 3 HGB unter seine Einlage gefallen ist oder durch die Auszahlung fallen würde.

Zudem kann er sich Gewinne nur bis zur Höhe seiner Einlage nach § 120 Abs. 2 Hs. 1 HGB auf den Kapitalanteil gutschreiben lassen; darüber hinausgehende Gewinne müssen an ihn ausgezahlt werden.

Entnimmt der Kommanditist mit gesonderter Zustimmung der Komplementäre Geld, so lebt seine persönliche Haftung bis zum Höchstbetrag der Hafteinlage wieder auf.

dd) Das Kontrollrecht

371   Neben dem Recht, bei der Feststellung des Jahresabschlusses mitzuwirken, hat der Kommanditist Recht auf abschriftliche Mitteilung des Jahresabschlusses (Bilanz nebst Gewinn- und Verlustrechnung) durch die Gesellschaft (§ 166 Abs. 1 Hs. 1 HGB). Der Kommanditist darf den mitgeteilten Jahresabschluss durch Einsicht in die Bücher und Geschäftsunterlagen der KG prüfen (§ 166 Abs. 1 Hs. 2 HGB). Das Einsichtsrecht ist innerhalb angemessener Frist nach Vorlage der Bilanz auszuüben.

Neben dem ordentlichen Informations- und Einsichtsrecht hat der Kommanditist bei Vorliegen eines wichtigen Grundes unabhängig von dem Jahresabschluss jederzeit ein außerordentliches Kontrollrecht (§ 166 Abs. 3 HGB). Es erstreckt sich auf Auskünfte über die Geschäftsführung des Komplementärs allgemein und die damit im Zusammenhang stehenden Unterlagen der Gesellschaft.[123]

ee) Die Pflichten

372   Die Pflichten des Kommanditisten im Innenverhältnis bestimmen sich weitgehend nach den Pflichten der Komplementäre. Insbesondere trifft auch den Kommanditisten die gesellschafterliche Treuepflicht. Allerdings gilt das Wettbewerbsverbot der §§ 112, 113 HGB nicht für den Kommanditisten, weil er auf die Geschäfte der KG nach der gesetzlichen Regelung (§ 164 HGB) keinen maßgeblichen Einfluss hat (§ 165 HGB). Wenn ihm allerdings durch den Gesellschaftsvertrag Geschäftsführungsbefugnis eingeräumt wurde, so gilt das Wettbewerbsverbot auch für den Kommanditisten.

f) Einlage und Haftsumme

>> Lesen Sie § 172 HGB und verdeutlichen Sie sich den Unterschied: Die Pflichteinlage betrifft das Innenverhältnis, die Haftsumme das Außenverhältnis. «

373   Hinsichtlich der Haftung des Kommanditisten ist streng zu trennen zwischen seiner Einlagepflicht im Innenverhältnis und der Haftsumme im Außenverhältnis:

Die Einlagepflicht des Kommanditisten ist auf die **Pflichteinlage** gerichtet, die der Kommanditist zu erbringen hat. Sie bestimmt sich nach dem Gesellschaftsvertrag und muss nicht auf die Zahlung einer Geldsumme gerichtet sein, sondern kann auch in der Leistung von Diensten, in der Einbringung von Sachen oder in der Bezahlung von Gesellschaftsschulden liegen.

---

123 *BGH* Urteil vom 14.6.2016 (Az: II ZB 10/15), unter Tz. 13 = NZG 2016, 1102, 1103.

Eine Stundung oder ein Erlass durch die übrigen Gesellschafter ist möglich, aber im Verhältnis zu den Gläubigern der KG ohne Wirkung (§ 172 Abs. 3 HGB).

Die **Haftsumme** (auch: Hafteinlage) ist dagegen der im Handelsregister eingetragene Geldbetrag, der die Haftung des Kommanditisten nach außen begrenzt (§ 172 Abs. 1 HGB). Die Höhe der Haftsumme bestimmt sich im Zweifel nach dem objektiven Wert der Einlage. Auch jede Änderung der Haftsumme muss von sämtlichen Gesellschaftern zur Eintragung im Handelsregister angemeldet werden (§ 175 HGB).

g) Haftung des Kommanditisten

Die Haftung des Kommanditisten unterscheidet sich von der des Komplementärs durch die Begrenzung auf die Hafteinlage.   **374**

> **Hinweis**
>
> Vergleichen Sie die Haftung mit § 128 HGB: Dort ist unklar, ob der persönlich haftende Gesellschafter Erfüllung oder nur Wertersatz in Geld schuldet. Für den Kommanditisten ergibt sich die Beschränkung auf eine bloße Geldschuld schon aufgrund der Hafteinlage.

aa) Grundregel (§ 171 HGB)

Der Kommanditist haftet nach § 171 Abs. 1 Hs. 1 HGB grundsätzlich wie die Komplementäre (§§ 161 Abs. 2, 128 S. 1 HGB) persönlich und unmittelbar für die Gesellschaftsverbindlichkeiten, nach § 173 HGB auch für die vor seinem Eintritt begründeten Verbindlichkeiten. Jedoch ist seine Haftung nach außen hin beschränkt auf den Betrag seiner Haftsumme, die im Handelsregister eingetragen sein muss (§ 172 Abs. 1 HGB).   **375**

Nach §§ 171 Abs. 1 Hs. 2, 172 Abs. 4 S. 1 HGB ist die Haftung ausgeschlossen, soweit der Kommanditist auf seine Einlage vollständig geleistet hat oder anderweitig – etwa durch Gewinngutschriften nach § 169 Abs. 1 HGB – der Kapitalanteil die Haftsumme erreicht hat. Auf eine Erhöhung der Hafteinlage kann sich ein Gläubiger nur berufen (§ 172 Abs. 2 HGB), wenn die Erhöhung ins Handelsregister eingetragen oder in handelsüblicher Form bekannt gemacht wurde. Auch eine Herabsetzung der Einlage ist Gläubigern gegenüber nur wirksam, wenn sie ins Handelsregister eingetragen wurde. Die Herabsetzung wirkt zudem nur für die Zukunft, d.h. gegenüber Forderungen, die nach Eintragung und Bekanntmachung der Herabsetzung entstehen (§ 174 HGB).

Der Kommanditist soll also für die KG insgesamt maximal das aufbringen, was als seine Haftsumme festgelegt wurde. Hierbei zählt jeweils der objektive wirtschaftliche Wert der Einlageleistung zum Zeitpunkt der Erbringung. Ein Erlass oder eine Stundung der Einlageforderung sind für das Außenverhältnis ohne Belang (§ 172 Abs. 3 HGB).

Wird dem Kommanditisten die Einlage ganz oder teilweise zurückerstattet, so lebt seine Haftung nach § 172 Abs. 4 HGB wieder auf. Dies gilt für alle Fälle, in denen die Substanz der Einlage dem Gesellschaftsvermögen wieder entzogen wird, also auch bei unberechtigten Gewinnentnahmen (§§ 172 Abs. 4 S. 2 i.V.m. 169 Abs. 1 S. 2 Hs. 2 HGB), und für jede andere Leistung der Gesellschaft an den Kommanditisten, für die der Gesellschaft keine unmittelbare

Gegenleistung zufließt,[124] insbesondere auch die Auszahlung eines Abfindungsguthabens an den ausscheidenden Kommanditisten nach § 738 Abs. 1 S. 2 BGB.

Bei der Erstattung durch einen Komplementär ist wiederum entscheidend, ob dadurch letztlich das Gesellschaftsvermögen als Haftungsobjekt der Gläubiger gemindert wird. Dies ist dann der Fall, wenn der Komplementär (wie in der Regel) nach § 110 HGB Rückgriff bei der Gesellschaft nehmen kann und auf diesen Rückgriffsanspruch nicht wirksam verzichtet hat: Dann ist das Gesellschaftsvermögen mit dem Regressanspruch belastet.

bb) Rechtsscheinhaftung vor Eintragung (§ 176 HGB)

PRÜFUNGSSCHEMA

376   **Voraussetzungen der Haftung aus § 176 HGB**

     I. Bestehen einer KG

     II. Geschäftsbeginn mit Zustimmung des Kommanditisten, § 176 Abs. 1 S. 1 HGB (entfällt bei § 176 Abs. 2 HGB)

     III. Gesellschaft (Abs. 1) bzw. Kommanditist (Abs. 2) nicht im Handelsregister eingetragen

     IV. Gläubiger gutgläubig hinsichtlich Kommanditisteneigenschaft
       Gutglauben bei GmbH & Co KG   Rn. 377

     V. Gesellschaftsverbindlichkeit aus Zeit zwischen Eintritt und Eintragung
       Haftung für deliktische Gesellschaftsverbindlichkeiten   Rn. 377

377   Solange die Kommanditgesellschaft noch nicht im Handelsregister eingetragen wurde, haftet der Kommanditist nach § 176 Abs. 1 S. 1 HGB unbeschränkt für die Gesellschaftsschulden, sofern er der Aufnahme der Geschäfte zugestimmt hat.

Das gleiche gilt nach § 176 Abs. 2 HGB für einen Kommanditisten, der in eine bestehende KG eintritt, für die Zeit zwischen Eintritt und **Eintragung des Kommanditisten**; hier kommt es nicht darauf an, ob der Kommanditist der Fortführung der Geschäfte zugestimmt hat. Dies soll sogar dann gelten, wenn der Neukommanditist im Wege der Sonderrechtsnachfolge den Anteil eines früheren Kommanditisten übernommen hat, obwohl die Gläubiger hier nie mit einer unbeschränkten Haftung rechnen konnten. Einzige Möglichkeit des Kommanditisten ist es hier, den Eintritt in die KG unter der Bedingung der Eintragung zu erklären.

Grund für die Regelung des § 176 HGB ist der Schutz des Vertrauens der Gesellschaftsgläubiger, die von der Haftungsbeschränkung mangels Eintragung keine Kenntnis haben. Demgemäß ist die Haftung ausgeschlossen, wenn der Gläubiger wusste, dass der Kommanditist nur beschränkt haften soll.

Bei einer Kommanditgesellschaft in der besonderen Form der GmbH & Co KG (siehe dazu unter Rn. 381 ff.), signalisiert bereits die Firma dem Gläubiger, dass eine GmbH und sonst keine weitere Person die Stellung eines Komplementärs einnimmt (vgl. § 19 Abs. 2 HGB). Deswegen kann ein schutzwürdiges Vertrauen auf eine natürliche Person als persönlich haften-

---

124 *BGH* Urteil vom 28.6.2016 (Az: II ZR 290/15), unter Tz. 9 = DStR 2016, 2663.

der Komplementär nicht entstehen. In solchen Fällen lehnt die ganz überwiegende Ansicht eine unbeschränkte Haftung des Kommanditisten einer GmbH & Co KG gemäß § 176 HGB ab.[125]

Nach dem Wortlaut des § 176 HGB besteht die unbeschränkte Haftung für alle Gesellschaftsverbindlichkeiten ohne Rücksicht auf deren Grundlage. Allerdings erscheint ein derart weitgehender Anwendungsbereich nach dem Sinn und Zweck der Vorschrift – Schutz des Vertrauens in die persönliche Haftung der nicht als Kommanditisten im Handelsregister ausgewiesenen Gesellschafter – nicht gerechtfertigt. Deswegen klammert man im Wege der sog. „teleologischen Reduktion" Ansprüche aus unerlaubter Handlung vom Anwendungsbereich des § 176 HGB aus.[126] Bei diesen wird im Stadium der Anspruchsentstehung typischerweise gar kein Vertrauen in die Haftungsverhältnisse gebildet. Der Geschädigte weiß im Moment der Schädigung in der Regel nicht einmal, wer der Schädiger ist und dass sich seine Schadensersatzansprüche überhaupt gegen eine Gesellschaft und deren Gesellschafter richten können.

cc) Nachhaftung des Kommanditisten

378 Nach dem Ausscheiden aus der KG haftet der Kommanditist grundsätzlich wie zuvor für die während seiner Mitgliedschaft begründeten Verbindlichkeiten. Ein Ausscheiden in diesem Sinne liegt aber nicht vor, wenn der Gesellschafter nur seine Stellung innerhalb der Gesellschaft ändert. Diese Haftung endet nach §§ 160, 161 Abs. 2 HGB in fünf Jahren nach Eintragung des Ausscheidens des Kommanditisten im Handelsregister.

Allerdings kann er nach § 171 Abs. 1 Hs. 2 HGB die Befriedigung der Gesellschaftsgläubiger verweigern, soweit er die Einlage geleistet hat. Jedoch wird ihm in der Regel seine Einlage zurückgewährt worden sein, zumindest in Form der Abfindung nach § 738 Abs. 1 S. 2 BGB, so dass er sich nach § 172 Abs. 4 HGB nicht auf die Leistung der Einlage berufen können wird.

dd) Haftung für Altschulden

379 Tritt ein Kommanditist in eine bestehende Handelsgesellschaft ein, haftet er für die vor seinem Eintritt begründeten Verbindlichkeiten der KG beschränkt auf seine Hafteinlage (§§ 173, 171 Abs. 1 HGB). Zur Vermeidung der unbeschränkten Haftung für Altschulden wird der Eintritt eines neuen Kommanditisten regelmäßig unter der aufschiebenden Bedingung der Eintragung im Handelsregister vereinbart.

ee) Haftung bei Änderungen im Gesellschafterbestand

380 Übernimmt der neue Kommanditist den Kommanditanteil des Ausscheidenden im Wege der Abtretung des Anteils und wird dies im Handelsregister unter Hinweis auf die Sonderrechtsnachfolge per **Nachfolgevermerk** eingetragen, ändert sich lediglich die Person des Gesellschafters in Bezug auf einen gleich bleibenden Kommanditanteil. Die Haftsumme bleibt insbesondere für den Gläubiger unverändert.

---

125 MünchKomm HGB-*K. Schmidt* § 176 Rn. 50.
126 *BGH* Urteil vom 28.10.1981 (Az: II ZR 129/80), unter Tz. 15 = BGHZ 82, 209.

Geschieht der Gesellschafterwechsel durch gleichzeitigen Austritt eines alten und Eintritt eines neuen Kommanditisten, verdoppelt sich die Haftsumme durch eine parallele Haftung des eintretenden und des ausgeschiedenen Kommanditisten.

h)   Die GmbH & Co. KG

aa)   Entstehung

381   Die GmbH & Co. KG ist Kommanditgesellschaft, deren persönlich haftender Gesellschafter nicht eine natürliche Person, sondern eine GmbH ist. Da bei der Komplementär-GmbH die Haftung für Gesellschaftsverbindlichkeiten gegenüber den Gläubigern auf das Gesellschaftskapital beschränkt ist, entsteht im Ergebnis eine Personengesellschaft ohne unmittelbare Haftung der beteiligten natürlichen Personen. Die GmbH & Co. KG verbindet somit zwei grundsätzlich unterschiedliche Gesellschaftsformen **(Grundtypenvermischung).** Die Rechtsverhältnisse beider Gesellschaften bestimmen sich nach den für sie geltenden Gesetzen: Das GmbH-Gesetz für die GmbH und das Handelsgesetzbuch für die KG.

382   Außerdem kann unter Wahrung des Grundsatzes der Selbstorganschaft die Geschäftsführung auch gesellschaftsfremden Dritten – über die GmbH deren Geschäftsführern – anvertraut werden.

383   Regelmäßig sind die Gesellschafter der GmbH mit den Kommanditisten der KG identisch. Zumeist besteht die Beteiligung an GmbH und KG im gleichen Verhältnis **(personengleiche GmbH & Co. KG)**. Eine **Einheitsgesellschaft** besteht, wenn die KG Alleingesellschafterin der Komplementär-GmbH ist, also alle Anteile ihrer eigenen Komplementär-GmbH hält.

384   Die **Firma** der GmbH & Co. KG muss die Haftungsbeschränkung kennzeichnen (vgl. § 19 Abs. 2 HGB), üblich ist die Ergänzung des Rechtsformzusatzes „KG" durch Voranstellung der Bestandteile „GmbH & Co.", wobei „Co." die übrigen Gesellschafter kennzeichnet.

GmbH und KG werden getrennt zum **Handelsregister** angemeldet.

bb)   Geschäftsführung und Vertretung

385   Da in der Kommanditgesellschaft mangels anderer gesellschaftsvertraglicher Bestimmung nur persönlich haftende Gesellschafter zur Geschäftsführung befugt sind (§ 164 HGB), führt im Regelfall die Komplementär-GmbH die Geschäfte der GmbH & Co. KG.

Die Kommanditisten sind von der organschaftlichen Vertretung der GmbH & Co. KG zwingend ausgeschlossen (§ 170 HGB), daher vertritt die Komplementär-GmbH auch die GmbH & Co. KG.

Ausgeübt werden Geschäftsführung und Vertretung der KG demnach durch die Organe der GmbH, die Geschäftsführer (§§ 6, 35 GmbHG).

Besondere Bedeutung kommt dabei dem **Verbot des Insichgeschäfts** zu. Der Geschäftsführer der Komplementär-GmbH schließt regelmäßig Geschäfte zwischen GmbH und KG, so dass der Gesellschaftsvertrag eine Befreiung des Geschäftsführers vom Verbot des Insichgeschäfts vorsehen sollte. Da eine Befreiung vom Verbot des Insichgeschäfts nur der Vertretene vornehmen kann, muss in der GmbH & Co. KG ein Insichgeschäft unter Beteiligung der KG dem Geschäftsführer der Komplementär-GmbH von der KG gestattet werden, eine Befreiung durch die GmbH reicht nicht aus.[127]

---

127 *OLG Hamm* Urteil vom 3.12.2001 (Az: 8 U 131/00), unter Tz. 78 = OLGR Hamm 2003, 30.

Bei der **Haftung** des GmbH-Geschäftsführers ist zu beachten, dass in den Fällen, in denen die eigentliche und einzige Aufgabe der GmbH darin besteht, die Geschäfte der KG zu führen, unmittelbar nur die GmbH & Co. KG haftet.[128] Die Kommanditisten haften dagegen nicht. Intern haftet der GmbH-Geschäftsführer der GmbH & Co. KG unmittelbar aus § 43 Abs. 2 GmbHG wegen der drittschützenden Wirkung

seiner Organstellung, da zwischen dem Geschäftsführer einer Komplementär-GmbH und der GmbH & Co. KG eine organschaftliche Sonderbeziehung besteht.[129]

> **JURIQ-Klausurtipp**
>
> Beachten Sie hier § 31 BGB (analog) gleich zweifach, als Zurechnungsnorm zwischen Geschäftsführer und GmbH und als Zurechnungsnorm zwischen GmbH und KG!

cc) Gesellschafterwechsel

Gesellschafterwechsel in Komplementär-GmbH und GmbH & Co. KG werden regelmäßig **386** koordiniert werden, um die Beteiligungsverhältnisse in beiden Gesellschaften zu erhalten. So enthalten die Gesellschaftsverträge beider Gesellschaften regelmäßig die Bestimmung, dass jeder Gesellschafter nur im Verhältnis seines Anteils an der jeweils anderen Gesellschaft beteiligt sein soll einschließlich einer Verpflichtung, erforderlichenfalls dieses Verhältnis herzustellen. Auch eine Anteilsübertragung an Dritte in nur einer der beiden Gesellschaften ist im Regelfall nicht gewollt.

Ähnliches gilt für die Nachfolge: Soll eine bestimmte Person Nachfolger des Erblassers in GmbH und KG werden, müssen beide Beteiligungen nur an einen Nachfolger vererbt werden dürfen. In einer Familiengesellschaft, in der einzelne Familienstämme mit einer bestimmten Anteilsquote beteiligt sind, muss außerdem im Erbfall das Beteiligungsverhältnis unter den Familienstämmen unverändert bleiben.

---

128 *BGH* Urteil vom 25.2.2002 (Az: II ZR 236/00), unter Tz. 11 = ZIP 2002, 984.
129 *KG* Urteil vom 24.2.2011 (Az: 19 U 83/10), unter Tz. 35 ff. = NZG 2011, 429, 432.

dd) Übungsfall Nr. 6

387 „Klausel hin, Klausel her"

A, B, C und D betreiben seit 2014 unter der Firma „A & Co. KG" einen Tiergroßhandel. A, B und C sind Komplementäre, D ist Kommanditistin der Gesellschaft. Der mit F verheiratete und im gesetzlichen Güterstand lebende A hat in seinem Testament seinen Sohn E zum Alleinerben bestimmt. B hat zwei Kinder, eine Tochter T und einen Sohn Z, und kein Testament errichtet. C und D sind kinderlos.

B will seiner Tochter T im Gesellschaftsvertrag die Möglichkeit einräumen, bei seinem Tod in seine Gesellschafterstellung nachzurücken. Für den Fall der Ablehnung der Übernahme der Gesellschafterstellung durch T soll die Gesellschaft unter den verbleibenden Gesellschaftern fortgesetzt werden und die Erben des B nur eine Abfindung erhalten. § 12 des Gesellschaftsvertrages der KG lautet daher wie folgt:

„Anteilsvererbung

(1) Beim Tod des A sollen seine Frau F und sein Sohn E als Erben in die Gesellschaft eintreten.

(2) Beim Tod des B soll seine Tochter T als Erbin in die Gesellschaft eintreten.

(3) Stirbt C, soll die Gesellschaft von den übrigen Gesellschaftern fortgeführt werden."

Am 19.3.2016 kommen A und B durch einen Biss einer Giftschlange ums Leben. E verlangt nun als Erbe die Auszahlung des gesamten auf den Gesellschaftsanteil des A entfallenden Gewinns für das Geschäftsjahr 2016. Z begehrt Einsicht in die Handelsbücher der Gesellschaft, um eventuelle Gewinnansprüche geltend zu machen. Wie ist die Rechtslage?

388 ## Lösung

I. Gewinnauszahlungsanspruch des E gegen die KG gemäß §§ 161 Abs. 2, 122 Abs. 1 HGB

E könnte gemäß § 122 Abs. 1 HGB Anspruch auf Auszahlung des gesamten auf den Gesellschaftsanteil des A entfallenden Gewinns haben. Da § 122 Abs. 1 HGB i.V.m. § 161 Abs. 2 HGB gemäß § 169 Abs. 1 S. 1 HGB nicht auf die Auszahlungsansprüche des Kommanditisten anwendbar ist, setzt dies voraus, dass E Komplementär der Gesellschaft ist.

1. Gesellschafterstellung des E

E könnte bei Ableben des A in dessen Gesellschafterstellung als Gesellschafter der A & Co. KG eingerückt sein. Den Gewinnauszahlungsanspruch kann er jedoch nur vollständig geltend machen, wenn er alleiniger Nachfolger des A geworden ist. Wäre auch F in die Gesellschafterstellung des A eingerückt, könnte E allenfalls den auf seinen Anteil an der Gesellschafterstellung des A entfallenden Gewinn verlangen.

E könnte gemäß § 1922 BGB i.V.m. § 12 Abs. 1 des Gesellschaftsvertrags die Gesellschafterstellung des A insgesamt erlangt haben. Gemäß § 12 Abs. 1 des Gesellschaftsvertrags sollten beim Tod des Gesellschafters A seine Frau F und sein Sohn E als Erben in die Gesellschaft eintreten.

a) Abgrenzung der Vertragsklausel

Die Bestimmungen in § 12 des Gesellschaftsvertrages könnten eine erbrechtliche Nachfolgeklausel sein, aufgrund derer E möglicherweise ohne weiteres Gesellschafter der KG geworden wäre. Sie könnten jedoch auch Eintrittsklausel sein. Dann wäre E nicht schon mit dem Tod des A Gesellschafter geworden, sondern es wären weitere Akte zur Begründung der Gesellschafterstellung erforderlich gewesen.

aa) Eintrittsklausel

Eine Eintrittsklausel läge vor, wenn A, B und C vereinbart hätten, dass beim Tode eines Gesellschafters dessen Erbe oder eine dritte Person berechtigt sein soll, in die Gesellschaft

einzutreten. Bei Vereinbarung einer Eintrittsklausel wächst die Mitgliedschaft des verstorbenen Gesellschafters zunächst den verbliebenen Gesellschaftern an. Die Mitgliedschaft des
Nachfolgers wird durch Rechtsgeschäft unter
Lebenden anschließend neu begründet. Der
Dritte erwirbt ohne sein Zutun durch die Eintrittsklausel im Gesellschaftsvertrag das Eintrittsrecht. Die Eintrittsklausel stellt mithin
einen Vertrag zugunsten Dritter gemäß
§§ 328 ff. BGB dar. Der Eintrittsberechtigte
erwirbt die Mitgliedschaft durch neuen Gesellschaftsvertrag, den die verbleibenden Gesellschafter in Erfüllung ihrer Verpflichtung aus
dem Gesellschaftsvertrag mit dem Eintretenden abschließen. Ein solch neuer Gesellschaftsvertrag ist mit E jedoch nicht geschlossen worden. Bei einer Qualifikation als Eintrittsklausel
wäre E noch nicht Gesellschafter der KG
geworden, sondern hätte lediglich ein schuldrechtliches Eintrittsrecht erworben. Dieses
begründet jedoch keinen Auszahlungsanspruch.

bb) Nachfolgeklausel

Eine Nachfolgeklausel läge hingegen vor,
wenn der Gesellschaftsvertrag eine Vereinbarung enthielte, nach der beim Tod eines
Gesellschafters dessen Erben, einer der Miterben oder womöglich ein Dritter ohne weiteres
als Rechtsnachfolger in die Gesellschaft einrücken sollen.

Anders als die Eintrittsklausel bewirkt die
Nachfolgeklausel die Fortsetzung der Gesellschaft mit dem automatisch nachrückenden
Rechtsnachfolger. Der Nachfolger erhält nicht
bloß einen schuldrechtlichen Anspruch auf
Eintritt, ihm wird der Gesellschaftsanteil selbst
unmittelbar zugewandt. Dies ergibt sich
bereits aus § 139 Abs. 1 HGB, wonach der in
die Gesellschaft nachrückende Erbe sein Verbleiben davon abhängig machen kann, dass
ihm eine Kommanditistenstellung eingeräumt
wird und er bei Ablehnung eines entsprechenden Antrags gemäß § 139 Abs. 2 HGB sein Ausscheiden aus der Gesellschaft erklären kann.
Wäre die Klausel des § 12 Abs. 1 des Gesellschaftsvertrags Nachfolgeklausel, könnte E
durch den Tod des A unmittelbar Gesellschafter der KG geworden sein.

Eine Abgrenzung zwischen der Nachfolgeklausel und der Eintrittsklausel ist nicht erforderlich,
wenn bei Annahme einer Nachfolgeklausel E
nicht persönlich, sondern in Gemeinschaft mit F
in die Gesellschafterstellung eingerückt wäre.
Dann könnte E den Auszahlungsanspruch nicht
allein, sondern nur gemeinsam mit F geltend
machen.

Ob E in Alleinstellung oder gemeinsam mit F
in die Gesellschafterstellung nachgerückt ist,
hängt von der rechtlichen Einordnung der
Nachfolgeklausel ab.

Nach der so genannten gesellschaftsrechtlichen Lösung geht die Gesellschafterstellung
nicht aufgrund Gesamtrechtsnachfolge, sondern aufgrund der gesellschaftsrechtlichen
Vereinbarung über. Diese ist Verfügung unter
Lebenden auf den Todesfall im Sinne von
§ 331 BGB. Gesellschafter können daher Erben
wie Nichterben werden. Werden sowohl Erben
als auch Nichterben Gesellschafter, werden sie
anteilig Mitgesellschafter. Nach dieser Lösung
wäre E bei einer Nachfolgeklausel als Mitgesellschafter neben F zu qualifizieren und
könnte in eigener Person einen Auszahlungsanspruch allenfalls anteilig geltend machen.

Nach der so genannten erbrechtlichen Lösung
tritt die automatische Rechtsnachfolge kraft
der erbrechtlichen Gesamtrechtsnachfolge ein
(BGHZ 68, 225, 229). Nur Erben können nachfolgende Gesellschafter werden. E wäre in diesem Fall als Alleinerbe alleiniger gesellschafts-
rechtlicher Nachfolger der A geworden. F wäre
mangels Erbenstellung nicht in dessen Stellung nachgerückt. Folglich könnte E einen
eigenen Auszahlungsanspruch in voller Höhe
geltend machen.

Entscheidend ist daher zunächst, ob § 12
Abs. 1 des Gesellschaftsvertrags als Eintrittsklausel oder als Nachfolgeklausel zu qualifizieren ist.

cc) Rechtliche Qualifizierung von § 12
Abs. 1 des Gesellschaftsvertrags

Die Klausel in § 12 Abs. 1 des Gesellschaftsvertrags ist gemäß §§ 133, 157 BGB auszulegen.
Der Wortlaut ist nicht eindeutig: Die Formulierung, die Erben „sollen eintreten", könnte für
die Wahl einer Eintrittsklausel sprechen. Aller-

dings wird der Begriff des „Eintritts" in der Vertragspraxis üblicherweise verwandt, ohne damit eine bestimmte Rechtsfolge zu verknüpfen.

Für eine Nachfolgeklausel spricht hingegen die ausdrückliche Bezugnahme auf die Erbfolge. Nach Sinn und Zweck der Eintrittsklausel kann sie dann, wenn ein gesetzlicher Erbe als Nachfolger benannt ist, nur angenommen werden, wenn eindeutig zum Ausdruck kommt, dass dem Erben ein Entscheidungsrecht zustehen soll, und die Mitgesellschafter die Unsicherheiten bezüglich der personellen Zusammensetzung, die mit dem bloßen Eintrittsrecht verbunden sind, hingenommen haben. Die Klausel in § 12 Abs. 1 des Gesellschaftsvertrags enthält außer der Wortwahl „eintreten sollen", keine Anhaltspunkte dafür, dass F und E ein Entscheidungsrecht eingeräumt werden sollte oder die Mitgesellschafter die Unsicherheit darüber, mit wie vielen Gesellschaftern die KG fortgeführt werden soll, bedacht und hingenommen haben.

Die Vereinbarung einer Eintrittsklausel hat zudem den Nachteil, dass die vorhandenen Gesellschafter, denen die Mitgliedschaft des Verstorbenen anwächst, gemäß §§ 105 Abs. 3 HGB, 738 BGB zur Zahlung einer Abfindung an die Erbengemeinschaft verpflichtet sind. Regelmäßig wird daher ein Abfindungsanspruch der Erbengemeinschaft im Gesellschaftsvertrag eingeschränkt oder ausgeschlossen. Dass eine derartige Regelung in § 12 des Gesellschaftsvertrags fehlt, spricht vorliegend ebenfalls gegen die Annahme einer Eintrittsklausel (BGHZ 68, 225, 233).

Somit sprechen sowohl der Wortlaut als auch das Interesse der Gesellschafter für die Annahme, dass ihr Wille auf die Vereinbarung einer Nachfolgeklausel gerichtet war.

b) Auslegung der Vertragsklausel

Fraglich ist jedoch, wie sich die Einsetzung des E zum Alleinerben auswirkt. Nach der erbrechtlichen Lösung zur Nachfolgeklausel ist E alleiniger Gesellschafter geworden, da nach dieser Ansicht nur Erben in die Gesellschafterstellung nachrücken können und F bereits deshalb ausschiede. Hingegen könnte F nach der gesellschaftsrechtlichen Lösung Gesellschafte-

rin geworden sein, da nach dieser Ansicht auch jeder Dritte unabhängig von seiner erbrechtlichen Stellung in die Gesellschaft eintreten kann. Allerdings sollten gemäß § 12 Abs. 1 des Gesellschaftsvertrags beim Tod des A seine Frau F und sein Sohn E „als Erben" in die Gesellschaft eintreten. Dies lässt sich nur dahin verstehen, dass der Gesellschaftsbeitritt unter der Bedingung stand, dass der Begünstigte auch als Erbe eingesetzt ist. Hätte A gewollt, dass F und E unabhängig von ihrer Erbenstellung Gesellschafter werden sollten, so hätte es sich angeboten, die Klausel ohne den Zusatz „als Erben" in den Gesellschaftsvertrag aufzunehmen.

Demnach ist E durch den Erbfall als alleiniger Gesellschafter in die Position des A nachgefolgt.

2. Höhe des Auszahlungsanspruchs

§ 122 Abs. 1 HGB berechtigt zur Entnahme in Höhe von jährlich 4% des für das letzte Geschäftsjahr festgestellten Kapitalanteils. Der Anspruch ist grundsätzlich gewinnunabhängig. Übersteigt der Gewinn diesen Anteil, ist der Gesellschafter zur Entnahme seines Anteils an diesem Gewinn berechtigt, soweit dies der Gesellschaft nicht offensichtlich schadet. Da für einen Schaden der Gesellschaft nichts ersichtlich ist, kann E den gesamten auf seinen Gesellschaftsanteil entfallenden Gewinn entnehmen.

II. Recht des Z auf Einsicht in die Handelsbücher gemäß §§ 161 Abs. 2, 118 Abs. 1 HGB

Z könnte gemäß § 118 Abs. 1 HGB ein Recht auf Einsicht in die Handelsbücher der Gesellschaft haben. Dann müsste Z Gesellschafter der KG geworden sein. Z könnte gemäß § 1922 BGB i.V.m. § 12 Abs. 2 des Gesellschaftsvertrags in die Gesellschafterstellung des B nachgerückt sein. Entsprechend den vorstehenden Ausführungen ist von der Vereinbarung einer Nachfolgeklausel auszugehen.

1. Gesellschaftsrechtliche Lösung

Hat die Nachfolgeklausel nur rechtsgeschäftliche Wirkungen, ist nur T durch die Verfügung zugunsten Dritter Gesellschafterin geworden.

Allein sie sollte nach § 12 Abs. 2 des Gesellschaftsvertrags in die Gesellschaft eintreten. Erbrechtliche Folgen bleiben außer Betracht.

2. Erbrechtliche Theorie

Die erbrechtliche Theorie betrachtet die Erbenstellung des eintretenden Gesellschafters. Der Gesellschaftsanteil des B gehört zu seinem Nachlass. Z ist als gesetzlicher Erbe erster Ordnung nach § 1924 Abs. 1, Abs. 4 BGB neben seiner Schwester T Erbe zu ein Halb. Er könnte daher durch den Erbfall Gesellschafter zu einem Sechstel (ein Halb eines von drei Anteilen) geworden sein. Zwischen T und Z besteht eine Erbengemeinschaft nach §§ 2032 ff. BGB, die nicht Gesellschafterin einer Personengesellschaft sein kann.

a) Qualifizierte erbrechtliche Nachfolgeklausel

Enthielte § 12 Abs. 2 des Gesellschaftsvertrags eine qualifizierte Nachfolgeklausel, hätte nur T die Mitgliedschaftsrechte des B erworben. Eine qualifizierte Nachfolgeklausel liegt vor, wenn nicht alle Erben, sondern nur einer oder einige von ihnen in die Gesellschafterstellung des Erblassers nachrücken sollen. Sie hat den Zweck, die Mitgliedschaft unmittelbar demjenigen zuzuwenden, den die Klausel benennt.

§ 12 Abs. 2 des Gesellschaftsvertrags bestimmt nur T als Nachfolgerin des B. Z soll nach dem Gesellschaftsvertrag also nicht Gesellschafter der KG nach B werden. Eine derartige Auswahl des Nachfolgers durch den Gesellschaftsvertrag ist zulässig, weil erst der Gesellschaftsvertrag die Mitgliedschaft überhaupt vererblich macht. Wenn die Vererblichkeit der Mitgliedschaft erst durch den Gesellschaftsvertrag herbeigeführt wird, muss es den Gesellschaftern auch möglich sein, den Personenkreis der Nachfolger zu bestimmen. Dann wäre Z nicht Gesellschafter der KG geworden.

b) Auskunftsanspruch als Erbengemeinschaft

Ein Auskunftsanspruch könnte Z jedoch zustehen, wenn die zwischen ihm und T bestehende Erbengemeinschaft (§§ 2032 ff. BGB) Gesellschafter der KG geworden ist. Ob Z über die Gesellschaft einen Auskunftsanspruch geltend machen kann, kann aber dahinstehen, wenn T den Gesellschaftsanteil auch nach der erbrechtlichen Lösung unmittelbar und nicht über die Erbengemeinschaft erworben hätte. Da B kein Testament errichtete und demzufolge hinsichtlich seiner Gesellschafterstellung kein Vermächtnis zugunsten der T anordnete, richtet sich die Antwort zunächst nach gesetzlichem Erbrecht. Dies kennt keine Vererbung einzelner Gegenstände im Wege der Sondererbfolge. Auf Grundlage der erbrechtlichen Lösung ist aber anerkannt, dass die Beteiligung dem durch die qualifizierte Nachfolgeklausel benannten Miterben unmittelbar und in vollem Umfang anfällt, ohne dass es einer weiteren Rechtshandlung bedarf. In der Sache handelt es sich hierbei um eine Durchbrechung des Prinzips der Gesamtrechtsnachfolge zugunsten einer Sondernachfolge, die dem praktischen Bedürfnis der Kontrolle über und der Einflussnahme auf den Gesellschafterbestand einer Personengesellschaft durch die Gesellschafter Rechnung trägt.

Teilweise wird die qualifizierte Nachfolgeklausel als dinglich wirkende Teilungsanordnung gesehen und angenommen, die Mitgliedschaft falle dem Nachfolgeerben als Nachlassgegenstand zu, und zwar so, als wäre sie ihm im Wege der Teilauseinandersetzung aus der Erbengemeinschaft übertragen worden, teilweise wird die Sondernachfolge des Erben in die Gesellschafterstellung des Erblassers mittels Rechtsfortbildung extra legem begründet. Die Rechtsprechung argumentiert nach dem mutmaßlichen Willen des Erblassers, der eine qualifizierte Nachfolgeklausel vereinbart hat, und dem allein die Anwendung des Rechtsgedankens der Einzelrechtsnachfolge Rechnung trägt, zumal dieser keine erbrechtlichen Schranken entgegenstünden (BGHZ 68, 225, 238).

T hat mit dem Tod des B folglich nicht nur einen ihrer Erbquote entsprechenden Teil, sondern den gesamten Gesellschaftsanteil des B in Höhe von einem Drittel erworben. Der Gesellschaftsanteil des B war nie Gegenstand der Erbengemeinschaft, so dass Z keinerlei Rechte aus der Mitgliedschaft des B herleiten kann. Allerdings steht Z wegen der gesetzli-

chen Erbfolge zu je ein Halb gegen T ein Ausgleichsanspruch in Höhe des halben Wertes
der Mitgliedschaft des B zu, da T nicht mehr
erhalten bzw. behalten darf, als ihr aufgrund
des Erbrechts zusteht. Die Erbquote bestimmt
den erbrechtlichen Erwerb nicht gegenständlich, aber wertmäßig.

3. Ergebnis

Z ist weder nach der gesellschaftsrechtlichen
noch nach der erbrechtlichen Theorie in die
Gesellschafterstellung des B eingerückt und
hat daher kein Kontrollrecht gemäß §§ 161
Abs. 2, 118 Abs. 1 HGB.

Online-Wissens-Check

**Skizzieren Sie die Entwicklung der Rechtsprechung zu der Außenhaftung der
Gesellschafter einer Gesellschaft bürgerlichen Rechts.**

Überprüfen Sie jetzt online Ihr Wissen zu den in diesem Abschnitt erarbeiteten Themen.
Unter **www.juracademy.de/skripte/login** steht Ihnen ein Online-Wissens-Check speziell zu die-
sem Skript zur Verfügung, den Sie kostenlos nutzen können. Den Zugangscode hierzu finden
Sie auf der Codeseite.

4. Die stille Gesellschaft

Die stille Gesellschaft hat sich aus der römisch-rechtlichen commenda entwickelt, in der der **389** commendator verborgen blieb.

a) Grundlagen und Erscheinungsformen

> Die **stille Gesellschaft** ist eine Personengesellschaft, bei der sich jemand (der **stille Gesell-** **390** schafter**) am Handelsgewerbe eines anderen (des **Inhabers**) mit einer Vermögenseinlage beteiligt.

Die stille Gesellschaft hat große praktische Bedeutung. Sie gestattet eine Kapitalbeschaffung in **391** anderer Weise als durch Darlehen, die zudem „still" bleibt, d.h. die nicht zu publizieren ist.

Zudem dient sie in vielen Fällen der Mitarbeiterbeteiligung. Dies erleichtert das Vermögens-bildungsgesetz, das eine stille Beteiligung als vermögenswirksame Leistung des Arbeitgebers mit der Folge der Gewährung einer erhöhten Arbeitnehmerzulage anerkennt (§§ 2 Abs. 1 Nr. 1 lit. i), 13 VermBG).

Stille Gesellschaften dienen auch als Publikumsgesellschaften zur Kapitalanlage. Die Kapital-anleger bilden entweder mit dem Unternehmensträger jeweils eine eigene stille Gesellschaft (**zweigliedrige stille Gesellschaft**), dann bestehen zwischen den stillen Gesellschaftern untereinander keine Rechtsbeziehungen.[130] Oder sie vereinbaren eine GbR, die stille Gesell-schafterin wird (**mehrgliedrige stille Gesellschaft**).

Die stille Gesellschaft ist eine Personengesellschaft, bei der sich jemand (der **stille Gesell-schafter**) am Handelsgewerbe eines anderen (des **Inhabers**) mit einer Vermögenseinlage beteiligt. Während die Einlage in das Vermögen des Inhabers übergeht, ist der stille Gesell-schafter zumindest am Gewinn und bei entsprechender Vereinbarung auch am Verlust beteiligt (§ 230 HGB). Die stille Gesellschaft setzt voraus, dass sich Inhaber und Stiller zur Verfolgung eines gemeinsamen Zwecks zusammenschließen; sie ist damit eine GbR (§ 705 BGB). Als Gesellschaft nimmt sie jedoch nicht am Rechtsverkehr teil, sondern bleibt „still": Nach außen hin tritt allein der Inhaber des Handelsgewerbes im eigenen Namen in Erscheinung, nur er ist Träger des Vermögens. Damit ist die stille Gesellschaft stets Innen-gesellschaft und als solche weder rechts- und parteifähig noch insolvenzfähig. Gesetzlich geregelt ist sie in den weitestgehend dispositiven Regelungen der §§ 230 ff. HGB, ergän-zend in §§ 705 ff. BGB.

> **Hinweis**
>
> Machen Sie sich nochmals den Unterschied zwischen Innen- und Außengesellschaften klar: Außengesellschaften treten im Rechtsverkehr als eigene Rechtspersönlichkeit (Körperschaf-ten) oder als Gesamthand (Personengesellschaften) auf, Innengesellschaften bestehen zumeist nur als interne Organisationsverfassung der Innengesellschafter. Die stille Gesell-schaft ist die konkreteste Ausformung einer Innengesellschaft.

---

130 *BGH* Urteil vom 19.7.2004 (Az: II ZR 354/02), unter Tz. 11 = ZIP 2004, 1706.

b)   Entstehung

392 Die stille Gesellschaft entsteht durch den Abschluss eines Gesellschaftsvertrags zwischen dem stillen Gesellschafter und dem Inhaber des Handelsgewerbes. Mindestinhalt des Gesellschaftsvertrags ist es, dass sich der stille Gesellschafter verpflichtet, eine Vermögenseinlage zu leisten, die in das Vermögen des Inhabers des Handelsgeschäfts übergeht, und der stille Gesellschafter im Gegenzug in bestimmter Weise am Gewinn beteiligt ist. Der stille Gesellschafter ist am Handelsgewerbe des Inhabers lediglich mittels einer Vermögenseinlage beteiligt; dies führt nicht zur Bildung eines Gesellschaftsvermögens, so dass der Stille am Vermögen des Handelsgewerbes keine Rechte hat.

Stiller Gesellschafter kann jede natürliche und juristische Person und jede Personenvereinigung werden, auch die Erbengemeinschaft. Nicht stiller Gesellschafter sein können lediglich eine stille Gesellschaft selbst und eine BGB-Innengesellschaft, da beide nicht nach außen handeln, und der Inhaber des Handelsgeschäfts selbst, da das Gesetz die Beteiligung am Handelsgewerbe eines anderen voraussetzt (§ 230 HGB). Damit steht jedoch dem Gesellschafter einer Handelsgesellschaft eine stille Beteiligung an dieser Handelsgesellschaft neben seiner Gesellschafterstellung offen.

Inhaber des Handelsgeschäfts können sein
- Einzelkaufleute,
- Personenhandelsgesellschaften,
- Kapitalgesellschaften,
- Erbengemeinschaften, die das Handelsgewerbe des Erblassers weiter betreiben.

Mangels Betriebs eines Handelsgewerbes können die GbR, eine andere stille Gesellschaft und die Partnerschaftsgesellschaft nicht Inhaber des Handelsgeschäfts sein. § 8 ApoG untersagt eine stille Beteiligung an einem Apothekenbetrieb.

c)   Rechtsnatur und Abgrenzung

393 Unterschieden wird die typische von der atypisch stillen Gesellschaft. Im Gegensatz zur **typisch stillen Gesellschaft** als gesetzlicher Regelform, bei der der Stille am Gewinn und nach Vereinbarung auch am Verlust beteiligt ist (§ 231 HGB), trägt der Stille bei der **atypisch stillen Gesellschaft** ein mitunternehmerisches Risiko und hat weitgehende Mitspracherechte, erhält also maßgeblichen Einfluss auf die Gesellschafterrechte und Geschäftsführungsbefugnisse des Inhabers des Handelsgeschäfts. Dies kann sich zu einer oHG verdichten.

Die stille Gesellschaft ähnelt in ihrer Struktur bzw. ihrer Funktionsweise anderen Beteiligungsformen, zu denen jedoch wesentliche Unterschiede bestehen. Wichtig ist vor allem die Abgrenzung zu dem partiarischen Darlehen, dem Darlehen gegen Einräumung einer Beteiligung am Gewinn. Bei dem **partiarischen Darlehen** verfolgen Inhaber des Handelsgeschäfts und Anleger kein gemeinschaftliches Ziel, sondern treten ausschließlich in einen Leistungsaustausch mit voneinander verschiedener Absicht.

Deshalb schließt ein partiarisches Darlehen typischerweise aus
- eine Beteiligung am Verlust;
- einen Anspruch des Anlegers auf eine Verwendung seiner Anlage im Handelsgeschäft;
- Kontroll-, Überwachungs- und Mitwirkungsrechte des Anlegers;

und sieht vor

- eine Abtretbarkeit der Darlehensforderung auf einen anderen;
- das Recht der Gesellschaft zur Änderung des Unternehmensgegenstandes ohne Einwilligung des Anlegers.[131]

d) Rechte und Pflichten des Stillen

Da sich der Stille am Handelsgewerbe lediglich mittels einer Vermögenseinlage beteiligt, hat **394** er keinerlei Rechte am Vermögen und nur geringe nichtvermögensrechtliche Rechte. Die Geschäftsführung unterliegt bei der typisch stillen Gesellschaft ausschließlich dem Inhaber des Handelsgeschäfts, der die Geschäfte im eigenen Namen für gemeinschaftliche Rechnung führt. Dabei muss der Unternehmensträger die Interessen des stillen Gesellschafters jeweils berücksichtigen. Grundlegende Entscheidungen zum Handelsgeschäft bedürfen grundsätzlich im Innenverhältnis der Zustimmung des stillen Gesellschafters, sofern nichts anderes vertraglich vereinbart ist.

aa) Kontrollrecht

Bei der so genannten typisch stillen Gesellschaft sind die Informations- und Kontrollrechte **395** des stillen Gesellschafters auf die Rechte nach § 233 HGB reduziert. Das Recht auf klageweise Durchsetzung der Kontrollrechte kann vertraglich nicht ausgeschlossen werden. Der Stille kann schriftliche Mitteilung des Jahresabschlusses, d.h. der Bilanz einschließlich der Gewinn- und Verlustrechnung, verlangen.

Bei einer vertraglichen Erweiterung der Kontroll-, Informations-, Mitbestimmungs- oder Weisungsrechte besteht eine atypisch stille Gesellschaft.

bb) Treuepflicht

Nur im Fall der atypisch stillen Gesellschaft verdichten sich die erweiterten Kontroll- und Mit- **396** spracherechte des Stillen so weit, dass er einem Wettbewerbsverbot unterliegt. Den typisch Stillen trifft kein Wettbewerbsverbot.

cc) Gewinnanteilsrecht

Die Einlage des stillen Gesellschafters geht in das Vermögen des Geschäftsinhabers über **397** (§ 230 HGB). Als Gegenleistung erhält der stille Gesellschafter eine Beteiligung am **Gewinn**. Im Gegensatz zur Verlustbeteiligung kann die Gewinnbeteiligung vertraglich nicht ausgeschlossen werden (§ 231 Abs. 2 HS. 1 HGB). Das Gesetz legt keine bestimmte Höhe der Gewinnbeteiligung fest, sondern verlangt einen angemessenen Anteil.

Der stille Gesellschafter hat nach denselben Maßstäben angemessenen Anteil am **Verlust**, wenn eine Verlustbeteiligung nicht vertraglich ausdrücklich ausgeschlossen ist, allerdings nach der gesetzlichen Konzeption nur bis zur Höhe seiner eingezahlten oder rückständigen Einlage (§§ 231 Abs. 1, 232 Abs. 2 S. 1 HGB). Vertraglich kann eine Verlustbeteiligung über seine Einlage hinaus bis zu einer Beteiligung in unbeschränkter Höhe vereinbart werden.

Die Gewinn- und Verlustrechnung erfolgt am Ende eines jeden Geschäftsjahres (§ 232 Abs. 1 HGB), zumeist in einer bestimmten prozentualen Quote. Dabei werden die Kapitalverhält-

---

131 *BGH* Urteil vom 27.11.2000 (Az: II ZR 218/00), unter Tz. 8 ff. = WM 2001, 314.

Besonderes Gesellschaftsrecht

nisse bei Begründung der stillen Gesellschaft bzw. eine Änderung der Kapitalverhältnisse der Quote der Beteiligung zugrunde gelegt.

e)   Die Haftung des Stillen

398   Nur der Inhaber des Handelsgeschäftes, nicht aber der stille Gesellschafter wird aus den Rechtsgeschäften des Geschäftsinhabers berechtigt oder verpflichtet (§ 230 Abs. 2 HGB). Zugreifen können Gläubiger des Handelsgeschäfts nur auf den Anspruch gegen den stillen Gesellschafter auf die rückständige Einlage im Wege der Pfändung und Einziehung, weil sich der stille Gesellschafter zu seinem Beitrag vertraglich verpflichtet hat. Auch die Ansprüche auf den Gewinn sowie das künftige Auseinandersetzungsguthaben (§ 717 S. 2 BGB) sind pfändbar. Eine unmittelbare Außenhaftung des Stillen besteht nur bei Übernahme einer gesonderten rechtsgeschäftlichen Verpflichtung, etwa im Fall der Bürgschaft des Stillen für Verbindlichkeiten des Inhabers des Handelsgeschäfts.

f)   Rechte und Pflichten des Inhabers des Handelsgeschäfts

399   Im Fall der atypisch stillen Gesellschaft kann zwischen dem Stillen und dem Inhaber des Handelsgeschäfts vereinbart werden, dass bestimmte Rechtsgeschäfte nur mit Zustimmung des stillen Gesellschafters vorgenommen werden dürfen. Ein derartiger **Zustimmungsvorbehalt** ist üblich für alle Geschäfte, die über den normalen Geschäftsbetrieb hinausgehen. Besteht ein solcher Vorbehalt, kann der Inhaber des Handelsgeschäfts zwar im Außenverhältnis unbeschränkt handeln, er macht sich aber gegenüber dem Stillen schadensersatzpflichtig, wenn er den Zustimmungsvorbehalt missachtet.

g)   Die Haftung des Inhabers des Handelsgeschäfts

400   Verletzt der Inhabers des Handelsgeschäfts vorsätzlich oder grob fahrlässig andere Verpflichtungen nach dem Gesellschaftsvertrag, ist er ebenfalls dem stillen Gesellschafter gegenüber zu Schadensersatz verpflichtet. Die Haftungsmilderung auf die Sorgfalt in eigenen Angelegenheiten kommt jedoch auch im Verhältnis zwischen dem Stillen und dem Inhaber des Handelsgeschäfts zur Anwendung (§ 708 BGB). Ein Schaden entsteht dem Stillen regelmäßig nur dann, wenn die Vertragspflichtverletzungen zu einer Minderung seines Gewinnanteils führen.

h)   Die Beendigung

aa) Auflösung

401   Die stille Gesellschaft wird aufgelöst, wenn der Inhaber des Handelsgeschäfts stirbt, eine Erbfolge in die Gesellschafterstellung tritt nicht ein. Gem. § 234 Abs. 2 HGB ist dies jedoch nicht bei **Tod** des Stillen der Fall; die stille Gesellschaft wird dann mit den Erben bzw. der Erbengemeinschaft fortgesetzt.

Aufgelöst wird sie zudem bei **Zweckerreichung** oder **Unmöglichwerden** des Gesellschaftszwecks (§ 726 BGB). Ein Fall des Unmöglichwerdens tritt vor allem dann ein, wenn der Inhaber des Handelsgeschäfts sein Handelsgewerbe endgültig einstellt.

Beide Teile können die stille Gesellschaft kündigen. Ist die stille Gesellschaft auf unbestimmte Zeit oder auf Lebenszeit eines Gesellschafters eingegangen, kann die **Kündigung** nur zum

Ende des Geschäftsjahres mit mindestens sechsmonatiger Kündigungsfrist erfolgen (§§ 234 Abs. 1 S. 1, 132, 134 HGB). Die Kündigung aus wichtigem Grund kann wie auch sonst nicht vertraglich ausgeschlossen werden (§ 234 Abs. 1 S. 2 HGB, § 723 Abs. 1 S. 2, 3, Abs. 3 BGB).

bb) Liquidation

Mangels Gesellschaftsvermögens wird die stille Gesellschaft nicht zur Liquidationsgesellschaft. **402**

Sie wird nur im Verhältnis zum Inhaber des Handelsgeschäfts durch Auflösung der noch schwebenden Geschäfte abgewickelt (§ 235 Abs. 2 HGB). Der Stille kann Auskunft über den Stand der noch nicht abgewickelten Geschäfte verlangen (§ 235 Abs. 3 HGB).

Der Inhaber des Handelsgeschäfts errechnet anschließend den Auszahlungsanspruch des typisch Stillen im Wege der Gewinnermittlung, der atypisch Stille wird am tatsächlichen Geschäftswert beteiligt.

Der Stille hat gegen den Inhaber des Handelsgeschäftes Anspruch auf Auszahlung seiner Einlage (§ 235 Abs. 1 HGB).

Im Falle der stillen Beteiligung an einer GmbH ist der atypisch Stille wie ein GmbH-Gesellschafter den Kapitalerhaltungsregeln unterworfen, wenn er aufgrund der vertraglichen Ausgestaltung des stillen Gesellschaftsverhältnisses hinsichtlich seiner vermögensmäßigen Beteiligung und seines Einflusses auf die Geschicke der GmbH weitgehend einem GmbH-Gesellschafter gleichsteht. Bei Beendigung der stillen Gesellschaft darf das Auseinandersetzungsguthaben an den Stillen nicht ausgezahlt werden, wenn, soweit und solange dadurch das Vermögen der GmbH unter den Betrag der Stammkapitalziffer sinken würde (Unterbilanz).[132]

5. Die Partnerschaftsgesellschaft

> Die **Partnerschaft** ist eine Gesellschaft, in der sich Angehörige freier Berufe zur Ausübung ihrer Berufe zusammenschließen. **403**

a) Grundlagen und Erscheinungsformen

Die Partnerschaftsgesellschaft ist eine recht junge Rechtsform; das Partnerschaftsgesellschaftsgesetz (PartGG) ist am 1.1.1995 in Kraft getreten. Sie ist gem. § 1 Abs. 1 S. 1 PartGG für Angehörige freier Berufe geschaffen worden, da diesen zuvor nur die GbR zur Verfügung stand. Gesellschafter, auch Partner genannt, können daher nur natürliche Personen sein (§ 1 Abs. 1, Abs. 3 PartGG). Welche Berufe freie Berufe im Sinne des Partnerschaftsgesellschaftsgesetzes sind, ist in § 1 Abs. 2 S. 2 PartGG aufgezählt. **404**

Ihr Zweck ist auf die gemeinsame Ausübung freier Berufstätigkeit gerichtet, bloße Kapitalbeteiligungen sind ausgeschlossen. Der Beitrag des einzelnen Partners besteht typischerweise in der Ausübung seines freien Berufs. Inhalt, Umfang und Bewertung der Beiträge können die Partner weitgehend frei vereinbaren, solange die Art der Beitragsleistung nicht gegen berufsrechtliche Vorschriften verstößt (§ 6 Abs. 1 PartGG).

---

132 *BGH* Urteil vom 13.2.2006 (Az: II ZR 62/04), unter Tz. 24 ff. = WM 2006, 691.

Die Partnerschaftsgesellschaft ist eine Personengesellschaft. Sie betreibt kein Handelsgewerbe (§ 1 Abs. 1 S. 2 PartGG). Sie ist als Personengesellschaft nicht juristische Person, besitzt aber eine der oHG vergleichbare Selbstständigkeit (§ 7 Abs. 2 PartGG).

Gem. § 1 Abs. 4 PartGG finden auf diese Gesellschaft die Vorschriften über die GbR Anwendung, soweit nichts anderes bestimmt ist. Es gilt daher grundsätzlich das zu der GbR Gesagte. Im PartGG finden sich vereinzelt Vorschriften, die ausdrücklich die Anwendung von oHG-Recht vorsehen.

b) Entstehung

405 Gegründet wird die Partnerschaft durch Abschluss eines so genannten **Partnerschaftsvertrags**. Nach § 3 Abs. 1 PartGG bedarf der Partnerschaftsvertrag der Schriftform. Er muss mindestens enthalten (§ 3 Abs. 2 PartGG)

- den Namen und
- den Sitz der Partnerschaft,
- den vollständigen Namen und Wohnort jedes Partners,
- dessen Beruf und
- den Gegenstand der Partnerschaft.

Ein Mindestkapital ist nicht erforderlich.

Der Name der Partnerschaft trägt den Namen mindestens eines Partners mit dem Rechtsformzusatz „Partner" oder „Partnerschaft" (§ 2 Abs. 1 PartGG). Das Prinzip der Firmenwahrheit (§ 2 Abs. 2 PartGG; § 18 Abs. 2 HGB) gilt auch hier, so dass der Name der Partnerschaft nicht über Art, Umfang oder sonstige Verhältnisse täuschen darf. Eine Täuschung ist angenommen worden, wenn eine Partnerschaft von Rechtsanwälten den Namen „X & Partner Rechtsanwälte und Steuerberatung" führt, da dies einen Zusammenschluss von Rechtsanwälten und Steuerberatern vermuten lasse.[133]

Die Partnerschaft muss in das **Partnerschaftsregister** bei dem für ihren Sitz örtlich zuständigen Amtsgericht eingetragen werden. § 5 Abs. 2 PartGG bestimmt, dass die Vorschriften über das Handelsregister entsprechend angewendet werden.

Erst mit der Eintragung ins Partnerschaftsregister wird die Partnerschaftsgesellschaft im Verhältnis zu Dritten wirksam (§ 7 Abs. 1 PartGG). Vor Eintragung besteht regelmäßig eine GbR.

Das Rechtsverhältnis der Partner untereinander ist in § 6 PartGG geregelt. Es richtet sich danach in erster Linie nach dem Partnerschaftsvertrag (§ 6 Abs. 3 PartGG). Das Partnerschaftsvermögen ist Gesamthandsvermögen.

Die Erbringung der Leistungen ist dem jeweiligen für ihren Beruf geltenden Berufsrecht unterstellt. Scheidet der Partner aus dem Beruf aus, scheidet er daher auch aus der Partnerschaft aus.

---

133 *OLG Rostock* Beschluss vom 29.11.2005 (Az: 6 W 12/05), unter Tz. 13 ff. = DB 2006, 167.

c)   Geschäftsführung und Vertretung

Jeder Partner ist zur Geschäftsführung und Vertretung (§ 7 Abs. 3 PartGG, § 125 Abs. 1 HGB)   **406**
befugt, wenn er nicht durch den Partnerschaftsvertrag von der Vertretung ausgeschlossen ist.

Gem. § 6 Abs. 2 PartGG können einzelne Partner von der Geschäftsführung ausgeschlossen
werden.

Der einzelne Partner darf jedoch nicht von der Geschäftsführung ausgeschlossen werden,
soweit diese die Berufsausübung betrifft (§ 6 Abs. 2 PartGG). Für die Beschlussfassung gilt
mangels abweichender partnerschaftsvertraglicher Regelungen das Einstimmigkeitsprinzip
(§ 6 Abs. 3 PartGG). Es ist zwingend für Beschlüsse, die in den Kernbereich der Mitgliedschaft
eingreifen.

Nur Partner dürfen die Partnerschaft nach außen vertreten (Prinzip der Selbstorganschaft).
Gem. § 7 Abs. 3 PartGG, § 126 Abs. 2 HGB erstreckt sich die Vertretungsmacht auf alle gerichtlichen und außergerichtlichen Rechtshandlungen. Den anderen Partnern steht ein Widerspruchsrecht zu.

d)   Gewinn- und Verlustbeteiligung

Jeder Partner hat mangels abweichender vertraglicher Regelung ohne Rücksicht auf Art und   **407**
Größe seines Beitrags, insbesondere seiner Arbeitsleistung, Anspruch auf gleiche Beteiligung
am Gewinn und nimmt zum gleichen Anteil am Verlust der Partnerschaft Anteil (§ 722 Abs. 1
BGB).

Eine Nachschusspflicht der Partner besteht nicht (§ 707 BGB). Auch ein Entnahmerecht steht
den Partnern nicht zu. Es ist jedoch üblich, feste Gehaltszahlungen als Vorabentnahmen auf
den Jahresgewinn zu vereinbaren.

e)   Haftung

Die Haftung ist in § 8 PartGG geregelt.   **408**
Grds. haften die Partner wie oHG-
Gesellschafter (§ 8 Abs. 1 PartGG), die
Haftung ist aber auf den oder die ein-
zelnen mit der Bearbeitung eines Auf-
trags befassten Partner beschränkt (§ 8
Abs. 2 PartGG). Daneben besteht die
Haftung der Partnerschaftsgesellschaft
selbst, grds. wie bei allen Personenge-
sellschaften.

Nach § 8 Abs. 3 PartGG kann durch Gesetz für einzelne Berufe eine Beschränkung der Haf-   **409**
tung für Ansprüche aus Schäden wegen fehlerhafter Berufsausübung auf einen bestimmten
Höchstbetrag zugelassen werden, wenn zugleich eine Pflicht zum Abschluss einer Berufshaf-
tungspflichtversicherung der Partner oder der Partnerschaft begründet wird. Durch individuelle vertragliche Abrede können die Partner auf diesem Wege die Haftung der Partnerschaft
oder der ihr angehörigen Partner eingrenzen.

410   Seit 2013 besteht nach § 8 Abs. 4 S. 1 PartGG die Möglichkeit, die Haftung der Gesellschafter für Schäden aus Berufsfehlern auszuschließen und auf das Gesellschaftsvermögen zu beschränken. Die Regelung, welche vorwiegend aus steuerrechtlichen Erwägungen[134] sowie dem Bestreben, eine Alternative zur britischen limited liability partnership zu bieten, eingeführt worden ist, erfordert, dass die Partnerschaft eine entsprechende Berufshaftpflichtversicherung unterhält sowie den Namenszusatz „mit beschränkter Berufshaftung" oder eine andere allgemein verständliche Abkürzung führt. Die Haftung für sonstige Schäden ist hiervon nicht betroffen.

411   Neu eintretende Partner haften für die vor ihrem Eintritt begründeten Gesellschaftsverbindlichkeiten. Eine im Innenverhältnis vereinbarte Haftungsfreistellung ist im Außenverhältnis nicht wirksam (§ 8 Abs. 1 S. 2 PartGG, § 130 Abs. 1, 2 HGB).

412   Die Nachhaftungsregeln des HGB gelten über § 10 Abs. 2 PartGG.

f)   Änderungen im Partnerbestand

413   Anteile der Partnerschaftsgesellschaft sind nur mit Zustimmung der übrigen Partner übertragbar. Ein neuer Partner wird jedoch regelmäßig nicht durch Erwerb eines Partnerschaftsanteils, sondern durch **Aufnahme** im Wege der An- und Abwachsung von Anteilen eintreten. Er muss ebenfalls Freiberufler sein und die Aufnahme berufsrechtlich zulässig sein.

414   Für das **Ausscheiden** aus der Partnerschaft gelten die Regeln der Personenhandelsgesellschaften. Ein Partner scheidet jedoch zwingend aus bei Verlust seiner erforderlichen Zulassung zu dem freien Beruf, den er in der Partnerschaft ausübt (§ 9 Abs. 3 PartGG). Die Beteiligung an der Partnerschaft ist jedoch nur vererblich, wenn dies im Partnerschaftsvertrag ausdrücklich vorgesehen ist und der Erbe selbst die Voraussetzungen zum Partner erfüllt (§ 9 Abs. 4 PartGG).

415   Der ausscheidende Partner hat Anspruch auf **Abfindung** zum vollen Wert seines Anteils (§§ 738, 740 BGB). Dies wird regelmäßig vertraglich eingeschränkt.

416   Der **Tod** eines Partners führt mangels gesonderter Regelungen im PartGG wie bei der gesetzlichen Konzeption der GbR zu einer Auflösung der Partnerschaft, es wird jedoch regelmäßig vertraglich eine Fortsetzung unter den verbleibenden Gesellschaftern vereinbart.

g)   Beendigung

417   Für die Auflösung gelten nach § 9 Abs. 1 PartGG die §§ 131–144 HGB und für die Liquidation nach § 10 Abs. 1 PartGG die §§ 145–158 HGB.

---

134   Gesetz zur Einführung einer Partnerschaftsgesellschaft mit beschränkter Berufshaftung und zur Änderung des Berufsrechts der Rechtsanwälte, Patentanwälte, Steuerberater und Wirtschaftsprüfer vom 15.7.2013 (BGBl. 2013 I S. 2386). Vgl. hierzu näher *Henssler* in: Henssler/Streck, Handbuch Sozietätsrecht, F Rz. 1 ff.; *Römermann/Jähne* BB 2015, 579.

6. Die Europäische Wirtschaftliche Interessenvereinigung

> Eine **Europäische wirtschaftliche Interessenvereinigung** (EWIV) ist eine auf dem Gemeinschaftsrecht basierende Personengesellschaft zur Erleichterung und Förderung der grenzüberschreitenden Zusammenarbeit.

418

a) Grundlagen und Erscheinungsformen

Die Europäische Wirtschaftliche Interessenvereinigung (EWIV) soll als supranationale, europäische Gesellschaftsform eine grenzüberschreitende Kooperation von Unternehmen und Angehörigen freier Berufe in der Europäischen Gemeinschaft erleichtern (Art. 3 Abs. 1 EWIVVO). Ihre Tätigkeit muss sich in diesem Sinne auf eine reine Hilfsfunktion beschränken, insbesondere darf die EWIV selbst kein Gewerbe oder einen freien Beruf ausüben.

419

Die EWIV beruht auf der EG-Verordnung Nr. 2137/1985 (EWIVVO: ABl. EG 1985 Nr. L 199 S. 1), die in Deutschland unmittelbar geltendes Recht ist. Ergänzend gilt für eine EWIV mit Sitz in Deutschland das EWIV-Ausführungsgesetz (Art. 2 EWIVVO). Dessen Vorschriften werden durch die Vorschriften der oHG ergänzt (§ 1 EWIV-AusfG).

Sie ist nicht juristische Person, besitzt aber eine der oHG vergleichbare Selbstständigkeit.

b) Entstehung

Die EWIV entsteht mit Abschluss eines Gründungsvertrages zwischen mindestens zwei Mitgliedern (Art. 4 Abs. 2 EWIVVO) und der Eintragung im Handelsregister (Art. 1 Abs. 1 S. 2, Art. 6 EWIVVO). Ein Mindestkapital ist nicht erforderlich.

420

Im Hinblick auf ihren grenzüberschreitenden Zweck müssen die Mitglieder ihre Hauptverwaltung oder ihre Haupttätigkeit in **verschiedenen EU-Mitgliedstaaten** ausüben. Mitglieder aus Nicht-EU-Staaten dürfen nicht Mitglied werden. Mitglied können danach werden

- alle natürlichen Personen, die eine gewerbliche, kaufmännische, handwerkliche, landwirtschaftliche oder freiberufliche Tätigkeit in der Gemeinschaft ausüben oder andere Dienstleistungen erbringen;
- Gesellschaften im Sinne von Art. 48 EG, nunmehr Art. 54 AEUV, also alle Personengesellschaften und die juristischen Personen;
- alle Personenvereinigungen des öffentlichen und privaten Rechts, die nach dem Recht des Mitgliedstaats gegründet worden sind und eine wirtschaftliche Tätigkeit ausüben.

Der **Gründungsvertrag** der EWIV setzt Schriftform voraus, da die Verordnung eine hinterlegbare Form verlangt (Art. 7 S. 1 EWIVVO).

Mindestinhalt ist der folgende (Art. 5 EWIVVO):
- der Name der EWIV mit dem Zusatz „Europäische Wirtschaftliche Interessenvereinigung" oder der Abkürzung „EWIV" (Art. 5 lit. a) EWIVVO);
- ihren Sitz in einem EU-Mitgliedstaat (Art. 12 Abs. 1 EWIVVO);
- ihren Unternehmensgegenstand;
- Angaben zu Name, Firma, Rechtsform, Wohnsitz oder Sitz der Mitglieder;
- Angaben über die Dauer, wenn die Vereinigung für bestimmte Zeit eingegangen wird.

Die Anmeldung der EWIV zur Eintragung im Handelsregister bei dem Amtsgericht, in dessen Bezirk sie ihren im Gründungsvertrag genannten Sitz hat (§ 2 Abs. 1 EWIV-AusfG), muss folgende Mindestangaben enthalten:

- die vorgenannten Mindestangaben des Gründungsvertrags (§ 2 Abs. 2 Nr. 1–4, 6 EWIV-AusfG);
- die Namen und die Vertretungsbefugnis der Geschäftsführer (§ 2 Abs. 2 Nr. 5 EWIV-AusfG);
- die Versicherung der Geschäftsführer, dass keine Ausschlussgründe gegen ihre Bestellung vorliegen und dass sie über ihre unbeschränkte Auskunftspflicht gegenüber dem Gericht belehrt wurden (§ 3 Abs. 3 EWIV-AusfG);
- eine Abschrift des Gründungsvertrages sowie Urkunden über die Bestellung der Geschäftsführer in beglaubigter Form (Art. 7 S. 1 EWIVVO).

Die Eintragung im Handelsregister ist konstitutiv (Art. 1 Abs. 2 EWIVVO). Eingetragen wird die EWIV in Abteilung A des Handelsregisters (§ 3 Abs. 2 HRV), die Bekanntmachung erfolgt ergänzend im Amtsblatt der EU (Art. 11 EWIVVO; § 4 Abs. 2 EWIV-AusfG).

c)   Der Gesellschaftszweck

421   Die EWIV, die nur unterstützende Tätigkeiten ausüben und insbesondere selbst keine Gewinne für eigene Rechnung erzielen darf, unterliegt einer Reihe von Verwendungsverboten (Art. 3 Abs. 2 EWIVVO): Sie darf keine Leitungsmacht gegenüber ihren Mitgliedern oder anderen Unternehmen ausüben (**Konzernleitungsverbot**), keine Beteiligungen an einem Mitgliedsunternehmen halten (**Holdingverbot**), nicht mehr als 500 Arbeitnehmer beschäftigen (**Beschäftigungsverbot**), nicht dazu benutzt werden, dem Leiter einer Gesellschaft ein Darlehen zu gewähren (**Kreditgewährungsverbot**), und nicht selbst Mitglied einer anderen EWIV sein (**Beteiligungsverbot**).

d)   Die Beschlussfassung

422   Die Gesamtheit der Mitglieder kann als oberstes Entscheidungsorgan der EWIV jeden Beschluss zur Verwirklichung des Unternehmensgegenstandes fassen (Art. 16 Abs. 2 EWIVVO). Beschlüsse sind mangels abweichender Regelung einstimmig nach Zahl aller Mitglieder, nicht nach Zahl der abstimmenden Mitglieder, zu fassen. Jedes Mitglied verfügt über eine Stimme (Art. 17 Abs. 1 EWIVVO).

Der Gründungsvertrag kann Beschlussfähigkeit und Mehrheitserfordernisse abweichend regeln (Art. 17 Abs. 3 EWIVVO).

e)   Geschäftsführung und Vertretung

423   Die EWIV hat zwei zwingend vorgeschriebene Organe: Die Geschäftsführung und die gemeinschaftlich handelnden Mitglieder der EWIV (Art. 16 Abs. 1 EWIVVO).

Nur die Geschäftsführer sind zur Geschäftsführung und Vertretung der EWIV berechtigt (Art. 19 Abs. 1 EWIVVO, Art. 20 Abs. 1 EWIVVO). Sie müssen bei der Ausübung der Geschäftsführung die Sorgfalt eines ordentlichen und gewissenhaften Geschäftsleiters anwenden. Sie unterliegen einer strafbewehrten Geheimhaltungspflicht hinsichtlich von Betriebs- und Geschäftsgeheimnissen (§§ 5 Abs. 1 S. 2, 14 EWIV-AusfG).

Die Geschäftsführer müssen vor allem für eine ordnungsgemäße Buchführung und Aufstellung des Jahresabschlusses sorgen (§ 6 EWIV-AusfG).

Geschäftsführer können nur natürliche Personen sein. Der Grundsatz der Selbstorganschaft gilt nicht, so dass die EWIV-Mitglieder oder Dritte Geschäftsführer sein können. Die Bestellung der Geschäftsführer der EWIV erfolgt durch Mitgliederbeschluss (Art. 19 Abs. 1 EWIVVO). Die Entlassung der Geschäftsführer ist jederzeit möglich (Art. 19 Abs. 3 EWIVVO). Die Beendigung der Geschäftsführerstellung wird ins Handelsregister eingetragen (§ 2 Abs. 3 Nr. 1 EWIV-AusfG).

Im Außenverhältnis gilt Einzelvertretungsbefugnis. Beschränkungen im Innenverhältnis entfalten Dritten gegenüber selbst dann keine Wirkung, wenn sie bekannt gemacht worden sind (Art. 20 Abs. 1 S. 3 EWIVVO). Die Anordnung einer Gesamtvertretung ist Dritten gegenüber nur wirksam, wenn sie ins Handelsregister eingetragen und bekannt gemacht wurde (Art. 20 Abs. 2 EWIVVO, Art. 8 EWIVVO).

f) Rechte und Pflichten der Mitglieder

aa) Beitragsleistung

Da ein Mindestkapital nicht erforderlich ist, können die Mitglieder Beiträge jeder Art nach freiem Ermessen erbringen. Im Zweifel gelten gleiche Beitragspflichten für alle Mitglieder. **424**

bb) Gewinne

Gewinne der EWIV gelten als Gewinne der Mitglieder. Mangels abweichender Regelung werden sie ebenso wie Verluste zu gleichen Teilen verteilt (Art. 21 Abs. 1 EWIVVO). Zum Verlustausgleich besteht eine unabdingbare Nachschusspflicht (Art. 21 Abs. 2 EWIVVO). **425**

cc) Kontrollrechte

Jedes Mitglied hat das Recht, von den Geschäftsführern Auskünfte über die Geschäfte der Vereinigung zu erhalten und in die Bücher und Geschäftsunterlagen Einsicht zu nehmen (Art. 18 EWIVVO). Dieses Recht ist vertraglich nicht abdingbar. **426**

dd) Treuepflicht

Ein Wettbewerbsverbot gilt für die Mitglieder nur in Bezug auf den im Gründungsvertrag festgelegten Tätigkeitsbereich der EWIV (§ 1 EWIV-AusfG i.V.m. §§ 112, 113 HGB). **427**

ee) Verfügungen über Beteiligungen

Die **Sicherungsabtretung** der Beteiligung sowie die **Bestellung eines Nießbrauchs** an der Beteiligung sind ausgeschlossen, wenn dadurch ein Mitgliederwechsel eintritt (Art. 22 Abs. 2 EWIVVO). Der mit der Übertragung verbundene Verlust der Beteiligung begründet keinen gesetzlichen Abfindungsanspruch (Art. 33 S. 1 EWIVVO). **428**

ff) Kündigung und Ausschluss

Eine ordentliche **Kündigung** kann unter Einhaltung einer Kündigungsfrist von mindestens sechs Monaten vor Ende des Geschäftsjahres (§ 1 EWIV-AusfG i.V.m. § 132 HGB) nur mit einstimmiger Zustimmung der übrigen Mitglieder erfolgen (Art. 27 Abs. 1 S. 1 EWIVVO), der **429**

Gründungsvertrag kann andere Mehrheiten vorsehen. Bei Vorliegen eines wichtigen Grundes kann jedes Mitglied außerordentlich kündigen (Art. 27 Abs. 1 S. 2 EWIVVO).

430 Der **Ausschluss** eines Mitglieds setzt eine gerichtliche Entscheidung auf gemeinsamen Antrag der Mehrheit der Mitglieder voraus (Art. 27 Abs. 2 EWIVVO).

431 Allgemein führt das **Ausscheiden** eines Mitglieds nicht zur Auflösung der EWIV; die besteht unter den verbliebenen Mitgliedern fort (Art. 30 EWIVVO), es kommt zu einer Anwachsung nach Maßgabe ihrer bisherigen Beteiligung. Die übrigen Mitglieder müssen über das Ausscheiden unterrichtet werden (Art. 29 EWIVVO).

432 Im Falle ihres Todes scheidet eine natürliche Person aus. Gleiches gilt bei Verlust der zwingenden Voraussetzungen einer Beteiligung (Art. 28 Abs. 1 S. 1 EWIVVO). Die Beteiligung ist unvererblich (Art. 28 Abs. 2 EWIVVO).

g) Die Haftung

aa) Handelndenhaftung

433 Vor Eintragung der EWIV im Handelsregister haften in ihrem Namen Handelnde persönlich. Allerdings kann die EWIV nach konstitutiver Eintragung die sich aus diesen Handlungen ergebenden Verpflichtungen übernehmen (Art. 9 Abs. 2 EWIVVO).

bb) Haftung der Geschäftsführer

434 Die EWIV-Geschäftsführer haften Dritten gegenüber ähnlich einem GmbH-Geschäftsführer.

Gegenüber der EWIV selbst haften sie gesamtschuldnerisch für Sorgfaltspflichtverletzungen auf Schadensersatz. Ansprüche der EWIV gegen die Geschäftsführer verjähren in fünf Jahren (§ 5 EWIV-AusfG).

cc) Haftung der Mitglieder

435 Die Mitglieder haften ab Eintragung der EWIV im Handelsregister unbeschränkt, persönlich und gesamtschuldnerisch (Art. 24 Abs. 1 EWIVVO). Die Haftung ist jedoch keine unmittelbare: Eine Inanspruchnahme vor Abschluss der Liquidation setzt voraus, dass der Gläubiger zunächst die EWIV zur Zahlung auffordert und eine angemessene Frist abwartet (Art. 24 Abs. 2 EWIVVO).

Jedes Mitglied haftet intern in Höhe seiner Beteiligung, so dass im Haftungsfall Ausgleichsansprüche nach Maßgabe von § 426 BGB entstehen können.

dd) Die Haftung bei Mitgliederwechsel

436 Ein Mitgliederwechsel kann eintreten durch
- Aufnahme (Art. 26 Abs. 1 EWIVVO) von Mitgliedern;
- Ausscheiden von Mitgliedern;
- Übertragung von Beteiligungen.

Änderungen im Mitgliederbestand sind zur Eintragung im Handelsregister anzumelden. Urkunden und Angaben über Eintritt und Ausscheiden von Mitgliedern sowie die Übertragung von Beteiligungen müssen als Änderungen des Gründungsvertrags beim Handelsregister hinterlegt werden.

Eintretende EWIV-Mitglieder haften für vor ihrem Beitritt entstandene Altverbindlichkeiten (Art. 26 Abs. 2 EWIVVO). Die Haftung kann durch eine Freistellungsklausel im Gründungsvertrag oder im Beitrittsbeschluss mit Außenwirkung ausgeschlossen werden, wenn die Freistellungsklausel im Handelsregister eingetragen und bekannt gemacht wird und zusätzlich beim Handelsregister hinterlegt ist.

Ausscheidende Mitglieder haften für den Zeitraum von fünf Jahren nach Bekanntmachung des Ausscheidens für Verbindlichkeiten, deren Grund vor ihrem Ausscheiden gelegt ist (Artt. 34, 37 Abs. 1 EWIVVO).

h) Beendigung

Die Beendigung der EWIV erfolgt wie üblich zweistufig durch Auflösung und Liquidation. **437** Aus der EWIV wird durch die Auflösung eine Vereinigung, deren Zweck auf Abwicklung und Verwertung des Gesellschaftsvermögens gerichtet ist.

Die EWIVVO sieht den einstimmigen Mitgliederbeschluss (Art. 31 Abs. 1 EWIVVO) neben folgenden Beendigungsgründen (Art. 31 Abs. 2 und 3 EWIVVO) vor:
- Ablauf der im Gründungsvertrag bestimmten Dauer;
- Eintritt eines vertraglich festgelegten Auflösungsgrundes;
- Unmöglichkeit der Verfolgung des Unternehmensgegenstandes;
- Verlust des grenzüberschreitenden Charakters.

Die Auflösung muss ins Handelsregister eingetragen und der Auflösungsbeschluss bzw. die entsprechende Gerichtsentscheidung beim Register hinterlegt werden (Art. 7 S. 2 lit. f), Art. 8 S. 1 lit. c) EWIVVO; § 3 Abs. 2 S. 1 EWIV-AusfG).

Bis zum Schluss der Liquidation besteht die Geschäftsfähigkeit der Vereinigung fort (Art. 35 Abs. 3 EWIVVO).

II. Die Körperschaften

1. Der Verein

a) Grundlagen und Erscheinungsformen

Die §§ 21 ff. BGB enthalten das Vereinsrecht. Eine Legaldefinition findet sich dort jedoch **438** nicht.

> Ein **Verein** ist eine
> - auf Dauer angelegte Verbindung
> - einer größeren Anzahl von Personen
> - zur Verfolgung eines bestimmten Zwecks.

Der Verein ist als Grundtypus der Körperschaften auf einen wechselnden Mitgliederbestand angelegt und körperschaftlich organisiert, d.h. er hat einen Vorstand und tritt nach innen und außen als von der Gesamtheit der Mitglieder abstrahierte Einheit auf.

Da das Recht der Körperschaften den engen Personenzusammenschluss des Personengesellschaftsrechts nicht kennt, sind die gesetzlichen Vorschriften nur in eingeschränktem Maße dispositiv. § 40 BGB nennt ausdrücklich jene Vorschriften, von denen in der Satzung abgewichen werden kann; alle anderen Vorschriften sind zwingendes Recht.

439 Das Gesetz unterscheidet den nichtwirtschaftlichen (§ 21 BGB) und den wirtschaftlichen Verein (§ 22 BGB) als rechtsfähige Vereine und den nichtrechtsfähigen Verein gem. § 54 BGB sowie steuerlich zwischen gemeinnützigen (§ 52 AO) und nicht gemeinnützigen Vereinen. Gemeinnützige Zwecke sind solche, die der Allgemeinheit zugutekommen.

Vereine sind nicht gemeinnützig, die

- nur eine geschlossene Personengruppe fördern und sich so von der Allgemeinheit absondern wie z.B. Betriebssportvereine, bei denen nur die Angehörigen eines bestimmten Unternehmens Mitglied werden können,
- zwar nach ihrer Satzung jedem offen stehen, die aber durch hohe Mitgliedsbeiträge/Aufnahmegebühren eine Schranke bilden, die viele von einem Beitritt abhalten; nicht mehr gemeinnützig sind Vereine, deren durchschnittliche Aufnahmegebühren 1534 € und Mitgliedsbeiträge 1023 € pro Jahr übersteigen.

b) Der nichtwirtschaftliche eingetragene Verein (e. V.)

440 Rechtsfähigkeit erlangt der nichtwirtschaftliche eingetragene Verein, wenn folgende Mindestvoraussetzungen vorliegen:

- Die Gründung erfordert gem. § 56 BGB mindestens sieben Mitglieder.
- Diese müssen eine Satzung beschließen, die mindestens den Vereinszweck, den Namen[135] und den Sitz des Vereins beinhaltet (§ 57 BGB).
- Aus der Satzung muss sich ergeben, dass der Verein in das Vereinsregister eingetragen werden soll.
- Gem. § 21 BGB darf der Zweck des Vereins nicht auf einen wirtschaftlichen Geschäftsbetrieb gerichtet sein. Andernfalls handelt es sich um einen wirtschaftlichen Verein. Die Rechtsprechung nimmt einen wirtschaftlichen Verein an, wenn er planmäßig und dauerhaft Leistungen gegen Entgelt anbietet, eine Gewinnerzielungsabsicht ist dabei unerheblich.[136] Demgegenüber soll die steuerliche Gemeinnützigkeit einen ideellen Zweck indizieren.[137]

Der nichtwirtschaftliche eingetragene Verein nach § 21 BGB, der auch als Idealverein bezeichnet wird, erlangt seine Rechtsfähigkeit mit Eintragung in das Vereinsregister beim zuständigen Amtsgericht.

aa) Die Organe des Vereins

441 Organe des Vereins sind

- die Mitgliederversammlung (§ 32 BGB) und
- der Vorstand (§ 26 BGB).

---

135 *OLG Frankfurt* Beschluss vom 2.8.2011 (Az: 20 W 533/10), unter Tz. 21 ff.: Der Grundsatz der Firmenwahrheit, insbesondere das Irreführungsverbot gemäß § 18 Abs. 2 S. 1 HGB gilt auch im Vereinsrecht.

136 *BayObLG* Beschluss vom 6.4.1989 (Az: BReg 3 Z 10/89), unter Tz. 61 = DNotZ 1990, 103.

137 *BGH* Beschluss vom 16.5.2017 (Az: II ZB 7/16), unter Tz. 23 = NJW 2017, 1943, 1944.

(1) Die Mitgliederversammlung

Die Mitgliederversammlung ist das oberste Willensbildungsorgan des Vereins. Sie beschließt **442** die Vereinssatzung und bestellt und überwacht den Vorstand. Sie entscheidet über alle Angelegenheiten, die nicht in die Zuständigkeit des Vorstands fallen. In der Mitgliederversammlung werden die Angelegenheiten des Vereins durch Beschlussfassung geordnet.

Die Satzung bestimmt, wann die Mitgliederversammlung einberufen werden soll. Darüber hinaus ist sie einzuberufen, wenn das Interesse des Vereins es erfordert. Auch eine Minderheit kann unter Angabe von Zweck und Gründen eine Mitgliederversammlung einberufen (§ 37 Abs. 1 BGB).

Entschieden wird nach der Mehrheit der erschienenen Mitglieder (vgl. § 32 BGB), die Gesamtzahl der Mitglieder ist nicht maßgeblich. Mitglieder, die sich enthalten, gelten als nicht erschienen. Dieses Mehrheitserfordernis gilt gemäß § 28 Abs. 1 BGB auch für den Vorstand, wenn dieser aus mehreren Personen besteht.

Auch das Vereinsrecht kennt grundlegende Entscheidungen, die der Mitgliederversammlung vorbehalten sind. So sind für eine Satzungsänderung wie auch für die Auflösung nach § 41 BGB eine qualifizierte Mehrheit von dreiviertel der erschienenen Mitglieder erforderlich. Nicht nach den erschienenen, sondern nach der Gesamtzahl aller Mitglieder wird bei einer Änderung des Vereinszweckes entschieden, Nichterschienene müssen ihre Zustimmung schriftlich erklären (§ 33 Abs. 1 S. 2 BGB).

(2) Der Vorstand

Gem. § 26 BGB muss der Verein einen Vorstand haben, der aus mehreren Personen bestehen **443** kann. Die Zahl der Vorstandsmitglieder ist gesetzlich nicht festgelegt, sondern einer Satzungsregelung vorbehalten.

Der Vorstand vertritt den Verein gerichtlich und außergerichtlich, § 26 BGB. Besteht er aus mehreren Personen, wird er durch die Mehrheit der Vorstandsmitglieder vertreten (§ 26 Abs. 2 BGB). Die Bestellung des Vorstands, seine Abberufung und insbesondere seine Kontrolle erfolgen durch die Mitgliederversammlung (§ 27 Abs. 1, 2 BGB). Die Vertretungsmacht des Vorstands kann in der Satzung mit Wirkung gegenüber Dritten beschränkt werden, eine Beschränkung entfaltet aber erst Außenwirkung, wenn sie im Vereinsregister eingetragen oder dem Vertragspartner bekannt ist (§§ 68, 70 BGB). Ehrenamtliche Vereinsvorstände sowie solche, die eine jährliche Vergütung von bis zu 720 € erhalten, haften lediglich in den Grenzen des § 31a BGB, d.h. nur für Vorsatz und grobe Fahrlässigkeit.[138]

bb) Rechte und Pflichten der Mitglieder

Durch die Mitgliedschaft ergeben sich für das Mitglied höchstpersönliche Rechte gegenüber **444** dem Verein (§ 38 S. 2 BGB). Die Mitgliedschaftsrechte sind weder übertragbar noch vererblich (§ 38 S. 1 BGB).

>> Vergleichen Sie § 15 Abs. 1 HGB und §§ 68, 70 BGB: Genauso wie sich der Eintragungspflichtige nicht auf eine im Handelsregister nicht eingetragene Tatsache berufen kann, hat eine Beschränkung der Vertretungsmacht des Vereinsvorstands im Außenverhältnis erst Wirkung bei Eintragung im Vereinsregister. <<

---

138 Näher *Unger* NJW 2009, 3269 zur damals geltenden Vergütungsgrenze von 500 €.

Jedes Mitglied hat das Recht, während der Zeit seiner Mitgliedschaft an den Mitgliederversammlungen teilzunehmen und dort sein Stimmrecht auszuüben. Das Stimmrecht ist als höchstpersönliches Recht nicht entziehbar, im Sonderfall widerstreitender Interessen des Mitglieds aber ausgeschlossen (§ 34 BGB). Neben dem Stimmrecht bei Wahlen zum Vereinsvorstand, dem aktiven Wahlrecht, kann sich das Mitglied selbst zur Wahl stellen, das passive Wahlrecht.

Die Mitgliedschaftsrechte außerhalb der Mitgliederversammlung sind vom Grundsatz der Gleichbehandlung geprägt, eine sachwidrige Schlechterstellung einzelner Mitglieder gegenüber anderen ist ausgeschlossen. Vereinsleistungen kann das Mitglied daher im üblichen Umfang nach Maßgabe der Ausstattung des Vereins und der Satzung in Anspruch nehmen. Sonderrechte einzelner Mitglieder sind nur auf satzungsmäßiger Grundlage gestattet, vgl. § 35 BGB.

Die Pflichten des einzelnen Mitglieds beschränken sich im Wesentlichen auf die Leistung des vereinbarten Beitrags, der im Regelfall in Geld, im Einzelfall in Arbeitsleistung zu erbringen ist. Die Haftung von Vereinsmitgliedern richtet sich nach § 31b BGB, der für unentgeltlich tätige oder nur gering vergütete Mitglieder im Innenverhältnis zum Verein eine Haftungsbeschränkung auf Vorsatz und grobe Fahrlässigkeit (Abs. 1) und im Außenverhältnis gegenüber Dritten einen Anspruch auf Befreiung gegen den Verein (Abs. 2) eingeführt hat. § 31b BGB ist nach dem Willen des Gesetzgebers zwingendes Recht, kann also durch Satzungsregelungen nicht abbedungen werden (vgl. § 40 BGB).[139]

Beispiel   Die Satzung des Segelflugsportvereins S verlangt von jedem Mitglied pro Jahr die Ableistung von 100 Arbeitsstunden auf dem Flugplatz oder im Hangar. Ein Mitgliedsbeitrag wird nur erhoben, soweit diese Arbeitsleistung unterschritten wird. ■

Beiträge können nicht aufgrund Beschlusses der Mitgliederversammlung, sondern nur nach Festlegung in der Satzung erhoben werden. Nur die Höhe der Mitgliedsbeiträge kann in der Mitgliederversammlung beschlossen werden.

Die organschaftlichen Pflichten sind demgegenüber unbedeutend. Das Gesetz sieht eine Pflicht zur Amtsübernahme vor.

cc)   Haftung

445   Der Verein ist juristische Person und damit selbst Träger des Vereinsvermögens. Er haftet als juristische Person für Vereinsverbindlichkeiten unmittelbar.

Gem. § 31 BGB haftet der Verein außerdem für Schäden, die durch Pflichtverletzungen seiner Organe verursacht worden sind.

§ 31 BGB bezieht insoweit auch verfassungsmäßig berufene Vertreter in den Kreis der Organe mit ein. Verfassungsmäßig berufene Vertreter sind zunächst neben dem Vorstand weitere in

---

139 BT-Drs. 17/11316 S. 17.

der Satzung vorgesehene Vertreter (§ 30 BGB). Der Begriff der verfassungsmäßig berufenen Vertreter wird weit ausgelegt. Dies sind auch Personen, die laut Satzung zur Vertretung des Vereins berechtigt sind. Eine Nennung des einzelnen Vertreters in der Satzung ist nicht erforderlich, es genügt, dass der Vertreter durch die tatsächliche Handhabung wesensmäßige Funktionen des Vereins zur selbstständigen, eigenverantwortlichen Erfüllung wahrnimmt und den Verein derart repräsentiert.[140] Bei der Haftung nach § 31 BGB handelt es sich mithin um eine Repräsentantenhaftung, für die die allgemeinen Vorschriften gelten.[141]

Außerhalb des Anwendungsbereichs von § 31 BGB haftet der Verein wegen Organisationsmangels. Der Verein ist verpflichtet, den Geschäftsbereich seiner Tätigkeit so zu organisieren, dass für alle wichtigen Aufgaben ein Vertreter berufen ist, bei Versäumnissen wird der Handelnde als verfassungsmäßiger Vertreter behandelt.[142]

dd) Beendigung

Das Vereinsrecht kennt mehrere Beendigungsgründe: **446**

Der Verein kann durch Beschluss der Mitgliederversammlung aufgelöst werden (§ 41 BGB). Auch die Eröffnung des Insolvenzverfahrens führt zur Auflösung des Vereins. Dem Verein kann schließlich die Rechtsfähigkeit entzogen werden, wenn er durch einen gesetzwidrigen Beschluss der Mitgliederversammlung oder durch gesetzeswidriges Verhalten des Vorstandes das Gemeinwohl gefährdet (§ 43 BGB). Die Liquidation des Vereinsvermögens richtet sich nach §§ 47 ff. BGB.

c) Der wirtschaftliche Verein

Der wirtschaftliche Verein erlangt seine Rechtsfähigkeit durch staatliche Verleihung. Dabei **447** gehen die vorhandenen Gesellschaftsformen, insbesondere die der Kapitalgesellschaften, grundsätzlich vor. Wirtschaftliche Vereine sind daher selten. Nach dem gesetzlichen Leitbild des Idealvereins sollen wirtschaftlich Tätige eine Gesellschaft betreiben, nicht einen Verein. Die Anerkennung als Verein ist nur möglich, wenn es für den Verein wegen besonderer Umstände unzumutbar wäre, sich in einer der vorgegebenen Rechtsformen zu organisieren.[143]

Ein wirtschaftlicher Verein bietet planmäßig und dauerhaft Leistungen gegen Entgelt an. Ist der wirtschaftliche Geschäftsbetrieb lediglich Nebenzweck, liegt ein nichtwirtschaftlicher Verein vor (so genanntes Nebenzweckprivileg).

d) Der nichtrechtsfähige Verein

Nichtrechtsfähige Vereine sind Vereine, die nicht im Vereinsregister eingetragen sind oder **448** keine staatliche Zulassung erhalten haben. Aber auch der nichtrechtsfähige Verein unterscheidet sich durch seine körperschaftliche Struktur von der Gesellschaft.

---

140 *BGH* Urteil vom 30.10.1967 (Az: VII ZR 82/65), unter Tz. 19 = BGHZ 49, 19 – Teilzahlungsverkäufer; *BGH* Urteil vom 21.9.1971 (Az: VI ZR 122/70), unter Tz. 14 = NJW 1972, 334.
141 Siehe dazu im Skript „Schuldrecht AT II" Rn. 45 ff.
142 *BGH* Urteil vom 10.5.1957 (Az: I ZR 234/55), unter Tz. 31= BGHZ 24, 200 – Spätheimkehrer; *BGH* Urteil vom 8.7.1980 (Az: VI ZR 158/78), unter Tz. 63 = NJW 1980, 2810 – Das Medizin-Syndikat II.
143 *OLG Hamm* Beschluss vom 20.1.2000 (Az: 15 W 446/99), unter Tz. 27 = BB 2000, 1161; *OLG Düsseldorf* Beschluss vom 10.12.1997, (Az: 3 Wx 488/97), unter Tz. 17 = NJW-RR 1998, 683.

Nach § 54 S. 1 BGB sollen auf die nichtrechtsfähigen Vereine die Vorschriften über die Gesellschaft Anwendung finden. Heute ist jedoch anerkannt, dass diese Verweisung fehl geht. Nichtrechtsfähige Vereine sollten durch § 54 S. 1 BGB zur Eintragung veranlasst werden, um sie einer staatlichen Kontrolle zu unterwerfen. Die früheren §§ 61 Abs. 2, 43 Abs. 3 BGB, die diese Kontrolle ermöglichten, wurden frühzeitig aufgehoben, somit fiel der ursprüngliche Zweck des § 54 BGB weg. Anzuwenden sind nicht die Vorschriften der §§ 705 ff. BGB, sondern die §§ 21 ff. BGB, soweit diese die Rechtsfähigkeit des Vereins nicht gerade voraussetzen.[144]

Dennoch gilt § 54 S. 2 BGB weiterhin für den nichtrechtsfähigen Verein. Aufgrund mangelnder Rechtsfähigkeit haftet hier nicht der Verein selbst, sondern der Handelnde persönlich.[145] Der nichtrechtsfähige Verein ist gleichwohl parteifähig.[146]

2. Die GmbH

449   Die GmbH ist zuletzt Reformgegenstand des „Gesetz zur Modernisierung des GmbH-Rechts und zur Bekämpfung von Missbräuchen" – MoMiG –[147] gewesen. Der Gesetzgeber sah sie als Rechtsform für den Mittelstand durch konkurrierende ausländische Gesellschaftsformen bedroht, vor allem durch die private limited company by shares. Mit der Reform sollte die GmbH modernisiert und für den internationalen Wettbewerb gewappnet werden, indem das Stammkapital herabgesetzt, die Gründung erleichtert und die Kapitalvorschriften flexibilisiert werden sollten. Ein besserer Gläubigerschutz sollte vor allem in der Insolvenz erreicht werden. Diese Ziele hat der Gesetzgeber teils kurz vor der letzten Lesung des Gesetzesentwurfs im Bundestag ganz fallengelassen, teils nur unzureichend umgesetzt. Gesetz ist somit geworden, was nicht Gesetz werden sollte.

a) Grundlagen und Erscheinungsformen

450   Nach § 1 GmbHG kann eine GmbH nach Maßgabe der Bestimmungen des GmbHG zu jedem gesetzlich zulässigen Zweck durch eine (so genannte Einmann-GmbH) oder durch mehrere Personen errichtet werden. Nach § 13 Abs. 1 GmbHG ist die GmbH als juristische Person selbstständig rechtsfähig. Nach § 13 Abs. 3 GmbHG ist die GmbH Handelsgesellschaft und damit Formkaufmann gemäß § 6 Abs. 2 HGB.

Die GmbH hat ein in Geschäftsanteile der Gesellschafter zerlegtes Stammkapital (§ 5 Abs. 1 GmbHG) und haftet ihren Gläubigern mit ihrem gesamten Vermögen unbeschränkt (§ 13 Abs. 2 GmbHG).

> Die **GmbH** ist
> - eine Handelsgesellschaft
> - mit eigener Rechtspersönlichkeit,
> - deren Gesellschafter mit Geschäftsanteilen
> - an dem in Geschäftsanteilen zerlegten Stammkapital beteiligt sind,
> - ohne persönlich für die Verbindlichkeiten der Gesellschaft zu haften.

---

144 *BGH* Urteil vom 11.7.1968 (Az: VII ZR 63/66), unter Tz. 9 f. = BGHZ 50, 325.
145 Ausführlich zu der Handelndenhaftung *Beuthien* GmbHR 2013, 1.
146 *KG* Beschluss vom 14.4.2003 (Az: 26 W 44/03), unter Tz. 3 = MDR 2003, 1197.
147 Zu den Einzelheiten des Gesetzgebungsverfahrens siehe Teil 1 Rn. 94.

Gemäß § 13 Abs. 3 GmbHG ist die GmbH stets eine Handelsgesellschaft. Gemäß § 6 HGB ist **451** sie Formkaufmann. Eine Abgrenzung zum Kleingewerbetreibenden entfällt damit; ihr Geschäftsbetrieb ist qua Gesetz Handelsgewerbe. Es bedarf also keiner Prüfung, ob die GmbH einen dem Maßstab des § 1 Abs. 2 HGB entsprechend großen Geschäftsbetrieb aufweist oder nicht. Gemäß § 1 GmbHG kann die GmbH zu jedem beliebigen Zweck errichtet werden, d.h. es muss kein Handelsgewerbe gemäß §§ 1 ff. HGB betrieben werden.

Durch spezielle gesetzliche Regelungen ist der Betrieb als GmbH in bestimmten Bereichen untersagt, z.B. in der Versicherungswirtschaft und bei Hypothekenbanken.

Die ansonsten freie Gestaltung des Geschäftszwecks macht die GmbH zur beliebtesten Gesellschaftsform bei Neugründungen. Dies ist nicht nur für den privaten, sondern auch für den staatlichen Bereich der Fall, da Aufgaben im Wege der Privatisierung oder der Eigenbetriebe (Kommunalwirtschaft) stets als GmbH betrieben werden können.[148]

Beispiel Energie- und Versorgungsbetriebe, Betriebe der Abfallwirtschaft, Verkehrsbetriebe, Theater usw. ■

b) Rechtsfähigkeit

§ 13 Abs. 1 GmbHG beschreibt die GmbH als juristische Person. Die GmbH besitzt eine **452** eigene Rechtspersönlichkeit. Daher ist die GmbH selbst Träger von Rechten und Pflichten. So kann sie Eigentum erwerben, klagen, verklagt werden und ist Steuersubjekt insbesondere der Körperschaftsteuer. Aus der eigenen Rechtspersönlichkeit folgt ferner, dass die GmbH ihrerseits Gesellschafterin an anderen Gesellschaften werden kann. Bekanntestes Beispiel ist die GmbH & Co. KG, bei der sich die GmbH als Komplementär an einer KG beteiligt.

c) Entstehungsphase

Eine GmbH kann durch einen oder mehrere Gesellschafter gegründet werden (§ 1 GmbHG). **453** Bei der Gründung durch einen Gesellschafter handelt es sich um eine Einmann-GmbH.

Gesellschafter können alle natürlichen Personen werden, für die Fälle der Mitarbeiterbeteiligung auch Arbeitnehmer der GmbH,[149] alle juristischen Personen des privaten und des öffentlichen Rechts, ausländische juristische Personen, eine Vorgesellschaft und neben GbR und Partnerschaftsgesellschaft auch die Personenhandelsgesellschaften.

Nicht zum GmbH-Gesellschafter berufen werden kann eine Erbengemeinschaft, da deren Zweck der Auseinandersetzung nicht mit einer dauerhaften Gesellschafterstellung vereinbar ist.

Die Gründung der GmbH teilt sich in drei Phasen, die
- Vorgründungsgesellschaft,
- Vorgesellschaft und
- Eintragung der GmbH im Handelsregister.

Die GmbH entsteht erst mit der konstitutiven Eintragung im Handelsregister. Vor der Eintragung besteht die GmbH als solche nicht (§ 11 Abs. 1 GmbHG).

---

148 Instruktiv *Roth/Altmeppen*, Einleitung Rn. 8 ff.
149 *LAG Hamm* vom 19.3.1985 (Az: 7 Sa 2015/84) = BB 1986, 391.

aa) Die Vorgründungsgesellschaft

454   Mit der Entscheidung der Gesellschafter für die GmbH-Gründung, dem Gründungsbeschluss, entsteht eine Vorgründungsgesellschaft, die regelmäßig GbR ist, in Ausnahmefällen oHG, wenn bereits der Gesellschaftszweck der Vorgründungsgesellschaft wenigstens mittelbar auf den Betrieb eines Handelsgewerbes gerichtet ist. Der BGH nimmt diese mittelbare Ausrichtung an, wenn ausreichende Anhaltspunkte für eine kurzfristig bevorstehende entsprechende Ausgestaltung und Einrichtung des Geschäftsbetriebs als Handelsgewerbe vorliegen.[150]

455   Die Unterschiede bestehen in der Haftung der Gründer:

Als oHG besteht von Gesetzes wegen Einzelvertretungsmacht (§ 125 Abs. 1 HGB), so dass auch der nicht handelnde Vorgründungsgesellschafter für Verbindlichkeiten der Vorgründungsgesellschaft haftet. Im Falle der GbR steht dem im Regelfall die Gesamtvertretungsmacht durch alle Gesellschafter entgegen (§§ 709, 714 BGB).[151] Für den Sonderfall des unternehmensbezogenen Geschäftes bejaht die Rechtsprechung eine Haftung des Unternehmensinhabers[152] für Verbindlichkeiten der Vorgründungsgesellschaft über den Zeitpunkt der Entstehung der GmbH hinaus.[153]

bb) Die Vorgesellschaft

(1) Entstehung

456   Mit Abschluss des notariellen Gesellschaftsvertrags entsteht eine Vorgesellschaft oder „Vor-GmbH". Sie ist Personenvereinigung sui generis. Auf sie sind die Regelungen des GmbHG anwendbar, soweit diese nicht die Eintragung im Handelsregister voraussetzen.[154] Mit der Eintragung im Handelsregister wird aus der Vorgesellschaft automatisch eine GmbH.

> **Hinweis**
>
> Ein solcher Automatismus besteht zwischen der Vorgründungsgesellschaft und der Vorgesellschaft nicht. Erforderlich ist vielmehr die Einzelübertragung von Aktiva und Passiva im Wege der Übereignung bzw. Abtretung oder Schuldübernahme, letztere mit Einwilligung des Gläubigers.[155]

457   Die Vorgesellschaft bezweckt, einen Geschäftsbetrieb nach Abschluss des Gesellschaftsvertrages zu ermöglichen, da die Gesellschafter keinen Einfluss auf die Dauer der Eintragung im Handelsregister haben. Betreibt sie ein Handelsgewerbe, ist sie Handelsgesellschaft. Die Vorgesellschaft kann Trägerin von Rechten und Pflichten sein und nach außen durch ihre Organe handeln. Sie ist aktiv und passiv parteifähig sowie firmenrechtsfähig, muss aber die Bezeichnung „in Gründung" oder „i.G." dem Rechtsformzusatz anfügen.[156]

---

150 *BGH* Urteil vom 26.4.2004 (Az: II ZR 120/02), unter Tz. 8 = ZIP 2004, 1208.
151 *BGH* Urteil vom 26.10.1981 (Az: II ZR 31/81), unter Tz. 10 = ZIP 1981, 1328.
152 *BGH* Urteil vom 18.5.1998 (Az: II ZR 355/95), unter Tz. 7 = WM 1998, 1491.
153 *BGH* Versäumnisurteil vom 25.10.2000 (Az: VIII ZR 306/99), unter Tz. 21 ff. = GmbHR 2001, 293.
154 *BGH* Urteil vom 2.5.1966 (Az: II ZR 219/63), unter Tz. 22 = BGHZ 45, 338.
155 *OLG Hamm* Urteil vom 13.12.1988 (Az: 7 U 104/88) = GmbHR 1989, 335.
156 *BGH* Urteil vom 29.10.1992 (Az: I ZR 264/90), unter Tz. 17 = BGHZ 120, 103 – Columbus.

(2) Handelndenhaftung

Voraussetzungen der Haftung aus § 11 Abs. 2 GmbHG 458

I. Wirksamer GmbH-Vertrag (Satzung)

II. Eintragung der Gesellschaft noch nicht erfolgt

III. Handeln im Namen der Gesellschaft

Gläubiger können solche Gesellschafter, die im Stadium der Vorgesellschaft handeln, persön- 459
lich und solidarisch in Anspruch nehmen (§ 11 Abs. 2 GmbHG). Handelnde gemäß § 11 Abs. 2
GmbHG sind nicht solche Gesellschafter, die der Handlung lediglich zugestimmt haben.[157]
Hintergrund der Regelung ist der Umstand, dass im Zeitraum der Vorgesellschaft das Stamm-
kapital noch nicht als Haftungsmasse der Gläubiger dient. Die Handelndenhaftung ist also
Außenhaftung.

Der nach den Grundsätzen der Handelndenhaftung in Anspruch genommene Gesellschafter
hat gegen die Vor-GmbH bzw. nach Eintragung gegen die GmbH einen Erstattungsanspruch
nach dem Recht der Geschäftsbesorgung (§§ 611, 675, 670 BGB).[158]

(3) Verlustdeckungshaftung

Unabhängig von einem konkreten Handeln haften alle Gründungsgesellschafter der Vorge- 460
sellschaft gegenüber unbeschränkt und anteilig entsprechend ihrem Beteiligungsverhältnis.[159] Diese Verlustdeckungshaftung ist also **Innenhaftung** gegenüber der Vorgesellschaft,
nicht Außenhaftung, so dass Gläubiger auf eine Pfändung und Überweisung der Ansprüche
verwiesen sind. Ein Durchgriff der Gläubiger auf die Gesellschafter besteht allenfalls bei Vermögenslosigkeit der Gesellschaft.[160]

Die Verlustdeckungshaftung setzt sich nach Eintragung der Gesellschaft im Handelsregister in
der Unterbilanzhaftung bzw. der allgemeinen Differenzhaftung fort.

cc) Die Eintragung im Handelsregister

Die Entstehung der GmbH setzt zusätzlich zur Errichtung die Eintragung im Handelsregister 461
voraus, § 11 Abs. 1 GmbHG. Damit hat die Eintragung rechtsbegründende (konstitutive)
Bedeutung.

(1) Inhalt der Eintragung

Die für die Satzung geltenden Mindestanforderungen sind auch für die Anmeldung zur Ein- 462
tragung maßgeblich. Hinzu treten bei der Anmeldung das Datum des Gesellschaftsvertrages
und die Vertretungsbefugnis der Gesellschafter. Das Gesetz zur Modernisierung des GmbH-
Rechts und zur Bekämpfung von Missbräuchen – MoMiG – hat außerdem das Erfordernis der

---

157 *BGH* Urteil vom 26.1.1967 (Az: II ZR 122/64), unter Tz. 12 = BGHZ 47, 25.

158 Ausführlich zu der Handelndenhaftung *Beuthien* GmbHR 2013, 1.

159 *BGH* Urteil vom 27.1.1997 (Az: II ZR 123/94), unter Tz. 22 f. = BGHZ 134, 333.

160 *BAG* Urteil vom 4.4.2001 (Az: 10 AZR 305/00), unter Tz. 14 = GmbHR 2001, 919.

Geschäftsanschrift der Gesellschaft eingeführt (§ 8 GmbHG), um Zustellungen zu erleichtern. Die Lage der Geschäftsräume braucht nicht mehr mitgeteilt zu werden, die Angabe der inländischen Geschäftsanschrift genügt (§ 24 HRV). Zur Bekämpfung der Geldwäsche sind jüngst die Angaben in der Gesellschafterliste erweitert worden, nun muss auch prozentuale Beteiligung am Stammkapital jedes Gesellschafters angegeben werden (§ 40 Abs. 1 S. 1–3 GmbHG).[161]

Die Anmeldung erfolgt durch alle Geschäftsführer in öffentlich beglaubigter Form (§§ 7 Abs. 1, 78 GmbHG). Die Anmeldung und die beizufügenden Unterlagen müssen in elektronischer Form eingereicht werden. Eine Unterschriftszeichnung der Geschäftsführer ist nicht mehr erforderlich.

(2) Die Differenzhaftung

463 **Voraussetzung für Anspruch aus § 9 GmbHG**

    I. Wirksamer GmbH-Vertrag (Satzung)

    II. Vereinbarung einer Sacheinlage

    III. Unterdeckung der Stammeinlage bei Anmeldung zur Eintragung

    IV. Ursächlichkeit der Sacheinlage für Unterdeckung

464 Bleibt der Wert einer Sacheinlage im Zeitpunkt der Anmeldung der Gesellschaft zur Eintragung im Handelsregister hinter dem Nennbetrag des dafür übernommenen Geschäftsanteils zurück, muss der Gesellschafter in Höhe des fehlenden Differenzbetrages eine Geldeinlage leisten (§ 9 Abs. 1 GmbHG). Ein gesonderter Gesellschafterbeschluss über die Einforderung der Einlagen (§ 46 Nr. 2 GmbHG) ist nicht erforderlich.

Der BGH betont die Verantwortung des beurkundenden Notars für eine plausible Bewertung der Sacheinlage; hat er begründete Zweifel, muss er auf diese und allgemein auf die Gefahr einer Differenzhaftung hinweisen.[162]

Das MoMiG hat eine gesetzliche Verweisung auf andere Ansprüche aus anderen Rechtsgründen eingeführt, die neben der Differenzhaftung bestehen (§ 9 Abs. 1 S. 2 GmbHG).

(3) Die Unterbilanzhaftung

465 Neben die Differenzhaftung für den Sonderfall der Überbewertung von Sacheinlagen tritt die Unterbilanzhaftung, auch Vorbelastungshaftung genannt. Sie soll gewährleisten, dass das Stammkapital der GmbH im Augenblick ihrer Handelsregistereintragung tatsächlich seinem Wert nach als Haftungsmasse zur Verfügung steht.[163] Ergibt sich bei Eintragung eine Unter-

---

161 Gesetz zur Umsetzung der Vierten EU-Geldwäscherichtlinie, zur Änderung der EU-Geldtransferverordnung und zur Neuorganisation der Zentralstelle für Finanztransaktionsuntersuchungen vom 23.6.2017 (BGBl. 2017 I S. 1822).

162 *BGH* Beschluss vom 2.10.2007 (Az: III ZR 13/07), unter Tz. 11 = DB 2007, 2477.

163 *BGH* Urteil vom 9.3.1981 (Az: II ZR 54/80), unter Tz. 6 = BGHZ 80, 129; *BGH* Urteil vom 16.3.1981 (Az: II ZR 59/80), unter Tz. 5 ff. = BGHZ 80, 182.

deckung, etwa weil die Gesellschafter das Stammkapital im Zuge der Geschäftätigkeit in der Vorgesellschaft angegriffen haben, haften die Gesellschafter persönlich für diese Deckungslücke zwischen dem Wert des Gesellschaftsvermögens und dem Stammkapital im Verhältnis ihrer jeweiligen Beteiligungen.

Der Anspruch wegen Unterbilanzhaftung erlischt nicht durch eine anderweitige Auffüllung des Stammkapitals, die Rechtsprechung handhabt die Kapitalaufbringungsregeln sehr streng.[164]

Besonders scharf ist die Haftung im Falle der sog. **Mantelgesellschaft**, bei der eine als juristi-   **466** sche Person bestehende Kapitalgesellschaft ohne eigenen Unternehmensbetrieb, etwa nach Einstellung ihrer unternehmerischen Tätigkeit, als unternehmensloser Rechtsträger erworben und zur gesellschaftsrechtlichen Einkleidung eines neuen Unternehmensbetriebs genutzt wird. Da dies wirtschaftlich einer Neugründung ähnelt, sind diejenigen Gründungsvorschriften anzuwenden, die die Kapitalausstattung und die registergerichtliche Kontrolle gewährleisten.[165] Die Rechtsfolgen einer Missachtung der Gründungsvorschriften sind umstritten: Eine sehr weit gehende Ansicht nimmt eine zeitlich unbegrenzte Unterbilanzhaftung an.[166] Dagegen wird eingewandt, dass für den Fall der insolvenzbedingten Auflösung der Gesellschaft die Gesellschafter für sämtliche Alt- und Neuverbindlichkeiten zeitlich unbegrenzt hafteten.[167] Die obergerichtliche Rechtsprechung geht jüngst davon aus, dass zwar grundsätzlich eine zeitlich unbeschränkte Unterbilanzhaftung bei unterbliebener Offenlegung der wirtschaftlichen Neugründung bestehen soll, dem Gesellschafter jedoch der Beweis offenstehe, dass entweder die Differenz zwischen der Stammkapitalziffer und dem Nettovermögen im Zeitpunkt der wirtschaftlichen Neugründung geringer war als im Zeitpunkt seiner Inanspruchnahme[168] oder dass im Zeitpunkt der wirtschaftlichen Neugründung das satzungsmäßige Stammkapital vorhanden war und erst später angegriffen worden ist.[169] Dies hat der BGH jedoch beanstandet. Die Haftung der Gesellschafter einer GmbH bei unterlassener Offenlegung einer wirtschaftlichen Neugründung sei vielmehr auf den Umfang einer Unterbilanz begrenzt, die in dem Zeitpunkt bestehe, zu dem die wirtschaftliche Neugründung nach außen in Erscheinung trete, eine zeitlich unbegrenzte Haftung folge hieraus jedoch nicht.[170] Begründet wird dies damit, dass die spezifischen aus der Verwendung eines bereits bestehenden Rechtsträgers folgenden Gefahren für die Gesellschaftsgläubiger nicht denjenigen entsprächen, denen mit den Gründungsvorschriften im Verfahren der Gesellschaftsgründung entgegen getreten werden soll. Offen ist, was im Falle der verspäteten Offenlegung der wirtschaftlichen Neugründung gilt. Richtigerweise kann der Gesellschafter auch hier nicht für die zum Zeitpunkt der verspäteten Offenlegung bestehende Offenlegung haften müssen, soweit im Zeitpunkt der wirtschaftlichen Neugründung tatsächlich Gesellschaftsvermögen vorhanden war. Maßgeblich ist nicht der Zeitpunkt der verspäteten Offenlegung, sondern der Zeitpunkt der wirtschaftlichen Neugründung.

---

164 *BGH* Urteil vom 16.1.2006 (Az: II ZR 65/04), unter Tz. 21 ff. = BGHZ 165, 391.

165 Grundlegend zur Mantelgesellschaft *BGH* Beschluss vom 7.7.2003 (Az: II ZB 4/02), unter Nr. 2 = NJW 2003, 3198; zur Vorratsgesellschaft ähnlich *BGH* Beschluss vom 9.12.2002 (Az: II ZB 12/02), unter Nr. 1 c) = NJW 2003, 892.

166 *OLG Jena* Beschluss vom 27.9.2006 (Az: 6 W 287/06), unter Tz. 18 = ZIP 2007, 124, 125.

167 *Habersack* AG 2010, 845; *Wahl* NZG 2010, 611; kritisch zur Rechtsfigur der wirtschaftlichen Neugründung als solcher *Bachmann* NZG 2011, 441.

168 *OLG München* Urteil vom 11.3.2010 (Az: 23 U 2814/09), unter Tz. 27 = ZIP 2010, 579, 581 f.

169 *KG* Urteil vom 7.12.2009 (Az: 23 U 24/09), unter Tz. 11 f. = ZIP 2010, 582, 583 f.

170 *BGH* Urteil vom 6.3.2012 (Az: II ZR 56/10), unter Tz. 7 ff., 14 ff. = NJW 2012, 1875.

Da es sich um einen Anspruch der Gesellschaft handelt, erfolgt die Geltendmachung stellvertretend durch den Geschäftsführer. Auch die Unterbilanzhaftung ist mithin eine Innenhaftung, so dass auch hier Gläubiger der Gesellschaft auf eine Pfändung und Überweisung verwiesen sind.[171]

(4) Kaduzierung

467 Zahlt ein Gesellschafter trotz Einforderung und einer erneuten Aufforderung zur Einzahlung unter Setzung einer Nachfrist von mindestens einem Monat seine Einlage nicht ein, kann er seines Geschäftsanteils zugunsten der Gesellschaft verlustig erklärt werden, die so genannte Kaduzierung (§ 21 Abs. 1 GmbHG). Er haftet der Gesellschaft ungeachtet des Verlustes seiner Gesellschafterstellung für den Ausfall (§ 21 Abs. 3 GmbHG).

Eine gesonderte Haftung für die von dem ausgeschlossenen Gesellschafter nicht erfüllte Einlageschuld trifft die Rechtsvorgänger im Geschäftsanteil (§ 22 Abs. 1 GmbHG) in absteigender Linie (§ 22 Abs. 2 GmbHG). Im Gegenzug erhält der auf die Haftung zahlende Rechtsvorgänger den Geschäftsanteil des ausgeschlossenen Gesellschafters (§ 22 Abs. 4 GmbHG).

Ist die Einlageschuld auch von den Rechtsvorgängern nicht zu erlangen, kann der Geschäftsanteil im Wege der öffentlichen Versteigerung verkauft werden. Jede andere Art des Verkaufs ist nur mit Zustimmung des ausgeschlossenen Gesellschafters zulässig (§ 23 GmbHG), soweit die Zustimmung nicht bereits in der Satzung erteilt wurde.

d) Inhalt und Form des Gesellschaftsvertrages

468 Wie gesehen, ist zur Gründung der GmbH ein Gesellschaftsvertrag erforderlich. Dieser wird auch **Satzung** genannt. Der Unterschied in der Bezeichnung liegt an der weiteren Bedeutung der Satzung gegenüber einem Gesellschaftsvertrag einer Personengesellschaft: Ist dort der Gesellschaftsvertrag ein Vertrag zwischen mehreren Parteien, der die Beziehungen zwischen Gesellschaft und Gesellschaftern regelt, dient die Satzung zudem der Errichtung der Gesellschaft als bei den Körperschaften konstitutiver Eintragung im Handelsregister.

Anders als bei den anderen Gesellschaftsformen ist der Gesellschaftsvertrag hier gemäß § 3 GmbHG reglementiert, die Vertragsfreiheit insoweit also eingeschränkt. In dieser Vorschrift wird ein Mindestinhalt vorgeschrieben.

Danach muss im Gesellschaftsvertrag bezeichnet werden (§ 3 Abs. 1 GmbHG)
- die Höhe des Stammkapitals,
- die Zahl und der Nennbetrag der Geschäftsanteile, die von jedem Gesellschafter gegen Einlage auf das Stammkapital übernommen werden,[172]
- der Gegenstand,
- die Firma und
- der Sitz des Unternehmens.

---

171 *BGH* Urteil vom 24.10.2005 (Az: II ZR 129/04), unter Tz. 6 = WM 2005, 2396.
172 *OLG Rostock* Beschluss vom 8.2.2011 (Az: 1 W 81/10), unter Tz. 15 ff. = NZG 2011, 992, 993: Diese für den Gründungsvertrag zwingenden Angaben können in einer späteren Satzungsfassung entfallen, da es sich nur formell um Satzungsbestandteile, materiell aber um Übernahmeerklärungen handelt.

aa) Stammkapital und Geschäftsanteile

Der Gesellschaftsvertrag muss zunächst den Betrag des Stammkapitals und Zahl und Nenn-beträge der Geschäftsanteile nennen, die der einzeln zu bezeichnende Gründungsgesell-schafter gegen Einlage auf das Stammkapital übernimmt. Das MoMiG hat die Angabe der Zahl der Geschäftsanteile erforderlich gemacht, da es die Übernahme mehrerer Geschäftsan-teile durch einen Gründunggesellschafter zugelassen hat.

469

Das **Stammkapital** bezeichnet die Summe von Geld oder geldwerten Einlagen, die von den Gesellschaftern mindestens zu erbringen sind. Es ersetzt eine persönliche Haftung der Gesell-schafter für Gesellschaftsschulden, die das GmbH-Recht nicht kennt.

Die Summe der Nennbeträge der von den Gesellschaftern übernommenen Geschäftsanteile muss stets gleich dem Stammkapital sein (§ 5 Abs. 3 S. 2 GmbHG). Die Höhe des Mindest-stammkapitals beträgt 25 000 € (§ 5 Abs. 1 GmbHG). Der Vorschlag im Regierungsentwurf des MoMiG vom 23.5.2007, das Mindeststammkapital auf 10 000 € zu senken, ist nicht Gesetz geworden.[173]

Bei Anmeldung zur Eintragung der Gesellschaft in das Handelsregister muss auf jeden **Geschäftsanteil** in Geld ein Viertel des Nennbetrages (§ 7 Abs. 2 S. 1 GmbHG), muss jede Sacheinlage voll (§ 7 Abs. 3 GmbHG) und bei Mischeinlagen jede Geldeinlage zu einem Vier-tel und die Sacheinlagen vollständig geleistet sein. Insgesamt muss die Summe der Sachein-lagen und der Zahlungen 12 500 € erreichen (§ 7 Abs. 2 S. 2 GmbHG).

bb) Einlage

Einlage ist der Betrag, den der einzelne Gesellschafter auf das Stammkapital zu erbringen hat. Auf jeden Geschäftsanteil ist eine Einlage zu leisten (§ 14 S. 1 GmbHG), deren Höhe sich nach der Höhe des Nennbetrags des Geschäftsanteils bestimmt (§ 14 S. 2 und 3 GmbHG).

470

cc) Unternehmensgegenstand

Der Unternehmensgegenstand bezeichnet die Art der Tätigkeit der GmbH und dient der Information des Geschäftsverkehrs, weshalb er Gegenstand der Handelsregistereintragung und Bekanntmachung ist.

471

dd) Firma

Auch die Firma der GmbH besteht aus Firmenkern und Rechtsformzusatz, der auf „Gesell-schaft mit beschränkter Haftung" oder auf eine allgemein verständliche Abkürzung lauten muss (§ 4 GmbHG). Hinsichtlich des Firmenkerns gelten die allgemeinen Grundsätze.

472

ee) Sitz

Als Sitz der GmbH ist im Gesellschaftsvertrag ein Ort im Inland anzugeben (§ 4a GmbHG). Es muss sich nicht mehr um den Ort der Betriebsstätte oder Geschäftsleitung handeln.[174] Sat-zungs- und Verwaltungssitz können nun auseinanderfallen.

473

---

173 BT-Drucks. 16/9737, S. 95.

174 Der bisherige § 4a Abs. 2 GmbHG a.F. ist durch das Gesetz zur Modernisierung des GmbH-Rechts und zur Verhinderung von Missbräuchen – MoMiG – aufgehoben worden.

ff) Weitere Angaben

474 Im Falle einer sogenannten Sachgründung, wenn also die Stammeinlagen zum Teil oder ganz in der Einbringung von Sachwerten bestehen, muss zusätzlich der Gegenstand und der Wert der Sacheinlage dargelegt werden. Weitere Anforderungen ergeben sich in den besonderen Fällen des § 3 Abs. 2 GmbHG.

gg) Musterprotokoll

475 Das GmbHG stellt seit dem MoMiG ein Musterprotokoll zur Verfügung, das Gegenstand einer Anlage zum GmbHG ist (§ 2 Abs. 1a GmbHG i.V.m. der Anlage zum GmbHG). Es soll den Gründungsaufwand begrenzen, indem es den obligatorischen Mindestinhalt des Vertrags, die Bestellung eines Geschäftsführers und eine Regelung zur Tragung der Gründungskosten enthält und die sonst erforderlichen Dokumente Gesellschaftsvertrag, Geschäftsführerbestellung und Gesellschafterliste zusammenfasst. Abweichende Bestimmungen sind nicht zulässig. Es kann nur bei Gesellschaftsgründungen mit maximal drei Gesellschaftern und einem einzigen Geschäftsführer verwendet werden. Ein zweites Musterprotokoll ist für die Einmann-GmbH Anlage geworden. Die notarielle Beurkundung ist entgegen ursprünglicher Absicht nicht entfallen, so dass eine Kostenersparnis allein durch Entfall der Beratungskosten durch Rechtsanwälte zu erreichen ist. Empfehlenswert ist eine Verwendung des Musterprotokolls nicht, da es wesentliche Vertragsbestandteile wie etwa Regelungen zur Abfindung nicht enthält.[175]

hh) Form des Gesellschaftsvertrags

476 Die Satzung muss von allen Gesellschaftern unterschrieben und sodann notariell beurkundet sein (§ 2 Abs. 1 GmbHG). Dazu ist nicht die Anwesenheit aller Gesellschafter bei einem Notar erforderlich, es genügt eine getrennte Beurkundung einer Satzung durch verschiedene Notare, etwa bei weit entfernt wohnenden Gesellschaftern. Bei der Errichtung einer Einmann-GmbH ist die Erklärung des errichtenden Gesellschafters notariell zu beurkunden.

Verstöße gegen das Beurkundungserfordernis machen den Gesellschaftsvertrag nichtig, können aber nachträglich durch formgerechte Bestätigung der Errichtung durch formgerechte Wiederholung oder durch die Eintragung im Handelsregister geheilt werden.

e) Die Einmann-GmbH

477 Die Einmann-GmbH hat nur einen Gesellschafter, der natürliche oder juristische Person sein kann. Sie entsteht nicht aufgrund Gesellschaftsvertrags, sondern durch eine **Errichtungserklärung**. Sicherheit für nicht eingezahltes Stammkapital hat der Gründer seit dem MoMiG nicht mehr zu leisten.

Die Einmann-Gründung kennt keine Vorgründungsgesellschaft als Personengesellschaft; auch im Fall der Einmann-Gründung entsteht aber eine Vorgesellschaft, die teilrechtsfähig und Empfänger der Einlageleistung des Gründers ist.[176]

Für die Beschlussfassung gelten ein Stimmverbot und das Verbot des In-Sich-Geschäfts nicht, da sie die Beschlussfassung blockieren würden. Der Alleingesellschafter kann daher Beß-

---

175 Instruktiv zur notariellen Handhabung *Wicke* DNotZ 2012, 15.
176 *BGH* Urteil vom 25.1.1999 (Az: II ZR 383/96), unter Tz. 13 f. = ZIP 1999, 489.

schlüsse auch über seine eigene Entlastung als Geschäftsführer und über die Vornahme eines Rechtsgeschäfts mit sich selbst fassen. Seine Beschlüsse muss er unverzüglich protokollieren (§ 48 Abs. 3 GmbHG), das Protokoll ist aber nicht beim Handelsregister einzureichen.

Im Zuge der Geschäftsführung und Vertretung gilt das Protokollierungsgebot ebenso (§ 35 Abs. 3 S. 2 GmbHG). Ein weisungswidriges Handeln bei Geschäftsführung und Vertretung ist nicht denkbar, wohl aber eine Haftung bei existenzgefährdenden Maßnahmen.[177] Die Abberufung des alleinigen Gesellschaftergeschäftsführers ist unwirksam, wenn der Gesellschafter davon absieht, einen neuen Geschäftsführer für die Gesellschaft zu bestellen.[178]

f)   Kapitalaufbringung und -erhaltung

aa) Kapitalaufbringung

Das Stammkapital einer GmbH wird dadurch aufgebracht, dass die Gesellschafter die von **478** ihnen übernommenen Einlagen an die Gesellschaft leisten.[179] Zwei wichtige Sonderfälle sind das „Hin- und Herzahlen" von Einlagebeträgen und die sog. „verdeckte Sacheinlage".

(1) Hin- und Herzahlen

Das MoMiG hat eine gesetzliche Regelung der Rechtsprechungsregeln zu den Fällen des **479** „Hin- und Herzahlens" eingeführt (§ 19 Abs. 5 GmbHG). Eine Geldeinlage ist nun auch dann ordnungsgemäß erbracht, wenn der Betrag sofort wieder als Darlehen an den Gesellschafter zurückfließt, falls die Rückzahlung vor der Einlage vereinbart worden und der Darlehensrückzahlungsanspruch der GmbH gegen den Gesellschafter vollwertig und liquide ist.[180] Die Rechtsprechung verneinte bisher eine Leistung der Einlage zur freien Verfügbarkeit der Geschäftsführung, es handele sich vielmehr um einen Sonderfall der verdeckten Sacheinlage, da nicht der Betrag selbst, sondern der Darlehensrückzahlungsanspruch eingelegt sei.[181] Diese Rechtsprechung hat für alle diejenigen Fälle Bestand, die den Voraussetzungen des § 19 Abs. 5 GmbHG nicht genügen.

(2) Verdeckte Sacheinlage

Das MoMiG hat außerdem eine gesetzliche Regelung der verdeckten Sacheinlage eingeführt **480** (§ 19 Abs. 4 GmbHG). Eine verdeckte Sacheinlage ist anzunehmen, wenn die Gesellschaft bei wirtschaftlicher Betrachtungsweise anstelle der eigentlich geschuldeten Geldeinlage einen Sachwert vom Gesellschafter erhält, den dieser auf die geschuldete Geldeinlage anrechnet. Dies ist nun zulässig. Bisher waren die Geldeinlage nicht wirksam erbracht und die schuldrechtlichen und dinglichen Rechtsgeschäfte nichtig. Fehlt es an der Sacheinlagefähigkeit des Sachwerts, etwa bei Dienstleistungen oder Tilgungshandlungen, kann auch keine verdeckte Sacheinlage vorliegen.[182]

---

177 *BGH* Urteil vom 31.1.2000 (Az: II ZR 189/99), unter Tz. 7 = WM 2000, 575.

178 *OLG München* Beschluss vom 16.3.2011 (Az: 31 Wx 64/11), unter Tz. 4 ff. = NZG 2011, 432, 433.

179 Zur Darlegungs- und Beweislast näher *OLG Jena* Beschluss vom 9.4.2013 (2 U 905/12) = EWiR § 19 GmbHG 5/13, 651.

180 Einzelheiten bei *Maier-Reimer/Wenzel*, ZIP 2008, 1449.

181 *BGH* Urteil vom 17.9.2001 (Az: II ZR 275/99), unter Tz. 5 = WM 2001, 2120; *BGH* Urteil vom 22.3.2004 (Az: II ZR 7/02), unter Tz. 7 = ZIP 2004, 1046.

182 *BGH* Urteil vom 12.4.2011 (Az: II ZR 17/10), unter Tz. 14 ff. = NZG 2011, 667, 668 f.

§ 19 Abs. 4 GmbHG erfasst alle Fälle, in denen die GmbH neben der Entgegennahme der Einlage ein Verkehrsgeschäft mit dem Gesellschafter schließt.

Beispiel 1   Gesellschafter G schließt mit der GmbH einen Kaufvertrag über eine Maschine und verwendet den Kaufpreisanspruch zur Tilgung seiner Einlagenschuld. ▪

Beispiel 2   Gesellschafter G befreit die GmbH von ihrer Darlehensverbindlichkeit ihm gegenüber durch Verzicht unter Anrechnung auf seine Einlagenschuld. ▪

Beispiel 3   Die GmbH tilgt zunächst das ihr von Gesellschafter G gewährte Darlehen, woraufhin G den erhaltenen Betrag umgehend zur Erbringung der Einlagenschuld verwendet. ▪

Die Rechtsprechung sah hier regelmäßig eine Umgehung der Vorschriften über Sacheinlagen, die in der Satzung genannt und die bei Anmeldung zur Eintragung im Handelsregister voll erbracht sein müssen (§ 5 Abs. 4 GmbHG). Voraussetzung war jeweils ein enger sachlicher und zeitlicher Zusammenhang zwischen den Geschäften, der bis zu einem Zeitraum von sechs Monaten angenommen wurde.[183] Ersatzweise sollte jede Vereinbarung zwischen dem die Einlage schuldenden Gesellschafter und dem Geschäftsführer genügen, die nach wirtschaftlicher Betrachtung einer Sacheinlage gleichkommt.[184] Der Gesellschafter war folglich nicht von seiner Einlageschuld befreit. Er musste sogar erneut leisten, weil die Bareinlage als nicht wirksam erbracht angesehen wurde und das Verkehrsgeschäft sowohl schuldrechtlich, als auch dinglich nichtig war.[185]

481   Das MoMiG eröffnet nun den Weg zu einer Anrechnung auf der Grundlage des weiterhin wirksamen Verkehrsgeschäftes auf die fortbestehende Einlageschuld des Gesellschafters. Auf sie wird aber der Wert des Gegenstandes der Sacheinlage angerechnet.[186]

Beispiel   Gesellschafter G schließt mit der GmbH einen Kaufvertrag über eine Maschine und verwendet den Kaufpreisanspruch zur Tilgung seiner Einlagenschuld.

Der Kaufvertrag ist wirksam, nicht aber die Einlagenleistung, da die Tilgung verdeckte Sacheinlage ist. G kann seine vermeintlich auf die Einlage geleistete Zahlung nach Bereicherungsrecht zurückfordern.

Das MoMiG konstruiert nun, dass die Zahlung der GmbH nicht auf den Kaufpreisanspruch, sondern zur Tilgung dieses Bereicherungsanspruchs des G verwendet wurde. Das Verkehrsgeschäft bleibt dabei außer Betracht. Der Wert der Maschine steht so für eine Anrechnung auf die Einlageschuld weiterhin zur Verfügung. § 19 GmbHG verlangt eine Verrechnung des Gegenstandswertes, nicht der Zahlung als Gegenleistung auf die Einlageschuld des G. ▪

---

183   *BGH* Urteil vom 16.9.2002 (Az: II ZR 1/00), unter Tz. 15 = BGHZ 152, 37.

184   *BGH* Urteil vom 4.3.1996 (Az: II ZR 89/95), unter Tz. 8 ff. = BGHZ 132, 133.

185   *BGH* Versäumnisurteil vom 7.7.2003 (Az: II ZR 235/01), unter Tz. 17 = BGHZ 155, 329 befürwortete eine analoge Anwendung von § 27 Abs. 3 S. 1 AktG.

186   Zur „verdeckten Sacheinlage i.F.d. Hin- und Herzahlens" vgl. *BGH* Beschluss vom 10.7.2012 (Az: II ZR 212/10) = NZG 2012, 1067, teils kritisch *Wenzel* EWiR § 19 GmbHG 4/13, 147.

Das Erfordernis eines Sachgründungsberichts im Fall der Sacheinlage ist unangetastet geblieben, um die Anrechnung zu ermöglichen. Die Gesellschafter müssen einen schriftlichen persönlich unterzeichneten Sachgründungsbericht erstellen, der den Wert der Sacheinlage plausibel darstellt (§ 5 Abs. 4 S. 2 GmbHG).

bb) Kapitalerhaltung

Das MoMiG hat auch das Recht der Kapitalerhaltung durchgreifend geändert. Altes Recht bleibt allerdings insbesondere für vor Inkrafttreten des MoMiG eröffnete Insolvenzverfahren anwendbar.

482

(1) Auszahlungsverbot

Nach wie vor gilt, dass das zur Erhaltung des Stammkapitals erforderliche Vermögen nicht an die Gesellschafter ausgezahlt werden darf (§ 30 Abs. 1 GmbHG). Zahlungen unter Verstoß gegen das Verbot müssen der GmbH erstattet werden (§ 31 Abs. 1 GmbHG). Das Auszahlungsverbot ergänzt damit systematisch die Unterbilanzhaftung für die Zeit nach Eintragung der GmbH im Handelsregister.[187]

483

Das MoMiG hat insbesondere drei Neuerungen gebracht:
- Darlehen und andere Leistungen der GmbH mit Kreditcharakter an ihre Gesellschafter sind zulässig, so dass keine verbotene Auszahlung vorliegt, wenn die GmbH im Gegenzug einen vollwertigen Rückzahlungsanspruch erhält.
- Gesellschafterdarlehen sind nicht wie haftendes Eigenkapital zu behandeln, so dass Tilgungsleistungen auf solche Forderungen keine verbotenen Auszahlungen des zur Erhaltung des Stammkapitals erforderlichen Vermögens sein können. Die Rechtsprechungsregeln zum Eigenkapitalersatzrecht entfallen damit ersatzlos.
- Das Auszahlungsverbot gilt nicht bei Bestehen eines Beherrschungs- oder Gewinnabführungsvertrags.

Jede Zahlung an Gesellschafter, die eine Unterdeckung herbeiführt oder vertieft, ist den Geschäftsführern untersagt.[188]

Der Begriff der Zahlung ist weit gefasst. Verboten können danach Leistungen aller Art sein, denen keine gleichwertige Gegenleistung gegenübersteht und die wirtschaftlich das zur Erhaltung des Stammkapitals erforderliche Gesellschaftsvermögen angreifen.

Beispiel 1   Die GmbH erfüllt eine Privatverbindlichkeit des Gesellschafters G. ◼

Beispiel 2   Die GmbH sichert Bank B zu, ein Privatdarlehen des Gesellschafters G mit Gesellschaftsmitteln abzusichern. ◼

Die Reichweite der Kapitalerhaltungsregeln ließ sich zum Schluss nicht mehr sicher erfassen. So hat der BGH einen Verstoß gegen das Auszahlungsverbot auch in einem Fall angenommen, in dem der Gesellschafter kreditwürdig und der Kredit ordnungsgemäß verzinst war. Die Darlehenshingabe müsse als solche im Interesse der Gesellschaft liegen, die Darlehensbedingungen einem Drittvergleich standhalten und die Kreditwürdigkeit des Gesellschafters

---

187 Zum Fall der GmbH & Co. KG vgl. *BGH* Urteil vom 9.12.2014 (Az: II ZR 360/13), unter Tz. 12 = DStR 2015, 597, 599.
188 *BGH* Urteil vom 5.2.1990 (Az: II ZR 114/89), unter Tz. 5 = WM 1990, 502.

bei Anlegung strengster Maßstäbe außerhalb jedes vernünftigen Zweifels liegen oder das Darlehen vollständig besichert sein.[189]

Ein Verstoß liegt nun nach MoMiG in den Fällen nicht vor, in denen die Leistung der Gesellschaft durch einen vollwertigen Gegenleistungs- oder Rückgewähranspruch gegen den Gesellschafter gedeckt ist (§ 30 Abs. 1 S. 2 GmbHG n.F.). Es handelt sich nach bilanzieller Betrachtung lediglich um einen Aktivtausch. Maßgeblich ist eine ex-ante-Betrachtung nach Marktwerten.[190]

> ### Hinweis
>
> Beachten Sie die Systematik: Korrelat der Kapitalerhaltungsregel des § 30 Abs. 1 S. 2 GmbHG ist § 19 Abs. 5 GmbHG im Bereich der Kapitalaufbringung. Auch hier wird eine bilanzielle Sichtweise zugrundegelegt. Auch hier gilt, dass ein Erstattungsanspruch der GmbH nicht durch eine von dritter Seite veranlasste Verbesserung der Vermögenslage der Gesellschaft entfällt.[191]

(2) Rechtsfolgen bei Verstoß gegen Auszahlungsverbot

484 Gesellschafter müssen Zahlungen, die entgegen dem Auszahlungsverbot geleistet wurden, der Gesellschaft erstatten (§ 31 Abs. 1 GmbHG). Neben dem Gesellschafter haftet der Geschäftsführer, der die Auszahlung getätigt hat.

Der Erstattungsanspruch ist auf Wiederauffüllung des Nettoaktivvermögens der Gesellschaft durch Rückführung des Auszahlungsgegenstandes auf den Stand vor der verbotenen Auszahlung gerichtet. Erfolgte die Zahlung an mehrere Gesellschafter, haften sie als Gesamtschuldner auf Rückerstattung, so dass die Gesellschaft die Leistung von jedem ganz oder zum Teil fordern kann, auch die Treuepflicht verpflichtet sie dabei nicht zu einer Berücksichtigung der Gesellschafterbelange.[192]

Ein Erlass der Rückzahlungsverpflichtung ist ausgeschlossen (§ 31 Abs. 4 GmbHG).

Der Höhe nach richtet sich der Erstattungsanspruch auf Wertausgleich in voller Höhe der verbotenen Auszahlung. Verboten ist allerdings nicht die Auszahlung als solche, sondern nur insoweit, als sie das Stammkapital angreift.

Im Fall der Gutgläubigkeit des Gesellschafters hinsichtlich der Unversehrtheit des Stammkapitals ist der Anspruch auf den zur Befriedigung der Gesellschaftsgläubiger erforderlichen Betrag begrenzt (§ 31 Abs. 2 GmbHG).

485 Die übrigen Gesellschafter haften bei Ausfall des Empfängers nach dem Verhältnis ihrer Geschäftsanteile (§ 31 Abs. 3 GmbHG). Im Außenverhältnis haften die Mitgesellschafter und der Geschäftsführer als Gesamtschuldner. Die Haftung erstreckt sich auch hier nur auf den Betrag des Stammkapitals der GmbH, also nicht auf den gesamten, nicht durch Eigenkapital gedeckten Betrag.[193]

---

189 *BGH* Urteil vom 24.11.2003 (Az: II ZR 171/01), unter Tz. 7 = BGHZ 157, 72.
190 BR-Drucks. 354/07, S. 94.
191 *BGH* Urteil vom 29.5.2000 (Az: II ZR 118/98), unter Tz. 12 = BGHZ 144, 336.
192 *BGH* Urteil vom 18.6.2007 (Az: II ZR 86/06), unter Tz. 15 = BGHZ 173, 1.
193 *BGH* Urteil vom 25.2.2002 (Az: II ZR 196/00), unter Tz. 11 = BGHZ 150, 61.

Der Geschäftsführer, der gegen das Auszahlungsverbot verstoßen hat, ist der GmbH nach allgemeinen Grundsätzen zum Schadensersatz verpflichtet (§ 43 Abs. 3 GmbHG). Ein Verstoß liegt auch dann vor, wenn der Geschäftsführer die Auszahlung zwar nicht selbst getätigt hat, aber seine Überwachungspflicht gegenüber dem Handelnden verletzt hat.[194] Der Anspruch erstreckt sich in diesem Fall der Höhe nach auf die ganze unzulässige Zahlung; er ist nicht durch die Höhe der Stammkapitalziffer beschränkt. **486**

Einen Regressanspruch gegen die Geschäftsführer gewährt § 31 Abs. 6 GmbHG.

cc) Erwerb eigener Geschäftsanteile

Die Gesellschaft kann eigene Geschäftsanteile nur dann erwerben, wenn auf sie die Einlagen vollständig erbracht sind (§ 33 Abs. 1 GmbHG), wenn sie die Gegenleistung für den Erwerb aus dem über den Betrag des Stammkapitals hinaus vorhandenen Vermögen leistet und die vorgeschriebene Rücklage für eigene Anteile aus freiem Vermögen bilden kann (§ 272 Abs. 4 HGB). **487**

Ein Verstoß gegen diese Bestimmungen lässt den dinglichen Erwerb der Geschäftsanteile unangetastet, das schuldrechtliche Geschäft ist jedoch nichtig (§ 33 Abs. 2 S. 3 GmbHG).

g) Organe der GmbH

Die GmbH hat drei Organe: **488**
- den Geschäftsführer;
- die Gesellschafterversammlung;
- ggf. einen Aufsichtsrat oder Beirat.

aa) Der Geschäftsführer

Der Geschäftsführer leitet die Gesellschaft und vertritt sie, §§ 6, 35 GmbHG. Geschäftsführer kann jede natürliche, unbeschränkt geschäftsfähige Person sein, § 6 Abs. 2 GmbHG. Der Geschäftsführer muss nicht notwendigerweise, kann jedoch Gesellschafter der GmbH sein. Ausgeschlossen sind juristische Personen, Personengesamtheiten sowie Mitglieder eines fakultativen Aufsichtsrats (§ 52 GmbHG, § 105 AktG). **489**

(1) Geschäftsführung

Die in § 43 Abs. 3 S. 1 GmbHG genannten Pflichten hat der Geschäftsführer zunächst im öffentlichen Interesse zu erfüllen, eine Weisung der Gesellschafter ist nicht erforderlich, eine entgegenstehende Weisung unbeachtlich. Im Übrigen hat der Geschäftsführer die laufenden Geschäfte zu führen, die Unternehmensziele umzusetzen, das Personal einzustellen, zu führen und zu entlassen und die Finanzen der GmbH zu verwalten. Darüber hinaus setzt er Gesellschafterbeschlüsse um. **490**

Bestimmte Bereiche der Geschäftsführung sind einer Entscheidung durch die **Gesellschafterversammlung** vorbehalten. Sie sind nicht abschließend in § 46 GmbHG aufgeführt. Dazu zählen u.a. die Feststellung des Jahresabschlusses und die Verwendung des Ergebnisses, die Einforderung der Einlagen und die Rückzahlung von Nachschüssen, Maßregeln zur Prüfung und Überwachung der Geschäftsführung einschließlich der Bestellung und Abberufung von Geschäftsführern und die Geltendmachung von Ersatzansprüchen, welche der Gesellschaft aus der Gründung

---

194 *BGH* Urteil vom 25.6.2001 (Az: II ZR 38/99), unter Tz. 8 = BGHZ 148, 167.

oder Geschäftsführung gegen Geschäftsführer oder Gesellschafter zustehen, sowie die Vertretung der Gesellschaft in Prozessen, welche sie gegen die Geschäftsführer zu führen hat.

Ungeschriebene Vorbehalte bestehen hinsichtlich solcher Maßnahmen, die grundlegend in das Unternehmensgeschehen eingreifen und wegen ihrer Bedeutung oder des mit ihnen verbundenen unternehmerischen Risikos Ausnahmecharakter haben. Der Geschäftsführer kann daher beispielsweise folgende Maßnahmen nicht allein veranlassen:
- die Festlegung der Unternehmenspolitik;[195]
- die Verlagerung der Produktion ins Ausland;
- die Aufnahme neuer Produktgruppen;[196]
- die Ausgliederung wesentlicher Unternehmensteile.

Darüber hinaus kann die Gesellschafterversammlung dem Geschäftsführer in allen Bereichen Weisungen erteilen, die der Geschäftsführer nur dann nicht ausführen darf, wenn sie fehlerhaft sind.

Im Rahmen seiner Geschäftsführungsaufgaben ist der Geschäftsführer schließlich verpflichtet, der Gesellschafterversammlung Auskünfte im Rahmen ihrer Prüfungs- und Überwachungskompetenz (§ 46 Nr. 6 GmbHG) zu erteilen und sie ungefragt über der GmbH drohende Gefahren unverzüglich zu informieren (§ 49 Abs. 2 und 3 GmbHG).

(2) Vertretung

491 Bei mehreren Geschäftsführern gilt der Grundsatz der Gesamtvertretung, wenn nichts Abweichendes im Gesellschaftsvertrag festgelegt ist (§ 35 Abs. 2 GmbHG). Bei Erklärungen, die gegenüber der Gesellschaft abzugeben sind, genügt die Abgabe einem Geschäftsführer gegenüber (§ 35 Abs. 2 S. 2 GmbHG).

Die Praxis kennt daneben die im Gesellschaftsvertrag bestimmte Einzelvertretungsbefugnis ebenso wie eine Vertretung durch jeweils zwei Geschäftsführer oder als unechte Gesamtvertretung die Vertretung zusammen mit einem Prokuristen. Da der Prokurist dadurch nicht mehr rechtsgeschäftlich bevollmächtigter, sondern gesetzlicher Vertreter der GmbH wird, umfasst seine Vertretungsmacht entgegen § 49 Abs. 2 HGB auch die Veräußerung und Belastung von Grundstücken.[197]

Für den Fall der Führungslosigkeit hat das MoMiG die Vertretung durch die Gesellschafter für die Entgegennahme von Willenserklärungen und die Zustellung von Schriftstücken angeordnet (§ 35 Abs. 1 S. 2 GmbHG). Diese Ersatzvertretung soll dem Fall vorbeugen, dass die Gesellschafter versuchen, durch eine Abberufung der Geschäftsführer Zustellungen und den Zugang von Erklärungen an die GmbH zu vereiteln.[198]

(3) Bestellung

492 Der Geschäftsführer wird von der Gesellschafterversammlung durch Gesellschafterbeschluss mit einfacher Mehrheit[199] bestellt (§ 46 Nr. 5 GmbHG). Ein Stimmverbot für Gesellschafter-

195 *BGH* Urteil vom 25.2.1991 (Az: II ZR 76/90), unter Tz. 13 = ZIP 1991, 509.
196 *OLG Düsseldorf* vom 15.11.1984 (Az: 8 U 22/84) = ZIP 1984, 1476.
197 *BGH* Urteil vom 31.3.1954 (Az: II ZR 57/53) = BGHZ 13, 61.
198 BR-Drucks. 354/07, S. 97.
199 *BGH* Urteil vom 23.3.1981 (Az: II ZR 27/80), unter Tz. 7 = BGHZ 80, 212.

Geschäftsführer besteht auch hinsichtlich ihrer eigenen Bestellung nicht.[200] Im Ausnahmefall, insbesondere bei der Gründung, erfolgt die Bestellung im Gesellschaftsvertrag selbst.

Eine zeitliche Höchstgrenze für die Bestellung zum Geschäftsführer besteht nicht. Eine Bestellung unter einer Bedingung ist zulässig.[201]

Beispiel Die Gesellschafter beschließen, dass die Geschäftsführerstellung von G automatisch im Falle eines Entzugs der Gewerbeerlaubnis entfällt. ■

Zur Wirksamkeit der Bestellung ist ihre formlose Annahme durch den Bestellten erforderlich.

Die Bestellung zum Geschäftsführer ist eintragungspflichtige Tatsache (§ 39 GmbHG). Die Eintragung ist regelmäßig deklaratorisch, konstitutiv nur im Zusammenhang mit einer Satzungsänderung. Die Eintragungspflicht besteht auch bei fehlender Voreintragung der Bestellung.[202]

493

JURIQ-Klausurtipp

Beachten Sie § 15 Abs. 1 HGB: Die Gesellschaft hat wegen der negativen Publizitätswirkung ein erhebliches Interesse daran, das Ausscheiden des Geschäftsführers eintragen zu lassen unabhängig davon, ob es zu einer Eintragung der Berufung zum Geschäftsführer gekommen ist. Daher kann die Eintragung des Ausscheidens nicht wegen einer fehlenden Voreintragung abgelehnt werden, noch ist eine nachträgliche Voreintragung erforderlich.

» Beachten Sie § 15 Abs. 1 HGB. «

Neben die Bestellung als Einräumung einer organschaftlichen Stellung tritt die arbeitsrechtliche Anstellung des Geschäftsführers. Bei entgeltlicher Tätigkeit handelt es sich um einen Geschäftsbesorgungsvertrag, auf den grundsätzlich die Regeln des Dienstvertrags anwendbar sind,[203] andernfalls um ein Auftragsverhältnis. Der Anstellungsvertrag ist nicht formbedürftig. Obwohl im Grundsatz voneinander unabhängig, verpflichtet der Abschluss eines Anstellungsvertrags den Geschäftsführer zur Annahme seiner Bestellung.

494

Die Gesellschafterversammlung kann die Bestellung zum Geschäftsführer jederzeit mit einfacher Mehrheit und ohne vorherige Anhörung des Geschäftsführers[204] widerrufen (§§ 38, 46 Nr. 5 GmbHG). Sie wird wirksam, sobald sie dem Geschäftsführer zugeht.

495

Hinweis

Zwischen dem Widerruf der Bestellung und der Kündigung des Anstellungsvertrages ist streng zu unterscheiden. Der Widerruf der Bestellung muss nicht automatisch auch als Kündigung des Anstellungsvertrages auszulegen sein.[205]

---

200 *BGH* Urteil vom 24.9.1990 (Az: II ZR 167/89), unter Tz. 12 = BGHZ 112, 339.

201 *BGH* Urteil vom 24.10.2005 (Az: II ZR 55/04), unter Tz. 14 = ZIP 2005, 2255.

202 *OLG Köln* Beschluss vom 3.6.2015 (Az: 2 Wx 117/15), unter Ziff. II.2. = BWNotZ 2015, 175, 176.

203 *BAG* Beschluss vom 21.2.1994 (Az: 2 AZB 28/93), unter Tz. 17 = ZIP 1994, 1044.

204 *BGH* Urteil vom 4.7.1960 (Az: II ZR 168/58), unter Tz. 15 = BB 1960, 797.

205 Zu sog. „Koppelungsklauseln" *OLG Saarbrücken* Urteil vom 8.5.2013 (Az: 1 U 154/12-43) = ZIP 2013, 1821.

(4) Haftung

PRÜFUNGS-
SCHEMA

496   Voraussetzungen für Anspruch aus § 43 Abs. 2 GmbHG

   I. Pflichtverletzung eines Geschäftsführers

   II. Verschulden

   III. Ersatzfähiger Schaden der GmbH (Differenzhypothese)

   IV. Art und Umfang des Schadensersatzes, §§ 249 ff. BGB

**》》 Lesen Sie § 43
GmbHG als zentrale
Haftungsnorm des
Geschäftsführers. 《《**

497   An anderer Stelle ist bereits auf die Haftung in Sonderfällen eingegangen worden, so die Handelndenhaftung gegenüber Dritten in der Vorgründungsphase, die Haftung bei Anmeldung der Gesellschaft und die Haftung bei Verstoß gegen das Auszahlungsverbot. Daneben bestehen weitere Sonderfälle in der Insolvenz wegen Insolvenzverschleppung und wegen Verstoßes gegen das Auszahlungsverbot bei Vorliegen eines Insolvenzgrunds, die hier außer Betracht bleiben.

Zentrale Haftungsnorm für Verletzung der Geschäftsführerpflichten gegenüber der Gesellschaft ist § 43 Abs. 2 GmbHG. Den Haftungsmaßstab nennt § 43 Abs. 1 GmbHG: Geschäftsführer haben in den Angelegenheiten der Gesellschaft die Sorgfalt eines ordentlichen Geschäftsmanns anzuwenden.

Es handelt sich mithin um einen objektiven Pflichtenbegriff, zu dem die Rechtsprechung Fallgruppen von Verstößen entwickelt hat.

Der Geschäftsführer ist zunächst an Grundregeln ordnungsgemäßer Unternehmensführung gebunden. Abhängig von Art und Größe des Unternehmens hat er in der konkreten Entscheidungssituation alle verfügbaren Informationsquellen tatsächlicher und rechtlicher Art auszuschöpfen, auf dieser Grundlage die Vor- und Nachteile der bestehenden Handlungsoptionen sorgfältig abzuschätzen und den erkennbaren Risiken Rechnung zu tragen.[206]

Beispiel   Der Geschäftsführer lässt fällige werthaltige Forderungen gegen Kunden der Gesellschaft oder Forderungen auf Leistung der Stammeinlage gegen Gesellschafter verjähren.[207] ■

Legion sind die Fälle der Überschreitung der Vertretungsmacht durch Missachtung von Beschränkungen im Innenverhältnis. Außer in Fällen der Kollusion, in denen wegen eines gesellschaftsschädigenden Zusammenwirkens zwischen dem Geschäftsführer und dem Dritten keine wirksame Verpflichtung der GmbH begründet wird, haftet der Geschäftsführer gegenüber der Gesellschaft für Schäden aus der Überschreitung seiner Vertretungsbefugnisse. Dies gilt vor allem für die Kompetenzverteilung zwischen Geschäftsführer und Gesellschaftern.[208]

---

206 *BGH* Beschluss vom 14.7.2008 (Az: II ZR 202/07), unter Tz. 11 = ZIP 2008, 1675.
207 *LG Wiesbaden* Urteil vom 3.5.2013 (Az: 1 O 229/12) = ZIP 2013, 2060.
208 *KG* Urteil vom 17.12.2004 (Az: 14 U 226/03), unter Tz. 27 = GmbHR 2005, 477.

Beispiel Der Geschäftsführer schließt ein Geschäft im Umfang von 120 000 €, obwohl laut interner Vereinbarung alle Geschäfte im Umfang von mehr als 50 000 € einem Gesellschafterbeschluss vorbehalten sind. ■

In den Bereich des Missbrauchs fallen auch Fälle einer persönlichen Bereicherung des Geschäftsführers zum Schaden der GmbH. Ein Schaden kann zum einen durch die Nichtwahrnahme von Geschäftschancen entstehen, zum anderen, wenn sich der Geschäftsführer Vorteile von der GmbH unmittelbar gewähren lässt, auf die er keinen Anspruch hat.

Beispiel 1 Der Geschäftsführer entscheidet bei der Auftragsvergabe für einen teuren Lieferanten, da dieser ihm die Zahlung einer Luxusreise versprochen hat. ■

Beispiel 2 Nachdem die Gesellschafterversammlung sein Begehren auf gesonderte Zahlung eines Urlaubsgeldes abgelehnt hat, entnimmt der Geschäftsführer vor Antritt seines Urlaubs für eigene Zwecke 2000 € aus der Kasse der Gesellschaft. ■

Eine Schadensersatzpflicht besteht auch dann, wenn der GmbH aus der Verweigerung der Auskunftserteilung nach § 46 Nr. 6 GmbHG Schäden entstehen.

Beispiel Nachdem der Geschäftsführer den Auftrag an den teuren Lieferanten vergeben hat, verweigert er jede Auskunft gegenüber der Gesellschafterversammlung, so dass diese die nachteiligen Folgen der Auftragsvergabe nicht abwenden kann. ■

Fehlerhafte Weisungen darf der Geschäftsführer nicht befolgen. Die Fehlerhaftigkeit kann sich aus einem Gesetzesverstoß, einem Verstoß gegen den Gesellschaftsvertrag oder aus einem Verstoß gegen die Zuständigkeitsregelungen ergeben. Auch insoweit ist der Geschäftsführer zu einer sorgfältigen Prüfung verpflichtet, die die Gesellschafter indes nicht von ihren eigenen Sorgfaltspflichten entbindet.

Beispiel Der Geschäftsführer führt eine Weisung der Gesellschafterversammlung aus, obwohl er weiß, dass dies zur Zahlungsunfähigkeit der GmbH führt. ■

Schließlich haftet der Geschäftsführer, wenn er seinen Anstellungsvertrag zur Unzeit kündigt, für den der GmbH dadurch entstandenen Schaden.

Beispiel Der Geschäftsführer fühlt sich durch das Nachfragen hinsichtlich der Auftragsvergabe bedrängt und erklärt die fristlose Kündigung. Die eilig erforderliche Suche nach einem Nachfolger verursacht Zusatzkosten in Höhe von 8000 €. ■

Daneben besteht eine Haftung aus Delikt, wenn das Verhalten des Geschäftsführers eine unerlaubte Handlung darstellt (§§ 823 ff. BGB). Zumeist handelt es sich um einen Anspruch wegen Verletzung eines Schutzgesetzes, im Hinblick auf die Vermögensbetreuungspflichten, insbesondere der Untreue, gemäß § 823 Abs. 2 BGB i.V.m. § 266 StGB.[209] Der Tatbestand der Untreue kann ungeachtet eines Einverständnisses der Gesellschafter mit dem schädigenden Verhalten des Geschäftsführers erfüllt sein, wenn durch das Verhalten die wirtschaftliche Existenz der Gesellschaft gefährdet wird.[210]

209 *BGH* Urteil vom 21.2.2005 (Az: II ZR 112/03), unter Tz. 14 ff. = DB 2005, 821.
210 *BGH* Beschluss vom 30.8.2011 (Az: 3 StR 228/11) unter Tz. 13 = NZG 2011, 1238 f.

Der Schadensersatzanspruch gegen den Geschäftsführer wird durch Gesellschafterbeschluss geltend gemacht (§ 46 Nr. 8 GmbHG). Persönlich betroffene Gesellschafter-Geschäftsführer unterliegen wegen Interessenkonflikts einem Stimmverbot (§ 47 Abs. 4 GmbHG).[211]

Aufgrund des Risikos der Geschäftsführerhaftung kann diese im Voraus grds. ausgeschlossen bzw. in ihren Umfang beschränkt werden.[212] So kann die Haftung in den Grenzen der §§ 138, 242 BGB summenmäßig beschränkt und eine Herabsetzung des Sorgfalts- und Verschuldensmaßstabs oder Ausschluss- und Verjährungsfristen vereinbart werden.

(5) Wettbewerbsverbot

498 Besondere Ausprägung des Grundsatzes der gesellschafterlichen Treuepflicht ist das Wettbewerbsverbot, das dem Geschäftsführer untersagt, im Geschäftszweig der GmbH Geschäfte für eigene oder fremde – dritte – Rechnung zu machen. Der Geschäftsführer darf auch nicht an einer anderen Handelsgesellschaft des Geschäftszweigs eine Mehrheitsbeteiligung halten oder sich eine solche durch nahe Familienangehörige vermitteln lassen. Das Wettbewerbsverbot beruht zum einen auf der Erwägung, dass der Geschäftsführer verpflichtet ist, der GmbH seine gesamte Arbeitskraft zur Verfügung zu stellen. Zum anderen besteht eine besondere Gefährdung der GmbH, dass der Geschäftsführer das im Rahmen seiner Organstellung erlangte Wissen zu eigenen Gunsten ausnutzt.[213] Daher besteht das Wettbewerbsverbot als ungeschriebenes Verbot, also auch dann, wenn es im Anstellungsvertrag nicht erwähnt ist.[214]

Eine allgemeine Befreiung vom Wettbewerbsverbot ist sowohl durch Gesellschaftsvertrag, als auch durch Gesellschafterbeschluss mit einfacher Mehrheit[215] möglich, wenn der Gesellschaftsvertrag einen solchen Beschluss gestattet.

Ein Verstoß gegen das Wettbewerbsverbot hat sowohl arbeitsrechtliche als auch gesellschaftsrechtliche Folgen:
- Die GmbH kann den Anstellungsvertrag fristlos kündigen.
- Außerdem kann sie den Geschäftsführer mit sofortiger Wirkung abberufen[216]
- und die Geltendmachung von Schadensersatzansprüchen beschließen oder vom Geschäftsführer die Herausgabe der Ergebnisse seiner konkurrierenden Tätigkeit analog § 113 Abs. 1 HGB verlangen.[217]

bb) Die Gesellschafterversammlung

499 Die Gesellschafterversammlung ist oberstes Willensbildungsorgan der GmbH (§ 48 Abs. 1 GmbHG). Sie besteht aus der Gesamtheit aller Gesellschafter. Die Willensbildung erfolgt im Wege des Beschlusses. Die Rechte der Gesellschafterversammlung ergeben sich zunächst aus der Satzung, ansonsten gilt ergänzend § 46 GmbHG.

---

211 *KG* Urteil vom 8.5.2014 (Az: 12 U 22/13) unter Tz. 12 = NZG 2015, 198: Ein Stimmverbot entsprechend § 47 Abs. 4 GmbHG besteht auch bei einer Beteiligung des Gesellschafters am Vertragspartner zu wenigstens 50 %; instruktiv dazu *Kuhn* EWiR 2015, 311.

212 Grundlegend *BGH* Urteil vom 16.9.2002 (Az: II ZR 107/01) unter I.2.a. = NJW 2002, 3777. Vgl. zur Haftungsbeschränkung ausführlich *Janert* BB 2013, 3016.

213 *BGH* Urteil vom 23.10.1985 (Az: VIII ZR 210/84), unter Tz. 14 = WM 1985, 1526.

214 *BGH* Urteil vom 9.7.1979 (Az: II ZR 125/77), unter Tz. 19 = DB 1979, 2475.

215 *BGH* Urteil vom 16.2.1981 (Az: II ZR 168/79), unter Tz. 16 = BGHZ 80, 69.

216 *OLG Karlsruhe* Urteil vom 8.7.1988 (Az: 10 U 157/87), unter Tz. 34 = DB 1988, 1848.

217 *BGH* Urteil vom 6.12.1962 (Az: KZR 4/62), unter Tz. 12 ff. = BGHZ 38, 306 – Bonboniere.

(1) Einberufung

Die Einberufung erfolgt durch den Geschäftsführer (§ 49 Abs. 1 GmbHG) durch eingeschriebenen Brief mindestens eine Woche vor dem Versammlungstermin (§ 51 Abs. 1 GmbHG), der Gesellschaftsvertrag kann Erleichterungen der Form vorsehen. Sie ist immer dann erforderlich, wenn die Interessen der GmbH dies gebieten (§ 49 Abs. 2 GmbHG). **500**

Eine Einberufungspflicht besteht

- wenn eine Jahres- oder Zwischenbilanz nur noch ein Nettovermögen in Höhe der Hälfte des Stammkapitals ausweist (§ 49 Abs. 3 GmbHG);
- bei einem entsprechenden Verlangen einer Gesellschafterminderheit, die mindestens 10 % des Gesellschaftskapitals hält (§ 50 Abs. 1 GmbHG) und
- in den übrigen im Gesellschaftsvertrag vorgesehenen Fällen; zumeist bestimmt dieser eine turnusmäßige Einberufung nach Maßgabe von § 46 Nr. 1 GmbHG.

Eine Einberufung entfällt im Falle der Vollversammlung, an der sämtliche Gesellschafter unter Verzicht auf eine formale Einberufung teilnehmen (§ 51 Abs. 3 GmbHG).[218]

(2) Beschlussfassung

In der Ausübung ihres Stimmrechts sind die Gesellschafter grundsätzlich frei. Dass eine Maßnahme im Interesse der Gesellschaft liegt, die Zwecke der Gesellschaft fördert und die Zustimmung dem Gesellschafter zumutbar ist, genügt nicht, um eine Zustimmungspflicht des Gesellschafters zu begründen oder eine entgegenstehende Stimmabgabe als unwirksam anzusehen. Auf Grund der Treuepflicht muss der Gesellschafter nur dann in einem bestimmten Sinn abstimmen, wenn die zu beschließende Maßnahme zur Erhaltung wesentlicher Werte, die die Gesellschafter geschaffen haben, oder zur Vermeidung erheblicher Verluste, die die Gesellschaft bzw. die Gesellschafter erleiden könnten, objektiv unabweisbar erforderlich und den Gesellschaftern unter Berücksichtigung ihrer eigenen schutzwürdigen Belange zumutbar ist, wenn also der Gesellschaftszweck und das Interesse der Gesellschaft gerade diese Maßnahme zwingend gebieten und der Gesellschafter seine Zustimmung ohne vertretbaren Grund verweigert.[219] **501**

Anderes gilt im Falle eines Stimmbindungsvertrages, in dem sich ein Gesellschafter verpflichtet, sein Stimmrecht auf eine bestimmte Art und Weise auszuüben.[220] Ein Stimmbindungsvertrag ist formlos gültig.[221] Ein Verstoß gegen den Stimmbindungsvertrag berührt die Wirksamkeit der Stimmabgabe nicht.

Gesetzliche Stimmverbote nennt § 47 Abs. 4 GmbHG in Fällen drohender Interessenkonflikte:

- bei der Entlastung, da es sich um einen Beschluss über die Billigung des Verhaltens des Betroffenen handelt,
- bei der Befreiung von einer Verbindlichkeit,
- bei Vornahme eines Rechtsgeschäfts gegenüber einem Gesellschafter und

---

218 *BGH* Beschluss vom 19.1.2009 (Az: II ZR 98/08), unter Tz. 6 = DB 2009, 556.
219 *BGH* Urteil vom 12.4.2016 (Az: II ZR 275/14), unter Tz. 13 = NJW 2016, 2739.
220 *BGH* Urteil vom 20.1.1983 (Az: II ZR 243/81), unter Tz. 11 = BB 1983, 996.
221 *BGH* Urteil vom 7.2.1983 (Az: II ZR 25/82), unter Tz. 8 = ZIP 1983, 432.

- bei Einleitung oder Erledigung eines Rechtsstreits gegen einen Gesellschafter, da der Gesellschafter hier auch gesellschaftsfremde eigene Interessen verfolgt.

Alle Beschlüsse der Gesellschafterversammlung werden grundsätzlich mit der Mehrheit der abgegebenen Stimmen gefasst. Jeder einzelne Euro eines Geschäftsanteils gewährt eine Stimme (§ 47 Abs. 2 GmbHG). Mangels gesetzlicher Regelung besteht kein Mindesterfordernis hinsichtlich der Beschlussfähigkeit, so dass eine solche nur dann nicht besteht, wenn niemand zur Versammlung erscheint.

Lediglich die Fälle der §§ 53 Abs. 2, 60 Abs. 1 Nr. 2 GmbHG und vergleichbare Sachverhalte bedürfen einer Dreiviertelmehrheit, wobei auf die abgegebenen Stimmen abgestellt wird, dies sind
- Satzungsänderungen,
- die Umwandlung,
- die Erhebung einer Ausschlussklage gegen einen Gesellschafter,
- die Auflösung der GmbH.

Der Gesellschaftsvertrag kann eine Reduzierung auf die einfache Mehrheit nur für den Auflösungsbeschluss vorsehen.

Die Satzungsänderung bedarf darüber hinaus dann, wenn sie im Handelsregister eingetragen wird (§ 54 GmbHG), einer notariellen Beurkundung (§ 53 GmbHG).

(3) Fehlerhafte Beschlüsse

502 Mangels eigener Regelungen im GmbH-Recht für Folgen einer fehlerhaften Beschlussfassung wendet die Rechtsprechung die aktienrechtlichen Bestimmungen über Nichtigkeit und Anfechtbarkeit von Hauptversammlungsbeschlüssen an, soweit die Unterschiede zwischen den Gesellschaftsformen dies nicht verbieten.[222] Daraus hat sich eine reiche Judikatur zur Einordnung von Fehlerfolgen entwickelt, die im Grundsatz von einer bloßen **Anfechtbarkeit** fehlerhafter Beschlüsse ausgeht.

Folgende Beschlüsse sind **ausnahmsweise nichtig** mit der Folge der Unwirksamkeit gegenüber jedermann:
- schwerwiegende Form- und Fristmängel bei der Einberufung der Gesellschafterversammlung,
- Auslassung einzelner Gesellschafter bei der Beschlussfassung in der Gesellschafterversammlung,
- schwerwiegende Mängel einer Abschlussprüfung,
- Missachtung des Beurkundungserfordernisses bei Satzungsänderungen, eine Eintragung heilt den Verstoß jedoch (analog § 242 Abs. 1 AktG),
- Beschlussfassung unter Verstoß gegen ein gesetzliches Verbot (§ 134 BGB) oder sittenwidrige Beschlussfassung (§ 138 BGB),
- Verstoß gegen elementare Gläubigerschutzvorschriften.

Eine Nichtigkeitsklage kann von allen Gesellschaftern und von Geschäftsführern gegen die Gesellschaft angestrengt werden, ein stattgebendes Urteil hat Gestaltungswirkung.

---

222 *BGH* Urteil vom 9.12.1968 (Az: II ZR 57/67), unter Tz. 16 ff. = BGHZ 51, 209.

Bloß anfechtbare Beschlüsse können im Wege der Anfechtungsklage gegen die GmbH für nichtig erklärt werden, wenn eine förmliche Feststellung des Beschlussergebnisses erfolgt ist.[223] Klage kann jeder Gesellschafter binnen der Monatsfrist des Aktienrechts nach § 246 Abs. 1 AktG erheben.[224] Der Gesellschaftsvertrag darf die Monatsfrist nicht unterschreiten, Verlängerungen sind zulässig.

Die Fristwahrung ist materielle Klagevoraussetzung.[225] Innerhalb der Klagefrist sind daher sämtliche Anfechtungsgründe geltend zu machen.[226]

Im Wege des einstweiligen Rechtsschutzes kann dem Geschäftsführer der GmbH außerdem durch einstweilige Verfügung die Ausführung der angegriffenen Beschlüsse untersagt werden, insbesondere die Beschlüsse zur Eintragung im Handelsregister anzumelden.[227]

cc) Der Aufsichtsrat

(1) Bildung

Die Bildung eines Aufsichtsrates ist in der GmbH, anders als in der Aktiengesellschaft, regelmäßig nicht zwingend erforderlich. Die Satzung kann eine Bildung vorsehen (fakultativer Aufsichtsrat), in Ausnahmefällen ist die Bildung zwingend, so nach § 1 Abs. 1 Nr. 3 DrittelbG und § 1 Mitbestimmungsgesetz (obligatorischer Aufsichtsrat). **503**

Das GmbHG ordnet für die Fälle der Bildung eines Aufsichtsrates die Geltung bestimmter Vorschriften des Aktiengesetzes an (§ 52 Abs. 1 GmbHG). Gesellschaftsvertragliche Regelungen, die die Anwendbarkeit der aktienrechtlichen Vorschriften auf den fakultativen Aufsichtsrat ausschließen, müssen die Abweichungen benennen und alternativ geltende Regelungen vorsehen.[228]

(2) Aufgaben

Einzige Aufgabe des Aufsichtsrates ist die **Überwachung** der Geschäftsführung auf Rechtmäßigkeit, Ordnungsmäßigkeit und Wirtschaftlichkeit. Er ist jedoch an Beschlüsse der Gesellschafterversammlung gebunden. Als rein internes Organ der GmbH tritt er nicht nach außen auf.[229] **504**

Praktisch wichtigste Kontrollfunktion übt er im Hinblick auf die Rechnungslegung der Geschäftsführung aus (§ 42a Abs. 1 GmbHG) und bereitet die Verabschiedung von Jahresabschluss und Lagebericht in der Gesellschafterversammlung vor. Er kann dazu von dem Geschäftsführer Auskunft über die Aufstellung des Jahresabschlusses verlangen (analog § 111 AktG). Seine Kontrolle erstreckt sich dabei auf verbundene Unternehmen (analog § 90 Abs. 3 AktG).

---

223 *BGH* Urteil vom 21.3.1988 (Az: II ZR 308/87), unter Tz. 8 = BGHZ 104, 66.
224 *BGH* Urteil vom 18.4.2005 (Az: II ZR 151/03), unter Tz. 13 = ZIP 2005, 985.
225 *BGH* Urteil vom 15.6.1998 (Az: II ZR 40/97), unter Tz. 11 = ZIP 1998, 1392.
226 *BGH* Urteil vom 14.3.2005 (Az: II ZR 153/03), unter Tz. 17 = ZIP 2005, 706.
227 *OLG Nürnberg* Urteil vom 4.5.1993 (Az: 3 U 136/93) = GmbHR 1993, 588; *OLG Koblenz* Urteil vom 25.10.1990 (Az: 6 U 238/90), unter Tz. 22 = DB 1990, 2413.
228 *BVerwG* Urteil vom 31.8.2011 (Az: 8 C 16.10), unter Tz. 23 = ZIP 2011, 2054, 2056 f.
229 Zu der Reichweite operativer Handlungsbefugnisse des Aufsichtsrats *Grunewald* ZIP 2016, 2009.

(3) Haftung

505 Die Haftung der Aufsichtsratsmitglieder richtet sich nach aktienrechtlichen Vorschriften, also nach der Sorgfalt eines ordentlichen und gewissenhaften Geschäftsleiters analog §§ 93, 116 AktG.

h) Rechte und Pflichten der GmbH-Gesellschafter

506 Der Geschäftsanteil des Gesellschafters verkörpert seine mitgliedschaftlichen Rechte und Pflichten aus dem Gesellschaftsverhältnis.

aa) Rechte der GmbH-Gesellschafter

507 Der Gesellschafter hat aufgrund seiner gesellschafterlichen Stellung Vermögens-, Informations- und Mitverwaltungsrechte.

Wichtigste **Vermögensrechte** des Gesellschafters sind
- das Recht auf Beteiligung am Gewinn (§ 29 GmbHG), vgl. dazu nachstehend;
- das Recht auf Beteiligung am Liquidationserlös bei Beendigung der GmbH (§ 72 GmbHG);
- das Bezugsrecht bei Kapitalerhöhungen (§ 57j GmbHG).

Die Verteilung des Gewinns erfolgt aufgrund Gewinnverwendungsbeschlusses der Gesellschafter gemäß § 46 Nr. 1 GmbHG. Der Anspruch richtet sich je nach Darstellung in der Bilanz entweder auf den Anteil am Jahresüberschuss (§ 29 Abs. 1 S. 1 GmbHG) oder den Anteil am Bilanzgewinn (§ 29 Abs. 1 S. 2 GmbHG). Gewinnteile, die aufgrund vorheriger Regelung im Gesellschaftsvertrag[230] oder aufgrund gesetzlicher Vorschriften gebunden sind, sind von der Gewinnverteilung ausgeschlossen. Darüber hinaus kann die Gesellschaft freiwillige Rücklagen bilden (§ 29 Abs. 2, Abs. 4 GmbHG).

Beispiel Die Gesellschaft hat Rücklagen bilden, wenn sie in der Bilanz Anteile eines beherrschenden Unternehmens oder eines mit Mehrheit beteiligten Unternehmens (§ 272 Abs. 4 HGB) ausweist.

Die Verteilung des Gewinns erfolgt nach dem Verhältnis der Geschäftsanteile (§ 29 Abs. 3 GmbHG), wenn der Gesellschaftsvertrag kein anderes Verhältnis vorsieht. Der Anspruch ist in Geld zu erfüllen.

Der Gesellschafter hat weiter Anspruch auf
- Auskunft über die Angelegenheiten der Gesellschaft;
- Einsicht in die Bücher und Schriften der Gesellschaft (§ 51a Abs. 1 GmbHG).

Als elementare Gesellschafterrechte können sie nicht im Gesellschaftsvertrag ausgeschlossen oder eingeschränkt werden (§ 51a Abs. 3 GmbHG). Der Gesellschafter kann diese Rechte in einem besonderen Verfahren nach § 51b GmbHG vor Gericht geltend machen. Es handelt sich um ein Verfahren der freiwilligen Gerichtsbarkeit, in dem der Amtsermittlungsgrundsatz gilt.

Das **Auskunftsrecht** erstreckt sich auf alle Angelegenheiten der Gesellschaft einschließlich aller Umstände, die Einfluss auf Angelegenheiten der Gesellschaft haben können.

---

230 *BayObLG* Beschluss vom 17.9.1987 (Az: 3 Z 122/87) = DB 1987, 2349.

Beispiel Gesellschafter A verlangt Auskunft von Gesellschafter-Geschäftsführer G über die Verwendung der Geldbestände in der Kasse. ∎

Das **Einsichtsrecht** bezieht sich auf die Handelsbücher der Gesellschaft, auch in elektronischer Form (§ 238 HGB) und auf alle aufbewahrungspflichtigen Unterlagen und sonstigen vorhandenen Unterlagen und Aufzeichnungen der Gesellschaft. Es umfasst die Anfertigung von Abschriften oder Kopien auf eigene Kosten.[231]

Der Geschäftsführer darf Auskunft und Einsicht nur dann verweigern, wenn eine konkrete erhebliche Gefahr für eine gesellschaftsfremde Verwendung der im Zuge von Auskunft und Einsicht erlangten Informationen besteht.

Beispiel Gesellschafter A verlangt Auskunft über alle Kundendaten der GmbH, um Kopien für den Betrieb eines Konkurrenzunternehmens anzufertigen. ∎

§§ 45 ff. GmbHG gewähren dem Gesellschafter **Mitverwaltungsrechte**. Zentral ist das Recht zur Teilnahme an Gesellschafterversammlungen und das Stimmrecht. Auf die Ausführungen zur Gesellschafterversammlung wird verwiesen.   **508**

bb) Pflichten der GmbH-Gesellschafter

Wichtigste Pflicht des Gesellschafters gegenüber der GmbH und gegenüber Mitgesellschaftern ist die **Treuepflicht**, die sich aus der gemeinsamen Zweckverfolgung aller Gesellschafter ableitet.   **509**

Sie verpflichtet den GmbH-Gesellschafter, Mitgesellschafter über Vorgänge zu informieren, die deren mitgliedschaftliche Vermögensinteressen berühren.[232]

Der Gesellschafter darf die Gesellschaft nicht schädigen und muss insbesondere bei Ausübung des Stimmrechts in der Gesellschafterversammlung die Treuepflicht beachten.

Ein allgemeines **Wettbewerbsverbot** besteht zwar für den Geschäftsführer, nicht aber für den Gesellschafter, der nicht Geschäftsführer ist. Der Gesellschafter darf daher zu der Gesellschaft in Wettbewerb treten. Anderes gilt nur dann, wenn der Gesellschafter einen bestimmenden Einfluss auf die Gesellschaft ausüben kann[233] und wenn der Gesellschaftsvertrag ein Wettbewerbsverbot auch für die Gesellschafter vorsieht. Nachvertragliche Wettbewerbsverbote, die sich also auf die Zeit nach Ausscheiden des Gesellschafters erstrecken, sind nichtig (§ 138 BGB), wenn sie das zeitlich notwendige Maß, in der Regel zwei Jahre, übersteigen.[234]

i) Übertragung von Geschäftsanteilen

aa) Grundsätze

GmbH-Geschäftsanteile können als Rechte aufgrund schuldrechtlichen Rechtsgeschäfts jeder Art per Abtretung übertragen werden (§ 15 Abs. 1 GmbHG). Die Übertragung hat mit dem MoMiG an Bedeutung gewonnen, da Teilung und Zusammenlegung unter der Vorausset-   **510**

---

231 *OLG Düsseldorf* Beschluss vom 2.3.1990 (Az: 17 W 43/89), unter Tz. 10 = ZIP 1990, 1346.

232 *BGH* Urteil vom 11.12.2006 (Az: II ZR 166/05), unter Tz. 10 = DB 2007, 276.

233 *BGH* Urteil vom 5.12.1983 (Az: II ZR 242/82), unter Tz. 17 ff. = BGHZ 89, 162 – Werbeagentur.

234 *BGH* Urteil vom 20.1.2015 (Az: II ZR 369/13), unter Tz. 7 = NJW 2015, 1012, 1013.

zung der Zustimmung der Gesellschafterversammlung nun in weitem Umfang zugelassen sind. Die Regelungen über die Veräußerung von Teilen eines Geschäftsanteils (§ 17 GmbHG a.F.) wurden hingegen aufgehoben.

bb) Neuerungen durch das MoMiG

511 Im Zuge der Einführung der Gesellschafterliste gilt im Verhältnis zur GmbH nur derjenige als Gesellschafter, der dort als Gesellschafter eingetragen ist (§ 16 Abs. 1 GmbHG). Vorher galt derjenige als Erwerber im Verhältnis zur GmbH, dessen Erwerb bei der GmbH angemeldet wurde. Die Anmeldung ist entfallen. Ausnahmsweise darf der Gesellschafter schon vor Aufnahme der Liste ins Handelsregister in Bezug auf das Gesellschaftsverhältnis handeln (§ 16 Abs. 1 S. 2 GmbHG). Diese Rechtshandlungen des Neugesellschafters werden mit Aufnahme der Liste ins Handelsregister endgültig wirksam.

Die Haftung des Erwerbers neben dem Veräußerer für ausstehende Einlagen ist unverändert (§ 16 Abs. 2 GmbHG).

Das MoMiG erlaubt erstmals auch den gutgläubigen Erwerb von Geschäftsanteilen (§ 16 Abs. 3 GmbHG). Die Aufnahme in die Gesellschafterliste begründet im Verhältnis zu Dritten Vertrauensschutz, dass die in der Gesellschafterliste verzeichnete Person Gesellschafter ist. Ein Erwerber kann einen Geschäftsanteil daher wirksam von einer in der Gesellschafterliste verzeichneten Person erwerben, wenn nicht
- ein Widerspruch in der Liste eingetragen ist,
- die Unrichtigkeit der Liste dem wahren Rechtsinhaber nicht zuzurechnen und die im Handelsregister aufgenommene Liste hinsichtlich des in Frage stehenden Geschäftsanteils weniger als drei Jahre unrichtig ist, oder
- dem Erwerber die Unrichtigkeit der Liste bekannt oder infolge grober Fahrlässigkeit unbekannt ist.

cc) Formerfordernisse

512 Das schuldrechtliche Kausalgeschäft muss ebenso wie die Abtretung des Geschäftsanteils notariell beurkundet werden (§ 15 Abs. 3 GmbHG). Vom Beurkundungserfordernis ausgenommen sind Fälle der gesetzlich angeordneten Rechtsnachfolge, so bei Erbschaft oder Umwandlung, soweit diese nicht für sich die Beurkundung voraussetzen.

dd) Verfügungsbeschränkungen

513 Um eine Übertragung der Geschäftsanteile kontrollieren und beeinflussen zu können, können die Gesellschafter ihre Abtretung an bestimmte Voraussetzungen knüpfen (Vinkulierung). Regelmäßig wird ein Zustimmungserfordernis der übrigen Gesellschafter vorgesehen, es können aber auch andere Kriterien genannt werden.

> **Beispiel** Die Satzung der ABC Architekten GmbH enthält im Hinblick auf die Vorschriften für Architekten die Bestimmung, dass Anteile nur auf Architekten, Innenarchitekten, Landschaftsarchitekten, Städtebauarchitekten oder Stadtplaner übertragen werden dürfen. ∎

Fehlt eine entsprechende Vereinbarung im Gesellschaftsvertrag, kann eine Vinkulierung nur einstimmig beschlossen werden, da die freie Verfügung über den Geschäftsanteil elementares Recht des Gesellschafters ist, das ihm nicht gegen seinen Willen entzogen werden kann.[235]

---

235 *OLG Dresden* Beschluss vom 10.5.2004 (Az: 2 U 286/04), unter Tz. 9 = GmbHR 2004, 1080.

j)   Haftung der Gesellschafter

Nach dem **Trennungsprinzip** haftet den Gläubigern der GmbH grundsätzlich nur das Gesell-   **514**
schaftsvermögen (§ 13 Abs. 2 GmbHG). Dort steht den Gläubigern als Haftungsobjekt die Einlage der Gesellschafter in Form des Stammkapitals zur Verfügung. Die Gesellschafter haften
grundsätzlich nur im Rahmen der Vorgründungs- und Gründungsgesellschaft.

Daneben bestehen folgende drei Sonderfälle, in denen die Gesellschafter unmittelbar haften:
* in den Fällen der Durchgriffshaftung;
* in den Fällen des existenzvernichtenden Eingriffs;
* aufgrund Delikts.

aa) Durchgriffshaftung

Eine Durchgriffshaftung hat die Rechtsprechung für drei Konstellationen entwickelt, denen   **515**
eine Verschleierung der Vermögenstrennung gemein ist.

Verschleiern die Gesellschafter die Trennung zwischen der GmbH und ihnen, indem sie etwa
ähnliche Firmen in gleichen Geschäftsräumen mit identischem Personal führen, haften sie
den Gläubigern der GmbH persönlich.[236]

Beispiel   Die Gesellschafter betreiben die „Kölner Maschinenbau GmbH", handeln außer
bei Vertragsschlüssen nach außen aber unter der von ihnen ebenfalls am gleichen Ort
betriebenen „Kölner Maschinenbau oHG". Die Gestaltung des Briefbogens rückt den
Rechtsformzusatz bewusst in den Hintergrund. ■

Vermischen die Gesellschafter Gesellschaftsvermögen und privates Vermögen, laufen die
gläubigerschützenden Kapitalerhaltungsvorschriften leer. Sie können sich auch in diesem Fall
nicht auf § 13 Abs. 2 GmbHG berufen, sondern haften analog § 128 HGB. Typisch für Fälle der
Vermögensvermischung ist eine undurchsichtige oder fehlende Buchführung, die die Vermö-
gensflüsse einer nachträglichen Kontrolle entzieht.[237]

Eine von den Regelungen zu Kapitalaufbringung und -erhaltung unabhängige allgemeine
Kapitalausstattungshaftung der Gesellschafter ist dem GmbH-Recht fremd.[238] Eine Haftung
wegen vorsätzlich sittenwidriger Gläubigerschädigung ist vereinzelt erwogen worden für
Fälle, in denen die GmbH völlig unzureichend mit Eigenkapital ausgestattet ist. Solchen
Erwägungen hat der Gesetzgeber mit dem MoMiG jedoch jede Grundlage entzogen, indem
er sich bewusst gegen eine gesetzliche Regelung der Kapitalausstattung gewandt hat.[239]

bb) Haftung wegen existenzvernichtenden Eingriffs

Ausgehend vom Konzernrecht hatte der BGH in 2001 eine unmittelbare Außenhaftung des   **516**
Gesellschafters wegen existenzvernichtenden Eingriffs für die Verbindlichkeiten der GmbH
angenommen, wenn der Gesellschafter missbräuchlich in das Gesellschaftsvermögen ein-
greift und dies zur Insolvenz der GmbH führt bzw. eine Insolvenz vertieft.[240] Hintergrund war

---

236 *BGH* Urteil vom 8.1.1958 (Az: VII ZR 9/57) = BB 1958, 351.
237 *BGH* Urteil vom 14.11.2005 (Az: II ZR 178/03), unter Tz. 14 = BGHZ 165, 85.
238 *BGH* Urteil vom 28.4.2008 (Az: II ZR 264/06), unter Tz. 10 = BGHZ 176, 204 – Gamma.
239 BR-Drucks. 354/07 S. 66.
240 *BGH* Urteil vom 17.9.2001 (Az: II ZR 178/99), unter Tz. 16 = BGHZ 149, 10 – Bremer Vulkan.

die Annahme, dass in tatsächlichen Beherrschungssituationen der herrschende Gesellschafter seine Leitungsmacht unter Verletzung der Eigeninteressen der abhängigen Gesellschaft ausüben könne und so kausal einen Nachteil der abhängigen Gesellschaft bewirke.[241]

Dieses Haftungskonzept hat er in 2007 in wesentlichen Punkten geändert.[242] Erhalten bleibt zunächst die Begrifflichkeit, dass ein existenzvernichtender Eingriff in das Gesellschaftsvermögen vorliege, wenn der Gesellschafter der Gesellschaft offen oder verdeckt Vermögenswerte entzieht, die sie zur Erfüllung ihrer Verbindlichkeiten benötigt und die Gesellschaft so in eine Lage bringt, in der sie ihre Verbindlichkeiten nicht mehr oder nur noch in geringem Maße erfüllen kann.

Im Kern hat sich der BGH den gesetzlichen Vorschriften des Deliktsrechts angenähert und die Gesellschaftsrechte gegenüber dem Gläubigerschutz betont. Knüpfte die Existenzvernichtungshaftung bisher als eigenständige Haftungsfigur an den Missbrauch der Rechtsform der GmbH seitens des Gesellschafters an, sieht der BGH nun lediglich noch eine besondere Ausprägung der deliktischen Haftung wegen vorsätzlicher sittenwidriger Schädigung (§ 826 BGB). Eine sittenwidrige Schädigung liege vor, wenn der herrschende Gesellschafter der Gesellschaft planmäßig Gesellschaftsvermögen mit der Folge der Beseitigung der Solvenz der GmbH zum unmittelbaren oder mittelbaren eigenen Vorteil entziehe.

Eingriff meint den gezielten, betriebsfremden Zwecken dienenden Entzug von Vermögen oder Geschäftschancen, der aufgrund zwischenzeitlicher Veränderungen nicht mehr in für die Gesellschaft verwertbarer Form rückgängig gemacht werden kann.[243] Im Blick hat der BGH hier vor allem Fälle einer zwischenzeitlichen Insolvenz. Kein Eingriff liegt hingegen vor, wenn der Gesellschafter zwar Zahlungen Dritter auf Forderungen einer später insolventen GmbH auf sein eigenes Konto lenkt, sie jedoch von dort zur Tilgung von Gesellschaftsverbindlichkeiten verwendet. Denn dann dienen sie im Ergebnis der Sanierung der GmbH.[244] Ein Eingriff liegt hingegen vor, wenn der Gesellschafter Geld der Gesellschaft auf sein eigenes Bankkonto anweist, ohne Gegenleistungen zu erbringen.[245]

Der nun auf § 826 BGB gestützte Anspruch setzt außerdem **Vorsatz** des handelnden Gesellschafters voraus. Damit sind nicht nur Fälle der Absicht erfasst, in denen es dem Gesellschafter gerade darauf ankommt, den Zugriff der Gläubiger auf das Gesellschaftsvermögen durch Beseitigung der Solvenz der Gesellschaft zu verhindern, sondern auch alle Fälle, in denen die Beseitigung der Solvenz für den Gesellschafter voraussehbar war und er diese Folge (nur) billigend in Kauf genommen hat, mithin Fälle des bedingten Vorsatzes.

Damit rückt der **Missbrauchsgedanke** in den Mittelpunkt. Der Anspruch wegen sittenwidriger Schädigung ist mithin auch nicht mehr nachrangig gegenüber dem Innenanspruch der GmbH gegen den Gesellschafter wegen Rückzahlung von Stammkapital. Damit entfällt die Erörterung im Rahmen der Existenzvernichtungshaftung, ob sich die Fähigkeit der GmbH zur Befriedigung ihrer Gläubiger nicht schon durch die Rückführung entzogenen Eigenkapitals im Innenverhältnis Gesellschafter-GmbH wiederherstellen lässt. Der Insolvenzverwalter kann die Ansprüche fortan staffeln: Gelingt ihm der Nachweis eines existenzvernichtenden Ein-

---

241 *BGH* Urteil vom 29.3.1993 (Az: II ZR 265/91), unter Tz. 28 = BGHZ 122, 123.
242 *BGH* Urteil vom 16.7.2007 (Az: II ZR 3/04) = BGHZ 173, 246 – Trihotel.
243 *BGH* Urteil vom 13.12.2004 (Az: IX ZR 116/06), unter Tz. 10 = DB 2008, 520.
244 *BGH* Urteil vom 2.6.2008 (Az: II ZR 104/07), unter Tz. 10 = ZIP 2008, 1329.
245 *BGH* Urteil vom 13.12.2007 (Az: IX ZR 116/06), unter Tz. 10 = DB 2008, 520.

griffs nicht, kann er im selben Rechtsstreit ohne Änderung des Streitgegenstands einen Anspruch auf Rückgewähr von Stammkapital verfolgen.[246]

Die Durchgriffshaftung gibt der BGH auf, weil nicht der Schutz der Gläubiger im Vordergrund stehe, sondern die Erhaltung des Gesellschaftsvermögens. Forderungen der Gläubiger seien nur mittelbar durch das Gesellschaftsvermögen als Haftungsfonds geschützt. Daher verneint der BGH die Notwendigkeit eines Durchgriffs auf die Gesellschafter und nimmt nun eine Innenhaftung des Gesellschafters gegenüber der GmbH an.[247]

Die Schadensersatzhaftung wegen existenzvernichtenden Eingriffs trifft nicht nur den handelnden Gesellschafter, sondern auch diejenigen Mitgesellschafter, die durch ihr Einverständnis mit dem Vermögensabzug an der Existenzvernichtung der Gesellschaft mitgewirkt haben.[248] Nicht Voraussetzung der Haftung ist, dass sie selbst Vorteile aus den Handlungen hatten. Der BGH bezieht in die Haftung auch mittelbare Gesellschafter ein, die an einer Gesellschaft beteiligt sind, die ihrerseits Gesellschafterin der GmbH ist,[249] und sogar solche Personen, die nicht unmittelbarer oder mittelbarer Gesellschafter sind, aber die Geschicke der GmbH maßgeblich bestimmen können. Dabei berücksichtigt er die Wertungen des § 830 BGB, der die Haftung des § 826 BGB auf Mittäter und Beteiligte erstreckt, die mit der Person zusammenwirken, die formalrechtlich die Gesellschafterposition innehat.

Teile der Literatur sehen dieses allein deliktsrechtlich geprägte Haftungskonzept kritisch. Die Grundlage der Haftung für existenzvernichtende Eingriffe liege vielmehr – nicht zuletzt aufgrund der allgemein zivilrechtlichen Dogmatik, wonach auf Deliktsrecht nur äußerst hilfsweise zurückzugreifen werde, wenn zwischen den beteiligten keine Sonderrechtsbeziehung gegeben sei – in der gesellschaftsrechtlichen Treuepflicht und damit in §§ 280 Abs. 1, 241 Abs. 2 BGB. Gleichwohl solle der Gesellschafter bei Vorsatz gegenüber der Gesellschaft auch aus § 826 BGB haften. Entgegen der Ansicht des BGH solle zudem gegenüber den Gläubigern eine Haftung aus § 826 BGB bestehen.[250]

k) Beendigung

517 Die GmbH wird in mehreren Schritten beendet: Auf die Auflösung folgt die Abwicklung, auch Liquidation oder Auseinandersetzung genannt, an deren Ende die Löschung im Handelsregister steht.

aa) Auflösung

518 § 60 Abs. 1 GmbHG nennt die Gründe, die zur Auflösung einer GmbH führen. Die geschieht insbesondere durch

- Ablauf der im Vertrag bestimmten Zeit;
- Beschluss der Gesellschafter (3/4-Mehrheit);
- richterliches Gestaltungsurteil;
- Eröffnung des Insolvenzverfahrens;

---

246 *BGH* Urteil vom 16.7.2007 (Az: II ZR 3/04), unter Tz. 40 = BGHZ 173, 246 – Trihotel.
247 Zum Verhältnis zu § 31 Abs. 1 und § 43a GmbHG zuletzt *BGH* Urteil vom 23.4.2012 (Az: II ZR 252/10), unter Tz. 23 ff. = NZI 2012, 517, 519.
248 *BGH* Urteil vom 25.2.2002 (Az: II ZR 196/00), unter Tz. 13 = BGHZ 150, 61.
249 *BGH* Urteil vom 13.12.2004 (Az: II ZR 206/02), unter Tz. 13 = ZIP 2005, 117.
250 *Stöber* ZIP 2013, 2295.

- rechtskräftigen Beschluss über die Ablehnung der Eröffnung des Insolvenzverfahrens mangels Masse;
- rechtskräftige Verfügung des Registergerichts;
- Löschung der Gesellschaft im Handelsregister wegen Vermögenslosigkeit.

Im Gesellschaftsvertrag können noch weitere Gründe bestimmt werden, die zur Auflösung der Gesellschaft führen sollen. Regelmäßig Auflösungsgrund ist etwa der Erwerb aller Anteile an der GmbH durch diese selbst, die so genannte **„Keinmann-GmbH"**.

Der einzelne Gesellschafter mit einem Anteil von mindestens 10% kann zudem gegen die Gesellschaft Auflösungsklage erheben (§ 61 GmbHG), wenn Umstände eingetreten sind, die

- die Erreichung des Gesellschaftszwecks unmöglich machen oder
- sonst wichtiger Grund für die Auflösung sind.

Die Auflösungsklage ist als ultima ratio nur dann zulässig, wenn der Gesellschafter seine Interessen nicht durch mildere Maßnahmen wahren kann, etwa durch einen eigenen Austritt aus der Gesellschaft oder einen notfalls zwangsweisen Ausschluss eines Mitgesellschafters.

bb) Liquidation

519 Durch die Auflösung ist die Gesellschaft noch nicht beendet. Sie muss gem. § 66 GmbHG noch im Wege der Liquidation abgewickelt werden. Die Abwicklung erfolgt durch den Liquidator, dies ist regelmäßig der vormalige Geschäftsführer. Er beendet die laufenden Geschäfte der GmbH (§ 70 GmbHG), befriedigt Gesellschaftsgläubiger und zieht Gesellschaftsforderungen ein. Die Liquidation wird einmal in den Gesellschaftsblättern, heute elektronisch, publiziert. Nach Ablauf eines Sperrjahres seit der einmaligen Bekanntmachung der Liquidation verteilt der Liquidator das in Geld umgesetzte verbliebene Gesellschaftsvermögen unter den Gesellschaftern (§ 72 GmbHG).

Abschließend meldet er die Liquidation beim Handelsregister in öffentlich beglaubigter Form an (§ 74 Abs. 1 S. 1 GmbHG), das die Gesellschaft durch Eintragung des Vermerks „die Gesellschaft ist erloschen" löscht (§ 74 Abs. 1 S. 2 GmbHG).

3.   Die Unternehmergesellschaft (haftungsbeschränkt)

a)   Keine eigene Rechtsform

520 Das MoMiG hat anstelle einer Absenkung des Stammkapitals der GmbH eine Gründung mit ratierlicher Aufbringung des Stammkapitals geschaffen, die Unternehmergesellschaft (haftungsbeschränkt), § 5a GmbHG.

Sie ist keine eigene Rechtsform. Für sie gelten neben § 5a GmbHG die allgemeinen Vorschriften des GmbHG, soweit diese nicht die Aufbringung des Stammkapitals betreffen.

b)   Gründung

521 Anders als bei der GmbH ist bei Gründung der Unternehmergesellschaft (haftungsbeschränkt) kein Mindeststammkapital von 25 000 € erforderlich, ihr Stammkapital kann zwischen 1 € und 24 999 € liegen. Im Unterschied zur normalen GmbH muss das Stammkapital bei der Gründung voll eingezahlt werden, erst dann darf sie zur Eintragung im Handelsregister angemeldet werden. Sacheinlagen sind nicht zulässig[251], bei einem Mindeststammkapital von 1 € allerdings auch kaum denkbar.

Als Gesellschaftsvertrag kann das durch das MoMiG eingeführte Muster-Gründungsprotokoll verwendet werden, wenn die Zahl der Gesellschafter drei nicht übersteigt und nur ein Geschäftsführer vorgesehen ist. Der Gesetzgeber hat zwei Gründungsprotokolle geschaffen, eines für eine Einpersonengesellschaft, das andere für eine Mehrpersonengesellschaft mit bis zu drei Gesellschaftern. Sie sehen vor, dass die neu zu gründende Gesellschaft die Gründungskosten nur bis zur Höhe von 300 €, höchstens aber bis zur Höhe ihres Stammkapitals trägt, um eine Überschuldung bereits im Gründungsstadium zu vermeiden.

Anders als noch im Gesetzgebungsverfahren vorgesehen, muss auch das Musterprotokoll notariell beurkundet werden. Die Notarkosten berechnen sich bei Verwendung des Musterprotokolls jedoch nicht aus einem Mindestgeschäftswert von 30 000 € (§ 105 Abs. 6 GNotKG).[252]

c) Firma

Die Gesellschaft muss den Zusatz[253] „Unternehmergesellschaft (haftungsbeschränkt)" oder „UG (haftungsbeschränkt)" führen, das Wort „haftungsbeschränkt" darf aus Gründen des Gläubigerschutzes nicht abgekürzt werden.[254]

522

d) Geschäftsführung und Vertretung

Die Gesellschafterversammlung ist bei drohender Zahlungsunfähigkeit unverzüglich einzuberufen, nicht erst bei Verlust der Hälfte des Stammkapitals (§ 5a Abs. 4 GmbHG).

523

e) Gewinnrücklage

Das Stammkapital wird vielmehr durch jährliche Gewinnrücklagen in Höhe eines Viertels des Jahresüberschusses angespart (§ 5a Abs. 3 GmbHG). Ein Verstoß gegen die Rücklagepflicht führt zur Nichtigkeit der Feststellung des Jahresabschlusses (analog § 256 AktG) und des Gewinnverwendungsbeschlusses (analog § 243 AktG). Der Geschäftsführer ist nach § 43 GmbHG schadensersatzpflichtig, wenn die verbotene Gewinnausschüttung nicht wiedererlangt werden kann.[255]

524

---

251 *BGH* Beschluss vom 19.4.2011 (Az: II ZB 25/10), unter Tz. 13 = NZG 2011, 664 f.: Eine Sacheinlage darf aber bereits erfolgen, wenn sie zur Erreichung der Mindeststammkapitalgrenze des § 5 Abs. 1 GmbHG führt (s. auch *OLG Stuttgart* Beschluss vom 13.10.2011 (8 W 341/11) = NZG 2012, 22; a.A. noch *OLG München* Beschluss vom 23.9.2010 (Az: 31 Wx 149/10) = ZIP 2010, 1991, 1992); vgl. auch *Klein* NZG 2011, 377; *Berninger* GmbHR 2011, 953.

252 Einen Überblick über die Rechtsprobleme bei Gründung und Durchführung gibt *Schäfer* ZIP 2011, 53. Eine internationale Einordnung nimmt *Fleischer* DB 2017, 291 vor.

253 Der Zusatz ist mangels eigener Rechtsform kein Rechtsformzusatz im firmenrechtlichen Sinne, BT-Drucks. 16/9737, S. 95.

254 BR-Drucks. 354/07, S. 71. Zu den Haftungsfolgen bei fehlerhafter Firmierung als „GmbH" *Meckbach* NZG 2011, 968.

255 BR-Drucks. 354/07, S. 72.

Die Gewinnrücklage darf nur für Kapitalerhöhungen und zur Verlustdeckung genutzt werden. Diese Regelung entfällt, wenn die Unternehmergesellschaft ihr Stammkapital so erhöht, dass der Betrag mindestens 25 000 € erreicht. Für die Errichtung einer GmbH ist dennoch eine formelle Erhöhung des Stammkapitals aus Gesellschaftsmitteln oder aus zusätzlichen Einlagen der Gesellschafter erforderlich (§ 5a Abs. 5 GmbHG). Eine verbleibende Rücklage darf aufgelöst werden.[256]

Mit der Kapitalerhöhung, die nicht Umwandlung im Sinne des Umwandlungsgesetzes ist, sind die Sonderregelungen des § 5a GmbHG fortan nicht mehr anwendbar. Die Gesellschaft kann den Rechtsformzusatz „Gesellschaft mit beschränkter Haftung" oder eine Abkürzung wählen oder die bisherige Firma fortführen.

Online-Wissens-Check

Wie gestaltet sich der Übergang von der Unternehmergesellschaft haftungsbeschränkt zur GmbH im Falle der Erreichung eines Stammkapitals von 25 000 €?

Überprüfen Sie jetzt online Ihr Wissen zu den in diesem Abschnitt erarbeiteten Themen. Unter **www.juracademy.de/skripte/login** steht Ihnen ein Online-Wissens-Check speziell zu diesem Skript zur Verfügung, den Sie kostenlos nutzen können. Den Zugangscode hierzu finden Sie auf der Codeseite.

4. Die Aktiengesellschaft

525   Die **Aktiengesellschaft** ist eine
- Kapitalgesellschaft
- mit einem in Aktien zerlegten Grundkapital
- für deren Verbindlichkeiten den Gläubigern nur das Gesellschaftsvermögen haftet.

a) Grundlagen und Erscheinungsformen

526   Das ursprünglich im ADHGB und sodann im HGB enthaltene Aktienrecht ist seit 1937 in einem eigenen Gesetz, dem Aktiengesetz (AktG), geregelt, das in seiner heutigen Form am 1.1.1966 in Kraft getreten ist. Das Aktienrecht ist Gegenstand vielfacher Reformen gewesen.[257] War die AG lange Rechtsform für große Unternehmen, ändert sich dies zunehmend. So hat der Gesetzgeber mit dem Gesetz für kleine Aktiengesellschaften und zur Deregulierung des Aktienrechts vom 2.8.1994[258] versucht, die AG für den Mittelstand attraktiver zu machen. Es erlaubt die Gründung der Einmann-AG und erleichtert die im Übrigen strengen Formalien zu Einberufung und Durchführung der Hauptversammlung. Nur eine Minderheit der Aktiengesellschaften ist börsennotiert, anders diejenigen, deren Aktien zu einem Markt

---

256 BR-Drucks. 354/07, S. 72.

257 So hat der Gesetzgeber mit dem „Gesetz über deutsche Immobilien-Aktiengesellschaften mit börsennotierten Anteilen" (REIT-Gesetz – REITG) vom 28.5.2007 (BGBl. I 2007 S. 914) eine besondere Art von Aktiengesellschaft für den Immobilienbereich geschaffen, die in ihrer Firma die Bezeichnung „REIT-Aktiengesellschaft" oder „REIT-AG" führen muss.

258 BGBl. 1994 I, S. 1961.

zugelassen sind, der von staatlich anerkannten Stellen geregelt und überwacht wird (§ 3 Abs. 2 AktG). Auch jüngst ist das Aktienrecht Gegenstand von Reformen, die die Finanzierung flexibilisieren, die Transparenz der Beteiligungsverhältnisse verbessern und das Beschlussmängelrecht weiterentwickeln.[259]

b) Rechtsfähigkeit

Die Aktiengesellschaft ist als juristische Person Gesellschaft mit eigener Rechtspersönlichkeit (§ 1 Abs. 1 S. 1 AktG). Daher haftet für Gesellschaftsverbindlichkeiten nur die Gesellschaft mit ihrem Vermögen den Gläubigern gegenüber, nicht die Aktionäre persönlich (§ 1 Abs. 1 S. 2 AktG).[260] Inhaber von Rechten und Pflichten ist allein die Gesellschaft als juristische Person. Sie kann Eigentum erwerben, vor Gericht klagen und verklagt werden, über ihr Vermögen kann das Insolvenzverfahren eröffnet werden (§ 11 Abs. 1 InsO), und zur Zwangsvollstreckung in ihr Vermögen ist ein gegen die Gesellschaft gerichteter vollstreckbarer Schuldtitel erforderlich. **527**

Die Aktiengesellschaft ist außerdem als Handelsgesellschaft Formkaufmann im Sinne des § 6 HGB (§ 3 Abs. 1 AktG). Sie firmiert als „Aktiengesellschaft" oder mit einer allgemein verständlichen Abkürzung dieses Begriffs (§ 4 AktG).

c) Entstehung

Die Aktiengesellschaft entsteht entweder durch Umwandlung eines Unternehmens anderer Rechtsform in eine AG oder durch Neugründung. Die Neugründung vollzieht sich in den drei Stadien **528**

- Vorgründungsgesellschaft,
- Vorgesellschaft und
- Eintragung der AG im Handelsregister.

aa) Die Vorgründungsgesellschaft

Sind sich die Gründer einig, eine AG errichten zu wollen, entsteht die Vorgründungsgesellschaft. Diese ist entweder GbR oder oHG, wenn sie ein Handelsgewerbe betreibt, mit dem alleinigen Zweck, eine AG zu errichten. Sie endet durch Zweckerreichung mit dem Abschluss des Gesellschaftsvertrages der AG, der Satzung. Dieser muss seinem Inhalt nach dem Katalog des § 23 AktG genügen und bedarf der notariellen Beurkundung. **529**

(1) Satzung und Gründungsprotokoll

Satzung meint Gründungsprotokoll (§ 23 Abs. 2 AktG) und Satzung im engeren Sinne (§ 23 Abs. 3 und 4 AktG). Dabei enthält das Gründungsprotokoll diejenigen Angaben, die nur im Rahmen der Gründung Bedeutung haben und für die AG nach der Gründung ohne Bedeutung sind. **530**

---

259 Gesetz zur Änderung des Aktiengesetzes vom 22.12.2015, BGBl. 2015 I S. 2565. Einen Überblick gibt *Söhner* ZIP 2016, 151.

260 In Sonderfällen können die Aktionäre auf Ersatz gegenüber der Gesellschaft in Anspruch genommen werden, vgl. §§ 62 Abs. 2, 93 Abs. 5, 116 AktG.

§ 23 Abs. 2 AktG schreibt folgende Angaben für das Gründungsprotokoll vor:
- Gründer,
- Aktienübernahmen (§ 29 AktG),
- eingezahlter Betrag.

Gründer sind diejenigen Aktionäre, die die Satzung feststellen und damit auch Aktien übernehmen.

Eine AG kann durch einen, dann Einmann-AG, oder mehrere Aktionäre gegründet werden (§ 2 AktG). Aktionär kann jede natürliche Person, jede Personengesellschaft und nahezu jede juristische Person sein, nur die zu gründende AG selbst kann nicht Gründer sein, da sie noch nicht das Stadium der Vor-AG erreicht hat.

Das Gesetz kennt **Nennbetragsaktien** und **Stückaktien**, die die Gründer nicht kombinieren dürfen. Bei Nennbetragsaktien sind der Nennbetrag, bei Stückaktien die Zahl der übernommenen Stückaktien und jeweils der Ausgabebetrag der Aktien je Gründer anzugeben.

Eingezahlter Betrag meint denjenigen Betrag, den die Gründer vor der Eintragung der Gesellschaft in das Handelsregister zu leisten haben, wobei zu berücksichtigen ist, dass Einlagen vor Bestellung des Vorstands nicht mit befreiender Wirkung geleistet werden können. Die Kapitalrichtlinie stellt allerdings auf den eingezahlten Betrag des gezeichneten Kapitals im Zeitpunkt der Gründung der Gesellschaft ab.

(2) Zwingende Satzungsangaben

531   § 23 Abs. 3 und 4 AktG schreibt folgende Satzungsbestimmungen vor:
- Firma und Sitz der Gesellschaft,
- Unternehmensgegenstand,
- Höhe des Grundkapitals,
- Zerlegung des Grundkapitals, Aktiengattungen,
- Benennung von Namens- oder Inhaberaktien,
- Zahl der Vorstandsmitglieder,
- Form der Bekanntmachung der AG.

§ 4 AktG schreibt die Bezeichnung „Aktiengesellschaft" oder eine allgemein verständliche Abkürzung dieser Bezeichnung vor.

Der Unternehmensgegenstand kennzeichnet die Art der Tätigkeit, welche die Gesellschaft betreibt, insbesondere die Mittel zur Erreichung des Gesellschaftszwecks. Demgegenüber bezeichnet der Gesellschaftszweck die Gewinnerzielung als Sinn des Zusammenschlusses. Die Angabe des Unternehmensgegenstands bindet den Vorstand bei seiner Geschäftsführung.

Das Grundkapital der AG muss auf einen Nennbetrag in Euro lauten und mindestens 50 000 € betragen (§ 6 AktG).

Ähnlich der Aktienübernahmen im Gründungsprotokoll ist auch in der Satzung anzugeben, ob das Grundkapital in Nennbetragsaktien oder in Stückaktien ausgegeben wird. Bei Nennbetragsaktien sind die Nennbeträge der Aktien sowie die Zahl der Aktien anzugeben, bei Stückaktien genügt die Angabe der Zahl. Eine Kombination von Nennbetrags- und Stückaktien ist nicht möglich.

Aktien verschiedener Gattungen, das sind Aktien mit gleichen Rechten, und die Zahl der Aktien je Gattung müssen angegeben werden, da Aktien verschiedene Rechte gewähren können, so etwa eine unterschiedliche Verteilung des Gewinns (§ 11 AktG).

Vor der Aktienrechtsnovelle 2016 konnten die Gründer sowohl Aktien auf den Inhaber als auch auf Namen vorsehen unabhängig davon, ob es sich bei ihnen um Nennbetrags- oder Stückaktien handelte, heute ist die Namensaktie die Standardverbriefung (§ 10 Abs. 1 S. 1 AktG). Inhaberaktien können nur noch ausgegeben werden von börsennotierten Gesellschaften oder nicht börsennotierten Gesellschaften, bei denen der Anspruch des Aktionärs auf Einzelverbriefung ausgeschlossen und die Sammelurkunde bei einer im Gesetz genannten Stelle hinterlegt ist (§ 10 Abs. 1 S. 2 AktG). Die Satzung muss festlegen, welche Art von Aktien die Gesellschaft gewählt hat (§ 23 Abs. 3 Nr. 5 AktG).

Die **Inhaberaktie** beurkundet einen bestimmten Betrag oder Bruchteil des Inhabers der Urkunde als Beteiligung an der AG. Die Bekundung ist deklaratorisch, da die Mitgliedschaft durch die Handelsregistereintragung und nicht durch die Wertpapierausstellung entsteht. Sie legitimiert ihren Besitzer als Inhaber des materiellen Mitgliedschaftsrechts (§§ 793 Abs. 1, 1006 Abs. 1 S. 1 BGB). Als Inhaberpapier ist ein gutgläubiger Erwerb nach Maßgabe der §§ 932 ff. BGB möglich.

Die **Namensaktie** nennt eine Person mit ihrem Namen als Beteiligte an der AG. Wertpapierrechtlich ist sie geborenes Orderpapier. Ihre Übertragung kann
- durch Abtretung des verbrieften Rechts nach §§ 398 ff. BGB,
- durch Indossament gemäß § 68 Abs. 1 S. 2 AktG i.V.m. Art. 13 Abs. 1 WechselG und Übergabe der Aktienurkunde nach §§ 929 ff. BGB, oder
- nach den Regelungen des Depotgesetzes durch die Übersendung des Stückeverzeichnisses seitens des Einkaufskommissionärs (§ 18 Abs. 3 DepotG) oder durch den Erwerb von Miteigentum am Sammelbestand (§ 24 Abs. 2 DepotG) erfolgen.

Sie ist besonders für die kleine AG geeignet, da ihre Übertragung an die Zustimmung der AG geknüpft sein kann, die so genannte vinkulierte Namensaktie (§ 68 AktG). Eine Vinkulierung ist bereits dann wirksam, wenn die Namensaktie noch nicht verbrieft ist und deshalb nur durch Abtretung nach §§ 398, 413 BGB übertragen werden kann.[261]

Außerdem gestattet sie die Einladung von Aktionären mit eingeschriebenem Brief zu den Hauptversammlungen, wenn die Aktionäre bekannt sind (§ 121 Abs. 4 AktG).

Die Satzung muss neben der Zahl der Vorstandsmitglieder schließlich die Form der freiwilligen Bekanntmachungen beschreiben (§ 23 Abs. 4 AktG), wenn solche beabsichtigt sind. Pflichtbekanntmachungen der Gesellschaft im elektronischen Bundesanzeiger sind nicht gemeint.

bb) Die Vorgesellschaft

Der Ablauf der Gründung gestaltet sich sodann nach folgendem Ablauf: 532
- Feststellung der Satzung durch notarielle Beurkundung;
- Bestellung eines ersten Aufsichtsrats und eines Abschlussprüfers für das erste Geschäftsjahr (§ 30 AktG);

---

261 *OLG Celle* vom 24.11.2004 (Az: 9 U 119/04), unter Tz. 6 ff. = NZG 2005, 279.

- Bestellung des ersten Vorstands durch den Aufsichtsrat;
- Einforderung der Einlagen durch den Vorstand (§§ 36, 36a AktG);
- Erstellung eines Gründungsberichts nebst Gründungsprüfung;
- Anmeldung zum Handelsregister und Eintragung.

Die Vor-Aktiengesellschaft oder Vor-AG entsteht mit der notariellen Beurkundung der Satzung (§ 23 Abs. 1 AktG) bis zur Eintragung als AG. Sie ist als Gesamthandsgesellschaft sui generis eigenständiger Rechtsträger und rechtsfähig. Sie ist aktiv und passiv parteifähig, insolvenzfähig, scheck- und wechselfähig, gründerfähig und grundbuchfähig. So erfolgt die Anmeldung der Gesellschaft zur Eintragung im Handelsregister im Namen der Vorgesellschaft, nicht im Namen der Gründer.[262] Auf ihre Rechtsverhältnisse findet das Aktienrecht bereits insoweit Anwendung, als die jeweilige Bestimmung nicht bereits die Eintragung der Gesellschaft im Handelsregister voraussetzt.

> ### JURIQ-Klausurtipp
>
> Erinnern Sie sich? Ähnliches kennen Sie bereits von der GmbH. Das Aktiengesetz regelt das Innenverhältnis der Vorgesellschaft nur spärlich in §§ 30 Abs. 1, 4 AktG, 32 Abs. 1 AktG, 36 Abs. 1, 2 AktG, 36a AktG. Daher ist zu untersuchen, ob das Gründungsrecht der §§ 23–53 AktG eine ausdrückliche Bestimmung vorsieht. Ist dies nicht der Fall, kann die Satzung eine Regelung enthalten. Erst dann kommt die Anwendung der für die eingetragene Gesellschaft geltenden Bestimmungen in Betracht, soweit sie nicht bereits die Eintragung der Gesellschaft voraussetzen.

Ob die Gründer als Gesellschafter der Vor-Aktiengesellschaft haften, ist nicht abschließend geklärt. Der BGH lehnt wie bei der GmbH eine Außenhaftung der Gründer ab.[263] Eine Haftung bestehe nur im Innenverhältnis der Gesellschaft gegenüber auf anteilige Verlustübernahme und erst dann, wenn das Scheitern der Eintragung feststehe.

Den für die Vor-Aktiengesellschaft Handelnden trifft indes die Handelndenhaftung nach Maßgabe des § 41 Abs. 1 S. 2 AktG.[264] Dies betrifft vor allem die Vorstandsmitglieder und die Aufsichtsratsmitglieder im Rahmen ihrer organschaftlichen Vertretungsmacht. Die Haftung erlischt mit der Eintragung der Gesellschaft im Handelsregister.

cc) Die Eintragung im Handelsregister

533 Die AG als juristische Person entsteht erst mit Eintragung im Handelsregister (§ 41 Abs. 1 S. 1 AktG). Im Einzelnen ist umstritten, ob die Vorgesellschaft durch die Eintragung von einer Gesamthand zu einer juristischen Person wird[265] oder ob es sich um einen Fall der Gesamtrechtsnachfolge handelt.[266]

Zur Eintragung wird die Gesellschaft durch ihre Gründer und alle Mitglieder des Vorstands und des Aufsichtsrats beim Handelsregister angemeldet (§ 36 Abs. 1 AktG). Die Anmeldung muss enthalten die Firma, den Sitz, eine inländische Geschäftsanschrift, den Gegenstand, das

---

262 *BGH* Beschluss vom 16.3.1992 (Az: II ZB 17/91), unter Tz. 5 = BGHZ 117, 323.
263 *BGH* Urteil vom 27.1.1997 (Az: II ZR 123/94), unter Tz. 21 ff. = BGHZ 134, 333.
264 Ausführlich zu der Handelndenhaftung *Beuthien* GmbHR 2013, 1.
265 MünchKomm AktG-*Pentz* § 41 Rn. 106 f.
266 *Hüffer* § 41 Rn. 16.

Grundkapital, den Tag der Satzungsfeststellung und die Vorstandsmitglieder mitsamt ihrer Vertretungsbefugnis. Enthält die Satzung Bestimmungen über die Dauer der Gesellschaft oder über das genehmigte Kapital, so sind auch diese einzutragen (§ 39 AktG). Nicht eingetragen werden die Namen der Aufsichtsratsmitglieder.

Seit Einführung eines elektronischen Handelsregisters durch das EHUG (1.1.2007) sind die Anmeldungen zur Eintragung im Handelsregister elektronisch in öffentlich beglaubigter Form einzureichen, die Pflicht zur Zeichnung der Namensunterschrift ist entfallen.

Gemäß dem durch das MoMiG eingefügten § 39 Abs. 1 S. 2 AktG kann die Gesellschaft freiwillig eine für Willenserklärungen und Zustellungen empfangsberechtigte Person mit einer inländischen Anschrift anmelden, um das Risiko der nun erleichtert möglichen öffentlichen Zustellungen auszuschließen.

dd) Besonderheiten der Einpersonen-AG

Auf die Einpersonen-Aktiengesellschaft finden dieselben Regelungen Anwendung wie auf eine mehrgliedrige AG. Eine Neuerung hat das MoMiG bei der Gründung eingeführt: **534**

Die Gründung der Einpersonen-Aktiengesellschaft erfolgt wie bei der mehrgliedrigen Gesellschaft durch Feststellung der Satzung, durch die eine Einpersonen-Vor-Aktiengesellschaft entsteht. Bisher hatte der Gründer für den Teil der Geldeinlage, der den eingeforderten Betrag übersteigt, Sicherheit zu leisten (§ 36 Abs. 2 S. 2 AktG a.F.). Die Sicherheitsleistung ist entfallen, da sie die Gründung unnötig komplizierte.[267]

d) Aktie und Grundkapital

Aktie meint dreierlei: **535**
- das Wertpapier,
- die Rechtsstellung des einzelnen Aktionärs und
- die Beteiligungsquote des Aktionärs.

aa) Die Aktie als Wertpapier

Die Aktie verbrieft die Mitgliedschaft des Aktionärs nach Maßgabe des § 10 AktG. Allerdings **536** kann die Satzung eine Verbriefung auf eine Globalurkunde einschränken oder ausschließen (§ 10 Abs. 5 AktG). Die Aktienurkunde hat folgenden Inhalt:
- den Nennbetrag bei Nennbetragsaktien;
- die Zahl der Aktien bei Stückaktien;
- einen Hinweis auf Inhaber- oder Namensaktie, bei Inhaberaktien eine fortlaufende Zählung, bei der Namensaktie außerdem den Namen des Berechtigten;
- die Verpflichtung und ihren Umfang, soweit Nebenverpflichtungen eingegangen wurden (§ 55 Abs. 1 S. 3 AktG);
- bei verschiedenen Aktiengattungen die Gattung der Aktie;
- die Aktiengesellschaft als Aussteller und einen Hinweis auf die Verbriefung des Mitgliedschaftsrechts;
- die Unterzeichnung durch die Vorstandsmitglieder, eine Originalunterschrift ist nicht erforderlich.

---

267 BR-Drucks. 354/07, S. 119.

bb) Die Aktie und das Mitgliedschaftsrecht

537 Anders als der allgemeine Sprachgebrauch bezeichnet das Gesetz als Aktie in §§ 11, 12, 64 AktG auch die Mitgliedschaft als solche, d.h. die Gesamtheit der Rechte und Pflichten des Aktionärs.

Die Mitgliedschaftsrechte werden regelmäßig in Stammaktien, im Ausnahmefall durch Vorzugsaktien begründet. Ob es sich im Übrigen um Nennbetrags- oder Stückaktien und um Inhaber- oder Namensaktien handelt, ist unerheblich.

538 **Stammaktien** gewähren ihrem Inhaber das Stimm- und Dividendenrecht entsprechend dem Anteil am Grundkapital (§ 12 Abs. 1 S. 1 AktG).

539 **Vorzugsaktien** sind Aktien mit einem Vorrecht und regelmäßig stimmrechtslos. Das Vorrecht kann in einem Vorzug bei der Verteilung des Bilanzgewinns, einem Recht auf Nachzahlung der in den Vorjahren ausgefallenen Dividenden oder einem erhöhten Gewinnanteil bestehen(Vorabdividende oder Mehrdividende, § 139 Abs. 1 S. 2, 3 AktG). Stimmrechtslose Vorzugsaktien dürfen nur bis zur Hälfte des Grundkapitals ausgegeben werden (§ 139 Abs. 2 AktG).

540 Daneben können **Genussrechte** bestehen. Genussrechte sind vermögensrechtliche Ansprüche des Aktionärs gegen die AG, die in so genannten Genussscheinen verbrieft sind. Für die AG handelt es sich um eine interessante Möglichkeit der Kapitalbeschaffung, weil die Genussscheine als börsengängige Wertpapiere gegenüber Wandel- und Optionsanleihen den Vorteil einer Stärkung der Kapitalbasis ohne Veränderung der Beteiligungsstruktur haben. Die Grenzen zu der stillen Gesellschaft sind fließend.[268]

cc) Die Aktie als Beteiligung am Grundkapital

541 Das Grundkapital der AG muss auf einen Nennbetrag in Euro lauten und mindestens 50 000 € betragen (§ 6 AktG, § 7 AktG). Die Höhe des Grundkapitals ist in der Satzung bestimmt (§ 23 Abs. 2 Nr. 3 AktG).

Es ist in Aktien zerlegt (§ 1 Abs. 2 AktG), wie gesehen entweder in Nennbetragaktien oder in Stückaktien (§ 8 Abs. 1 AktG).

542 **Nennbetragsaktien** lauten über einen bestimmten Betrag auf volle Euro, mindestens ein Euro (§ 8 Abs. 2 AktG). Die Nennbeträge müssen nicht identisch sein.

Beispiel Gründer G entscheidet die Aufteilung des Grundkapitals der Aktiengesellschaft von 1 000 000 € in 300 000 Nennbetragsaktien über je 1 €, in 200 000 Nennbetragsaktien über je 2 € sowie 6000 Nennbetragsaktien über je 50 €. ■

543 **Stückaktien** haben keinen Nennbetrag und sind am Grundkapital im gleichen Umfang beteiligt. Auch bei ihnen darf der auf sie jeweils entfallende anteilige Betrag des Grundkapitals 1 € nicht unterschreiten (§ 8 Abs. 3 AktG).

Beispiel Gründer G kann das Grundkapital der Aktiengesellschaft von 1 000 000 € im Falle von Stückaktien in 1 000 000 Stückaktien zu einem Anteil von 1 €, in 500 000 Stückaktien zu einem Anteil von 2 € usw. aufteilen. Mehr als 1 000 000 Stückaktien kann er nicht vorsehen, da sonst der Mindestanteil von 1 € unterschritten würde. ■

---

268 *BGH* Urteil vom 21.7.2003 (Az: II ZR 109/02), unter Tz. 8 ff. = BGHZ 156, 38.

> **Hinweis**
>
> Das Grundkapital ist das Betriebskapital der AG, nicht ihr Vermögen. Daher wird es betragsmäßig auf der Passivseite der Bilanz unter A I ausgewiesen (§ 266 Abs. 3 HGB) und wie eine Verbindlichkeit behandelt. Dies verhindert eine Ausschüttung des Vermögens an die Aktionäre, das zur Deckung des Grundkapitals betragsmäßig erforderlich ist. Ausgeschüttet werden darf nur der Bilanzgewinn (§§ 58 Abs. 4, 158 Abs. 1 S. 1 AktG).

e) Organe der AG

Die Aktiengesellschaft hat drei Organe, den Vorstand, den Aufsichtsrat und die Hauptversammlung. Daneben können ein Beirat und besondere Ausschüsse gebildet werden. Um ein Funktionieren der AG zu gewährleisten, sind die Aufgaben von Vorstand, Aufsichtsrat und Hauptversammlung gesetzlich zwingend voneinander abgegrenzt (§ 23 Abs. 5 AktG), aber aufeinander bezogen, wobei im Einzelnen diskutiert wird, ob die derzeitige Aufgabenteilung die Rechte der Hauptversammlung hinreichend berücksichtigt.

544

aa) Der Vorstand

Der Vorstand führt die Geschäfte der AG und vertritt sie gerichtlich und außergerichtlich, §§ 76, 78 AktG. Die gesetzlichen Regelungen zum Vorstand enthalten die §§ 76–94 AktG.

545

(1) Geschäftsführung

Leitbild für die Geschäftsführung der Vorstandsmitglieder ist die Sorgfalt eines ordentlichen und gewissenhaften Geschäftsleiters. Entsprechend der Zulässigkeit der Fremdorganschaft ist derjenige Geschäftsleiter Maßstab, der nicht mit eigenen Mitteln wirtschaftet, sondern ähnlich einem Treuhänder fremde Vermögensinteressen wahrnimmt (§ 93 Abs. 1 S. 1 AktG).

546

Besondere gesetzliche Ausprägungen der Sorgfaltspflichten enthalten

- §§ 93 Abs. 1 S. 3, 4 und 404 AktG hinsichtlich der Verschwiegenheitspflicht, die lediglich die Prüfstelle für Rechnungslegung ausnimmt; die Verschwiegenheitspflicht ist strafbewehrt;
- § 88 AktG hinsichtlich des Wettbewerbsverbots, das Vorstandsmitgliedern ohne Einwilligung des Aufsichtsrats den Betrieb oder die Tätigkeit für ein anderes Handelsgewerbe im Geschäftszweig der AG untersagt. Im Falle eines Verstoßes ist das Vorstandsmitglied schadensersatzpflichtig[269] oder hat die für eigene Rechnung getätigten Geschäfte als für Rechnung der Gesellschaft eingegangen zu behandeln, so dass die AG die Abtretung des Anspruchs auf die Vergütung verlangen kann (§ 88 Abs. 2 S. 2 AktG).

>> Lesen Sie §§ 88, 93 AktG als zentrale Vorschriften für den Vorstand. «

---

269 *BGH* Urteil vom 2.4.2001 (Az: II ZR 217/99), unter Tz. 7 = ZIP 2001, 958.

Das Gesetz sieht für den Vorstand mit mehreren Mitgliedern gemeinschaftliche Geschäftsführung vor, wobei die Satzung oder eine Geschäftsordnung des Vorstands das Mehrheitsprinzip anordnen können (§ 77 Abs. 1 AktG).

Der Vorstand ist in seiner Geschäftsführung weitestgehend frei. Er unterliegt grundsätzlich keinen Weisungen von Aufsichtsrat oder Hauptversammlung.

Der Aufsichtsrat hat in bestimmten Fällen lediglich ein Zustimmungsrecht, kann aber keine Maßnahmen auf eigene Initiative durchsetzen. Verweigert der Aufsichtsrat bei einer Maßnahme seine Zustimmung, kann der Vorstand verlangen, dass die Hauptversammlung über die Zustimmung beschließt (§ 111 Abs. 4 AktG).

Die Hauptversammlung erlangt Zuständigkeit nur auf Entscheidungsvorlage durch den Vorstand (§ 119 Abs. 2 AktG). Diese hat der Vorstand auszuführen (§ 83 Abs. 2 AktG). Im Übrigen kann sie nur bei der Vorbereitung der Hauptversammlung im Sinne der Versammlung der Aktionäre dem Vorstand Weisungen erteilen (§ 83 Abs. 1 AktG).

(2) Vertretung

547 Der Vorstand ist zugleich Vertreter der AG (§ 78 Abs. 1 S. 1 AktG). Die Vertretungsmacht des Vorstands im Außenverhältnis ist unbeschränkbar (§ 82 Abs. 1 AktG). Die Satzung kann eine Befreiung vom Verbot des Insichgeschäfts nach § 181 BGB durch den Aufsichtsrat zulassen, soweit der Vorstand als Vertreter der Gesellschaft und als Vertreter eines Dritten handelt (§§ 23 Abs. 5, 112 AktG). Sich selbst gegenüber kann er die Gesellschaft nicht vertreten, dies fällt in die Zuständigkeit des Aufsichtsrates (§ 112 AktG).

Folgende drei Ausnahmen sieht das Gesetz vor:

- § 112 AktG: Der Aufsichtsrat vertritt die AG gerichtlich und außergerichtlich gegenüber Vorstandsmitgliedern, da der Vorstand insoweit einem Interessenkonflikt ähnlich § 181 BGB unterliegt.[270]
- § 246 Abs. 2 AktG: Vorstand und Aufsichtsrat vertreten die AG gemeinsam bei der Anfechtung eines Hauptversammlungsbeschlusses durch Anfechtungsklage. Im Falle der Anfechtungsklage seitens eines der Organe vertritt das jeweils andere die AG.
- § 78 Abs. 1 S. 2 AktG: Im Fall der Führungslosigkeit ist mit dem MoMiG eine Vertretung durch den Aufsichtsrat eingeführt worden.[271]

Auch für die Vertretung sieht das Gesetz die Gesamtvertretung vor (§ 78 Abs. 2 S. 1 AktG). Die Satzung kann davon abweichend folgende Vertretungsregelungen bestimmen (§ 78 Abs. 3 AktG):
- die gemeinschaftliche Vertretung durch mehrere, nicht alle Vorstandsmitglieder;
- die Einzelvertretung durch einzelne Vorstandsmitglieder;
- die unechte Gesamtvertretung als Vertretung einzelner Vorstandsmitglieder zusammen mit einem Prokuristen;
- für einzelne Geschäfte oder bestimmte Arten von Geschäften eine gesonderte Ermächtigung einzelner Vorstandsmitglieder (§ 78 Abs. 4 S. 1 AktG).

---

270 Zur Vertretung durch den Aufsichtsrat *BGH* Beschluss vom 14.5.2013 (Az: II ZB 1/11) = ZIP 2013, 1274.
271 Das MoMiG verpflichtet die AG zudem, eine inländische Geschäftsanschrift zum Handelsregister anzumelden (§ 37 Abs. 3 AktG). Sowohl die Abgabe von Willenserklärungen als auch Zustellungen können wirksam an diese eingetragene Anschrift wie an den Geschäftssitz erfolgen (§ 78 Abs. 2 S. 3, 4 AktG).

(3) Zusammensetzung

Der Vorstand kann grundsätzlich aus einer oder mehreren Personen bestehen. Mindestens **548** zwei Personen sind vorgesehen bei Gesellschaften mit einem Grundkapital von mehr als 3 000 000 € (§ 76 Abs. 2 AktG) und bei Gesellschaften mit mehr als 2000, im Bereich der Montanmitbestimmung mit mehr als 1000 Arbeitnehmern. Das zweite Vorstandsmitglied ist hier der so genannte Arbeitsdirektor.

Die Zusammensetzung des Vorstands regelt die Satzung (§ 23 Abs. 3 Nr. 6 AktG). Die Zahl der Vorstandsmitglieder muss die Satzung nicht angeben, dies kann durch den Aufsichtsrat geschehen.[272] Die Berufung der Vorstandsmitglieder und jede Änderung in der Zusammensetzung des Vorstands sind zur Eintragung im Handelsregister anzumelden (§ 81 Abs. 1 AktG).

(4) Bestellung des Vorstands

Der erste Vorstand wird im Zuge der Gründung vor Eintragung der AG im Handelsregister **549** bestellt, also im Rahmen der Vor-Aktiengesellschaft. Nur so kann er seiner Aufgabe nachkommen, die Einlagen einzufordern und die AG mit den Gründern zum Handelsregister anzumelden. Im Übrigen erfolgt die Bestellung durch den Aufsichtsrat für einen Zeitraum von jeweils maximal fünf Jahren (§ 84 AktG), jede längere Bestellung ist nichtig, wird also nicht auf das gesetzlich zulässige Höchstmaß reduziert.[273] Der Aufsichtsrat kann ein Vorstandsmitglied wiederholt bestellen, der entsprechende Beschluss darf aber frühestens ein Jahr vor Ablauf der bisherigen Amtszeit gefasst werden.

Wegen des drohenden Interessenkonflikts und der klaren Kompetenzverteilung kann ein Aufsichtsratsmitglied nicht zugleich Vorstandsmitglied sein (§ 105 Abs. 1 AktG).

Wie auch sonst ist zwischen Bestellung und Anstellung eines Vorstandsmitglieds zu unterscheiden. Durch die Bestellung wird das Vorstandsmitglied zum Mitglied des Organs, der Anstellungsvertrag als Dienstvertrag regelt die arbeitsrechtlichen Bezüge der Tätigkeit des Vorstandsmitglieds.[274] Beide sind grundsätzlich voneinander unabhängig. Seitens der AG ist für den Abschluss der Aufsichtsrat zuständig, der dies intern auf einen Aufsichtsratsausschuss delegieren kann (§ 107 Abs. 3 AktG).

Die **Vergütung** des Vorstandsmitglieds hat in einem angemessenen Verhältnis zu seinen Auf- **550** gaben unter Berücksichtigung der Lage der Gesellschaft zu stehen (§ 87 AktG). Seit dem Vorstandsvergütungs-Offenlegungsgesetz (VorstOG) vom 3.8.2005 sind börsennotierte Aktiengesellschaften für nach dem 31.12.2005 beginnende Geschäftsjahre verpflichtet, für jedes einzelne Vorstandsmitglied unter Namensnennung dessen Gesamtbezüge zu veröffentlichen. Die Hauptversammlung kann diese Verpflichtung durch Beschluss suspendieren (§ 286 Abs. 5 HGB).

---

272 *BGH* Urteil vom 17.12.2001 (Az: II ZR 288/99), unter Tz. 7 = ZIP 2002, 216.

273 *BGH* Urteil vom 11.7.1953 (Az: II ZR 126/52), unter Tz. 16 = BGHZ 10, 187.

274 Zur nachträglichen Änderung einer ergebnisabhängigen Tantieme eines Vorstands *OLG Düsseldorf* Urteil vom 27.10.2011 (Az: 6 U 42/11) = NZG 2012, 20.

(5)   Die Haftung der Vorstandsmitglieder

551   Voraussetzungen für Anspruch aus § 93 Abs. 2 AktG

I. Pflichtverletzung eines Vorstandsmitglieds

II. Verschulden

III. Ersatzfähiger Schaden der AG (Differenzhypothese)

IV. Art und Umfang des Schadensersatzes, §§ 249 ff. BGB

Vorstandsmitglieder sind im Falle der Pflichtverletzung der AG zum Ersatz des aus der Pflicht-verletzung entstehenden Schadens als Gesamtschuldner verpflichtet (§ 93 Abs. 2 AktG). Dabei hat der Vorstand jedoch einen weiten Beurteilungsspielraum bei der Leitung der Gesellschaft. Bei unternehmerischen Entscheidungen haftet er erst dann, wenn die so genannte **Business Judgement Rule** verletzt ist, die verhindern soll, dass eine allzu enge nachträgliche Kontrolle des unternehmerischen Handelns erfolgt.

552   Nach der Business Judgement Rule besteht eine Haftung nur bei einer deutlichen Über-schreitung der Grenzen eines unternehmerischen Handelns, das von Verantwortungsbe-wusstsein getragen, ausschließlich am Unternehmenswohl orientiert und auf sorgfältiger Ermittlung der Entscheidungsgrundlagen beruhen muss. Dabei gesteht die Rechtsprechung dem handelnden Vorstandsmitglied in wirtschaftlicher Hinsicht eine weite Bereitschaft zu, unternehmerische Risiken einzugehen.[275] Hinsichtlich der Rechtslage und der Beachtung von Gesetz und Rechtsprechung ist die Haftung streng. Der Vorstand soll ihr nur genügen kön-nen, wenn er sich unter umfassender Darstellung der Verhältnisse der Gesellschaft und Offenlegung der erforderlichen Unterlagen von einem unabhängigen, für die zu klärende Frage fachlich qualifizierten Berufsträger beraten lässt und den erteilten Rechtsrat einer sorg-fältigen Plausibilitätskontrolle unterzieht.[276]

Aufgrund des zum Teil unabsehbaren Haftungsrisikos eines Vorstandsmitglieds können in der Satzung Haftungsvereinbarungen zwischen der AG und den Vorstandsmitgliedern vereinbart werden.[277] Aufgrund der Regelungen der §§ 93 Abs. 1 S. 1, 23 Abs. 5 AktG können solche Ver-einbarungen nicht eine Herabsetzung des Sorgfaltsmaßstabes, sondern allenfalls eine Verein-barung einer Haftungshöchstsumme zum Gegenstand haben.

553   Zur Durchsetzung der Ansprüche der AG ist grundsätzlich der Aufsichtsrat berufen. Er muss dabei einem entsprechenden Beschluss mit einfacher Stimmenmehrheit der Hauptversamm-lung binnen sechs Monaten seit dem Tag der Hauptversammlung Folge leisten (§ 147 Abs. 1 AktG).

---

275   *BGH* Urteil vom 21.4.1997 (Az: II ZR 175/95), unter Tz. 25 = BGHZ 135, 244 – ARAG-Garmenbeck, zuletzt *BGH* Urteil vom 22.2.2011 (Az: II ZR 146/09), unter Tz. 19 ff. = NZG 2011, 549, 550 f.

276   *BGH* Urteil vom 20.9.2011 (Az: II ZR 234/09), unter Tz. 18 = ZIP 2011, 2097, 2099 ff. Zu den prozessualen Auswirkungen *Fest* NZG 2011, 540; zu Interessenkonflikten im Kollegialorgan *Bunz* NZG 2011, 1294, und *Redeke* ZIP 2011, 59.

277   Vgl. hierzu ausführlich *Grunewald* AG 2013, 813.

Anstelle des Aufsichtsrates können Aktionäre mit Gesamtanteilen von zusammen 1 % des **554** Grundkapitals oder einem anteiligen Gesamtbetrag von 100 000 € beim Landgericht die Zulassung beantragen, die Ansprüche der AG im eigenen Namen, aber auf Zahlung an die Gesellschaft als actio pro socio geltend zu machen (§ 148 AktG).

bb) Der Aufsichtsrat

Der Aufsichtsrat **bestellt** und **überwacht** den Vorstand (§ 111 AktG) und **vertritt** die Gesell- **555** schaft gegenüber dem Vorstand gerichtlich und außergerichtlich (§ 112 AktG). Die gesetzlichen Regelungen zum Aufsichtsrat enthalten die §§ 95–116 AktG.

(1) Überwachung der Geschäftsführung

Der Aufsichtsrat hat die gesamte Geschäftsführung des Vorstands zu überwachen (§ 111 **556** AktG). Er hat dabei ein umfassendes Einsichts- und Prüfungsrecht in alle Bücher und Geschäftsaufzeichnungen der AG (§ 111 Abs. 2 AktG). Der Vorstand ist ihm ergänzend zu umfassendem Bericht verpflichtet (§ 90 AktG).[278]

Die Überwachung ist weniger Sanktion als Beratung. Der Aufsichtsrat soll den Vorstand vorausschauend beraten und so über ihn auf die Geschäftspolitik Einfluss nehmen. Dies betont § 111 Abs. 4 S. 2 AktG mit der Möglichkeit, bestimmte Arten von Geschäften von der Zustimmung des Aufsichtsrates abhängig zu machen.

(2) Vertretung der AG gegenüber dem Vorstand

Der Aufsichtsrat vertritt die AG gegenüber Vorstandsmitgliedern gerichtlich und außerge- **557** richtlich (§ 112 AktG). Die Vertretung der AG gegenüber dem Vorstand meint zunächst die Prüfung und Durchsetzung von Schadensersatzansprüchen gegen Vorstandsmitglieder.[279] Diese erfolgt in drei Stufen:

- Der Aufsichtsrat muss denkbare Ansprüche prüfen, sobald Anhaltspunkte für ein Überschreiten des dem Vorstand eingeräumten weiten Handlungsspielraums bei der Leitung der Gesellschaft vorliegen.
- Kommt er zu dem Ergebnis, dass Ansprüche bestehen, muss er abwägen, ob die Durchsetzung der Schadensersatzansprüche im Interesse der AG ist. Einer Durchsetzung kann beispielsweise entgegenstehen, dass sie zu einer Aufdeckung von Geschäftsgeheimnissen führen kann oder dass die Folgen für das betroffene Vorstandsmitglied außer Verhältnis zu dem Interesse der Gesellschaft am Ausgleich des erlittenen Schadens stehen.
- Ergibt die Abwägung, dass eine Durchsetzung erfolgen muss, hat der Aufsichtsrat diese unverzüglich zu veranlassen, ein vorheriger Beschluss der Hauptversammlung darf nicht abgewartet werden (§ 93 Abs. 4 S. 3 AktG).

(3) Zusammensetzung

Der Aufsichtsrat besteht mindestens aus drei Mitgliedern. Bestimmt die Satzung eine höhere **558** Zahl, muss auch diese durch drei teilbar sein, wenn dies zur Erfüllung mitbestimmungsrechtlicher Vorgaben erforderlich ist. Die Höchstzahl richtet sich nach dem Grundkapital der AG (§ 95 Abs. 1 AktG).

---

278 Zu Umfang und Grenzen des Informationsrechts *Manger* NZG 2010, 1255.
279 *BGH* Urteil vom 21.4.1997 (Az: II ZR 175/95), unter Tz. 11 = BGHZ 135, 244 – ARAG-Garmenbeck.

(4) Bestellung des Aufsichtsrates

559 Die Hauptversammlung bestimmt in eigener Zuständigkeit die Aufsichtsratsmitglieder mit einfacher Mehrheit der abgegebenen Stimmen (§ 101 Abs. 1 S. 1 AktG).

Für die Bestellung gilt das Kontinuitätsprinzip (§ 96 Abs. 4 AktG): Der Aufsichtsrat ist grundsätzlich nach den gleichen Vorschriften wie der vorangegangene zusammenzusetzen. Dies soll Schwierigkeiten bei der Ermittlung des auf seine Zusammensetzung anwendbaren Rechts vermeiden.

Die Amtszeit kann maximal bis zur Beendigung derjenigen Hauptversammlung andauern, die über die Entlastung für das vierte Geschäftsjahr nach Beginn der Amtszeit beschließt; das Geschäftsjahr, in dem die Amtszeit beginnt, wird nicht mitgerechnet (§ 102 Abs. 1 AktG).

(5) Die Haftung der Aufsichtsratsmitglieder

560 Bei der Wahrnehmung ihrer Aufgaben haben die Aufsichtsratsmitglieder die Sorgfalt eines ordentlichen und gewissenhaften Vorstandsmitglieds anzuwenden, die Sorgfaltspflichten sind dem Umfang nach daher identisch (§ 116 AktG). Das Aufsichtsratsmitglied muss sich so verhalten, wie sich ein pflichtbewusster „Überwacher" über fremdes Vermögen im konkreten Fall verhalten würde.

Eine Pflichtverletzung wird ähnlich dem Vorstand jedenfalls bei unternehmerischen Entscheidungen nur außerhalb eines weiten Beurteilungsspielraums geahndet (§§ 116 S. 1 i.V.m. 93 Abs. 1 S. 2 AktG). Die Vertretung der AG erfolgt in diesem Fall durch den Vorstand (§ 78 Abs. 1 AktG) oder durch eine Aktionärsminderheit nach entsprechender Klagezulassung (§ 147 Abs. 2 AktG).

cc) Die Hauptversammlung

(1) Ordentliche und außerordentliche Hauptversammlung

561 Die Hauptversammlung als Versammlung aller Aktionäre kann als ordentliche oder als außerordentliche tagen. Die ordentliche Hauptversammlung hat einmal jährlich in den ersten acht Monaten des Geschäftsjahres stattzufinden (§§ 175 ff. AktG). Alle anderen Hauptversammlungen sind außerordentliche Hauptversammlungen. Die Bestimmungen über Einberufung und Abhaltung sind nahezu identisch (§§ 121 ff., 129 ff., 133 ff. AktG).

(2) Aufgaben

562 Die Hauptversammlung hat im Einzelnen zunächst die in § 119 AktG beschriebenen Kompetenzen. Kernkompetenzen sind die Bestimmung ihrer Geschäftsordnung, die Bestellung und Abberufung der Aufsichtsratsmitglieder und die Festsetzung ihrer Vergütung, die Entscheidung über die Gewinnverwendung, die Entlastung von Vorstand und Aufsichtsrat und die Bestellung des Abschlussprüfers. In ihren Kompetenzbereich fallen hinsichtlich der Satzung außerdem Maßnahmen der Kapitalbeschaffung oder Kapitalherabsetzung, die Zustimmung zu Umwandlungsmaßnahmen und zu Unternehmensverträgen, zum Abschluss eines Eingliederungsvertrags, schließlich die Auflösung der Gesellschaft nebst Feststellung der Liquidationseröffnungsbilanz und der Liquidationsjahresabschlüsse.

Daneben hat die Rechtsprechung eine Vielzahl ungeschriebener Hauptversammlungszuständigkeiten bei Maßnahmen von grundlegender Bedeutung für die AG entwickelt, so bei Ausgliederung des wertvollsten Betriebsteils auf eine Tochtergesellschaft[280] und bei der Umstrukturierung einer Tochter- in eine Enkelgesellschaft.[281]

(3) Einberufung

Die Einberufung der Hauptversammlung richtet sich nach §§ 121 ff. AktG, die Einberufung der   **563**
ordentlichen Hauptversammlung außerdem nach § 175 AktG. Als „Vollversammlung" kann
die Hauptversammlung außerdem ohne Einberufung Beschlüsse fassen, wenn alle Aktionäre
erschienen oder vertreten sind und kein Aktionär der Beschlussfassung widerspricht.[282]

Die Einberufung der Hauptversammlung erfolgt durch den Vorstand (§ 121 Abs. 2 S. 1 AktG),
im Ausnahmefall durch den Aufsichtsrat (§ 111 Abs. 3 AktG). Aktionäre können nach gerichtlicher Zulassung die Hauptversammlung einberufen, wenn der Vorstand sich einem entsprechenden Verlangen von Aktionären, deren Anteile insgesamt mindestens 5 % des Grundkapitals erreichen, widersetzt (§ 122 Abs. 3 AktG).

Verstöße bei der Einberufung führen grundsätzlich zur Nichtigkeit der in der vom unzuständigen Organ einberufenen Hauptversammlung gefassten Beschlüsse.

Die ordentliche Hauptversammlung ist einzuberufen, wenn der Bericht des Aufsichtsrats zum
Jahresabschluss eingegangen ist (§§ 121 Abs. 1, 175 Abs. 1 AktG). Im Übrigen ist der Vorstand
zur Einberufung verpflichtet, wenn das Wohl der Gesellschaft eine Hauptversammlung erforderlich macht (§ 121 Abs. 1 AktG). Dies ist insbesondere der Fall, wenn ein Verlust in Höhe
der Hälfte des Grundkapitals besteht, so dass das Vermögen der Gesellschaft zu Buchwerten
nur noch die Hälfte des ausgewiesenen Grundkapitals deckt (§ 92 Abs. 1 AktG).

f) Rechte und Pflichten der Aktionäre

aa) Einlageleistung

Die Art der Einlage richtet sich nach der Art der Gründung. Das Gesetz kennt zwei Grün-   **564**
dungsformen, die Bargründung und die Sachgründung, die kombiniert werden können.

Der gesetzliche Regelfall ist die **Bargründung**, bei der der Aktionär seine Einlage in inländi-   **565**
schem Geld oder in ähnlicher Form erbringt (§ 54 Abs. 3 AktG). Andere Leistungsformen sind
ausgeschlossen.

Demgegenüber richtet sich die Einlageleistung bei der **Sachgründung** danach, ob es sich   **566**
um eine Sacheinlage oder eine Sachübernahme handelt (§ 27 Abs. 1 AktG).

Die **Sacheinlage** erfasst im Grundsatz alle Fälle einer Einlageleistung, die nicht durch bare
oder unbare Zahlung des Ausgabebetrags erfolgt. Voraussetzung ist lediglich, dass der einzulegende Gegenstand einlagefähig ist. Einlagefähig sind solche Vermögensgegenstände, die
einen Vermögenswert haben (Bewertbarkeit) und die als solche auf die Gesellschaft übertra-

---

280 *BGH* Urteil vom 25.2.1982 (Az: II ZR 174/80), unter Tz. 28 = BGHZ 83, 122 – Holzmüller, dabei muss eine
    Größenordnung von 80 % des Gesellschaftsvermögens erreicht sein.
281 *BGH* Urteil vom 26.4.2004 (Az: II ZR 155/02), unter Tz. 36 ff. = BGHZ 159, 30 – Gelatine I; *BGH* Urteil vom
    26.4.2004 (Az: II ZR 154/02), unter Tz. 42 ff. = ZIP 2004, 1001 – Gelatine II.
282 Vertiefend zur Vollversammlung *Polte/Haider-Giangreco* AG 2014, 729.

gen werden können (Übertragbarkeit). Forderungen gegen den Gründer selbst können nicht eingelegt werden.

567 Die Praxis kennt Fälle der Mischform, insbesondere die

- **gemischte Sacheinlage**, bei der der Aktionär einen Vermögensgegenstand als Einlage auf die AG überträgt, dessen Wert den Betrag der übernommenen Einlage übersteigt, und ein Ausgleich des Mehrwertes in Aktien der Gesellschaft und in anderem Entgelt erfolgt.[283]
- **Mischeinlage**, bei der der Gründer sowohl Bar- als auch Sacheinlageleistungen erbringt, es handelt sich auch hier wegen der nicht vollständigen Erbringung in bar um eine Sacheinlage.

Beispiel Statt einer Zahlung in Geld räumt Gründer G der AG die ausschließlichen Nutzungsrechte an seinem Patent zu einer bestimmten Maschinenform ein. ■

Um einen Fall der **Sachübernahme** handelt es sich, wenn die Gesellschaft vorhandene oder herzustellende Vermögensgegenstände übernehmen soll, deren Vorhandensein oder Herstellung der Gründer bereits zugesagt hat. Das Gesetz nennt beispielhaft vorhandene oder herzustellende Betriebsanlagen der Gesellschaft (§ 27 Abs. 1 S. 1 AktG).

568 Nach § 57 Abs. 1 AktG dürfen die Einlagen nicht zurückgewährt werden. Gleichwohl sollen in einem solchen Fall weder Verpflichtungs- noch Erfüllungsgeschäft nichtig sein.[284]

bb) Treuepflicht

569 Der Aktionär ist der AG und den übrigen Aktionären gegenüber zur Treue verpflichtet. Er darf seine Mitgliedschaftsrechte insbesondere nicht zum Nachteil der AG oder der anderen Aktionäre ausüben.[285]

Dieses Schädigungsverbot untersagt beispielsweise

- jede Stimmrechtsausübung in der Hauptversammlung gegen den gemeinsamen Zweck,[286] vor allem zur Verfolgung allein eigener Zwecke (§ 243 Abs. 2 S. 1 AktG);
- jede die AG diskreditierende und kreditgefährdende Äußerung gegenüber Dritten und
- die zu einer Liquiditätskrise führende Kündigung eines Gesellschafterdarlehens.[287]

Eine besondere Ausprägung hat das Schädigungsverbot in der Untersagung jeder missbräuchlichen Ausübung von Anfechtungs- und Klagerechten gegen Hauptversammlungsbeschlüsse gefunden.[288]

cc) Gleichbehandlungsgrundsatz

570 Im Gegenzug zur Treuepflicht hat der Aktionär Anspruch auf Gleichbehandlung (§ 53a AktG). Jede Ungleichbehandlung der Aktionäre ohne sachlichen Grund vor allem in der Hauptver-

---

283 Im Einzelnen dazu *BGH* Urteil vom 20.11.2006 (Az: II ZR 176/05), unter Tz. 17 = BGHZ 170, 47; s. auch *Stiller/Redeker* ZIP 2010, 865.
284 *BGH* Urteil vom 12.3.2013 (Az: II ZR 179/12), unter Tz. 12 ff. = ZIP 2013, 819.
285 *BGH* Urteil vom 20.3.1995 (Az: II ZR 205/94), unter Tz. 29 ff. = BGHZ 129, 136.
286 *BGH* Urteil vom 20.3.1995 (Az: II ZR 205/94), unter Tz. 29 ff. = BGHZ 129, 136: Verhinderung einer notwendigen Gesellschaftssanierung.
287 *BGH* Urteil vom 25.9.1986 (Az: II ZR 262/85), unter Tz. 13 ff. = BGHZ 98, 276.
288 *BGH* Urteil vom 20.3.1995 (Az: II ZR 205/94), unter Tz. 18 ff. = BGHZ 129, 136 – Girmes.

handlung ist unzulässig. Eine Ungleichbehandlung kann sachlich gerechtfertigt sein, wenn der Eingriff in das Mitgliedschaftsrecht des Aktionärs geeignet und erforderlich ist, um ein vorrangiges Interesse der AG zu wahren, der Eingriff setzt daher eine Abwägung voraus.[289]

Verstöße gegen den Gleichbehandlungsgrundsatz führen zur Anfechtbarkeit der betreffenden Hauptversammlungsbeschlüsse (§ 243 Abs. 1 AktG). Der betroffene Aktionär hat überdies Anspruch auf nachträgliche Herstellung der Gleichbehandlung, aber keinen Anspruch auf eine Gleichbehandlung, die selbst pflichtwidrig wäre.[290]

dd) Auskunftsanspruch

Der Aktionär, auch der stimmrechtslose, kann in der Hauptversammlung Auskünfte vom Vorstand verlangen (§ 131 AktG). Der Auskunftsanspruch kann als **höchstpersönliches Recht** nicht durch die Satzung ausgeschlossen und nicht ohne die Mitgliedschaft übertragen werden ("Abspaltungsverbot"). **571**

Der Auskunftsanspruch richtet sich gegen die AG, vertreten durch den Vorstand. Dieser ist bei der Auskunftserteilung zur gewissenhaften und getreuen Rechenschaft verpflichtet (§ 131 Abs. 2 S. 1 AktG).

Er betrifft alle Angelegenheiten der Gesellschaft, also etwa Kunden- und Geschäftsbeziehungen, die Art und Höhe der Gesellschafts- und Steuerschulden, Informationen über die Gewinnsituation und die zukünftige Gewinnerwartung, die Anlage des Gesellschaftsvermögens und Angelegenheiten verbundener Unternehmen,[291] soweit ein Bezug zu einem der Gegenstände der Tagesordnung besteht.[292] Gesetzlich geregelt ist der Auskunftsanspruch zu Unternehmensverträgen (§ 293g Abs. 3 AktG).

Eine **Auskunftsverweigerung** ist nur in den gesetzlich geregelten Fällen erlaubt (§ 131 Abs. 3 AktG). Die Auskunftsverweigerung kommt in Betracht, wenn die Auskunftserteilung einen nicht unerheblichen Nachteil für die AG oder ein verbundenes Unternehmen zur Folge hätte, wenn steuerliche Bewertungsansätze betroffen sind und wenn der Vorstand sich durch die Auskunftserteilung strafbar machen würde.

Das 2005 in Kraft getretene Gesetz zur Unternehmensintegrität und Modernisierung des Anfechtungsrechts (UMAG) nimmt zudem solche Auskünfte aus, die auf der Internetseite der AG über mindestens sieben Tage vor Beginn der Hauptversammlung und in ihr durchgängig zugänglich sind. Dies soll den Ablauf der Hauptversammlung beschleunigen und Rechtsmissbrauch vorbeugen.

ee) Vermögensrechte

Der Aktionär hat Anspruch auf **Teilhabe am Bilanzgewinn** (§ 58 Abs. 4 AktG). Der Anspruch erstreckt sich auf die Fassung eines Gewinnverwendungsbeschlusses in der Hauptversammlung und seine Anfechtung. Die Teilhabe kann in Geld (Bardividende) oder in Gestalt einer Sachausschüttung (Sachdividende) erfolgen, wenn die Satzung die Sachdividende zulässt (§ 58 Abs. 5 AktG). **572**

---

289 *BGH* Urteil vom 13.3.1978 (Az: II ZR 142/76), unter Tz. 9 ff. – Kali und Salz = BGHZ 71, 40; *BGH* Urteil vom 1.2.1988 (Az: II ZR 75/87), unter Tz. 13 ff. = BGHZ 103, 184.

290 *BGH* Beschluss vom 22.10.2007 (Az: II ZR 184/06), unter Tz. 3 = ZIP 2008, 218.

291 *BGH* Urteil vom 19.6.1995 (Az: II ZR 58/94), unter Tz. 12 ff. = ZIP 1995, 1256.

292 *BGH* Urteil vom 18.10.2004 (Az: II ZR 250/02), unter Tz. 11 = ZIP 2004, 2428.

573 Um dem Aktionär die Möglichkeit zu geben, sein Beteiligungsverhältnis an der AG zu wahren, hat er im Falle einer ordentlichen Kapitalerhöhung und einer Kapitalerhöhung im Wege des genehmigten Kapitals[293] Anspruch auf **Bezug junger Aktien** zu dem Anteil seiner bisherigen Beteiligung am Grundkapital.

Der Anspruch richtet sich gegen die AG auf Abschluss eines Zeichnungsvertrages und wird durch Abtretung (§§ 398 ff. BGB) bzw. im Falle des Dividendenscheins nach §§ 929 ff. BGB erfüllt.

Da er an einer Kapitalerhöhung aus Gesellschaftsmitteln ohnehin teilnimmt, ist dort ein Bezugsrecht nicht erforderlich.

g) Beendigung

574 Wie bei der GmbH vollzieht sich die Beendigung einer Aktiengesellschaft in zwei Schritten: Die Auflösung der Gesellschaft aufgrund gesetzlichen Auflösungsgrundes und ihre Abwicklung.

aa) Auflösung

575 Der Auflösungsbeschluss (§ 262 Abs. 1 AktG) ist in der Hauptversammlung mit doppelter Mehrheit zu fassen, indem zu der Mehrheit von mindestens drei Vierteln des bei der Beschlussfassung vertretenen Grundkapitals die einfache Stimmenmehrheit hinzutritt (§ 133 AktG). Die Satzung kann höhere, nicht aber niedrigere Zustimmungserfordernisse vorsehen (§ 262 Abs. 1 Nr. 2 Hs. 2 AktG).

Auf andere Auflösungsgründe verweist § 262 Abs. 2 AktG, etwa ein behördliches Verbot nach § 17 VereinsG oder ein Entzug bankrechtlicher Erlaubnisse nach §§ 35, 38 KWG.

bb) Abwicklung

576 An die Auflösung schließt sich die Abwicklung, auch: Liquidation oder Auseinandersetzung, an, in der die Gesellschaft abgewickelt wird. Nach Befriedigung der Gesellschaftsgläubiger und Verwertung des Sachvermögens wird der verbleibende Liquidationserlös unter die Aktionäre verteilt.

Im Sonderfall der Insolvenz ersetzt das Insolvenzverfahren das gesellschaftsrechtliche Liquidationsverfahren (§ 264 Abs. 1 AktG).

5. Die KGaA

a) Grundlagen und Erscheinungsformen

577 Das Recht der Kommanditgesellschaft auf Aktien (KGaA) regelt das Aktiengesetz zunächst in §§ 278–290 AktG, die weite Teile des Aktiengesetzes (§§ 1–277 AktG) für anwendbar erklären (§ 278 Abs. 3 AktG). Für die interne Organisation der KGaA gilt jedoch das Recht der KG (§ 278 Abs. 2 AktG i.V.m. §§ 161 ff. HGB).

---

293 Nicht aber bei einer bedingten Kapitalerhöhung, die sich nur an einen bestimmten Personenkreis richtet.

Dies zeigt die Zwitterstellung der KGaA: Sie ist eine Verbindung zwischen KG und AG, indem mindestens ein Gesellschafter den Gesellschaftsgläubigern unbeschränkt haftet (**Komplementär**), während die im Übrigen an dem in Aktien zerlegten Grundkapital Beteiligten nicht persönlich für die Verbindlichkeiten der KGaA haften (**Kommanditaktionäre**, § 278 Abs. 1 AktG).

Die KGaA hat bisher keine große Bedeutung erlangt, obwohl der Gesetzgeber als Komplementäre auch juristische Personen zugelassen hat (§ 279 Abs. 2 AktG). Denkbar ist daher eine der GmbH & Co. KG ähnliche Gestaltung der Beteiligungsverhältnisse, so die GmbH & Co. KGaA. Da für die KGaA nicht das Prinzip der formellen Satzungsstrenge gilt, das die AG bindet, ist die KGaA ähnlich flexibel wie die KG.

Die KGaA ist Kapitalgesellschaft und damit **juristische Person**. Die ist **Handelsgesellschaft** und daher Formkaufmann. Sie firmiert mit einem die Haftungsbeschränkung kennzeichnenden Rechtsformzusatz als „Kommanditgesellschaft aA" oder „KGaA".

b) Entstehung

Die Gründung einer KGaA setzt die Beteiligung mindestens eines persönlich haftenden Komplementärs voraus. Darüber hinaus kann die KGaA beliebig viele weitere Komplementäre und Kommanditaktionäre haben. Dies schließt die Möglichkeit einer Einpersonengründung ein. **578**

Gründungsakt ist die notariell zu beurkundende Feststellung der Satzung. An ihr sind alle Gründer der Gesellschaft (§ 280 Abs. 2 und 3 AktG) zu beteiligen, das sind die persönlich haftenden Gesellschafter und alle Personen, die als Kommanditaktionäre Aktien gegen Einlagen übernehmen. Im Handelsregister werden die Komplementäre, nicht die Kommanditaktionäre eingetragen.

Mindestinhalt der Satzung ist folgendes:
- bei Nennbetragsaktien der Nennbetrag, bei Stückaktien die Zahl;
- der Ausgabebetrag;
- die Gattung der Aktien bei mehreren Gattungen;
- die jeweilige Aktienübernahme durch die Gründer. Der Komplementär muss keine Einlage übernehmen.

c) Komplementäre

Der Komplementär ist als Organ der KGaA zur Geschäftsführung und Vertretung berufen. Obwohl weitestgehend vom Aktienrecht geprägt, gilt in der KGaA der Grundsatz der Selbstorganschaft. Obwohl nicht ausschließlich Organisationsrecht, richten sich Geschäftsführung und Vertretung nach den Vorschriften für die KG (§§ 114 ff., 125–127 HGB, vgl. §§ 278 Abs. 2 AktG, 161 Abs. 2 HGB). **579**

Angesichts seiner dem Vorstand der AG angenäherten Stellung gelten für den Komplementär der KGaA neben den Bestimmungen für die KG zahlreiche Vorschriften des Vorstandsrechts (§ 283 AktG), vor allem zu Gründungsprüfung, Sorgfaltspflichten (§§ 283 Nr. 3, 93 AktG), der Einberufung der Hauptversammlung und die Ausgabe von Aktien bei einer bedingten Kapitalerhöhung, bei genehmigtem Kapital und bei einer Kapitalerhöhung aus Gesellschaftsmitteln.

580 Wie der Vorstand einer AG unterliegt der Komplementär einem **Wettbewerbsverbot** (§ 284 AktG), das auf eine direkte Konkurrenztätigkeit beschränkt ist und nicht jegliches andere Betreiben eines Handelsgewerbes untersagt. Eine Befreiung vom Wettbewerbsverbot ist bei ausdrücklicher Einwilligung der übrigen Komplementäre sowie des Aufsichtsrats möglich (§ 284 Abs. 1 S. 2 AktG).

Wird gegen das Wettbewerbsverbot verstoßen, kann die Gesellschaft Schadensersatz verlangen; daneben steht ihr ein Eintrittsrecht zu, das heißt sie kann vom Gesellschafter verlangen, dass er die für eigene Rechnung gemachten Geschäfte als für Rechnung der Gesellschaft eingegangen gelten lässt oder die für Geschäfte auf fremde Rechnung bezogene Vergütung herausgibt bzw. den Anspruch der Vergütung abtritt (§ 284 Abs. 2 AktG).

581 In der **Hauptversammlung** hat der Komplementär nicht als solcher, sondern nur als Kommanditaktionär Stimmrecht, wenn er neben seiner Komplementärstellung durch Halten von Aktien auch Kommanditaktionär ist. Ein Stimmverbot besteht in den sich aus den denkbaren Fällen der Interessenkollision ergebenden Fällen (§ 285 Abs. 1 AktG):
- bei Wahl und Abberufung von Aufsichtsratsmitgliedern, da der Aufsichtsrat Kontrollorgan gegenüber dem Komplementär ist (§ 285 Abs. 1 S. 2 Nr. 1 AktG);
- bei Entlastung der Komplementäre und des Aufsichtsrats (§ 285 Abs. 1 S. 2 Nr. 2 AktG);
- bei der Bestellung von Sonderprüfern (§ 285 Abs. 1 S. 2 Nr. 3 AktG);
- bei jeder Entscheidung über Ersatzansprüche (§ 285 Abs. 1 S. 2 Nr. 4 und 5 AktG);
- bei der Wahl von Abschlussprüfern, da diese die von dem Komplementär erstellte Rechnungslegung prüfen (§ 285 Abs. 1 S. 2 Nr. 6 AktG).

Verschiedene Hauptversammlungsbeschlüsse erfordern im Gegenzug die **Zustimmung der Komplementäre**, vor allem Satzungsänderungen, Grundlagengeschäfte und außergewöhnliche Geschäfte (§ 285 Abs. 2 AktG). Zustimmungsbedürftige Hauptversammlungsbeschlüsse können zur Eintragung im Handelsregister angemeldet werden, sobald die Zustimmung vorliegt (§ 285 Abs. 3 AktG).

582 Der Komplementär **haftet** unbeschränkt, unmittelbar und persönlich mit seinem gesamten Vermögen nach Maßgabe der Vorschriften für die KG (§§ 128–130 HGB). Mehrere Komplementäre haften gegenüber dem Gläubiger als Gesamtschuldner.

d) Kommanditaktionäre

583 Für die Kommanditaktionäre gilt mangels gesetzlicher Regelungen im Recht der KGaA im Wesentlichen das Recht der AG. Ihr **Stimmrecht** in der Hauptversammlung richtet sich daher nach §§ 134–137 AktG. Die **Hauptversammlung** der KGaA hat dieselben Kompetenzen wie die Hauptversammlung einer Aktiengesellschaft (§ 119 Abs. 1 AktG).

Im Übrigen gilt das Organisationsrecht der KG (§ 278 Abs. 2 AktG), das den Kommanditaktionär von der Geschäftsführung und der Vertretung ausschließt (§§ 278 Abs. 2 AktG, 164 HGB), Abweichungen sind in den Grenzen des § 163 HGB für die Geschäftsführung zulässig. Für das Verbot organschaftlicher Vertretungsmacht verbleibt es bei der zwingenden Regelung des § 170 HGB.

584 Die Kommanditaktionäre haben bei außergewöhnlichen Geschäften ein **Widerspruchsrecht** (§§ 278 Abs. 2 AktG, 164 HGB), das bei der KGaA als Zustimmungspflicht der Hauptversammlung ausgestaltet ist.[294]

---

294 *Kallmeyer* DStR 1994, 977, 978.

Die Hauptversammlung stellt außerdem den Jahresabschluss fest, der anschließend der Zustimmung des Komplementärs bedarf (§ 286 Abs. 1 AktG).

e) Aufsichtsrat

Auch die KGaA hat zwingend einen Aufsichtsrat, der jedoch im Vergleich zur AG weit weniger Kompetenzen und eine vorwiegend der Hauptversammlung dienende Funktion hat. Entsprechend dem Grundsatz der Trennung von Kontrolle und Leitung dürfen Komplementäre nicht gleichzeitig Mitglied des Aufsichtsrats sein (§ 287 Abs. 3 AktG). **585**

Der Aufsichtsrat **überwacht** die Tätigkeit der Komplementäre (§§ 278 Abs. 3, 111 Abs. 1 AktG). Er hat ein Prüfungs- und Einsichtsrecht (§§ 278 Abs. 3, 111 Abs. 2 AktG) und kann die Berichtspflichten der Komplementäre einfordern (§§ 278 Abs. 3, 90 AktG). Er **vertritt** die Gesellschaft insoweit gegenüber den Komplementären.

Anders als der Aufsichtsrat der AG, der den Vorstand bestellt, ist der Aufsichtsrat der KGaA nicht zur Bestellung der Komplementäre berufen. Auch ein Recht zu Abberufung oder Ausschluss hat er nicht. Wie gesehen, wirkt er nicht bei der Feststellung des Jahresabschlusses mit. Einen Katalog zustimmungspflichtiger Geschäfte wie bei der AG (§ 111 Abs. 4 AktG) kann er nicht schaffen.

f) Beendigung der Gesellschaft

Für die Auflösung und Liquidation der KGaA gilt das Organisationsrecht der Kommanditgesellschaft und daher die Zweiteilung in Auflösung und Liquidation (§ 289 Abs. 1 AktG). **586**

Auflösungsgründe sind:
- die Abweisung des Antrags auf Eröffnung eines Insolvenzverfahrens mangels Masse (§ 289 Abs. 2 Nr. 1 AktG);
- der Eintritt der Rechtskraft einer Verfügung des Registergerichts, durch welche ein Mangel der Satzung festgestellt worden ist (§ 289 Abs. 2 Nr. 2 AktG);
- die Löschung der Firma wegen Vermögenslosigkeit im Handelsregister (§ 289 Abs. 2 Nr. 3 AktG);
- eine gerichtliche Entscheidung über eine Auflösungsklage bzw. ein Auflösungsbeschluss der Hauptversammlung; dieser muss mindestens eine Mehrheit von drei Vierteln des vertretenen Kapitals umfassen (§ 289 Abs. 4 AktG);
- im Übrigen nach dem Recht der KG der Zeitablauf und die Eröffnung eines Insolvenzverfahrens.

Der Tod eines Komplementärs ist als solcher nicht Auflösungsgrund, lässt aber den erforderlichen persönlich haftenden Gesellschafter entfallen. **587**

6. Die Genossenschaft

a) Grundlagen und Erscheinungsformen

Die Genossenschaft ist ein Zusammenschluss von Personen, die gemeinsam und gleichberechtigt den genossenschaftlichen Geschäftsbetrieb betreiben. Genossenschaften werden zur wirtschaftlichen Förderung ihrer Mitglieder unterhalten und verfolgen daher einen bestimmten **Förderzweck**. Die Genossenschaft kann außerdem für soziale und kulturelle Zwecke errichtet werden (§ 1 Abs. 1 GenG). **588**

589 Wesentlich für die Genossenschaft ist das **Förderungsprinzip**. Alle Mitglieder der Genossen-
      schaft müssen den gemeinsamen Zweck durch Leistungen fördern. Für sie gelten die Grund-
      sätze der Selbsthilfe, der Selbstverantwortung und der Selbstverwaltung. Die Genossenschaft
      verfügt über kein festes Stammkapital.

590 Nach dem **Identitätsprinzip** sind die Mitglieder einer Genossenschaft gleichzeitig Eigentü-
      mer und Kunden, die Mitglieder treten der Genossenschaft daher einerseits als Teilhaber,
      andererseits wie ein fremder Dritter gegenüber. Dies unterscheidet die Genossenschaft von
      allen anderen Personenzusammenschlüssen.

591 Genossenschaften bestehen vor allem im Handel mit Nahrungsmitteln und Bedarfsgegen-
      ständen als Handelsgenossenschaften, bei Banken als Kreditgenossenschaften und in der
      Land-, Forst- und Weinwirtschaft.

b)   Rechtliche Einordnung

592 Die eingetragene Genossenschaft (eG) ist **juristische Person** (§ 17 GenG). Ihr Zweck ist die
      wirtschaftliche Förderung ihrer Mitglieder.

      Die eingetragene Genossenschaft betreibt keine Handelsgesellschaft, ist aber Formkaufmann,
      § 17 Abs. 2 GenG.

      Das Genossenschaftsgesetz von 1898 ist in 1973 und zuletzt wesentlich mit dem „Gesetz zur
      Einführung der Europäischen Genossenschaft und zur Änderung des Genossenschafts-
      rechts"[295] modernisiert worden, insbesondere ist als neue Rechtsform die Europäische Genos-
      senschaft eingeführt worden. Die Modernisierung soll die Gründung von Genossenschaften
      vereinfachen, die Kapitalbeschaffung und Kapitalerhaltung bei Genossenschaften erleichtern
      und die Rechte des einzelnen Mitglieds insbesondere bei Bestehen einer Vertreterversamm-
      lung stärken.[296]

c)   Entstehung

593 Die Gründung der Genossenschaft setzt eine Mindestanzahl von drei Mitgliedern voraus (§ 4
      GenG). Sie konstituieren den Vorstand und den Aufsichtsrat (§ 9 Abs. 2 GenG).

      Die Genossenschaft wird in das Genossenschaftsregister eingetragen, das wie das Handelsre-
      gister von den Amtsgerichten geführt wird (§ 10 GenG).

      Die Voraussetzungen für die Gründung einer Genossenschaft wurden durch die Reform
      erheblich erleichtert, indem die Zahl der Gründer herabgesetzt und die Übernahme von rei-
      nen Sacheinlagen und rein investierende Mitglieder zugelassen worden ist.

      Die Mitglieder der Genossenschaft können Geschäftsanteile auch gegen ausschließliche
      Erbringung von Sacheinlagen übernehmen, wenn die Satzung dies zulässt (§ 7a Abs. 3
      GenG).

      Beispiel   Landwirt L stellt anstelle von Geld seinen Mähdrescher zur Verfügung. ■

---

295 Gesetz v. 14.8.2006, BGBl. 2006 I S. 1911, Neufassung v. 16.10.2006, BGBl. 2006 I S. 2230.
296 BT-Drucks. 16/1524 S. 8.

d) Organe

Organe der eingetragenen Genossenschaft sind der Vorstand, der Aufsichtsrat und die Generalversammlung. Sowohl der Vorstand als auch der Aufsichtsrat werden durch die Generalversammlung gewählt.

594

aa) Der Vorstand

Die Genossenschaft wird durch den Vorstand gerichtlich und außergerichtlich vertreten (§ 24 Abs. 1 GenG). Der Vorstand führt außerdem die Geschäfte der Genossenschaft. Er besteht aus mindestens zwei Personen, die Mitglieder der Genossenschaft sein müssen.

595

bb) Der Aufsichtsrat

Der Aufsichtsrat überwacht den Vorstand bei dessen Geschäftsführung. Er besteht aus mindestens drei Personen (§ 36 Abs. 1 GenG). Mitglieder des Aufsichtsrats dürfen nicht zugleich Vorstandsmitglied oder zum Betrieb des gesamten Geschäfts ermächtigte Handlungsbevollmächtigte der Genossenschaft sein (§ 37 Abs. 1 S. 1 GenG). Der Aufsichtsrat kann lediglich einzelne Mitglieder für einen im Voraus begrenzten Zeitraum zu Stellvertretern verhinderter Vorstandsmitglieder bestellen (§ 37 Abs. 1 S. 2 GenG).

596

Er kann jederzeit Auskunft vom Vorstand über alle Angelegenheiten der Genossenschaft verlangen und die Bücher und Schriften der Genossenschaft, den Bestand der Genossenschaftskasse und die Bestände an Wertpapieren und Waren einsehen und prüfen (§ 38 Abs. 1 GenG).

Der Aufsichtsrat vertritt außerdem die Genossenschaft gegenüber dem Vorstand gerichtlich und außergerichtlich (§ 39 Abs. 1 S. 1 GenG).

cc) Die Generalversammlung

Zentrales Organ der Genossenschaft ist die Generalversammlung. In ihr üben die Mitglieder ihre Rechte in Angelegenheiten der Genossenschaft aus (§ 43 Abs. 1 GenG). Für Beschlüsse genügt die einfache Stimmenmehrheit, es sei denn, das Genossenschaftsgesetz oder die Satzung sehen größere Mehrheiten vor (§ 43 Abs. 2 GenG).

597

Die Generalversammlung wird mit einer Frist von zwei Wochen unter Angabe der Tagesordnung einberufen. Die Tagesordnung einer Vertreterversammlung ist allen Mitgliedern durch Veröffentlichung in den Genossenschaftsblättern oder im Internet unter der Adresse der Genossenschaft oder durch unmittelbare schriftliche Benachrichtigung bekannt zu machen (§ 46 Abs. 1 GenG). Gegenstände, deren Verhandlung nicht in der durch die Satzung vorgesehenen Weise mindestens eine Woche vor der Generalversammlung angekündigt sind, können nicht Gegenstand der Beschlussfassung sein.

In der Generalversammlung üben die Mitglieder ihr Stimmrecht grundsätzlich persönlich aus (§ 43 Abs. 4 S. 1 GenG). Jedes Mitglied hat grundsätzlich eine Stimme (§ 43 Abs. 3 S. 1 GenG). Die Satzung kann jedoch Mehrstimmrechte von bis zu drei Stimmen vorsehen (§ 43 Abs. 3 S. 2 GenG). Diese Mehrstimmrechte sollen diejenigen Mitglieder erhalten, die den Geschäftsbetrieb besonders fördern (§ 43 Abs. 3 S. 3 Nr. 1 GenG).

e)   Rechte und Pflichten der Mitglieder

598   Die Mitglieder haben die **Einlagen** an die eingetragene Genossenschaft zu leisten. Ihre Haftung ist grundsätzlich auf die Geschäftsanteile beschränkt, die Satzung kann aber für den Fall der Insolvenz der Genossenschaft eine **Nachschusspflicht** vorsehen.

599   Mitglieder können ihr **Geschäftsguthaben** einem anderen teilweise oder ganz übertragen. Die Übertragung des gesamten Geschäftsguthabens beendet die Mitgliedschaft ohne Auseinandersetzung, sofern der Erwerber anstelle des Mitglieds der Genossenschaft beitritt oder bereits Mitglied der Genossenschaft ist und das bisherige Geschäftsguthaben dieses Mitglieds mit dem ihm zuzuschreibenden Betrag den Geschäftsanteil nicht übersteigt (§ 76 Abs. 1 GenG).

600   Das Mitglied kann seine Mitgliedschaft durch **Austritt** beenden. Hierzu muss zum Schluss eines Geschäftsjahres eine schriftliche Kündigung unter Einhaltung einer dreimonatigen Kündigungsfrist erfolgen. Durch die Satzung kann die Kündigungsfrist auf höchstens fünf Jahre erhöht werden (§ 65 Abs. 2 GenG).

601   Die Mitgliedschaft in einer Genossenschaft endet nicht mit dem **Tod** des Mitglieds. Sie geht zunächst auf die Erbengemeinschaft über, endet aber mit dem Schluss des Geschäftsjahres, in dem der Erbfall eingetreten ist (§ 77 GenG).

602   Ausschließlich **investierende Mitglieder** sind auf die Einlageleistung beschränkt, sie nutzen nicht Gegenstände oder Dienste der Genossenschaft (§ 8 Abs. 2 GenG).

f)   Kleinstgenossenschaften

603   Kleinstgenossenschaften können durch Bestimmung in der Satzung auf die Einrichtung eines Aufsichtsrats verzichten. Die Rechte und Pflichten des Aufsichtsrats werden in diesem Fall von der Generalversammlung wahrgenommen (§ 9 Abs. 1 GenG).

Genossenschaften mit nicht mehr als 20 Mitgliedern können fortan zudem auf einen mehrköpfigen Vorstand verzichten, so dass der Vorstand aus einer Person besteht (§ 24 Abs. 2 GenG).

g)   Europäische Genossenschaft

604   Das „Gesetz zur Einführung der Europäischen Genossenschaft und zur Änderung des Genossenschaftsrechts" enthält ferner die Regelungen zur Einführung der neuen Rechtsform der Europäischen Genossenschaft (Societas Cooperativa Europaea = SCE). Mit der Verabschiedung des Ausführungsgesetzes zur Europäischen Genossenschaft ist es auch in Deutschland möglich, eine SCE zu gründen. Sie soll die grenzüberschreitende Tätigkeit von Genossenschaften in der EU erleichtern.

Die SCE ist eine Gesellschaft mit eigener Rechtspersönlichkeit, die den Bedarf ihrer Mitglieder zu decken und deren wirtschaftliche oder soziale Tätigkeiten zu fördern hat. Das Grundkapital ist in Geschäftsanteile zerlegt.

Grundlage der SCE ist die Europäische Verordnung über das Statut der Europäischen Genossenschaft,[297] die mit dem SCEAG[298] ins deutsche Recht umgesetzt wurde. Die anzuwenden-

---

297 VO 1435/2003/EG v. 22.7.2003, ABl. EG Nr. L 207.
298 SCE-Ausführungsgesetz vom 14.8.2006, BGBl. 2006 I, S. 1911.

den Rechtsvorschriften bestimmen sich daher vorrangig durch die Verordnung selbst, die durch das nationale Recht und die Satzung der SCE ergänzt wird.

Die SCE hat ein **Mindestkapital** von 30 000 €.

Die **Neugründung** einer SCE erfordert im Regelfall mindestens fünf natürliche Personen, deren Wohnsitze in mindestens zwei Mitgliedstaaten liegen müssen.

Die Gründung einer Europäischen Genossenschaft in Form einer **Verschmelzung** von Genossenschaften ist für Genossenschaften möglich, die nach dem Recht eines Mitgliedstaates gegründet worden sind und ihren Sitz sowie ihre Hauptverwaltung in der Europäischen Union haben, sofern mindestens zwei von ihnen dem Recht verschiedener Mitgliedstaaten unterliegen.

Die Gründung einer SCE im Wege der **Umwandlung** einer bestehenden Genossenschaft ist möglich, wenn diese nach dem Recht eines Mitgliedstaates gegründet worden ist, ihren Sitz sowie ihre Hauptverwaltung in der Union hat und in einem anderen Mitgliedstaat seit mindestens zwei Jahren eine Niederlassung oder Tochter hat. Handelt es sich bei der umzuwandelnden Genossenschaft um eine deutsche Genossenschaft, muss diese zunächst wirksam entstanden sein.

Organ der SCE ist zunächst die **Generalversammlung**, die mindestens einmal jährlich einberufen werden muss. Daneben hat die SCE entweder nach dem **dualistischen System** Vorstand und Aufsichtsrat als Leitungs- und Aufsichtsorgane oder nach dem **monistischen System** lediglich ein einziges Verwaltungsorgan, regelmäßig den Vorstand.

Beim dualistischen System führt der Vorstand die Geschäfte der Genossenschaft und vertritt sie im Rechtsverkehr. Der Aufsichtsrat überwacht den Vorstand. Beim monistischen System entfällt die Überwachung durch ein zweites Gremium.

Hinsichtlich der Steuerpflicht ist auf das jeweilige nationale Recht abzustellen. Für Genossenschaften mit Sitz in Deutschland gelten die oben skizzierten Regelungen.

7. Die Societas Europaea

a) Grundlagen und Erscheinungsformen

Die Societas Europaea (SE) erleichtert grenzüberschreitend tätigen Unternehmen die europaweite Betätigung unter vereinfachten rechtlichen Bedingungen. Sie ist einheitliche europäische Rechtsform mit grenzüberschreitender anerkannter Rechtspersönlichkeit (Art. 1 Abs. 3 SEVO).[299] Ihrer Rechtsform nach ist sie **Aktiengesellschaft**. Sie hat ein festes in Aktien zerlegtes Kapital, das sich auf mindestens 120 000 € belaufen muss (Art. 4 Abs. 2 SEVO). Die Aktionäre schulden lediglich die Erbringung der Einlage, haften aber nicht für Verbindlichkeiten der Gesellschaft. **605**

Rechtsgrundlage im deutschen Recht ist das Gesetz zur Einführung der Europäischen Gesellschaft (SEEG),[300] das am 29.12.2004 in Kraft getreten ist. Das die SE betreffende Recht

299 Bestandsaufnahme bei *Schuberth/von der Höh*, AG 2014, 439.
300 BGBl. I 2004 S. 3686, es besteht aus dem SE-Ausführungsgesetz (SEAG) und dem SE-Beteiligungsgesetz (SEBG).

ist jedoch in verschiedenen europäischen und nationalen Rechtsquellen niedergelegt, die in folgender Rangfolge anzuwenden sind:

- Gesellschaftsrechtliche Fragen regelt die unmittelbar anwendbare SE-Verordnung (EG) Nr. 2157/2001 über das Statut der SE.[301]
- Ersatzweise kommt nationales Recht zur Anwendung, insbesondere das SE-Ausführungs- gesetz (SEAG).
- Vor allem für die Gründung sind ergänzend Normen des Aktien- und Umwandlungs- rechts anzuwenden.
- Fragen zu der Beteiligung von Arbeitnehmern regelt auf der Grundlage der Richtlinie 2001/86/EG über die Beteiligung der Arbeitnehmer in der SE[302] das SE-Beteiligungsgesetz (SEBG).

Die SE unterliegt dem **Prinzip der Mehrstaatlichkeit**, die Gründer müssen also eine Verbin- dung zu mehreren Mitgliedstaaten aufweisen.

b)   Entstehung

606   Die SE-Verordnung nennt fünf verschiedene Gründungsformen (Art. 2 und 3 SEVO):
- die Verschmelzung;
- die Gründung einer SE als Holdinggesellschaft oder als gemeinsame Tochtergesell- schaft;
- die formwechselnde Umwandlung;
- die Gründung einer Tochter-SE durch eine SE.

Die Gründung unterliegt vorrangig den Regelungen der SEVO, ergänzend dem nationalen Aktien- und Umwandlungsrecht (Art. 15 Abs. 1 SEVO, Art. 9 SEVO).

607   Die Gründung einer SE im Wege der **Verschmelzung** beruht im Wesentlichen auf dem im deutschen Umwandlungsrecht bekannten Vorgang.

608   Die **Holding-SE** wird durch Einbringung der Anteile der die Gründung einer SE anstreben- den Gesellschafter an den Tochtergesellschaften in die in Gründung befindliche SE gegrün- det, für die sie Aktien der SE erhalten. Dies ist eine im deutschen Recht unbekannte Grün- dungsform, da die SE erst im Zuge der Einbringung zur Entstehung gelangt.

609   Die Gründung einer gemeinsamen **Tochter-SE** richtet sich nach den Regelungen des natio- nalen Rechts (Art. 15 SEVO). Die Gründungsrechtsträger unterliegen mit ihrer Beteiligung an der Gründung damit letztlich den Regelungen des Aktien- und Umwandlungsrechts nach nationalem Recht (Art. 36 SEVO).

610   Eine **formwechselnde Umwandlung** einer AG in eine SE setzt voraus, dass die AG nach dem Recht eines Mitgliedstaates gegründet worden ist, Sitz und Hauptverwaltung in der EU hat und seit mindestens zwei Jahren über eine dem Recht eines anderen Mitgliedstaates unter- liegende Tochtergesellschaft verfügt.

611   Eine SE kann ohne weiteres außerdem eine **Tochtergesellschaft** in Form einer SE gründen (Art. 3 Abs. 2 SEVO).

---

301 SEVO, Abl.EG 2001 Nr. L 294 S. 1.
302 SE-RL, Abl.EG 2001 Nr. L 294 S. 22.

c) Organe

Die SE hat zwei oder drei Organe, nach Wahl zwischen dem monistischen und dem dualistischen System ein oder zwei **Verwaltungsorgane** und die **Hauptversammlung**.   **612**

aa) Verwaltungsorgane

Die Regelungen zum **dualistischen System** der SE enthalten einige Grundregelungen im Hinblick auf das Leitungs- und das Aufsichtsorgan, daneben gelten in Deutschland die Bestimmungen des Aktiengesetzes (Art. 9 SEVO).   **613**

Das **Leitungsorgan** führt die Geschäfte der SE in eigener Verantwortung (Art. 39 Abs. 1 SEVO). Weitere Aufgaben regelt nationales Aktienrecht. Beschlüsse werden mit einfacher Mehrheit der abstimmenden Mitglieder gefasst, wenn die Satzung nichts abweichendes vorsieht. Die Stimme des Vorsitzenden gibt bei Stimmengleichheit den Ausschlag (Art. 50 SEVO).   **614**

In Deutschland können nur natürliche Personen in das Leitungsorgan berufen werden (Art. 47 Abs. 1 SEVO i.V.m. § 76 Abs. 3 AktG). Leitungs- und Aufsichtsamt sind wie im Aktiengesetz nicht kompatibel.

Das **Aufsichtsorgan** überwacht die Geschäftsführung des Leitungsorgans (Art. 40 Abs. 1 SEVO) und hat dazu einen Informationsanspruch (Art. 41 Abs. 3 SEVO). Die Satzung der SE kann Geschäfte des Leitungsorgans bestimmen, die der Zustimmung des Aufsichtsorgans unterliegen (Art. 48 SEVO). Darüber hinaus kann bei einer SE mit Sitz in Deutschland das Aufsichtsorgan selbst bestimmte Arten von Geschäften von seiner Zustimmung abhängig machen (§ 19 SEAG).   **615**

Die Mitglieder werden regelmäßig von der Hauptversammlung bestellt (§ 28 Abs. 2 SEAG).

Im **monistischen System** wird lediglich ein **Verwaltungsrat** tätig, der die Gesellschaft nach innen und außen leitet und die Grundlinien der Unternehmenspolitik überwacht (§ 22 Abs. 1 SEAG). Die laufende Geschäftsführung und Vertretung delegiert der Verwaltungsrat auf geschäftsführende Direktoren. Weitere Aufgaben des Verwaltungsrates bestimmt § 22 SEAG.

Die Mitglieder des Verwaltungsorgans werden von der Hauptversammlung bestellt, soweit sie nicht als erste Mitglieder in der Satzung genannt sind (Art. 43 Abs. 3 SEVO). Der Bestellungszeitraum darf wie im dualistischen System sechs Jahre nicht überschreiten (Art. 46 SEVO).

Die **geschäftsführenden Direktoren** sind kein gesondertes Organ. Sie sind weisungsgebunden und können vom Verwaltungsrat jederzeit ohne Begründung abberufen werden, allerdings kann die Satzung die Abberufung von bestimmten Voraussetzungen abhängig machen (§ 40 SEAG). Ihre Sorgfaltspflicht und Verantwortlichkeit entspricht der eines AG-Vorstands (§ 40 Abs. 8 SEAG).   **616**

bb) Hauptversammlung

Die Hauptversammlung hat in all den Angelegenheiten zu beschließen, in denen ihr die Zuständigkeit   **617**
- durch die SEVO,
- durch das Recht des jeweiligen Sitzstaates oder
- durch die Satzung

übertragen ist (Art. 52 SEVO).

Organisation und Ablauf richten sich mit Ausnahme der Regelungen zu Zusammentreten und Tagesordnung nach nationalem Aktienrecht (Art. 53 SEVO). Die Hauptversammlung muss mindestens einmal im Kalenderjahr binnen sechs Monaten nach Abschluss des Geschäftsjahres zusammentreten (Art. 54 Abs. 1 SEVO). Sie kann jederzeit vom Leitungs- oder Aufsichtsorgan bzw. vom Verwaltungsorgan einberufen werden (Art. 54 Abs. 2 SEVO).

Die SE-Verordnung folgt dem Grundsatz der einfachen **Stimmenmehrheit**, gestattet aber die Bestimmung größerer Mehrheiten durch die Verordnung oder das nationale Recht (Art. 57 SEVO). Auch kommen die Regelungen des Aktiengesetzes zur Anwendung. Satzungsänderungen bedürfen einer Mehrheit von zwei Drittel der abgegebenen Stimmen (Art. 57 Abs. 1 SEVO).

d) Beendigung

618 Eine SE kann neben Auflösung und Liquidation auch durch **Umwandlung** in eine dem Recht des Sitzstaates unterliegende AG oder durch **Insolvenz** beendet werden. Die Einzelheiten der Umwandlung richten sich nach den Bestimmungen von Art. 66 SEVO. Für die Insolvenz ebenso wie für Auflösung und Liquidation gilt nationales Aktienrecht (Art. 63 SEVO).

8. Die private limited company by shares

a) Grundlagen und Erscheinungsformen

619 Der EuGH hat sich in seinem Urteil vom 5.11.2002[303] für eine Anerkennung im Ausland gegründeter Gesellschaften, die ihren Verwaltungssitz in das Inland des jeweiligen Mitgliedstaates verlegt haben, ausgesprochen. Mit seiner Entscheidung vom 30.9.2003[304] hat er eine Anerkennung auf der Grundlage der im EU-Vertrag verankerten Niederlassungsfreiheit auch dann für geboten erachtet, wenn Gesellschaften einzig mit dem Ziel in einem anderen Mitgliedstaat gegründet werden, um das dortige einfachere Gründungsrecht zu nutzen, auch wenn sie ihre Geschäftätigkeit lediglich im Inland betreiben wollen.

Besondere Bedeutung hat das Urteil für Gesellschaften aus solchen EU-Staaten, die ein vereinfachtes Gründungsrecht für Gesellschaften vorsehen und dabei der **Gründungstheorie** folgen, die einer Gesellschaft die Verlegung des Verwaltungssitzes ins Ausland unter Wahrung ihrer Identität gestattet.

Der Gründungstheorie folgen England und Wales, die zudem mit der private limited company by shares eine schnell, kostengünstig und unkompliziert zu gründende Gesellschaftsform ohne Mindestkapital zulassen. Sie ist Trägerin von Rechten und Pflichten und im Prozess parteifähig. Die Haftung ist auf das Gesellschaftsvermögen beschränkt.

Gesetzliche Grundlage ist der Companies Act 1985 (CA 1985) bzw. der Companies Act 2006 (CA 2006), sodann enthalten einzelne relevante Regelungen der Insolvency Act 1986 (IA) und der Company Directors Disqualification Act 1986 (CDDA).

In Deutschland soll die private limited company by shares, kurz „Limited" oder „Ltd." genannt, die in England und Wales weit verbreitet ist, eine fünfstellige Zahl erreichen.[305]

---

303 *EuGH* Urteil vom 5.11.2002 (Az: C-208/00) = BB 2002, 2402 ff. – Überseering.
304 *EuGH* Urteil vom 30.9.2003 (Az: C-167/01) = BB 2003, 2195 ff. – Inspire Art.
305 *Westhoff* (GmbHR 2007, 474) berechnet ihre Zahl zum 1.11.2006 auf 46 000. Die Anzahl von Limiteds in Großbritannien soll demgegenüber etwa 1,9 Millionen betragen.

b) Entstehung

Eine Limited entsteht durch Eintragung im Companies House in das dortige Unternehmens- **620** register. Die Eintragung erfolgt, wenn folgendes vorgelegt wird:
- die ausgefüllten Formblätter form 10 und form 12,
- eine Gründungsurkunde (memorandum of association) mit den das Innenrecht der Gesellschaft regelnden articles of association,
- ein Scheck zur Begleichung der Eintragungsgebühr (registration fee).

Seit dem 1.10.2009 als dem Tag des Inkrafttretens der letzten Änderungen am Companies **621** Act 2006 ist anstelle der Formblätter 10 und 12 das Formblatt IN01 einzureichen.

Die Eintragung erfolgt durch den Registerführer (registrar of companies) in das Register unter **622** Zuteilung einer Nummer. Er stellt sodann eine Bescheinigung über die Eintragung der Gesell-schaft aus (certificate of incorporation). Die Ausstellung der Bescheinigung erfolgt üblicher-weise innerhalb von fünf Arbeitstagen; bei Zahlung einer erhöhten Gebühr noch am selben Tag. Deren Ausstellungsdatum ist das Gründungsdatum der Gesellschaft.

c) Satzung

Die Satzung einer englischen Limited war ursprünglich zweigeteilt, sie bestand aus dem **623** memorandum of association und den articles of association. Seit dem 1.10.2009 haben neue Limiteds nur noch ein Satzungsdokument, die articles. Das memorandum beschränkt sich fortan auf den Zweck einer Absichtserklärung zur Gründung einer Gesellschaft und den Nachweis, dass sich die Gründungsgesellschafter jeweils zur Übernahme mindestens eines Gesellschaftsanteils verpflichtet haben (s. 8 CA 2006).

Die articles regeln nun einheitlich alle Angaben zum Außenverhältnis. Im Einzelnen sind fol- **624** gende Informationen enthalten:

Der **satzungsmäßige Sitz** (registered office) muss sich in England oder Wales befinden. Er **625** dient der Zustellung für amtliche Mitteilungen (s. 86 CA 2006).

Die **Firma** der Gesellschaft kann nach englischem Recht frei gewählt werden, soweit keine **626** Verwechslungsgefahr mit bereits eingetragenen Firmen besteht. Ausgeschlossen sind beson-dere Statusbezeichnungen wie „association" oder „Holding". Die Firma muss mit einem Rechtsformzusatz „Limited" oder „Ltd." schließen (s. 59 CA 2006).

Der **Geschäftsgegenstand** wurde üblicherweise nur allgemein angegeben („to carry on **627** business as a general commercial company" s. 3A CA 1985). Seine Angabe entfällt seit 1.10.2009 (s. 31 CA 2006).

Die Limited hat kein Mindestkapital. Mit Abschaffung des genehmigten Kapitals (authorised **628** share capital) seit dem 1.10.2009 entfällt auch diese Angabe (s. 9, 10 CA 2006).

Das englische Gesellschaftsrecht kennt verschiedene **Arten von Anteilen** (classes of shares):
- gewöhnliche Anteile (ordinary shares) ohne besondere Rechte;
- Vorzugsanteile (preference shares), die ein Vorrecht bei der Verteilung der Dividende geben und grundsätzlich stimmrechtslos sind;

- rückkaufbare Anteile (redeemable shares), die auf einen Rückkauf durch die Gesellschaft gerichtet sind.

629   Die articles enthalten außerdem das innere Organisationsrecht der Gesellschaft. Seit 1.10.2009 ist eine neue Mustersatzung eingeführt, die besonders für kleine Gesellschaften geeignet ist (s. 19 CA 2006).

d)   Companies House

630   Das Companies House ist das englische Gesellschaftsregister. Es ist eine Behörde des Handels- und Wirtschaftsministeriums (Department of Trade and Industry) mit Hauptsitz in Cardiff und Zweigstelle in London für England und Wales. Das Companies House hat nicht die Prüfungsbefugnisse des deutschen Registergerichts, sondern soll vor allem eine zügige Gesellschaftsgründung ermöglichen.

e)   Funktionsweise

631   Die Limited hatte immer zwei Organe, den Direktor (director) und die Gesamtheit der Gesellschafter (members). Seit dem 6.4.2008 ist der bis dahin erforderliche Sekretär (secretary) nicht mehr zwingend vorgeschrieben (s. 270 CA 2006).

aa)   Direktor

(1)   Pflichten

632   Jede Limited hat mindestens einen Direktor (s. 154 CA 2006), der natürliche oder juristische Person sein und als natürliche Person mindestens 16 Jahre alt sein muss (s. 157 CA 2006). Mindestens ein Limited-Direktor muss eine natürliche Person sein (s. 155 CA 2006).

633   Die Direktoren führen die Geschäfte der Gesellschaft und vertreten sie nach außen (s. 170 ff. CA 2006). Bei mehreren besteht Gesamtvertretungsbefugnis, die Satzung kann aber anderes vorsehen. Sie sind vor allem für die Übersendung von Dokumenten an das englische Gesellschaftsregister persönlich verantwortlich, darunter die Jahresmeldung an das Companies House (annual return), die Angaben zur Gesellschaft, zum Kapital und zu den Direktoren enthält. Die Erklärung muss innerhalb von 28 Tagen seit dem Jahrestag der Gründung oder der letzten Jahresmeldung dem Register zugeschickt werden (s. 854 CA 2006), sonst kann das Companies House die Löschung der Gesellschaft veranlassen.

(2)   Haftung

634   Die Direktoren haften persönlich zunächst nach englischem Recht.

Gegenüber der Gesellschaft kommt eine Haftung bei Verletzung der in s. 171 – 176 CA 2006 genannten Pflichten in Betracht, die sämtlich auf der Treuepflicht (fiduciary duty) beruhen.

Gegenüber Dritten ist eine persönliche Haftung der Direktoren grundsätzlich ausgeschlossen.

Bei Geschäftstätigkeit über eine Zweigniederlassung in Deutschland haften Direktoren außerdem nach *§ 64 S. 1 GmbHG*.[306]

---

306 *BGH* Urteil vom 15.3.2016 (Az: II ZR 119/14), unter Tz. 15 f. = NJW 2016, 2660, 2661 – *Kornhaas.*

bb) Sekretär

Aufgaben des bis zum 6.4.2008 zwingenden Sekretärs waren die Führung der Register der **635** Gesellschaft (statutory registers), die Korrespondenz mit dem Companies House insbesondere hinsichtlich der vorgeschriebenen Mitteilungen und die Ladung zu Gesellschafter- und Direktorenversammlungen. Der Sekretär ist wie ein Direktor gegenüber dem Register persönlich für Verletzung der Mitteilungspflichten verantwortlich. Er hat keine Entsprechung im deutschen Gesellschaftsrecht.

cc) Gesellschafterversammlung

Die Gesellschafter treffen ihre Entscheidungen in der Gesellschafterversammlung (general **636** meeting) oder im schriftlichen Verfahren (written resolutions). Die Gesellschafterversammlung wird von den Direktoren einberufen (s. 302 CA 2006). Die Einberufungsfrist beträgt einheitlich 14 Tage, die Einberufung kann in jedweder Form erfolgen, auch durch eine Veröffentlichung im Internet.

Beschlüsse werden als einfache (ordinary resolution) oder besondere (special resolution, s. 282 f. CA 2006) gefasst. Erstere bedürfen lediglich der einfachen Mehrheit der anwesenden Stimmberechtigten, letztere einer Dreiviertelmehrheit der abgegebenen Stimmen. Der besondere Beschluss ist vor allem bei Satzungs- oder Namensänderungen der Gesellschaft vorgeschrieben. Jeder Gesellschafter hat eine Stimme; wird eine Abstimmung (poll) verlangt, hat jeder Gesellschafter eine Stimme für jeden ihm gehörenden Anteil (Art. 54 Table A). Die Versammlung ist beschlussfähig, wenn mindestens zwei Gesellschafter anwesend sind, eine Vertretung ist möglich (s. 318 CA 2006). In der Einpersonengesellschaft fasst der Gesellschafter den Beschluss allein, aber schriftlich (s. 357 CA 2006).

f) Rechte und Pflichten der Gesellschafter

Die Gesellschafter haben Anspruch **637**
- auf Gewinnausschüttung, die Verteilung richtet sich nach der Anzahl der Anteile jedes Gesellschafters, wenn die Satzung nichts anderes vorsieht;
- auf Wahrnehmung ihrer Mitgliedschaftsrechte, vor allem auf Teilnahme an der Gesellschafterversammlung und auf Ausübung von Rede- und Stimmrecht;
- auf faire Behandlung durch die Gesellschaft (s. 994 CA 2006).

Die Gesellschafter haften grundsätzlich nicht persönlich für Gesellschaftsverbindlichkeiten. **638** Die Haftungsbeschränkung der Limited-Gesellschafter nach englischem Recht wird auch in Deutschland anerkannt.[307]

Ein Haftungsdurchgriff kommt nach englischem Recht in Sonderfällen in Betracht, wenn der Gesellschafter die Gesellschaft missbräuchlich verwendet oder betrügerisches Handeln vorliegt (lifting/piercing the corporate veil).

Eine Gesellschafterhaftung nach GmbH-Regeln wird abgelehnt. In diesem Zusammenhang haftet der Gesellschafter nach deutschem Recht nur wegen vorsätzlicher sittenwidriger Schädigung (§ 826 BGB) oder Verletzung eines Schutzgesetzes (§ 823 Abs. 2 BGB i.V.m. § 263 StGB). Eine Haftung wegen existenzvernichtenden Eingriffs, deren Anwendung bisher ebenfalls

---

307 *LG Hannover* Beschluss vom 2.7.2003 (Az: 10 T 39/03), unter Tz. 7 = NZG 2003, 1072.

abgelehnt wurde, dürfte angesichts des neuen Haftungsmodells nach § 826 BGB seit TRIHO-TEL mittlerweile ebenfalls in Betracht kommen. GmbH-Vorschriften zum Auszahlungsverbot von Stammkapital sind aber auf die Limited übertragbar.[308]

g)   Zweigniederlassungen

639   Limiteds mit Verwaltungssitz in Deutschland müssen eine Zweigniederlassung im deutschen Handelsregister eintragen lassen. Das Gesetz zur Modernisierung des GmbH-Rechts und zur Bekämpfung von Missbräuchen (MoMiG) stellt klar, dass die inländische Niederlassung einer Gesellschaft, die im Ausland registriert ist, auch dann „Zweigniederlassung" im Sinne des Handelsgesetzbuches ist, wenn der Verwaltungssitz im Inland liegt und die geschäftlichen Aktivitäten der Auslandsgesellschaft zu 100 % in der inländischen Niederlassung entfaltet werden.[309] Daher sind §§ 13d–13g HGB anwendbar. Eintragungsfähig ist auch der Direktor der Zweigniederlassung.[310]

h)   Beendigung, Insolvenz

640   Die Gesellschaft wird durch freiwillige Liquidation oder unmittelbar ohne Liquidation gelöscht.

Die freiwillige Liquidation (voluntary winding up) erfolgt entweder durch Abgabe einer Solvenzerklärung durch die Direktoren (members voluntary liquidation, s. 84 IA 1986 ff.) im Sinne einer eidesstattlichen Versicherung, dass sie die Gesellschaft innerhalb von zwölf Monaten nach Beginn der Abwicklung insolvenzbedroht sehen (statutory declaration of solvency), oder ohne Solvenzerklärung (creditors voluntary liquidation) im Rahmen eines Insolvenzverfahrens.

Die Löschung erfolgt ohne Liquidation im Wege des „striking off the register" (s. 1003 CA 2006 ff.) in den Fällen der Zweckerreichung oder des Unmöglichwerdens des Zweckes. Die Löschung im Register erfolgt auf Antrag oder ohne Antrag durch das Companies House bei Geschäftseinstellung, vor allem wenn Jahresmeldung oder Jahresabschluss nicht eingereicht werden.

Online-Wissens-Check

Warum ähnelt die Private Limited Company by Shares eher der deutschen Kapitalgesellschaft als der Personengesellschaft?

Überprüfen Sie jetzt online Ihr Wissen zu den in diesem Abschnitt erarbeiteten Themen. Unter **www.juracademy.de/skripte/login** steht Ihnen ein Online-Wissens-Check speziell zu diesem Skript zur Verfügung, den Sie kostenlos nutzen können. Den Zugangscode hierzu finden Sie auf der Codeseite.

---

308   *Altmeppen/Wilhelm* DB 2004, 1083.
309   BR-Drucks. 354/07 S. 111.
310   *OLG Frankfurt a. M.* Beschluss vom 3.2.2015 (Az: 20 W 199/13), unter Ziff. II. = NZG 2015, 707, 708. Zum Nachweis der Vertretungsbefugnis des Direktors vgl. *OLG Nürnberg* Beschluss vom 26.1.2015 (Az: 12 W 46/15), unter Ziff. 3.d. = FGPrax 2015, 124, 125. Instruktiv generell zu Zweigniederlassungen *Blasche* GWR 2012, 169.

Sachverzeichnis

Die Zahlen verweisen auf die Randnummern.

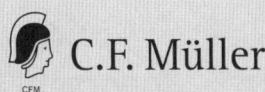

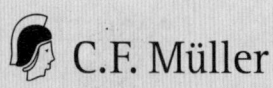